中南大學

哲学社会科学学术成果文库

城市网络化与城市国际化

郑伯红　唐艳丽　著

中国社会科学出版社

图书在版编目（CIP）数据

城市网络化与城市国际化/郑伯红，唐艳丽著．—北京：中国社会科学出版社，2020.7

（中南大学哲学社会科学学术成果文库）

ISBN 978－7－5203－6483－6

Ⅰ.①城…　Ⅱ.①郑…　②唐…　Ⅲ.①城市发展—国际化—研究—中国　Ⅳ.①F299.21

中国版本图书馆 CIP 数据核字（2020）第 083156 号

出 版 人　赵剑英
责任编辑　郭晓鸿
特约编辑　张金涛
责任校对　冯英爽
责任印制　戴　宽

出　　版　中国社会科学出版社
社　　址　北京鼓楼西大街甲 158 号
邮　　编　100720
网　　址　http://www.csspw.cn
发 行 部　010－84083685
门 市 部　010－84029450
经　　销　新华书店及其他书店

印　　刷　北京明恒达印务有限公司
装　　订　廊坊市广阳区广增装订厂
版　　次　2020 年 7 月第 1 版
印　　次　2020 年 7 月第 1 次印刷

开　　本　710×1000　1/16
印　　张　28
插　　页　2
字　　数　400 千字
定　　价　138.00 元

《中南大学哲学社会科学学术成果文库》和《中南大学哲学社会科学博士论文精品丛书》出版说明

在新世纪，中南大学哲学社会科学坚持“基础为本，应用为先，重视交叉，突出特色”的精优发展理念，涌现了一批又一批优秀学术成果和优秀人才。为进一步促进学校哲学社会科学一流学科的建设，充分发挥哲学社会科学优秀学术成果和优秀人才的示范带动作用，校哲学社会科学繁荣发展领导小组决定自 2017 年开始，设立《中南大学哲学社会科学学术成果文库》和《中南大学哲学社会科学博士论文精品丛书》，每年评审一次。入选成果经个人申报、二级学院推荐、校学术委员会同行专家严格评审，一定程度上体现了当前学校哲学社会科学学者的学术能力和学术水平。“散是满天星，聚是一团火”，统一组织出版的目的在于进一步提升中南大学哲学社会科学的学术影响及学术声誉。

中南大学科学研究部

2017 年 9 月

前　　言

随着经济全球化与信息网络的发展，城市进一步发展和扩张，城市之间的联系也越发紧密，城市结构日益显现出网络化的趋势。全球发展步入一个更加开放和网络化的、动态和标准化的、建立在交替性要素流动基础上的新信息时代。各种信息流、资金流、人才流、货物流的作用将不断改变原有的空间模式，空间结构处于一种聚合与分散、均衡与非均衡的相对稳定状态。城市体系的演进也在经历着与时俱进的变迁，从最初的增长极到中心地等级体系，再发展到今天的网络化关联，城市体系改变了以往自上而下的单中心垂直体系的结构，多中心、网络化已成为新时代背景下城市体系发展的重要趋势。城市网络不仅成为学术研究热点，而且正被众多国家引入国家空间优化政策。

世界城市的形成是一个缓慢、动态的过程，在全球化与信息化的交互作用下，越来越多的城市融入其中，间接或直接参与全球经济，并在连接国内外经济活动中，随着地位和作用的逐步提高而成长为国际化城市，成为全球城市网络的节点之一，而这一过程实质上就是城市国际化的进程。因此，城市国际化既是城市积极参与国际分工与协作、城市经济政治生活日益融入国际的过程和程度，也是国际公认的快速提升城市经营水平和综合竞争力的重要途径。随着跨国公司的发展和国际贸易的盛行，经济全球化持续不断地影响着世界城市体系格局。处于信息时代的城市和区域发展不可避免地置于网络之中，城市国际化发展态势应运而生。

本书在流动空间理论、城市网络系统理论、城市国际化理论及其他相关理论研究成果的基础之上，以科学的方法对相关问题展开深入研究：从城市内部空间网络化、城市群体空间网络化（圈域层面、区域层面、国家层面）、城市国际化网络（区域层面、全球层面）三个维度、六个层面展开，定性分析网络空间的同时，利用社会网络与复杂网络分析法等量化手段深层挖掘网络结构特征，并尝试探索“一带一路”全新背景下我国中西部省会城市的空间联系格局与空间发展响应。从结构决定功能这一角度，尝试在城市网络化与城市国际化发展过程中构建要素流动、城市互动、区际联动的有机系统，通过研究空间组织的拓扑结构，以促进空间网络朝着更科学、更有序的方向发展，从而为我国区域发展和空间布局提供量化分析和决策支持。

在市域层面的网络城市分析中，提出网络节点的形态识别方法和城市网络空间形态识别指标，并基于空间句法对长沙城市空间网络与长沙历史文化空间网络进行了量化分析。圈域层面的网络城市分析中，从产业空间网络化、节点空间生长实证了“长株潭”都市圈网络型城市空间构建，并提出网络型城市功能整合措施，包括总体上功能互补、圈域网络拓展、紧凑型网络城市形态。区域层面的网络城市分析中，以“京津冀”城市群为例，量化分析并深层挖掘了基于统计指标的城市群区域空间特征。国家层面的城市群体空间网络化分析中，量化了国家城市网络和国家城市群网络在 2011 年、2013 年及 2015 年表现出的节点特征以及网络整体特征。在中西部节点城市国际化网络分析中，关注到经济相对欠发达地区亦可能是“一带一路”倡议背景下各种人流、物流、资金流和信息流的枢纽，利用 11 个城市中的资本流动网络（地区间 FDI 数据）、基础设施网络（航空流、铁路流等数据）和社会文化交流网络（“国际友好城市对”数据）反映城市网络联系情况，统计出两两城市之间的联系数据，并借助图论原理以及网络分析软件描绘其网络关系和空间组织。全球层面网络城市分析中，首先以美国外资银行为例解析了区域金融空间集聚形成的金融城市国际化网络体系；接着从跨国公司价值链分析了城市国际化网络，并以长沙工程机械产业为例解析了跨国公司产业组织的城市国际化网络；最后从长沙政治、经济、文化外向联系分析了城市国际化网络，提出了产业发展、科技创新、经贸市场、金融服务等方面城市国际化发展的对策建议。

本书构建了一套针对城市网络化与城市国际化发展的研究方法和技术手段，利用翔实的数据资料，具有较强的通用性，可为今后的持续研究以及与其他地区的比较分析奠定基础。书稿结构、内容安排、全书统稿等经反复讨论后确定。书中内容既有对国内外相关研究的回顾，也有对未来学科发展的展望，抛砖引玉，希望引发同行对城市网络化与城市国际化相关知识的关注。此书虽可作为相关人员及专业学生的读本或参考书，但并未穷尽可能、面面俱到，限于学识与技术水平，书中的引述和分析难免存在不当或纰漏之处，且由于资料与篇幅所限，书中部分内容尚待拓展与深化，敬请读者批评指正，同时期待更多的学者参与其中，共同努力，丰富此项研究。

借此机会，也对中南大学和中国社会科学出版社表达最诚挚的谢意，感谢二者的全力支持促成本书顺利问世。

目　　录

第 1 章　导论

1.1　时代背景

1.1.1　知识经济挑战传统地理空间概念

18 世纪的近代工业革命是现代城市发展的起点，它从根本上改变了之前的城市格局，城市规模和数量剧增，城市内部空间结构和形态日益多元化和复杂化，由此翻开了世界城镇化进程的新时代。时至今日，随着经济全球化与信息网络的发展，城市进一步发展和扩张，城市之间的联系越发紧密，城市结构日益显现出网络化的趋势。

1. 城市实体网络空间的强化

实体空间是指地理学意义上的空间。地理学是一门关于地方或场所（Place）的学问，但经过抽象后，场所就被概念化而成为空间（Space）、空间关系，以及空间中的行为和过程（Batty，1997）。城市中人们的一切活动和行为都是以相应的实体空间为载体，在一定的场所和地方发生，例如：人在相应的建筑里居住、工作或是购物；在街道上行走、开车；在广场上集会、活动；在绿地中嬉戏、休憩，等等。这里的建筑、街道、广场和绿地都是城市的实体空间。

随着经济全球化趋势的推进，就单个城市而言，与世界接轨并能影响区域甚至世界是其发展的必然趋势。基于这一点，不少学者相继提出了有关世界城市的理论，其中较为经典的有彼得·霍尔（Hall，1984）和约翰·弗里德曼（Friedmann，1986）的论述。霍尔根据他对7个案例城市的研究，概括出了“世界城市”的基本特征①；而弗里德曼则是第一个对“世界城市”这一课题进行系统研究的学者②，他的研究成果至今仍是学术界的热点话题。一些西方学者从区域的角度，提出大都市带（Megalopolis）（Gottmann，1961）的概念，随后逐渐发展成为多中心城市群（Polycentric City - Region）、多中心巨型城市区域（Mega - City Region，MCR）（Peter Hall，2006）等一系列新概念，旨在将全球经济整合到一个以多个大城市的集合为重要节点的实体网络系统中，借此来分析全球城市的发展新趋势。国内诸多学者也对全球的城市网络化现象进行了大量研究，一方面对“Megalopolis”这一概念进行了多种界定，另一方面对城市网络化发展模式（郑伯红，2003）、网络空间的生产和消费（汪明峰，2005）、以全球生产网络为基础的大都市区生产空间组织（宁越敏，2008）、基于企业网络视角的城市区域空间重塑（宁越敏，2009）等课题进行了系统的研究。由此可见，城市不再是孤立的独自发展的个体，其发展空间也不局限于各自的行政边界以内。全球或是区域范围内的城市更多地表现为相互之间的联动，而这种以实体空间为载体的联动所带来的必然结果是城市实体空间网络（包括城市之间的与城市内部的实体空间网络）的形成和不断强化。

2. 城市虚拟网络空间的兴起

城市的发展离不开科技的进步。科学技术是第一生产力，这是被人类历史证明的普遍真理。技术的进步对人类社会的巨大推动作用已成为人们的共识。以新的信息科技为代表的网络智慧新纪元已初见端倪，这个新时代带来了新的数字经济体系（即网络经济基础，也有人称为知识经济）、新的政治组

① Peter Hall, *The World Cities*, Palgrave Macmillan, 1984.

② Friedmann, The World City Hypothesis, *Development and Change*, Vol. 17, 1986.

织结构以及新的社会形态，从而重新塑造了城市与区域空间，并对传统的地理空间概念发起了挑战（见表1-1）。

表1-1 传统时代与数字化时代区域、腹地及空间概念比较

概念	传统时代	数字化时代
区域	界限分明、边界易辨识、有限性	界限模糊、边界不易辨识、无限性
腹地	取决于中心城市经济实力大小及交通联系	取决于城市与区域间信息网络通道的畅通程度
空间	实体空间，以集中为主	虚拟空间与实体空间并存，分散化趋势加强，空间融合

资料来源：甄峰、花俊、黄朝永：《数字化时代的城市与区域发展构想》，《人文地理》2000年第2期。

随着科学的不断发展和技术改革，城市将出现一系列新特征。具体来说，就是基于数字化的城市虚拟网络空间的兴起。数字化时代是以信息网络为重要基础设施的数字化经济。在新的数字化经济体系下，所有信息将数字化，即0与1的数字化组合，这将使现有的经济结构发生快速转变，全新的产业部门正在逐步形成，从而将改变1933年《雅典宪章》对城市居住、工作、游憩、交通四大实体空间的定义。由于数字化信息可以被转换、使用、编辑、重组，并且通过传输和接收装置发送，而虚拟现实技术的应用更是改变了人们的生活、生产与休闲空间，进而使原有的空间组织方式发生了转型和重构。在由各种数字化信息所构成的网络世界里，人们将越来越多地使用因特网的沟通与交流。而城市作为信息的辐射源和中转站，其本身必然会以网络节点为最主要的特征。

但是进一步来看，即使通信技术破坏了传统的时间与空间的关系，造成社会关系的“无空间性”，但其他的空间实践、形式以及力量，依旧在不断地抗拒这种破坏。我们所能目睹的是空间正在承受区段（去中心化）和整合

(中心化) 两种压力，并在各个层次上出现全球化同质性与地方化异质性的紧张关系。正如 Castells (1996) 所认为的，空间逻辑正在分化成两种不同的形式，即“流动空间” (space of flows) 与“地方空间” (space of places)，其中，前者支配并开始改变后者。但是，流动空间并未渗透到人类经验的全部领域。

全球数字网络的浮现似乎正在终结地理的限制。伴随着互联网时代的到来，物联网技术的进步，云计算等智能技术的应用，“三网融合”开展并形成了新的城市技术支撑系统。第三次科技革命以信息控制技术为主，促使城市经济社会进入一个信息化、网络化和全球化的新经济时代。信息化和网络技术重塑了传统的地理空间。新技术实现了人流、物流、资金流和信息流的高效运转，加速了人才、资金、知识、技术等的时空交换，空间流动性加强，人地关系相互作用，大数据与城市规划，大数据与城市居民日常活动、与城市空间组织关联起来。城镇化进程推进，区域间要素流动频繁，广度和频率均超过以往任何历史时期。商品、服务、生产要素和信息跨国界流动的规模与形式不断增加，各国城市经济相互依赖且联系日益加强。

1.1.2 网络结构成为更加有效的空间组织观念

信息化和全球化对地方空间造成的影响表现为不断加深的空间差异和不断增强的空间联系这两种对立统一的趋势。在作为世界性控制和支配中心的全球城市崛起的同时，城市正以城市间网络为枢纽建立联系，使得以大城市为中心，包含中小城市在内均衡发展的城市网络逐渐形成，城市和区域的内部联系在全球化背景下被重构。

城市作为全球或地方活动最重要的载体，在此背景下呈现出一系列的新变化，如要素流动性加快，空间结构更为扁平，城市间的联系更为多样等。对于城市与城市之间的研究，采用等级体系的基础理论和规模分布的基本方法已不能适应新时代城市间联系问题的要求。城市体系的演进也在经历着变迁，从最初的增长极到中心地等级体系，再发展到今天的网络化关联，城市体系改变了以往自上而下的单中心的垂直体系的结构，多中心、网络化已成为新时代背景下城市体系发展的重要趋势。城市网络不仅成为学术研究热点，而且正被很多国家引入国家空间优化政策。

20世纪90年代以后，计算机网络化趋势与数字技术突飞猛进，全球发展步入了一个更加开放和网络化的、动态和标准化的、建立在交替性要素流动基础上的新信息时代。各种信息流、资金流、人才流、货物流的作用将不断改变原有的空间模式，空间结构处于一种聚合与分裂、均衡与非均衡的相对稳定状态。在全球化和数字化影响下，空间结构作为社会经济的载体与投影，也会随着社会经济活动的网络化发展产生相应的变化，城市由单体逐渐向群体发展，由最初的等级联系向新的网络式互动转型。

全球化成为各个国家最具影响力的发展趋势，并反映到城市的形态变化与空间组织上。中心地理论已经无法解释城市之间的互动关系。意大利学者采用等级网络、互补网络、协作网络的划分形式来研究城市之间的组织形式。在城市网络研究中，网络节点即各对象城市，网络连接线即各城市之间具体的商品流、能源流、交通流、信息流、企业空间组织流等，通过网络流的形式反映城市之间的相互联系。

1.1.3　要素流动推动区域城市国际化进程

在全球化与地方化交织的背景下，流动性加快，空间结构更为扁平，城市之间的联系更加多样，城市网络化已然成为当今世界城镇化发展的新趋势。通过研究具体的“流”来反映城市之间的相互作用关系已成为近年国内外的学术热点。

随着跨国公司的发展和国际贸易的盛行，经济全球化持续不断地影响着世界城市体系格局。城市经济空间结构得以重组，世界市场获得重构，这些又成为城市和区域发展的根本动力。全球城市呈现不同的等级规模结构：拥有全球经济实力的世界城市；次级或区域性的国际城市；拥有政治权力的首都及具有经济意义的大城市；人口急剧增长，造成庞大聚集的大城市；各国国内的区域性中心城市和其他城镇。城市与区域之间最初是进行实体的物质流联系，进而与区域之间通过信息和资本流发生作用。当区域经济发展到能够为所在区域中心城市提供全球集聚效应之时，中心城市的辐射作用才可能跨越国界。一旦城市拥有了全球控制能力，城市便突破区域约束和地域边界壁垒，延伸到更广阔的空间。全球经济格局的演变将加速地域之间跨国界的要素流动。物流、人流、资本流与信息流的加速运动，形成全球规模的经济系统，促使整个经济圈范围扩大，并使控制与管理上述各种要素流的中心城市得以发展。

生产要素的空间流动成为全球经济一体化的基本特征。处于信息时代的城市和区域，其发展不可避免地置于网络之中。城市国际化正在一定程度上重构着城市和区域的竞争优势。在经济全球化的今天，国家之间的竞争主要表现为城市间的竞争，每个城市在全球城市网络系统中占据一席之地并扮演不同角色。一方面，信息技术变革并未破坏原有城市体系的主体格局，体系中的核心城市充满活力，发展良好，在集聚效应下仍然占据主导地位，继续处于区域城市网络的关键位置；另一方面，新技术又在一定程度上为其他发展中的非核心城市带来了新机遇与新活力。国际化是一个渐进的，与国际城市逐步接轨的过程。利用与全球其他城市之间的各项互补效应，达到区域发展利益的最大化，是每个城市通向国际城市的一条发展路径。

世界经济一体化，促使国际分工和专业化生产不断向纵深发展，国际的经济联系和交流活动日益密切。全球化的产业变迁和产业分工，促进了城市地域空间结构的转变。全球化深入发展，劳动力、资本、技术和信息等要素在不同空间尺度自由流动，加速了城市融入全球分工体系，城市体系由等级结构向网络结构转变。即全球成为一个由资本、金融、信息、技术构成的相互依赖、相互作用的网络。地区之间无论是货物贸易、投资往来、人员交流还是文化互鉴等，均落脚于具体城市。尤其在信息化和全球化的当代，城市间有机联系越发成为促进地区间开放合作的重要支撑。发挥城市及城市网络的发展带动作用和联系支撑作用显得尤为重要。

随着城镇化和全球化联系日趋紧密，从全球视野认识城市发展问题，探讨国际分工与城市发展的关系，对加快我国城市国际化发展步伐，提高国际竞争力具有重要的指导意义。中国要从经济大国成长为经济强国，必须扩大对外开放合作交流，也必将有更多城市发展为国际化城市。城市间互动作用加强，区域一体化加速，城市国际化水平提升，需要政府决策层、规划师对区域网络组织的建设提供相应的理论支撑和政策保障。

1.1.4　后危机时代亟须实现全球化再平衡

迄今为止，人类经历了三种全球化：丝绸之路所代表的农耕—游牧时代的全球化、工业革命所代表的工业—商业时代的全球化、“一带一路”所承载的工业—信息时代的全球化。

表1-2　　全球化的三种形态

	单元	载体	动力	法则
全球化1.0	文明	欧亚大陆	贸易+文化	东西互鉴
全球化2.0	民族国家	海洋	贸易+投资	西方中心
全球化3.0	文明型国家	“一带一路”	互联互通	包容天下

牛津大学教授彼得·弗兰科潘（Peter Frankopan）在新书《丝绸之路：新的世界史》前言中写道：“几千年来，正是东西方之间的地区，即把欧洲与太平洋联系在一起的地区，构成地球运转的轴心。”① 其中所提及的庞大互联网络被德国地质学家费迪南·冯·李希霍芬冠以“丝绸之路”的名称。换言之，在地理大发现之前，世界的中心是欧亚大陆，即从西班牙海岸延伸到中国海岸的一整块大陆，当时的主要商道即丝绸之路。因此，英国地缘政治学家麦金

① ［英］彼得·弗兰科潘：《丝绸之路：新的世界史》，邵旭东等译，浙江大学出版社2016年版。

德称欧亚大陆为“世界岛”，如图1－1所示。15、16世纪奥斯曼土耳其帝国的崛起切断了两千年的古丝绸之路（史称“奥斯曼之墙”），欧洲人被迫走向海洋，通过地理大发现以殖民化方式开启全球化，导致丝绸之路衰落，东方文明走向封闭保守。地理大发现开创了海权时代，也开创了以西方为中心的全球化时代，西方不再远离大陆的边缘，而成为整个世界的中心。英国学者约翰·霍布森在《西方文明的东方起源》[①] 一书中，揭示了“东方化的西方”，即“落后的西方”如何通过“先发地区”的东方，通过伊斯兰世界将中华文明传播到西方。

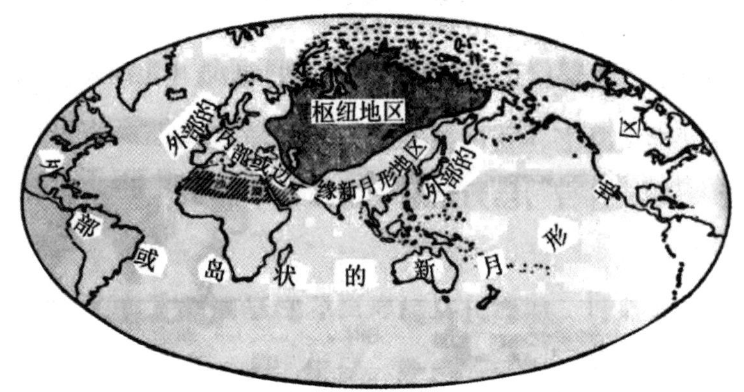

图1－1　世界岛理论

资料来源：［英］哈·麦金德：《历史的地理枢纽》，林尔蔚等译，商务印书馆2010年版。

如果说丝绸之路的衰落成就了欧洲的大航海时代，那么丝绸之路的复兴则改变了人类历史的演进方向。作为全球化中坚力量的中国，把脉全球化未来，提出“一带一路”倡议，鼓励沿线地区走符合自身国情的发展道路，还原世界多样性，平衡大陆与海洋、东方与西方、南方与北方的关系。其在全球化即美国化、西方化失势后，探寻后危机时代全球经济增长之道，实现全球化再平衡，这顺应了人类文明演绎规律及世界经济长周期，如图1－2所示，目的是扭转不公正、不可持续的全球化趋势。“一带一路”

① ［英］约翰·霍布森：《西方文明的东方起源》，孙建党译，山东画报出版社2009年版。

主动向西方推广中国优质产能和比较优势产业，带动了西部开发以及中亚、蒙古国等内陆地区和国家的开发，在国际社会推行全球化的包容性发展理念；改变了历史上中亚等丝绸之路沿线地区只是作为东西方贸易、文化交流的过道而成为发展“洼地”的窘状。开放重点从东南沿海转至西北内陆省份，乃至欧亚大陆的西北；超越了欧洲一体化的商品、劳务、人员和资本的四大自由流通，发挥规模、系统效应，降低物流成本，提升了内陆地区的比较竞争力。

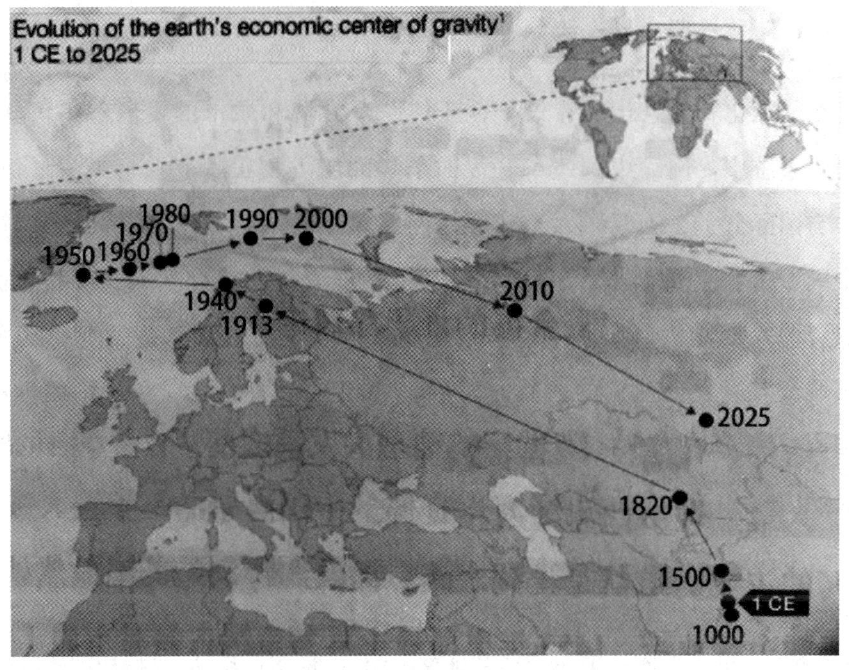

图 1-2 世界经济中心进化模型示意

说明：该模型显示，宋朝之后的世界经济中心从中国移至欧洲，后又移入美国，2025 年将回归中国。2000—2010 年为世界经济中心东移最快的时期；2000—2025 年的速度相当于过去近一个世纪（1820—1913）的步伐。

资料来源：王义桅：《世界是通的——“一带一路”的逻辑》，商务印书馆 2016 年版。

综上，“一带一路”是对古丝绸之路在全球化时代的创新与发展。地理大发现开辟了新航路，打破了全球各地相对隔绝的状态，为经济全球化提供了发展前提；沿海地区、海洋国家首先发展起来，内陆地区、陆上国家则较落后，形成巨大的贫富差距。“一带一路”将修改这种内陆文明从属于海洋文明、东方文明从属于西方文明的“西方中心论”，开始从农耕文明走向工业—信息文明，从地域性文明走向全球性文明。因此从人类文明史和全球化史看，“一带一路”将人类四大文明——埃及文明、巴比伦文明、印度文明、中华文明——串在一起，通过铁路、公路、航空、航海、油气管道、输电线路和通信网络等互联互通，实现内陆文明的复兴。

1.1.5 “一带一路”激活东中西全面开放

在全球化和信息化的背景下，任何一个区域和城市的发展都不可能囿于封闭系统中。回顾中国改革开放四十年的历史，实质上就是中国城市不断参与国际分工，不断融入全球经济网络体系的过程史。只有当越来越多的中国城市顺应国际化潮流，融入国际化的全球城市网络体系，寻找机会、获取资源并创造价值，才能在未来全球城市竞争中获得一席之地。因此，中国城市对当今全球化的内涵和发展趋势要有清醒的认识和深刻的理解，并在制定国际化战略时加以综合考量和权衡，不断提升资源配置和运营管理的能力。

一方面，广大中西部地区的面积占全国的86%，人口占全国的58%，而进出口贸易仅占全国的15%，利用外资率仅占16%，对外直接投资仅占19%(2015年)。另一方面，近年中西部地区GDP增长明显提速，城镇化率也保持了较高增幅（见表1－3），四川、陕西、甘肃、青海等省份GDP均呈中高速增长态势。推进“一带一路”建设，提升“向东”开放水平的同时，势必加快“向西”开放进程：中西部地区积极吸纳、移植高端生产要素和先进技术，实现新经济新动能的横向转移，从而使对外开放格局从沿海沿江向内陆延伸，最终形成陆海内外联动、东中西协调发展的新格局。国家空间格局也从“海陆分割、东西失衡和北重南轻”优化调整为“海陆统筹、东西均衡和南北贯通”的网络框架。

表1-3　　全国各地区城镇化率及其增幅　　单位:%

年份	城镇化率				年均增幅		
	2000	2005	2010	2015	2001—2005	2006—2010	2011—2015
全国	36.22	42.99	49.95	56.10	1.35	1.39	1.23
东部地区	44.61	51.78	59.70	63.64	1.43	1.58	0.95
中部地区	29.82	36.55	43.58	51.21	1.35	1.41	1.55
西部地区	28.68	35.36	41.43	48.73	1.34	1.20	1.40
东北地区	52.26	55.15	57.62	60.82	0.58	0.49	0.80

资料来源：根据《国家新型城镇化报告》相关数据整理。

从国际上看，"一带一路"鼓励向西开放，带动西部开发以及中亚、蒙古国等内陆地区和国家的开发，主动向其推广我国的优质产能和比较优势产业，使沿途、沿岸国家首先获益。亚太地区与欧盟联系起来，给欧亚大陆带来新的空间和机会，并形成东亚、西亚和南亚经济辐射区。从开放的广度上讲，发展了中国西部地区，实施了向西、向南开放战略，形成了全方位开放新格局；从开放的深度上来讲，顺应了世界区域经济一体化发展趋势，以周边为基础加快实施自由贸易区战略，实现商品、资本和劳动力等的自由流动。

从国内来看，"一带一路"建设使资本加速向国内边疆地区和内陆地区流动，加快了边疆地区和内陆地区的工业化和城镇化进程，促进了社会发展和文明进步，使我国原本较为落后的西北、西南和广大内陆地区也可以参与资本循环网络，实现资本生产与再生产，为其对外开放、交流与合作提供了广阔空间。西部地区完全可以在自身能源、文化、科研教育等优势基础上，在未来社会经济、人文科技等方面的国际化方向上，不再重复依赖东部发展的路径。因此，如何把握机遇，应对挑战，加快我国城市尤其是中西部内陆城市的国际化，提升其在全球经济中的参与度，尽快融入全球城市网络体系，既具有重要的战略意义，也是新时期城市发展的必然选择。实质上，参与“一带一路”分工协作，意味着地区要不断提升经济外向度，不断提升开放程度和国际化水平。内陆城市借助于东西向全方位开放通道和国际国内两个市场，将会大幅度提高对外开放水平，进入国际化发展新阶段。

1.2 研究综述

1.2.1 城市网络空间研究

1. 国外相关理论进展

西方关于城市网络空间研究的理论经历了一个从感性到理性，从宏观到微观，从关注物质空间形态到关注社会空间形态的过程。

（1）早期经验主义理论

从自身经历的角度，简·雅各布斯（Jacobs，1961）提出连续的小街坊路网可增加城市的多样性，并指出形成多样性街坊网络的四个条件：保留老房子从而为传统的中小企业提供场所；保持较高的居住密度从而产生复杂的需求；增加沿街的小店铺从而增加街道的活动；减小街坊的尺度从而增加居民的接触。

克里斯托弗·亚历山大（Alexander，1966）批判地继承并发扬了雅各布斯的理论，在他的著名论文《城市并非树型》①（*A City is Not A Tree*）中，他探讨了人们的思维和现实城市的关系——城市之中的各个要素之间是网络的关系，而非树干、树枝、末梢这样的线性层级关系，提出城市是“半网络型”结构。

凯文·林奇（Kevin Lynch，1960，1981）从社会心理学的角度提出城市

① ［奥］克里斯托弗·亚历山大：《城市并非树型》，《建筑师》1985年第24期。

意向五要素网络识别方法和城市社会网络形态的评价理论。他给所谓的“好地方”下了定义：“一个好的地方，就是通过一些对人及其文化都非常恰当的方法，使得人能够了解自己的社区、自己的过去、社会网络，以及其中所包含的时间和空间的世界。”① 他试图跳出经济或物质形态标准的范畴，从构建具有亲切归属感的社会文化网络空间的角度来评判城市形态的好坏，同时还指出政府部门如何通过制定适宜的政策来构建好的城市形态。

威廉·怀特（Whyte，1988）通过多年观察城市公共空间的经验数据，很粗略地得出城市空间能否被不同人群使用取决于一个城市空间和周边城市空间的联系。

（2）抽象主义理论的形成

从抽象理论的角度，塞瑞斯和拉图尔（Serres and Latour，1995）提出了行动者网络的概念，认为网络中空间的拓扑关联是最基本的，是这种表示关联的介词，而不是表示属性的名词或者代表过程的动词孕育了物质、生命和社会②。

曼纽尔·卡斯特（Castells，1998）认为成功的信息社会形态取决于“流动空间”构成的网络，虽然他定义的网络不仅仅指城市物质空间形态，也指资本流、信息网络等，但是他强调了地点的重要性并不取决于地点本身，而是取决于网络中它和其他地点的联系。

此外，美国学者萨森（Sassen）对全球城市的分析同样揭示了城市发展的新趋势。计算机网络技术和传媒同样强化了鲍德里亚（Baudrillard）所一直强调的超真（Hyper－reality）和仿真（Simulation）的概念。计算机和网络成为形成当今城市空间模式的隐喻和象征。人们频繁地研究计算机虚拟空间与空间组织以及后城市景观的布局之间的相似性，最著名的就是博耶的《赛博城市》（*Cyber－cities*，1996），城市作为一个图表、矩阵和电子数据表的重叠影

① ［美］凯文·林奇：《城市意向》，方益萍、何晓军译，华夏出版社2001年版，第101页。

② Serres，M.，Latour，*Conversations on Science*，*Culture and Time*，University of Michigan Press，1995.

像逐步取代了19世纪和20世纪早期将城市比作人的身体或机器的隐喻。现实世界中的城市越来越由流动性强、消费能力大的地方，如机场、高速公路、旅馆、购物中心、停车场等空间形式构成。

（3）理性分析理论的兴起

①网络拓扑分析方法。

网络拓扑分析方法是苏联学者S. A. 萨拉科夫提出的一种城市形态分类方法。萨氏认为，城市形态的主要因素是地面交通线，以及由它所构成的网络，这个网络包括城市变通性道路（干道、分支和环路）和具有通行能力的河道、铁路等，城市形态和内部结构很大程度上取决于这些约束条件，因而可将城市简化为由线性交通要素组成的网络，并通过网络分析进行城市形态的分析与研究。

麦克·巴蒂（Batty，2003）也意识到，在GIS中应强调各个地理元素之间动态的拓扑学联系而不是用元素本身的欧几里得空间位置去描述对应的社会形态。

②城市分形理论。

自20世纪70年代曼德勃罗提出分形的概念之后（Mandelbrot，1982），对于事物分形特征的判断就有了较为严谨的数学定义。西方部分学者开始致力于分形理论在城市的形成与增长、城市的网络系统（运输网、公交、郊区铁路、排污设施等）方面的应用研究，并根据分形理论建立了诸多城市生长模型。

法国学者富兰克豪泽（P. Frankhauser）自1985年以来，讨论城市结构的分形性质，诸如斯图加特的铁路网、柏林的增长过程；且在1994年出版了一部法文专著《城市结构的分形性质》，这为该领域的研究奠定了基础。

此外，蒂波特（S. Thibault）和马钱德（A. Marchand）于1987年研究了法国里昂市的运输网络，如公共交通网、郊区铁路网以及排污设施网的分形特征①。

① Batty，M. and Longley，P. A.，*Fractal Cities*：*A Geometry of Form and Function*，London：Academic Press，Vol. 162，No. 1，1994.

③空间句法理论。

基于分形理论的研究，比尔·希利尔和他的同事汉森（Hillier and Hanson，1984）提出了空间句法理论和相关的计算机模型，把纯粹的城市空间形态网络和社会生活动态关联起来，认为城市空间形态网络不仅仅是城市社会活动的背景，而且是影响和决定城市社会生活的根本因素①。

1996年，希利尔明确了"组构"（Configuration）在空间句法理论中的核心地位，组构的思维方式也就是在一个系统网络中考虑一组关联的同时还要考虑与之相关联的所有其他关联；强调要把握城市整体的空间形态网络组构对局部的影响和它们在不同尺度上的动态联系，而不是仅仅局限于城市局部本身的静态空间形态；详细解释了城市建筑物的聚集和内在的数学法则能够形成城市空间形态网络，其中的组构能够反映并决定人车流模式，从而影响土地使用的模式，最终将会影响社会构成和活动；而这些社会构成和活动会反过来影响和决定城市建筑物聚集过程和城市空间形态网络的演变，这是一个动态的过程②。

1999年，希利尔通过对城市中心形成机制的定量研究，明确提出动态的城市空间形态的组构决定了城市空间网络不同的社会吸引力（Attraction Inequalities）③；2005年，希利尔进一步明确了城市形态作为突现的网络（Network emergence）和网络个体（Network agency）作用和被作用于社会活动④。

（4）城市规划中"网络"设计方法的运用

20世纪末至21世纪初，西方诸多学者已经不满足于对城市空间形态的网络化趋势研究仅仅停留在经验或是实证的范畴之内，而是开始进一步从规范研究的角度来深入探讨如何对城市空间网络进行规划和设计，提出了诸多有

① Hillier, B. and Hanson, J., *The Social Logic of Space*, Cambridge University Press, 1984.

② Hillier, B., *Space is the Machine*, Cambridge University Press, 1996.

③ Hillier, B., "Centrality as a Process", *Urban Design International*, 1999.

④ Hillier, B., *Between Social Physics and Phenomenology: Explorations Towards an Urban Synthesis?* Cambridge University Press, 2005.

益的理论和方法。

①区域城市中的“网络”设计方法。

21世纪初，新城市主义理论的创始人彼得·卡尔索普（Peter Calthorpe）和他的同事威廉·富尔顿（William Fulton）在新城市主义理念的基础上，进一步提出了一套进行区域城市设计的理论。在他们的著作《区域城市——终结蔓延的规划》（*The Regional City——Planning for the End of Sprawl*，2001）中，详细介绍了如何实现这种区域的设计。他们认为“区域设计是一个综合的学科，它把经济、生态、社会和美学结合在一起”；并且认为“区域城市由多重网络和多样化的场所组成”。这和早期雅各布斯和亚历山大的经验主义理论不谋而合。在卡尔索普和富尔顿看来，正在兴起的区域实际上是一个创造网络的过程，其中包括社区网络、开放空间网络、经济活动网络及文化网络。区域的健康与否取决于这些网络的互相联系，良好的界面以及有活力的因素。

瑞士学者弗朗茨·奥斯瓦德（Franz Oswald）和彼得·贝克尼（Peter Baccini）在《网络城市》（*Netzastadt*：*Designing the Urban*，2007）一书中通过对瑞士 Wigger City 案例的研究，提出一套大都市设计方法——“网络城市”设计方法。他们指出，网络城市有三个基本元素——节点、连线和边界。节点代表人、商品及信息的高密集地区；连线代表两个节点之间人、商品和信息的流动；边界指城市网络中空间、时间或结构的划分。其中边界包括两方面的内容：其一是地理学上的划分，城市元素组成的系统具有开放性，系统内部节点与外部节点互相连接，可以与其边界以外的地方进行人、商品和信息的交换；其二，边界的选择与规模大小相互关联，网络城市模型采用的尺度原则源于城市系统中经济和政治的组织结构，并分为住宅、当地单元、社区、地区、国家五个不同的等级。在网络城市中，每个等级的网络都可以作为更高等级网络中的节点，同样，每个等级的网络节点又可转化为较低等级的网络。随着不同等级的选择，似乎出现了新的等级。城市系统各层次间具有自相似性的特征，城市整体空间结构的特质及其演变过程会作用于城市空间的各级构成因子；同时城市空间形态具有时间跨度积累的渐进性及空间自身的相对稳定性，城市空间发展的各个环节与阶段彼此交织，构成复杂的城市结构。

②微观空间网络的城市设计理论。

20世纪80年代末期，丹麦学者扬·盖尔（Jan Gehl）在其经典著作 *Life Between Buildings*（1987）（中译本为《交往与空间》，2002）中，将人们日常的户外活动分为三种类型：必要性活动（necessary activities），自发性活动（optional actinties）和社会性活动（social activities），并尝试从人的交往活动与空间的相互关系入手，探讨人们活动和建筑空间的关系，为微观建筑空间的设计提供帮助。他得出的结论是：人们的日常生活几乎全部蕴含在与建筑相关的微观空间之中，而正是这些活动使得城市和居住区中的公共空间有了意义和吸引力，而城市网络就是这样一个主要存在于建筑空间之间复杂的微观组织结构。盖尔以人的活动为基本出发点的城市微观网络空间设计理论即使在三十多年后的今天依然意义深远。

美国学者尼克斯斯答·萨尼格诺斯（Nikos A. Salingaros）深受早期亚历山大（Alexander，1964，1965，1987）的城市理论和之后贝蒂和朗利的分形城市理论（Batty and Longley，1994）的影响，并在盖尔（Gehl）的理论基础上，从数学的角度提出了一套城市设计的微观理论——城市“网络”理论（Salingaros，1998）①。萨尼格诺斯认为，任何城市设计都可以分解为人类活动的节点和节点之间的相互联系，而节点（Nodes）、联系（Connections）和等级（Hierarchy）是构建“城市网络”的基础。他试图从城市设计中如何处理人的活动和建筑物这种微观空间的联系入手来说明什么样的联系才是“城市网络”中所需要的有意义的联系。他进一步指出，每个围合的建筑和场所都是一个或多个人类活动的节点，而外部节点的范围有完全暴露与部分围合两种形态；城市网络由所有连接点和外部要素构成，如行人和绿化区，独立的墙壁，人行道和容量不断增加的各种道路——从自行车道到高速公路；最后

---

① Salingaros, N. A., “Theory of the urban web”, *Journal of Urban Design*, Vol. 3, No. 1, 1998.

的实证观察验证：城市网络节点之间联系越强，网络所拥有的子网络越多，一个城市就会有越丰富的生活。

2. 国内相关理论进展

到目前为止，国内城市形态的研究并没有一套规范的方法。国内大多数学者是运用传统的城市空间分析方法，结合西方理论或引用别的学科的分析方法对城市形态进行研究。总结起来，主要有以下几类分析理论。

（1）城市空间分析方法

王建国（1994）提出了基地分析、心智地图、标志性节点空间分析、序列视景分析、空间注记分析、空间分析辅助技术、电脑分析技术等 7 种城市空间形态的分析方法①。相秉军等（2000）采用美国学者凯文·林奇在《城市意象》一书中所归纳的城市空间分析方法，即道路、边沿、区域、节点、标志这五个城市形象要素对苏州古城的整体空间形态加以分析②。

（2）数理统计中的特尔菲法（Delphi）和层次分析法（Annalistic Hierarchy Process）

在众多因素影响下的城市空间发展方向选择是一个在多目标下的方案选择问题。分析解决这类问题，层次分析法是一种有效方法。陈勇（1997）在重庆南开步行商业街空间评价中，采用层次分析方法，把城市空间形态分为功能层次、经济层次、技术层次、社会层次和心理层次五个方面，每个层次有各自的内涵，从而构成了具有递阶结构的评价指标体系，最后的评价指标体系由 37 个指标构成，分五大类，4 个层次，然后用特尔菲法和层次分析法相结合确定权重③。

---

① 参见王建国《城市空间形态的分析方法》，《新建筑》1994 年第 1 期。

② 参见相秉军、顾卫东《苏州古城传统街巷及整体空间形态分析》，《现代城市研究》2000 年第 3 期。

③ 参见陈勇《城市空间评价方法初探——以重庆南开步行商业街为例》，《土木建筑与环境工程》1997 年第 19 期。

（3）几何学中的分形理论方法

张宇星（1995）运用分形理论方法研究城市和城市群形态的空间特性[①]。张宇等（2000）应用分形理论，对太原市城市边缘区近40年的动态变化进行了尝试性的定量分析研究，揭示了太原市在不同历史时期的城市地域扩展方式[②]。叶俊等（2001）运用分形理论研究城市形态与城市增长，并认为分形理论方法有助于揭示城市形态演化特征[③]。

（4）系统动力学方法

肖莉等（1993）运用物理学中的动力学研究方法，通过建立形态结构动力学模型研究乡镇的形态受力和运动状态变化规律，并认为镇形态的发展演化主要受三种力的作用：地域原型场引力、自身原型场维持力、变异外力。

（5）城市形态网络拓扑研究

张勇强（2001）[④] 通过对城市形态概念的认识以及对网络拓扑研究方法的探讨，对武汉城市形态行了总体分析和研究，并对其合理性和局限性进行了分析。城市形态的网络拓扑研究有其合理性——交通网络（包括路网、水网）构成了城市形态与城市发展所依托的骨架。它的发展变化左右着城市内部的秩序和外部的发展。网络的密度和复杂程度也直接反映了城市形态的发展程度和复杂程度。因此，城市区域的形状、交通骨架和核心数在一定程度上体现了城市形态的整体特质。然而，网络拓扑研究也有其局限性——这种方法从城市形态整体的特征入手，将城市形态简化为一种平面网络，因而仅仅反映了城市结构的相互平面位置和网络关系，并未反映城市的空间形态及区域关系，而对城市形态组成要素如城市发展轴、空间界面、城市用地等，则无力涉及。

通过对国内外有关城市网络空间分析的理论和方法的梳理，可以发现：

---

① 参见张宇星《城市和城市群形态的空间分形特性》，《新建筑》1995年第3期。

② 参见张宇、王青《城市形态分形研究：以太原市为例》，《山西大学学报》（自然科学版）2000年第4期。

③ 参见叶俊、陈秉钊《分形理论在城市研究中的应用》，《城市规划学刊》2001年第4期。

④ 参见张勇强《城市形态网络拓扑研究——以武汉市为例》，《华中建筑》2001年第6期。

西方社会对于城市网络空间的理论研究起步早，无论是认识论上还是方法论上都进行了大量充分的研究。尤其是经历了从对城市物质空间形态研究到对城市社会空间形态研究的过渡，研究方法也更具多样性和理性性，更多地运用了数量分析方法使得研究更具说服力。

相比之下，国内对于城市网络空间分析的理论研究起步晚，由物质空间向社会空间的转变滞后。近年来，国内对城市空间规划的研究取得了较大进展，城市空间规划的作用越来越受到重视。尤其是城市空间研究成果非常丰富，各个学科如地理学、经济学、政治学、社会学、生态学等从不同角度展开了对城市空间的研究，并逐渐走向空间上的整合。但对于如何将其转化为全社会共同约定的空间政策等的研究比较薄弱，尤其是如何将国外的研究成果转化为适应中国发展的空间规划理论研究需要加强。目前针对个案城市的研究偏向于就事论事，尚未提升到理论高度，也未能总结出具有普遍性意义的规律。对于国外的空间规划理论与研究成果，还需结合中国发展特点予以引进与转化。

1.2.2　网络城市研究

1. 西方关于网络城市的理论研究

从城市网络空间扩展到网络城市理论研究，西方学者始于 20 世纪 90 年代初。1993 年 Camagni 和 Salone 提出城市网络（city networks），认为工业化国家的城市动态显示了一个新的空间秩序兴起——水平城市间模式[①]。意大利北部城市基于网络结构建立了一个新的理论范式，其区域的腹地和功能性，经济和社会关系的空间结构，根据城市网络发生空间组织。1994 年 Westin 和 Osthol 提出的多核心城市区（multicore city - regions），认为多个城市之间通过交通、通信等基础设施连接发生区域性活动，从而形成多个核心城市之间的

① Camageir, R. and Salone, C. , "Network Urban Structures in Northern Italy: Elements for a Theoretical Framework", *Urban Studies*, Vol. 6, 1993.

功能性网络[①]。1995 年，Batten David 提出的网络城市（Network cities），认为全球经济正培育一类多中心的创新配置城市，即网络城市。网络城市的演化发展是由两个或两个以上独立的城市在功能上互补，以快速和可靠的运输和通信基础设施走廊作为支撑，努力进行合作并获得显著的经济效应。并认为由于城市未来的活力很大程度上可能依赖跨国公司的人力资源，预计在下一个千年将有更多的网络城市超越国界[②]。1996 年，Castells 提出的城市功能网络（functional network），认为社会正经历着一场信息技术革命，在这场革命中，信息技术就像工业革命时期的能源一样重要，它重组着社会的方方面面。而根植于信息技术的网络，已成为现代社会的普遍技术范式，它使社会再结构化，改变着社会的形态。作为一种社会历史趋势，信息时代占支配地位的功能和过程均是围绕网络逐渐构成的。网络构成了新的社会形态。1997 年，Friedmann 提出的城市战略网络（strategic network），认为世界城市的层次结构中没有一个稳定的平衡，个别城市可能改变其作为全球资本“控制中心”的经济地位，世界城市的未来在很大程度上取决于推动城市发展和扩张的公共政策。对空间组织，区域治理，环境和社会可持续性问题，移徙工人及其家庭的社会融合，国家、经济以及社会之间的新关系，以及城市网络融合形式等六个政策进行了讨论。最后提出各大中城市建立环太平洋地区战略网络联盟，以促进多种用途。1998 年，Dieleman and Faludi 提出的多核大都市区（polynucleated metropolitan regions），认为在欧洲西北部多个大城市之间经济联系紧密，形成了一个大都市区，并且在这个都市区中有多个核心城市，提出多核大都市区[③]。1999 年，Marion Roberts 等关注到了新技术及新通信手段的大量运用对网络城市的空间与场所的影响，他们提出了一个多中心的网络城市构架，并关注到了网络中节点的场所意义。与几乎所有的网络研究者一样，

---

① Westin, and Osthl. A., "Functional Networks, Infrastructure and Regional Mobilization", *Northern Perspectives on European Integration*, Vol. 40, No. 1, 1994.

② Batten David, F. B., "Network Cities: Creative Urban Agglomerations for the 21st Century", *Urban Studies*, Vol. 32, No. 2, 1995.

③ Dieleman, F. M. and Faludi, A., "Polynucleated Metropolitan Regions in Northwest Europe", *Theme of the Special Issue*, Vol. 40, No. 4, 1998.

作者强调了节点间联系的重要性①。1999 年美国加州大学提出了全球城市区域（Global City - Regions）的概念。2001 年，Zook 从互联网观察全球城市的分布格局②。以英国拉夫堡大学的泰勒、沃克、卡塔拉诺及胡勒等为主的世界城市研究小组，对全球城市网络进行了一系列跟踪研究，从研究方法、数据收集、模型构建、网络作用力等方面进行了深入的分析。表明在信息化与全球化背景下，网络化成为城市空间的组织形式，并且城市网络具有不同的层次，同时网络中的节点（城市）位置表现出动态性。对全球城市而言，城市网络构成了世界经济的网络层次，也是多中心网络中的节点。2007 年，Ina Klaasen 等对网络城市的概念予以进一步分析，指出网络城市是一个多节点区域，城市规划与设计需要摆脱传统的范式，遵循网络的新思维。

以上，西方学者从各自的学科角度出发，对城市网络空间进行了探索，试图突破以往城市空间理论的束缚，通过对城市网络的特征、机制、结构等的分析，寻求对城市空间的新认识。这极大地丰富了网络城市的空间研究内容与理论，为以后的研究开拓了广阔的空间。

2. 国内关于网络城市的研究

第一，理论研究。国内主要有姚士谋（1992、2001）提出的城市群空间网络结构连接特征，概括了城市群区域发展的动态特征以及城市与区域发展的相互关系，认为在城市群区，不同等级、规模、性质的城市构成城市网络，各城市具有一定的经济吸引范围，它们相互嵌套，形成以城市为节点，以交通线密切联系的地域网络，形成有特色的、多层次的、开放的城市群网络体系。程连生（1998）运用图论的观点分析了因新城数量增加所导致的城市网络的扩展及其功能的演化；根据 20 世纪 90 年代的城市网络图探讨了新城在城市网络中的作用以及城市网络对新城发展的影响③。吴启焰（1999）提出

① Marion Roberts, et al., "Place and Space in the Networked City: Conceptualizing the Integrated Metropolis", *Journal of Urban Design*, Vol. 1, No. 4, 1999.

② Zook, M. A., "Old Hierarchies or New Networks of Centrality: The Global Geography of the Internet Content Market", *American Behavioral Scientist*, Vol. 10, No. 44, 2001.

③ 参见程连生《中国新城在城市网络中的地位分析》，《地理学报》1998 年第 6 期。

的城市群空间结构特征网络化，认为城市群具有区域经济地理网络特征。区域经济地理网是一个点、线、面有机结合的经济地理系统。它是城市群内部城镇之间、城镇与区域之间以及城市群与外部系统（区域）间，人口、物质、金融信息流传输的通道①。薛东前（2000）提出的城市群空间网络框架，在论述差异巨大、结构畸形的城市群等级规模特点，分析职能结构细化特征的基础上，阐明了城市群空间网络框架、集聚分布形式和三级多核圈层分布规律②。朱英明（2001）提出的城市群地域结构网络组合特征，认为城市群地域结构是城市群发展程度、阶段与过程的空间反映。城市群地域结构的主要特征有：分形特征、“二次极化”、交通制导、传动作用、网络组合特征。市场经济的建立与不断完善，城市间的经济、贸易和科学文化联系日益密切，城市的功能日益增多和强化，城市群区的开放性网络结构开始形成③。费菁、傅刚（2001）从建筑学的角度描述了网络城市对建筑文化的影响，认为在“漫无边际的网络田地里”，由于功能模糊与边界的不确定性等，“形形色色前仰后合的建筑与前所未见的城市空间”将构成最激动人心的场面④。郑伯红（2003）提出世界城市网络化发展模式，提出了世界城市网络化发展的基本态势和世界城市网络形成的一般模式，认为世界城市网络是一个包含节点、流线和区域的复杂的网络系统，是一个可观察和量化分析的空间体系；职能分工及其组合与变动是标定和测量世界城市网络化模式的主要指标；高层次生产性服务公司的全球化服务网络是标定和测量世界城市网络的直接依据⑤。汪明峰（2004）基于互联网地理学分析手段，研究了全球互联网产业的城市分布格局和互联网城市网络的结构体系，指出在新的互联网技术影响下，一个

---

① 参见吴启焰《城市密集区空间结构特征及演变机制——从城市群到大都市带》，《人文地理》1999 年第 1 期。

② 参见薛东前、姚士谋、张红《关中城市群的功能联系与结构优化》，《经济地理》2006 年第 6 期。

③ 参见朱英明《我国城市群地域结构特征及发展趋势研究》，《城市规划学刊》2001 年第 4 期。

④ 参见费菁、傅刚《网络城市和建筑散文》，《宁波经济》2001 年第 3 期。

⑤ 参见郑伯红《现代世界城市网络化模式研究》，博士学位论文，华东师范大学，2003 年，第 124 页。

由网络城市组成的全球城市网络已开始浮现①。甄峰等（2007）对西方关于信息技术影响下的城市网络研究观点进行了梳理，比较了我国学者关于城市网络的研究，指出中国今后城市网络研究的重要方向是信息技术影响下的区域城市网络②。文宗川等（2008）从生态城市和城市圈相关理论分析入手，提出了生态网络城市的建设模式，构建了生态网络城市评价指标体系的结构模型③。沈丽珍等（2009）通过对区域流动空间的整合研究，发现在流动空间中，连接性弱化物理邻近性，关系论更新区位论，区域空间关系被重新整合。认为这种关系作用于传统的中心地体系，形成流动空间的网络城市体系，进而构筑全球城市网络体系④。陈文鸿（2009）指出全球化趋势下的城市形态正从工业化时期的单极城市中心，向多核的城市网络发展，并认为多核都会区将直接影响"珠三角"都会化的未来发展⑤。张轶楠（2009）对信息化背景下的公共空间网络进行了研究，认为在信息化时代，随着网络的普及，城市公共空间发生了根本的转型，由以实物为内容的物理空间转向了以网络为支撑的虚拟空间⑥。何磊（2009）对城市中的网络空间系统的识别和评价进行了研究，提出了基于形态特征与生理特征的城市网络空间系统的质量评价体系⑦。

第二，实证研究。运用网络城市理念探索城市建设的有以下学者。程国庆（2001）在研究温州城镇化进程的过程中，提出了把温州建设成为"山水城市·家园城市·网络城市"的总体构思及具体实施方法⑧。张楠等（2003）

---

① 参见汪明峰《浮现中的网络城市的网络——互联网对全球城市体系的影响》，《城市规划》2004 年第 8 期。

② 参见甄峰、刘晓霞、刘慧《信息技术影响下的区域城市网络：城市研究的新方向》，《人文地理》2007 年第 2 期。

③ 参见文宗川等《生态网络城市建设模式及其评价指标体系》，《城市发展研究》2008 年第 6 期。

④ 参见沈丽珍、顾朝林《区域流动空间整合与全球城市网络构建》，《地理科学》2009 年第 6 期。

⑤ 参见陈文鸿《全球化进程中的世界城市网络——"珠三角"都会区的概念与发展》，《产经评论》2009 年第 1 期。

⑥ 参见张轶楠《浅析信息化时代城市网络公共空间的建构》，《中国广播电视学刊》2009 年第 12 期。

⑦ 参见何磊《城市网络空间系统的识别与评价研究》，硕士学位论文，中南大学，2009 年。

⑧ 参见程国庆《关于温州建设"山水城市·家园城市·网络城市"的思考》，《现代城市研究》2001 年第 1 期。

在借鉴城市地区网络化组织新理论的基础上，对传统中心地规划理论下的长株潭城市地区发展政策和概念性规划研究工作进行了反思，提出了建设网络型城市的建议①。汪淳等（2006）认为在经济全球化与知识经济迅猛发展背景下，基于快速交通、通信网络及范围经济的新型城市集合形态——网络城市开始形成，并运用网络城市的理论阐述了建设苏锡常网络城市的战略意义，从城市功能整合、支撑体系建设、功能空间组织和协调规则构建4个方面对苏锡常网络城市布局进行了探讨②。赵红杰等（2007）等探讨了网络城市系统中节点的重要作用，提出从首位度、通达度、商品交换、通信化四个方面入手构建网络城市系统节点的设计思路；并以河北省环京津地区为例进行了实证研究③。王珺等（2008）对网络城市理念进行剖析，以及通过“单中心区域”与“网络城市”的比较，提出以“网络城市”的概念模式优化武汉城市圈的空间格局，并从“培育基于互补合作的节点城市”“形成重要产业廊道”“加强城市双向水平联系”“构建基于整体优化的协调机制”等方面提出了具体的优化策略④。同年，他们又采用基于多维目标的聚类分析模型，以武汉城市圈各城市节点为样本进行实证研究，确定了区域内网络核心城市武汉和亚核心城市黄石、鄂州、仙桃等，并针对不同层次城市提出了推进区域协调发展的建议⑤。何韶瑶等（2009）基于网络城市模型，以城市首位度、城市群序位规模分布为参数，分析长株潭城市群空间结构体系特征。从节点互补、交通优化、节点增长、城市协调等方面提出了长株潭城市群网络空间结

---

① 参见张楠、郑伯红《现代网络型城市的区域规划理论思辨——长株潭地区的案例》，《城市发展研究》2003年第6期。

② 参见汪淳、陈璐《基于网络城市理念的城市群布局——以苏锡常城市群为例》，《长江流域资源与环境》2006年第6期。

③ 参见赵红杰、孙桂平、龙丽民《网络城市系统节点的设计与构想——以河北省环京津地区为例》，《安徽农业科学》2007年第24期。

④ 参见王珺、周均清《从“单中心区域”到“网络城市”——武汉城市圈空间格局优化战略研究》，《国际城市规划》2008年第5期。

⑤ 参见王珺、周均清《网络城市系统中核心城市的确定——以武汉城市圈为例》，《昆明理工大学学报》（理工版）2008年第4期。

构体系发展设想①。汤雪璇等（2009）从城市历史文化网络建构的角度，结合宁波老城区进行了实证研究，将点、线、面三个层面的历史资源和历史资源轴线进行叠加与整合，初步构建城市的历史文化空间网络，形成由城市绿色廊道、开放空间、历史建筑及文化小品等组成的历史文化空间网络体系②。刘晓芳（2009）从圈域、区域与市域三个层面对城市群的空间网络化进行了研究，并结合湖南省尤其是长株潭城市群进行了实证研究。

国内相关研究更多的是以地理学的学科背景及相关方法对城镇群的空间网络体系进行分析，关注城市、区域城镇群空间的网络关系，其研究角度与侧重点各有不同，既有以网络为策略的思想探讨，也有以网络形态为重点的方法探讨。这些对开阔网络城市研究思路起到了一定的作用。

3. 网络城市的特征

网络城市是两个或更多的原先彼此独立，但存在互补功能的城市，借助快速高效的交通走廊和通信设施连接起来，彼此尽力合作而形成的富有创造力的城市集合体。网络城市与中心型城市比较，具有较大的灵活性，拥有较大的区域腹地，是一种更为稳定的城镇群体组合结构。相比树形城市、中心型城市，网络城市具有以下特征。

（1）城市呈节点形态，通过交通、通信等支撑体系连接

网络城市中的城镇在网络体系中呈节点形态，每个城镇是组成网络的单个节点，网络城市中的节点城市的横向联系、双向辐射，要求水平联系的可达性，必须以完善的、高效快捷的交通网络为支撑，节点间的交通、通信等基础设施建设是网络城市形成的关键。

（2）城市间功能互补，双向流动，交互式增长

作为区域一体化的城市群体，城市职能的模糊或者城市职能的雷同，都会导致城市群内部产业恶性竞争，降低城市群竞争力。网络城市体系的相互

① 参见何韶瑶、马燕玲《基于网络城市理念的城市群空间结构体系研究——以长株潭城市群为例》，《湖南大学学报》（自然科学版）2009年第4期。

② 参见汤雪漩、董卫《城市历史文化空间网络的建构——以宁波老城为例》，《规划师》2009年第1期。

联系机理主要是城市功能互补性，而非中心型城市体系的主从关系，强调网络体系内城市生产服务多元化、异质化。网络城市不同于单核心城市，网络城市更多地注重城市群内城市间经济联系的双向流动，而非单核心的单向流动，促进城市间交互式增长。

（3）城市弹性发展，水平联系流显著

网络城市强调城市的节点性，不依靠城市的规模效应，有较大的弹性及区位自由度。但是网络城市并非否定城镇等级结构。构建完备的网络城市体系，优化城市群的城镇体系结构，根据城市职能分工、经济联系度，确定各节点城市在网络城镇体系中的等级定位；并通过方便快捷的交通网络体系，实现城市间高强度联系流高效率运转；依靠完善的水平联系，使城市间的人流、物流、信息流运行效益最大化。

（4）城市群空间结构稳定

城市群空间结构的稳定性是城市群构成要素在拓扑空间通过共生增长和空间自组织过程的配置达到空间结构相对有序，并趋于平衡的特性。优化城市群空间结构稳定性可以促进城市群内各城镇按合理的空间组织模式布局，促进区域协调发展，提高城市群内部经济、社会运行效率，提高城市群抗风险能力。城市群节点城市是构成复杂结构与稳定结构的基础，节点数越多，稳定性越高。网络城市的第一特点就是强调城市群内城市构成的节点性，加强城市群网络的多节点构建，有利于提高整个城市群空间结构的稳定性。同时根据中国城市群空间结构的稳定性分析（宋吉涛等，2006），网络型城市群是最稳定的结构形态。稳定性比较：网络型 > 放射型 > 环绕型。城市群体空间发展具有导向性，为促使网络体系的结构稳定，可优先发展部分城市以使城市群结构呈网络型①。

4. 网络城市的基本内涵

综合以上分析，虽然国内外学者所属领域、研究角度多有不同，但概括

① 参见宋吉涛、方创琳、宋敦江《中国城市群空间结构的稳定性分析》，《地理学报》2006 年第 12 期。

来讲，网络城市的基本内涵可以表述如下。

第一，网络城市实际上包含了网络化的城市和城市的网络两种含义。前者可以认为是城市空间的新形态特征，后者可以认为是城市空间的构成要素形式。

第二，就网络城市的结构而言，其可以看作物质实体联系（快速交通网络）与信息虚拟联系（现代通信）空间相互作用的系统。

第三，就网络城市的形态看，网络城市是一个一体化的城市区域，由存在竞争、互补关系的多中心城市构成。

第四，就网络城市的意义来看，网络城市可以看作未来经济、社会、环境可持续发展的一种规范化的空间策略。

1.2.3 城市国际化与国际化城市研究

1. 国外城市国际化相关论述

随着经济全球化与世界一体化，国际城市不断发展，一系列与国际化城市相关的概念也不断涌现。

（1）霍尔的论述

彼得·霍尔（Peter Hall，1966）对世界城市提出了最为经典的解释，他认为世界城市是国家与国际的政治中心，国际贸易中心，金融机构、总部商务、保险中介以及相关金融服务业中心，生物医药、高级科学知识、研发和创新的技术应用等高级职业技术中心，通过出版、媒体、广告设计等进行知识、信息收集与传播中心，文化艺术、娱乐休闲以及相关活动的文化中心。霍尔在《世界城市》一书中，从政治、贸易、金融、文化、通信设施、技术和高等教育等多个方面较为全面地对伦敦、巴黎、纽约、莫斯科、东京等世界城市进行了综合研究，由此拉开了现代世界城市研究的序幕。

（2）弗里德曼的论述

弗里德曼（John Friedmann，1986）对“世界城市”进行了概念化并提出了完整的研究框架。他认为世界城市的开放程度和国际劳动分工决定了城市功能产业结构和城市形态，并在《世界城市假说》中对“世界城市”理论进行了详细的论述，提出“世界城市”的本质特征是拥有全球经济控制能力，一个城市在世界城市网络体系中的地位取决于该城市参与国际劳动分工和承担国际职能的多少。

（3）萨森的论述

萨森（Sassen，1991）研究国际化城市的方法是通过分析全球排名靠前的生产性服务公司的空间分布，做出了世界城市是服务业企业重要聚集地和市场的假设。从生产性服务业的强度、集中度和国际化程度三方面给国际化城市界定出概念。在其新的世界城市学说中，萨森认为全球城市是管理中心、专业服务和金融创新的生产中心，良好的基础设施和便捷舒适的服务是国际化城市在世界经济中崛起的动力性因素。

（4）卡斯特的论述

卡斯特（Manuel Castells，1996）从“节点城市”（Node City）概念出发，分析了世界经济基本框架形成的力量基础，并提出了“信息城市”的概念，认为所谓的国际化城市就是他所指的信息城市。他指出信息流空间正逐步取代城市空间；国际化城市积累财富和权力的过程，更多地要通过其“流量”来实现。

（5）泰勒的论述

泰勒（Taylor，2004）创新性地运用跨国服务业企业的布局和内部联系来研究世界城市网络，并完成专著《世界城市网络》。该书批判国家城市体系研究框架的同时，提出应从国际视角研究城市问题，认为只有将城市纳入世界城市网络，才能正确把握城市产生和发展的本质。为此他搜集了 2000 年 100 个跨国服务业企业的总部和分部在 315 个世界城市中的分布、规模和功能信息。

2. 国内城市国际化相关论述

西方学者对城市国际化的研究集中在国际城市区域以及城市网络方面。国内学者对城市国际化的研究起步较晚，始于 20 世纪 90 年代初。

陈光庭（1994）认为，国际化城市是在人员、资金、商品、信息、文化等方面与世界上其他城市交流活动与日俱增，且其吸引力和辐射力影响到国外的城市。姚士谋（1995）认为，国际化城市是指经济实力较强，能够大规模地集聚与扩散国际经济能量，包括物资流、商品流、信息流、资金流、人才流和科技流等，拥有较为完善的现代化城市基础设施和便捷的信息交会，对经济、社会、文化的发展具有一定影响的城市；并且研究了国际化城市的形成路径及特征①。孙革（1996）指出城市国际化是一个大的趋势，且并不只是表现在经济发展上，而是各方面齐头并进，全面地发展②。顾朝林等（1999）从国际化城市的概念、形成与发展动力因素，以及在我国形成的可行性分析、建设国际性城市的实力评价和面临的难点五个方面展开了论述，并提出建设性意见③。姚蓉（2000）认为，城市的发展已经置于全球化背景之中，国际化成为世界城市发展的必然趋势。在国际化进程中，一些中心城市的辐射力和影响力超越了地域和国界，在国际交往中具有突出的外向型功能，并在国际上占据重要地位④。周一星（2000）从外贸进出口额较大的企业、实力雄厚的外资企业数量、外资金融机构入驻数量等方面分析出中国国际城市的发展在空间上将遵循由南向北的特点，并认为国际城市的高级阶段应称为世界城市⑤。郑伯红等（2007）在《世界城市理论研究综述》中基于对西方学者关于世界城市研究的总结，从功能、职能形态和结构三个方面给出了现代意义上的世界城市。即从功能上看，世界城市是在国际政治、经济和文化生活中具有一定控制力的城市，是一个国家或地区参与国际政治、经济和社会分工的重要载体；从职能形态上分析，世界城市是在世界经济及世界文化领域掌握着控制权的城市；从结构上看，世界城市在等级与网络整合的系

---

① 参见姚士谋《国际性城市的现代化内涵及其功能》，《城市发展研究》1995 年第 6 期。

② 参见孙革《我国城市现代化与国际化研究述评》，《北方论丛》1996 年第 6 期。

③ 参见顾朝林、孙樱《经济全球化与中国国际性城市建设》，《城市规划学刊》1999 年第 3 期。

④ 参见姚蓉《西安城市国际化条件评析》，《人文地理》2000 年第 1 期。

⑤ 参见周一星《新世纪中国国际城市的展望》，《管理世界》2000 年第 3 期。

统中形成[①]。武前波等（2008）在《国际城市理论分析与中国的国际城市建设》中通过对国际城市相关理论的研究和述评，从劳动空间分工的视角论述了国际城市的形成，在吸取主流国际城市理论研究方法的基础上，构建出了一个新的理论分析框架，并指出了国际城市的形成主要是由于地方生产系统、全球生产网络、区位和国家相互作用的结果[②]。齐心等（2011）在《北京世界城市指标体系的构建与测评》中从总体实力、网络地位和支撑条件三个方面入手，通过测评分析得出北京在建设世界城市目标上的综合实现程度只接近于世界城市的门槛值[③]。王兆林（2011）在《南宁市建设区域性国际城市战略构架与对策探讨》中，运用 SWOT 分析法分析了南宁市建设区域性国际城市的优劣势和机遇与挑战等，并在此基础上提出了南宁市建设区域性国际城市的对策[④]。陆军等（2011）认为判别世界城市的传统指标有跨国公司、经济控制力和基础设施，判别作为世界城市的城市个体指标体系主要有经济实力、政治实力、文化实力、科技实力和社会实力等[⑤]。

从整体上看，国外的研究无论是理论构建还是实证内容都趋于完善。而国内的相关研究还处于起步阶段。对于城市国际化的现有研究，研究西方发达国家的多，研究发展中国家的偏少；研究国内沿海城市的多，研究内陆城市的偏少，特别是针对中西部城市国际化相关的研究，更是甚少。研究内容上，侧重于国际化特征和功能分析，以及国际化城市的内涵和评价体系建构。

3. 城市国际化与国际化城市

在经济全球化背景下，城市作为经济系统的主要载体，代表所在国家或

---

① 参见郑伯红、陈存友《世界城市理论研究综述》，《长沙铁道学院学报》(社会科学版）2007 年第 8 期。

② 参见武前波、宁越敏《国际城市理论分析与中国的国际城市建设》，《南京社会科学》2008 年第 7 期。

③ 参见齐心、张佰瑞、赵继敏《北京世界城市指标体系的构建与测评》，《城市发展研究》2011 年第 4 期。

④ 参见王兆林《南宁市建设区域性国际城市战略构架与对策探讨》，《经济研究参考》2011 年第 59 期。

⑤ 参见陆军、王栋《世界城市的综合判别方法及指标体系研究》，《经济社会体制比较》2011 年第 6 期。

地区参与全球经济分工和合作，起到与其经济系统相适应的作用。全球化推动了城市的管理和服务功能的发展，使城市成为世界经济的节点。城市国际化是指城市的资本、货物、人员、技术、信息和服务等要素进行跨国界的相互往来与交流活动，并更多地遵从全球性惯例和游戏规则，参与全球性的竞争与合作，在全球经济活动中扮演着一定角色。目前，主要发达国家城市国际化快速发展期已过去，发达国家中心城市的职能均具有国际化属性。众多发展中国家的城市，包括中国大陆的城市，为了适应经济全球化的形势，增强自己在国际市场的竞争力，都在致力于本国城市的国际化发展，内容包括：①使城市的产业更多地参与国际分工，融入国际市场；②使城市的运行机制更好地与国际惯例或准则接轨；③使城市的环境建设更适宜于国际的交流、联系、竞争与合作。

在城市国际化过程中，一些中心城市的影响力超越了地域与国界，并在国际交往中具有某个或综合的突出外向型功能，在国际上占据重要地位，对全球经济、政治、文化等方面具有重要影响力，这类城市即国际性城市（International City），西方学者称之为世界城市（World City）或全球城市（Global City）。根据国际性城市的功能及国际影响程度的差异等，可将其划分为不同类型、不同等级。以泰勒（Taylor，P. J.）为首的世界城市研究小组，对全球264个城市进行评价后认为：高度国际化城市即全球城市共有55个；67个城市正处于国际化进程中，但尚不能称为全球城市；还有145个是在经济、政治、社会和文化某一方面具有国际影响的城市，属于国际化初始阶段的城市，可以进一步分为经济型、政治型、旅游型、文化型国际化城市。

在当今经济全球化与信息化发展的新时代，每一个城市和地区不可能独立其外。城市之间总是在不断进行着物质、能量、人才和信息的交换，使得城市与城市之间、城市与区域之间在社会经济各项活动中相互关联、功能互补。城市国际化已是必然趋势，它是一个国家城市发展和城市体系建设的普遍趋势，是一个渐进的历史过程。当今时代的发展趋势是“从国家经济到世界经济”，国际的相互依存越来越强，正在形成“全球相互依赖”的经济格局。城市是经济活动的空间载体与地域中心，国家（区域）经济的国际化必然要求城市的国际化。更确切地说，城市往往成为国家（区域）经济国际化的先锋与枢纽。

世界城市的形成是一个缓慢、动态的过程，在全球化与信息化的交互作用下，越来越多的城市融入其中，间接或直接参与全球经济，并在连接国内外经济活动中，随着地位和作用的逐步提高而成长为国际化城市，成为全球城市网络的节点之一，而这一过程实质上就是城市国际化的进程。因此，城市国际化既是城市积极参与国际分工与协作、城市经济政治生活日益融入国际的过程和程度，也是国际公认的快速提升城市经营水平和综合竞争力的重要途径。

国际化城市是具有较强经济实力，能够较大规模地集聚与扩散国际经济能量，包括商品流、物资流、资金流、信息流、科技流、人才流等，具备完善的现代化城市基础设施和便捷的信息交会渠道，并具有国际化的服务功能，能够对经济、社会、文化发展具有一定影响的城市。而城市国际化是指一个国家或地区的经济发展超越政治界限，城市在人流、物流、资金、信息和文化等方面进行跨国界的相互往来与交流，城市的吸引力辐射到国外的过程。它是经济全球化进程中的一种必然现象，是地区参与并与全球范围的商品市场、要素市场发生互动的一个过程。简言之，城市国际化就是国际性城市的形成过程。城市的国际化是指某一城市与世界其他国家在经济、社会、文化发展方面的联系与融合，成为一体化国际发展体系的有机组成部分。城市的国际化表明城市不仅是在其地域范围内发展，更是处在国际发展的大环境中，与国际上其他城市的经济、社会、文化的发展紧密相关。只有城市的吸引力和辐射力影响的范围更大，达到国际发展水平，才能实现国际化。目前我国很多城市已将如何更好地带动区域走向国际化作为关注的热点。

4. 中国城市的国际化

中国大陆学者把国际化城市划分为四个等级。第一等级为世界城市或全球城市。其知名度和影响力波及全世界，是综合性国际化城市。国内公认的是纽约、伦敦、东京等城市。第二等级为洲际城市，或一般国际城市。其知名度和影响力主要集中在同一洲或相邻洲的范围内。如新加坡、首尔、芝加哥，中国的台北、香港、北京、上海、广州、深圳等可能成为这类城市。第三等级为区域性国际城市，或地区性国际城市。其知名度和影响力主要在周边国家，对外交流与合作的对象也主要集中在邻国之间，国际人口不多。如曼谷、吉隆坡、大阪、马赛、名古屋，中国的重庆、武汉、成都、西安等有望成为这类城市。第四等级为单体国际城市，又称专业性国际城市。其知名度和影响力只集中在某一个方面，如电影、音乐、历史文化遗产、自然遗产、港口、交通枢纽等，或拥有特殊的专业市场以吸引国际人口。

国内外学术界预测，未来中国会逐步形成数个有重大国际影响力的世界城市（全球城市），数十个具有洲际和地区性影响力的国际化城市。按照党中央的战略决策，到2020年中国要全面建成小康社会，21世纪中期基本实现现代化，基本达到中等发达国家水平。那种认为中国只能“允许”建设数个“国际化大都市”的观点虽然有一定道理，但是只看到了问题的一面即国力不足，而忽视了问题的另一面即“城市国际化”的实质是城市职能与国际接轨，城市国际化发展并不等于建设“世界级城市”或“国际化大都市”。另外，持这种观点的人往往只把眼睛盯着“国际化大都市”，而忽视了中国还可以建设一大批“国际化小都市”——具有一定专业特点的单体国际化城市。

城市国际化发展是以城市现代化为基础，不能把中国城市国际化的发展简单地理解为建设国际性城市。否则，即便将来达到了较高的国际化水平，也不一定称得上真正的国际性城市。中国城市国际化的发展是城市职能提升的过程，其关键是使城市的产业发展更多地参与国际分工和融入国际市场，城市运行机制更好地与国际惯例或准则接轨，城市的环境建设更适宜于国际的交流、竞争与合作。

首先应是整体性的国际化。所谓整体性，是指所有城市的发展都应纳入国际化的轨道，实现城市体系整体的国际化，而不只是限于少数中心城市。国际化是城市发展走向与国际经济、社会、文化发展相融合的过程，是所有城市都应追求的方向。

其次应是主动型的国际化。发达国家的先进城市以其雄厚的经济、技术实力与资本控制能力，以主动的态势进入国际大循环，成为国际经济体系的核心；第三世界国家的城市服从其资本扩散与传统产业转移的需要，被动进入国际经济循环，从而在国际经济体系中居于边缘地位。我国城市应该增强自身综合实力，加速城市产业高级化，以主动的态势进入国际经济循环。

国际化城市的建设是中国经济发展到分界点，内陆城市在经济全球化驱动下的现实选择。沿海城市利用改革开放的先行之机，获得了巨大的先发性利益，先后建立起城市国际化的基本框架。内陆地区必须加快国际化进程，尽快融入世界城市网络体系之中。只有内陆城市完成国际化建设，中国城市体系才可以说真正融入了一个可持续发展的全球城市体系。以国际化为发展目标，进而提升在世界城市体系中的竞合地位，已经成为中国城市新一轮发展的内在趋势和世界城市体系进一步调整的外在要求。这不仅符合当今世界经济发展的大趋势，也是我国经济发展和全方位开放，以及城市本身进一步扩大开放和带动区域发展的内在要求。

1.2.4 “一带一路”节点城市研究

根据“一带一路”的地域属性大致划分。空间上包括海陆两个层面，“一带”是规划中国在亚欧内陆上的经济贸易通道，指从中国出发，经中亚、俄罗斯到达欧洲，或是经中亚、西亚至波斯湾、地中海，以及中国到东南亚、南亚、印度洋的“丝绸之路经济带”。“一路”是规划中国海上经济贸易通道，指从中国沿海港口过南海到印度洋，延伸至欧洲，或是从中国沿海港口经过南海到南太平洋的“21世纪海上丝绸之路”。其中，丝绸之路经济带的核心区域是中国西北五省以及中亚五国；21世纪海上丝绸之路的核心区域是中国东南、西南省份以及东盟十国。

包括合肥、南昌、郑州、武汉、长沙、西安、成都、重庆、兰州、西宁、乌鲁木齐等11个城市，研究将其界定为“一带一路”中西部主要节点城市。其对所在区域具有重要的经济、社会、文化、对外交往战略地位和影响力，是所在区域的要素流动节点和增长极，均对所在区域发展具有支撑作用。

从空间范围上看，“节点城市”位于“一带一路”倡议的沿线区域；从空间关系上看，“节点城市”均是所在区域的省会城市，具备国际、国内要素的集聚、辐射能力，并与区域内外不同等级城市进行频繁互动；从战略作用上看，“节点城市”有对内对外的双重功能，对于国内、区域内部的发展起到重要的支撑作用，是所在区域与外部联系和经贸互动的主要门户和枢纽区域，通过自身与外部的贸易、投资、金融、交通运输等连接网络促进区域的国际化；从发展依托上看，“节点城市”的发展很大程度上取决于其与沿线区域和城市的互联互通与产能合作能力，未来发展的关键在于沿线城市间网络体系的建构。从发展潜力上看，“节点城市”的功能层次具有逐渐扩展之势，相关城市目前的发展水平依然相对有限，其对外经贸联通互动能力也处在发展的初级阶段，将随着国际投资贸易流在“一带一路”区域的落地和拓展逐渐加速。综上，“节点城市”的关注点不仅在于相关城市对世界经济的控制力，而是进一步扩展到国际要素与城市所在区域之间的结合与互动。因此可以说，节点城市是城市国际化过程的发生地，也是“一带一路”建设的落脚点和支撑点。本书以研究城市国际化发展水平与态势为依托，对其城市国际化网络进行界定、分析和演绎。通过获取城市间外商直接投资额、货运铁路线、航空线路数据以及国际友好城市关系数据，作为城市间关联强度的替代参量，从一定程度上补充了城市国际化研究中的关系型数据，以达到完善研究节点城市国际化及其网络的空间关联与结构模式之目的。

一方面，全球经济已经进入由空运主导的产业形态转型升级时期；另一方面，建立在互联网和新材料、新能源相结合基础上的新一轮产业革命正在兴起。以上两大变革，意味着中西部节点城市已经具备全方位从事全球贸易、国际产业合作的条件。首先，节点城市在西部大开发、中部崛起等国家战略推动下获得了大规模的基础设施建设投资；其次，因为沿海地区成本差异扩大，且随着国际产业分工和转移范围的逐步扩大，内陆地区正成为全球经济格局中市场空间最大的区域和国际产业转移的重要阵地；最后，自身的区位优势，周边腹地丰度颇高的自然资源以及潜力巨大的市场，均使节点城市国际化具备了强大的区域经济支撑。随着日益频繁的要素流动和产业转移，节点城市通过高效的信息交流，日趋以错综复杂的方式加强与外部地区的跨界关系，在区域城市网络中有所展露，且节点地位不断增强。

1.3 研究目标与思路

综观国内外网络城市的空间研究，无论是宏观层面的“全球城市”网络，还是中、微观层面的城市网络，其出发点或者说立足的背景实质上统一于信息化对空间的影响之下。普遍的观点是，城市空间日益朝着多中心的网络化发展，高速的交通与通信技术改变了传统区位；在网络城市中，城市间或者城市内部单元间的联系（或者说关系）成为决定性因素。在此背景下，研究城市空间的新特征，构建城市空间的网络理论具有一定现实意义。选取微观、中观、宏观三个层面的视角构建城市的空间网络体系，并结合长沙、长株潭都市圈、京津冀城市群、“一带一路”中西部节点城市国际化网络、长沙工程机械产业国际化网络等进行实证研究，以期对基于网络的城市发展与控制有所裨益。

1.3.1 研究目标

本研究的切入点是在认识到城市空间逐步网络化的前提下，从城市物质空间规划设计方法入手，系统分析城市内部空间、都市圈、城市群、全球城市的网络化特征。相比于国内外现有研究成果，本研究具有一定的创新性和较高的研究价值，对于构建城市网络化与网络城市的理论框架，以及指导城市国际化发展和城市空间规划设计有重要意义。

第一，从理论研究来看，国内外对城市网络化与城市国际化的研究较晚，始于信息化日益发达的20世纪末期。关于城市网络化与网络城市的系统研究成果相当缺乏。因此，本书从节点、连线和边界多角度出发对“城市网络空间”进行界定，并基于系统论的方法对城市网络空间系统的要素、特征和结构进行阐述；再从网络城市空间的复杂性和流动性两个层面进行城市网络化理论研究，这对弥补城市网络化与网络城市理论缺陷，完善和丰富城市空间理论，加快城市地理、城市规划理论建设起到一定的促进作用。

第二，从实证研究来看，目前国内外研究是针对某个特殊城市群，研究较为片面，普适性与指导意义不强；本研究从市域、圈域、区域、国家、全球等多层面分析网络城市，建立网络城市空间系统指导理论，实证城市空间网络化与国际化，探讨如何优化城市网络空间，对加强理论运用和促进城市国际化具有重要意义，对城市空间规划设计具有广泛的指导作用。

第三，在“一带一路”背景下，对节点城市国际化发展状况做出科学评价，对节点城市国际化空间网络结构特征做出分析，对节点城市产业空间和经贸合作方向重点做出判断，并对节点城市国际化发展趋势、类型与模式提出建议，实现中西部城市融入国际化与“一带一路”发展的向导意义。

1.3.2 研究思路

本书的研究思路大致可以分为九个步骤。

第一步，先从认识到城市空间网络化的现实出发，从实体和虚拟两个层面来论证“城市是一张网”这样一个事实；然后通过相关理论的文献综述，引出本书的中心论点是基于网络的城市实体形态空间系统的识别与评价研究。

第二步，是城市网络空间的基础理论分析层面的论述。主要分两个层次，由浅入深，逐步对“城市网络空间系统”这一概念进行解读。首先对“网络”这一概念进行界定，指出网络是由节点、连线和边界三个要素构成的，并分别对城市网络中的这三个要素做进一步的分析；然后，从系统论的角度对城市网络空间系统的要素、结构和功能三者做全面的阐述，从而形成一个完整的“城市网络空间系统”的概念。

第三步，是网络城市的理论研究，从网络城市空间的复杂性和流动性两个层面展开论述，首先分析网络城市空间的复杂性，认为网络本身具有复杂性，空间复杂性可分为实空间、相空间和序空间三个维度，即从属性、等级和时间三个角度来界定，网络城市空间的复杂性表现为联系、节点、层次的复杂性，其形成机制是空间的自组织；接着对网络城市空间的流动性进行分析，在虚拟空间与实体空间相互作用下产生了流动空间，网络的外部性、选择性、柔性是空间流动的内在动力，城市空间的流动性促进了空间网络化演化。

第四步，是市域层面的网络城市分析——城市内部空间网络化。运用城市空间形态学理念揭示了城市网络空间的内部生长与演进，针对城市网络空间形态模糊，提出了网络节点的形态识别方法和城市网络空间形态识别指标，最后基于空间句法对长沙城市空间网络与长沙历史文化空间网络进行了量化分析。

第五步，是圈域层面的网络城市分析——都市圈空间网络化。首先对城市外部空间演化的一般规律做了总结，指出了长株潭都市圈的发展历程，并对研究范围进行了划定；然后阐述了企业生产网络主导的城市区域生产空间组织理论，从产业空间网络化、节点空间生长实证了长株潭都市圈网络型城市空间构建；最后提出了网络型城市功能整合措施，包括总体上功能互补、圈域网络拓展、紧凑型网络城市形态。

第六步，是区域层面的网络城市分析——城市群体空间网络化。首先指出了产业集群与城市群空间网络化的关系，提出了城市群空间“雁行”形“双子座”形“走廊”形“同心圆”圈层状、“多圈层”状五种网络化组织模式；接着以京津冀城市群为例，量化分析并深入挖掘了基于统计指标的城市群区域空间特征。

第七步，是国家层面的城市群体空间网络化，量化了国家城市网络和国家城市群网络在2011年、2013年、2015年表现出的节点特征以及网络整体特征，基于一系列指标数据的统计，进一步完成了国家空间特征的挖掘。

第八步，采用社会网络分析方法，科学评价“一带一路”沿线节点城市国际化网络的发展态势。在节点城市国际化网络分析中，利用城市中的资本流动网络（地区间FDI数据）、基础设施网络（航空流、铁路流等数据）和社会文化交流网络（“国际友好城市对”信息）反映城市网络联系情况，统计出两两城市之间的联系数据，再借助图论原理以及网络分析软件描绘其网络关系和空间组织，达到构建“一带一路”节点城市与沿线地区的网络连接关系，并从要素流视角研究城市网络体系问题的目的。

第九步，是全球层面网络城市分析——城市国际化网络。首先在总结城市国际化网络相关概念的基础上，分析控制型资源塑造的城市国际化网络，以美国外资银行为例解析了区域金融空间集聚形成的金融城市国际化网络体系；接着从跨国公司价值链分析城市国际化网络，以长沙工程机械产业为例解析了跨国公司产业组织的城市国际化网络；最后从长沙政治、经济、文化外向联系分析城市国际化网络，提出从产业发展、科技创新、经贸市场、金融服务等方面建设城市国际化网络的对策建议。

综合上述研究的基本思路，我们可以得到研究技术路线，如图1－3所示。

基础研究
城市网络化与城市国际化
研究背景
研究综述
研究目标与思路
研究方法与手段
城市网络空间系统界定
城市网络
城市网络空间
世界城市网络
城市国际化网络
理论研究
城市网络空间系统界定
网络城市空间的复杂性
网络城市空间的流动性
实证研究
市域层面的网络城市分析——城市内部空间网络化
圈域层面的网络城市分析——都市圈空间网络化
区域层面的网络城市分析——城市群体空间网络化
国家层面的网络城市分析——城市群体空间网络化
区域层面的城市国际化网络
——基于中西部节点城市外部和内部空间联系网络
全球层面的城市国际化网络
——基于控制型资源塑造、跨国公司价值链、跨国公司产业组织、对外联系的城市国家化网络

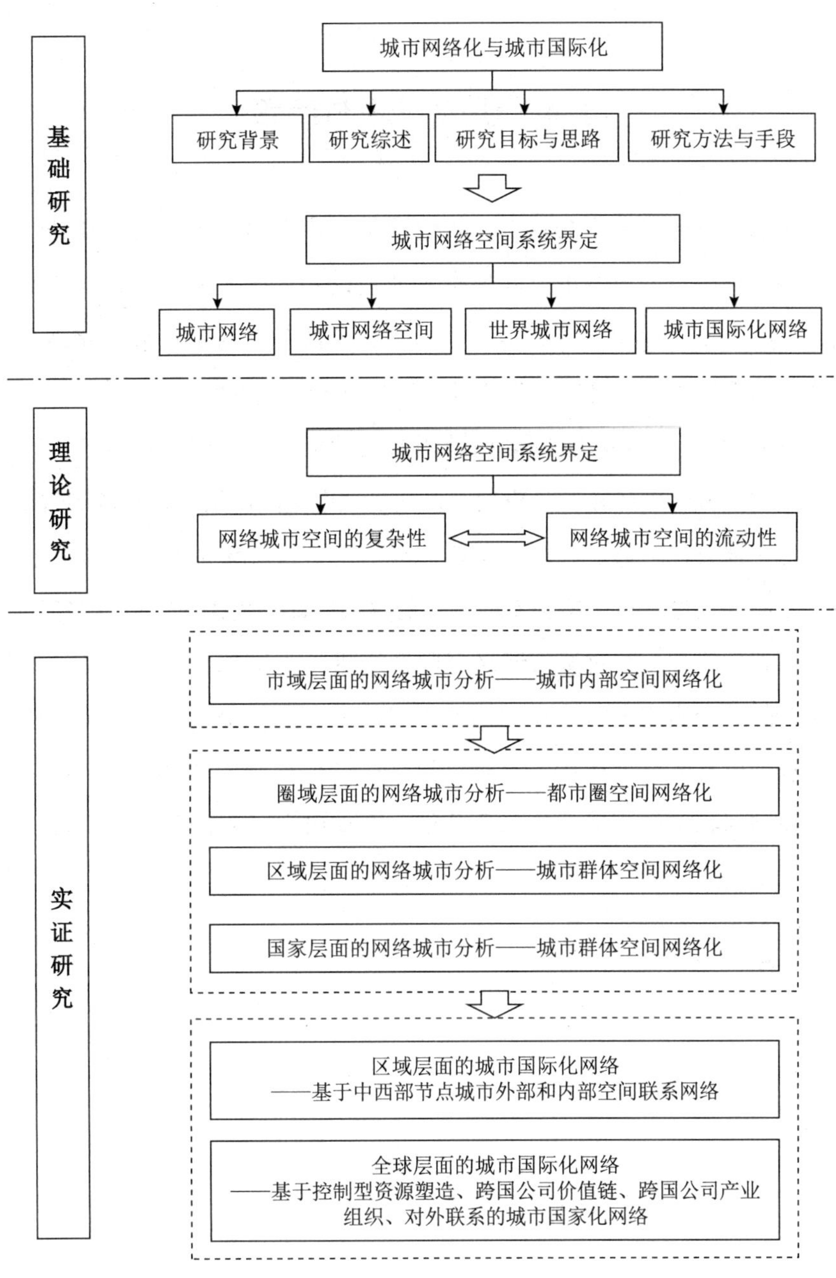

图1-3　研究技术路线

1.4 研究方法与手段

本研究是以网络分析为核心，将地理学、形态学、生理学、社会学和经济学等多学科的知识与城市空间形态规划理论相结合，进行跨学科研究方法的尝试。注重理论探索与实证考察相结合，定性分析与定量分析相结合，空间整体与局部要素相结合等，具体可概括为以下几个方面。

一是文献研究。通过查阅国内外相关统计资料和文献，总结已有的关于城市网络化与城市国际化的分析理论，并对城市空间网络进行系统的解析。

二是实证研究。通过网络、访谈、部门走访各种渠道收集实地资料，结合各个方面的理论分析，给出不同形式的案例佐证，使得研究更具实证性。

三是理性研究。在对城市网络空间系统进行识别的研究中采用定性与定量相结合的综合集成方法。在理论分析中偏重于定性描述，而在实证研究中则充分利用已有的科学计量方法对空间结构进行定量的解释，通过建立相关的数理模型对相关概念进行指标化分析，增加研究过程的科学性和成果的可信度。

第2章　城市网络空间系统的界定

2.1　城市网络的界定

网络在《辞海》中的定义为："由一组给定的点、若干连接这些点的边，以及这些边上的某种数值（长度、运费或流量、界限等）所组成的总体。"不同的研究领域，对网络有不同的定义。从经济维度来看，它是超越市场与企业的一种复杂组织形态；从历史维度来看，它是各种行为者之间形成的长期关系系统；从认知维度来看，它是大于个别行为者决策总和的集体决策；从规范维度来看，它是由旨在确定每个行为者的责任和义务规则定义的；从联系维度来看，它是一种多向联系总称。

从城市空间的角度来看，网络是由节点（nodes）、连线（links）和边界（verges）构成的；或者说，网络是由点、线、面等区位要素在空间结合而成的地理区位实体。点是网络的节点，由线交叉形成；线则是点与点线面、线与线面、面与面的空间联系通道；网络静态地表现为交织成为网状的交通、通信、运输等线状基础设施，动态地表现为资金、技术、信息、人才、物质（狭义概念，指能源、原材料、产品等实物体）等生产力要素在空间的流动。

2.1.1 网络节点

城市中的网络节点是指人口、商品及信息的高密度地区。密度是节点区域的决定性特征，包括各类人口密度以及各类建筑密度在内的指标是识别网络节点的关键。经济、生态、社会和文化等特征可以存在于不同密度的区域，这也可以理解为节点之间的密度差异导致了节点的等级差别。网络节点的特征可以从以下三个方面来理解。

1. 形状

节点的形状是指节点用地内土地的几何形态，例如，街道用地的具体布局，它能反映出节点的结构特点。一般来说，节点形状可分为网格状和树状两种，如图 2－1 所示。但在复杂的城市体系中则常常表现为两者在不同层次上的交结，即节点范围内相互交叉的交通路线都有一个与之相连的更大的或更小的树状结构。

图 2－1　典型网络节点结构示意

2. 尺度

节点的尺度即节点的大小和规模。它能反映网络的等级，即在城市系统中，每个等级的网络可以作为下一等级网络中的节点，同样每个等级的网络节点又可转化为上一等级的网络，如图 2－2 所示。随着不同等级的选择，可以出现新的网络等级。因此，在对城市网络空间进行研究时，首先必须确定一个网络边界，同时必须考虑与不同网络等级之间的关系。

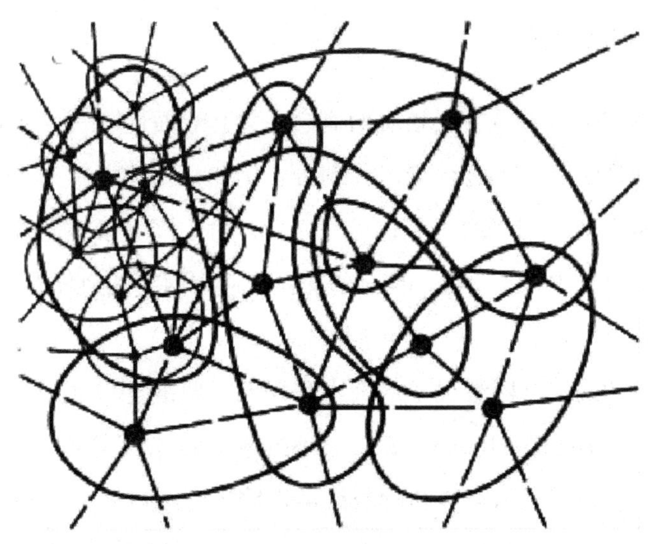

图 2－2　城市网络节点模型示意

资料来源：弗朗茨·奥斯瓦德、彼得·贝克尼：《大都市设计方法：网络城市》，孙晶等译，中国电力出版社 2007 年版。

3. 可达性

节点的可达性体现在两个方面——节点内部的可达性以及节点之间的可达性。节点的可达性由节点的结构特征所决定。一般来说，网格结构比树状结构可达性强。但是在城市居住区和交通的发展过程中，最后形成的复杂的交织结构（网格结构与树状结构混合）成为交流和交通网络的障碍。在这种结构高度密集的地方，其结果是可达性、舒适性和安全性降低。

2.1.2　网络连线

城市中的网络连线代表了节点之间人口、商品和信息的流动。其中通过交通运输得以实现的人口、商品等的流动是以物质实体为载体的可视化联系，如公路、铁路、水路等；而城市网络中信息的流动大多是虚拟化的，是基于数字化网络的非实体的联系，如 INTEL 网、卫星信号等，但这种流动都是基于物质实体得以实现的，如电话、计算机等。

2.1.3 网络边界

城市中的网络边界是一个相对的概念，具有双面性。一方面它可以根据不同标准在地理学意义上进行绝对的划分，例如根据政治单元、经济单元或是地形等要素来确定网络的边界；另一方面，由于网络系统的开放性，不同网络单元之间总在进行人、物、信息的交换，使得网络的边界发生交叉重叠，具有动态性特点。

网络边界的确定与网络规模的大小相联系。城市空间可划分为不同大小的地区（$1km^2$、$10km^2$、$100km^2$ 等），按照何种尺度来确定网络边界是根据具体需要而定的。根据我国经济和政治结构将城市网络边界分为当地单元（如社区、街坊）、地方行政区（如长沙市芙蓉区）、市区（如长沙市）、地区（如省域或区域性城市群）和国家五个尺度等级，如图2－3所示。

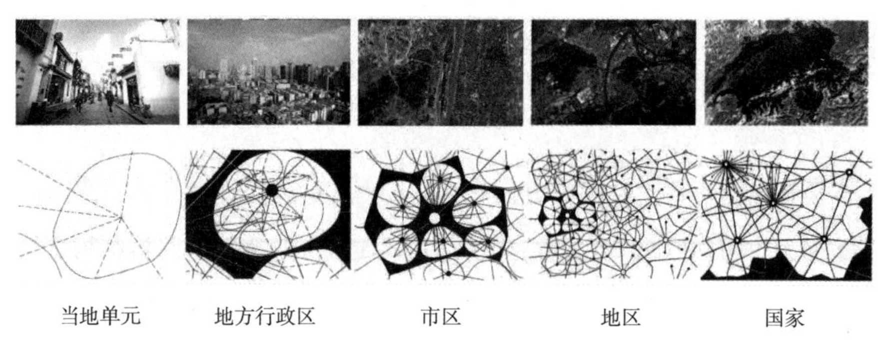

图2－3 城市网络的五种尺度等级划分示意

2.2 城市网络空间的系统观

2.2.1 城市网络空间系统的要素构成

城市系统的运行是建立在社会经济发展的基础之上的，城市网络空间系统的运作实际上就是经济空间的网络化过程。从经济学的角度，可以将城市网络空间系统的要素分为实体要素和生产力要素两大类，如图 2－4 所示，下面分别加以论述。

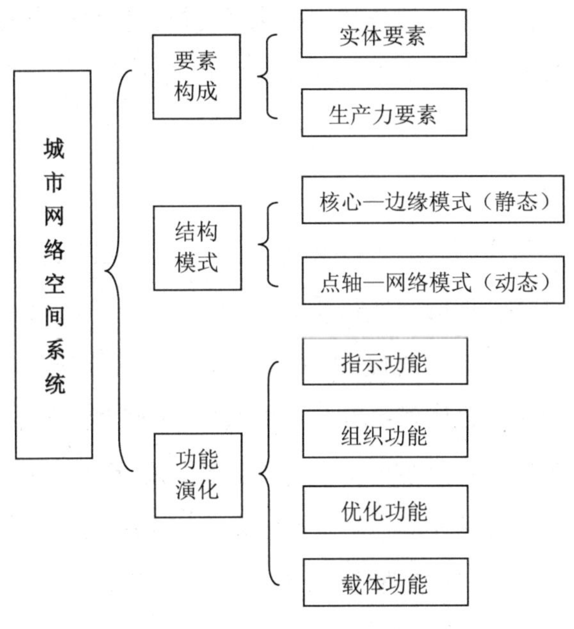

图 2－4　城市网络空间系统

1. 实体要素

实体要素是指分布在网络化空间中的各种同质或异质区域，各种同型或异型产业，各种交通、运输和通信线路等实体。它包括城镇及工商、贸易、金融区，乡村及农业区，以及交通运输和通信等网络设备。其中，网络设备在空间网络化中有着基础性的地位和作用，不仅是网络化系统的硬件构成，而且是连接各产业和区域的纽带和桥梁。

由于社会分工和商品经济的发展，出现了农业、工业和商贸业在区域空间上的集聚和分离，形成了社会经济活动中的焦点，产生了近代，现代大、中、小等级不同的城市和乡镇体系。在职能组合上有综合性城市和以某种职能类型为主的城市，如有的区域主要为工业区，有的为农业区，有的为商业、贸易或金融区等；在影响范围上，有全国性的、区域性的大、中城市，也有地方性的中心城市和各级小城镇。在城乡分离、城镇发展构成有机体系的基础上，现实的经济活动必然经过城市内各部门和企业之间、城镇之间、城乡之间的交通运输和通信等网络形成一种综合复杂的经济关系。这种关系是一种上下有机联系、左右分工协作的网络化系统结构。我国城镇现代化、空间网络化的重要标志，正是要形成城乡互动、工农商等产业协调发展的网状有机经济开放系统。

2. 生产力要素

生产力要素在城市网络空间系统中是以“流”的形式存在的。“流”可理解为具有相互作用功能的某种联系。牛文元提出了“地理流”概念，他认为地理流揭示了地理系统中的物质、能量和信息流动的基本规律。曾菊新则具体提出“各空间实体之间联系的实质内容就是生产力要素流”。生产力要素流的空间流动，泛指生产力要素在一定时空范围内所发生的量与质的转移和交换现象。它是由区域内外或物质实体之间相互作用而产生的具有方向和强度的空间矢量，可以用时空曲线表示。在空间经济学中，“流”泛指各种生产力要素流。

根据生产力要素流的物质构成、流通渠道的不同，可将其分为五种类型——资金流、技术流、信息流、人才流和物质流，它们之间互相影响、互相制约。根据生产力要素流在空间极化、扩散过程中的差异，可将其运动分为四种类型：波状极化（扩散）、向心极化（辐射扩散）、等级极化（扩散）、随机极化（扩散），它们之间也是相互融合、相互影响的。

物质分布不平衡是运动产生的根本原因，也是生产力要素流动的根本原因。在人类社会经济环境中，由于生产力要素在空间上的分布不平衡，它们必然从要素集聚度高的区位流向要素集聚度低的区位；由于人为的偏好，生产力要素流必然追逐投资回报率较高的区域，如资金往往流向投资回报率高的行业、区域，人才往往流向工资较高的行业、区域。各种生产力要素的有序流动反映了物质实体要素之间相互作用的实质和内容，其存在和发展必然导致实体要素的成长和演变，成为空间网络化的重要构成部分，如图 2－5 所示。

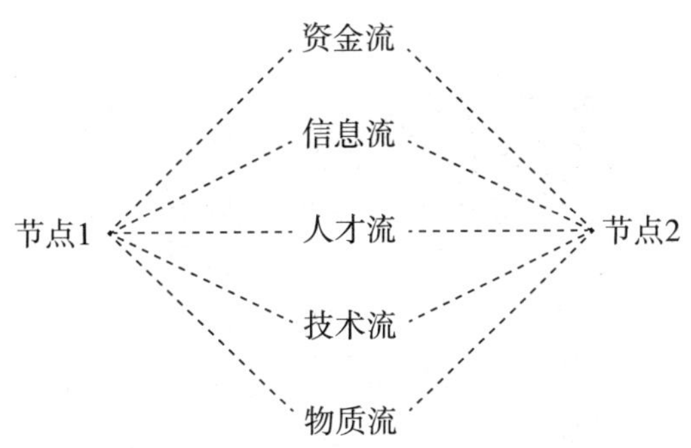

图 2－5 生产力要素流动示意

资料来源：曾菊新：《空间经济：系统与结构》，武汉出版社 1996 年版。

2.2.2 城市网络空间系统的结构演变

结构（structure）作为系统科学的一个基本范畴，意指系统内部各组成要素之间在空间或时间上的有机联系与相互作用的方式和顺序。它是系统内各要素的组织形式和要素之间的关系，是系统的“部分的秩序”。

关于城市空间结构的研究成果已非常丰富，不少学者从城市区域空间和城市内部空间等多个角度论述了城市空间结构的发展模式。由于空间网络化是一个动态的、连续的过程，因此，在分析其结构时，既要考察它在特定空间尺度上的静态结构，又要考察它在时间尺度上的成长过程。在此主要基于地域要素，从空间和时间两个方面总结了两种具有典型性的城市网络空间系统结构模式。

1. 静态空间结构：核心—边缘结构

核心—边缘结构（core－ periphery structure）是美国区域经济学家弗里德曼（Friedmann，1966）的空间结构思想。他认为，任何一个区域都可以划分为核心区和边缘区两个部分。事实上，任何一个网络化空间都客观存在着这种由先进的、相对发达的核心区和落后的、相对不发达的边缘区构成的二元结构，如图 2－6 所示。

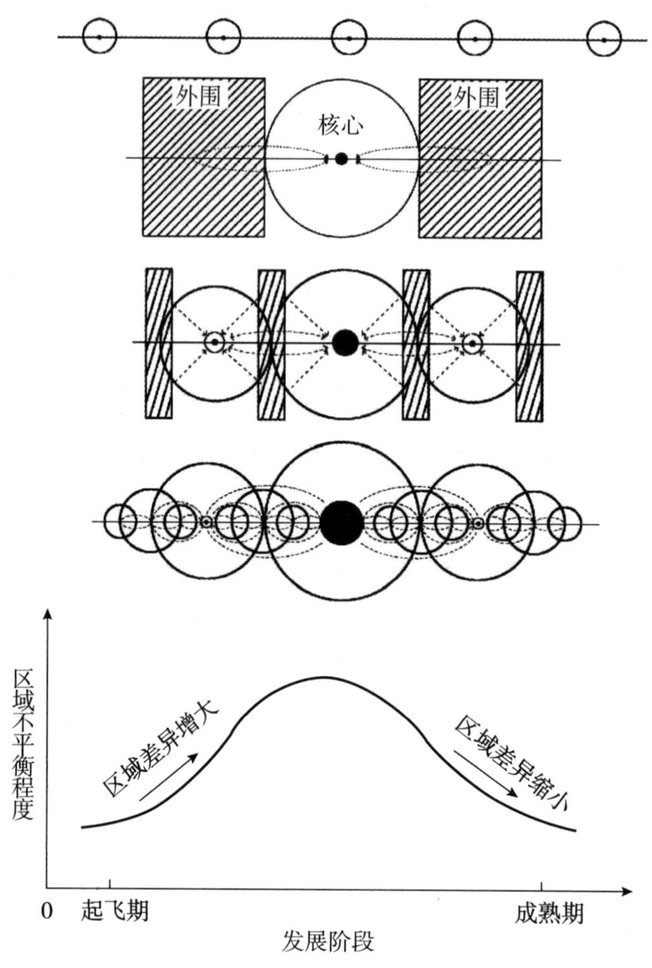

图 2-6　核心—边缘结构发展模式

在空间网络化发展初期，二元结构是不存在的，它只是空间网络化发展到一定阶段时的产物。伴随着空间网络化的发展，二元结构也不断地演进。因此，二元结构并不像 Friedmann 提出的那样随着经济的发展而消失，而是随着空间网络化的完善和升级而不断走向现代化。基于此，我们把核心—边缘结构作为研究城市网络空间在一定空间尺度上的静态结构的基本形式。

2. 动态时间结构：点轴—网络结构

从理论上讲，地域结构的动态化是指空间网络从初始状态到点状、线状、枝状、网络状乃至空间融合状态的演进。但是，在实际的区域演变中，各个过程是可能同时存在和同时进行的，我们将其概称为点轴—网络化结构（point – line networking structure）。演化过程的普遍规律是：城市空间结构的模式一般呈现出单核极化模式—双核整合模式—多核网络模式的空间组合演化过程；而城市空间形态大体呈现出放射长廊形态—多轴线引导形态—同心圆圈层形态—反磁力中心组合形态的演化过程，如图 2 –7 所示。而在特定的地区背景下发育的城市区域空间结构形态，可能是上述形态模式的组合或衍生。

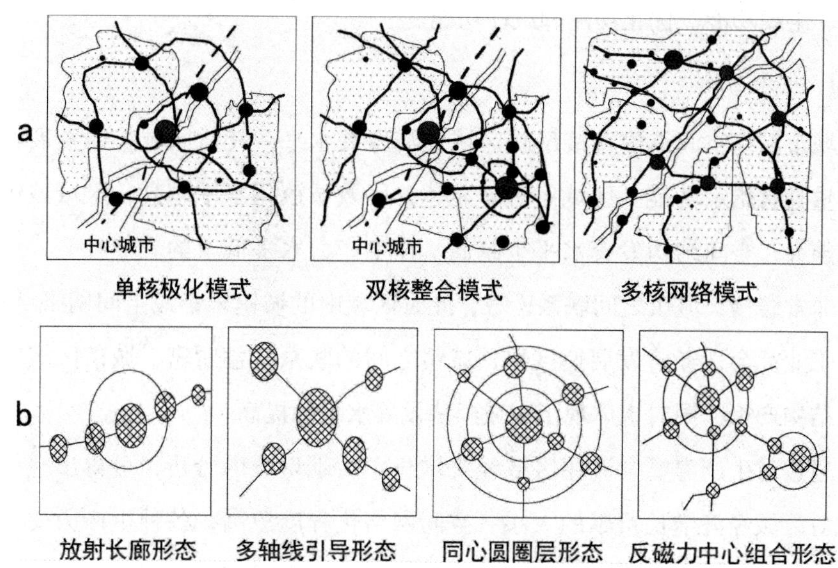

图 2 –7　典型城市空间结构模式和形态演变

资料来源：刘艳军等：《城市区域空间结构：系统演化及驱动机制》，《城市规划学刊》2006 年第 6 期。

在一定空间范围内，确立若干具有开发条件的经济增长点和基础设施轴线，对点轴线地带的若干城市和区域予以重点发展和开发。随着经济的不断增强，发展轴线逐步向不发达或欠开发区域延伸，确立次级、三级等发展中心和发展轴线。随着点轴的不断成长和深化，网络逐渐形成和完善，城市之间、城乡之间、区域之间专业化协作加强，构成具有特定功能的网络化结构。点轴—网络化结构是由不同层次的发展中心以及不同级别的发展轴线交叉联络而构成的相互影响、相互促进的动态结构。地域要素结构的点轴—网络化进程能反映空间网络化的成长路径。基于此，我们把点轴—网络化结构作为研究空间网络化在一定时间尺度上动态结构的基本形式。

2.2.3 城市网络空间系统的功能演化

城市网络空间系统的功能是城市空间结构内部关系和外部关系中所表现出来的特性和能力。由于城市区域所处的发育阶段不同，则呈现出不同的功能，依据空间网络构成要素的多样性及其交织程度的不同，使其衍生出指示功能、组织功能、优化功能和载体功能。

1. 指示功能

城市网络空间结构直接反映区域经济发展水平，其对区域整体发展程度和质量具有指示功能。区域经济越发达，区域城镇化水平越高，区域城镇密度也越大，空间结构发育水平也越高。在生产力水平低下的农业社会，经济发展非常缓慢，城镇之间联系松散，此时区域内的城镇未形成空间网络结构。进入工业社会，经济发展速度快，城镇之间的联系日益紧密，城市区域空间网络结构产生，同时也体现了区域经济发展水平的提高。

通过对生产力要素流在区域经济增长中贡献份额的分析，可得出空间网络化对区域经济增长贡献的大小。空间网络化程度愈高，各种生产力要素流愈发达，对区域经济增长的贡献就愈大；反之，空间网络化程度愈低，对区域经济增长的贡献就愈小，甚至会有负面效应。因此，空间网络化程度与区域经济增长是正相关的，并且网络化水平在很大程度上决定了经济增长水平。

中心城市是城市区域内创新要素高度聚集的空间地域，其创新功能是区域空间结构中最强的，因此，中心城市的创新功能是衡量城市区域功能等级以及整体发育水平的核心体现。

2. 组织功能

组织功能是城市区域通过空间网络结构这一组合形式，把城市区域内的城镇、交通、能源等经济要素连接起来，使各种经济活动在城市区域空间网络结构框架内进行。如随着区域经济发展水平的不断提升，中心城市的集聚和扩散功能对于区域发展起到日益重要的推动作用。城市区域空间网络结构的形成促进中心城市与周围地区资源、人才、资金、技术、信息等要素的合理流动及区域要素的整合，为城市网络空间系统的整体发展奠定基础，充分提高了城市区域发展要素的利用效率。

城市区域空间结构的完善，其组织功能也不断增强，从而促进了中心城市区域支撑度的增强。通过城市区域空间结构系统的建立，中心城市的发展空间进一步扩张，整体功能也进一步放大从而使中心城市在区域中的核心带动作用也越来越强。

3. 优化功能

优化功能使城市网络空间结构具有使区域经济效应最大化的作用，合理的城市区域空间结构能够实现区域生产要素合理流动，从而推动区域经济结构调整和完善，使区域获得满意的经济效益、社会效益和生态效益。

城市空间网络系统的优化功能是通过培育市场网络来实现的。市场网络按照克氏三原则即市场经济原则、交通最优原则、行政最优原则形成最优的市场聚落组织。单一的市场区以有规律的六边形环绕每一个消费中心或生产中心。多个市场区域往往会重叠排列在一起，从而形成复杂的“蜂窝形的网”，而“蜂窝形是经济区最有利的形状”。在空间网络中，不同的生产力要素流可组合成不同的生产物，每一类生产物都可找出这些市场区网状组织，并且在不同网状组织的配置上呈现一定的体系。这种蜂窝形的网络组织构成经济景观，或狭义的经济区理想型。这些经济景观像网络一样，按照一定的规律，分布于一区域、一国或全世界。显然，空间网络化对繁荣空间经济景观具有决定性的作用。

通过城市区域空间网络结构的完善，将促使中心城市日益严重的“城市病”问题得到缓解。通过近域城镇发育水平的增强，将促使中心城市产业等功能得到有效疏散，从而使大城市“消肿”；同时，基础设施空间结构系统的建设也将促进区域基础设施网络的形成，既促进了城市基础设施向区域的伸展，又大幅度提高了基础设施综合利用效率，优化了区域空间结构的空间支撑功能。并且，城市区域生态空间网络的形成将有利于区域生态环境整治，优化城市区域的空间整体生态功能。

4. 载体功能

当城市区域空间网络结构发育到较高阶段后，其调整与优化将为城市区域产业结构升级起到日益强大的空间载体支撑作用。城市区域空间结构的优化有利于中心城市产业结构优化。它可以为实施中心城市的城市用地调整战略提供发展空间，为中心城市置换发展新兴产业提供空间支撑。

城市区域的空间结构的网络化整合强调地区内城镇发展的互补性和城镇职能共享，同时突出个性特点，主要表现为城镇职能互补、产业互补、资源互补，以及重大基础设施的共建和共享。城市区域空间结构的整合强调内部各城市之间的优化组合。在竞争日益激烈的环境下，城市网络空间系统载体功能的发挥将避免重复与浪费，从而加强组合城市的整体实力以参与更大范围的竞争。

2.3　世界城市网络

2.3.1　世界城市网络的概念

城市外部空间结构日益与全球和区域融合，随着知识化、信息化、全球化、网络化和电子商务的兴起，城市外部空间结构由圈层式转向网络化。城市网络成为信息化时代世界经济的重要动力引擎。城市依托“流动空间”更多参与全球范围内的要素流动，作为一种新的跨越行政界限的城市间功能关系，“城市网络”概念应运而生，世界城市、全球城市和巨型城市区域等一系列概念被相继提出。城市网络是一种城市形态和空间组织观念。20 世纪 90 年代以后，流动空间理论推动了“城市网络”研究范式的全面转型，使之在基本概念、研究框架和分析方法等方面更具科学性。

基于流动空间理论，城市网络可以理解为某一区域范围内由全球化和区域化力量共同决定的社会空间流动过程（资本、信息、技术、智力资源、组织性互动的流动），以及在流动过程支配下，由各个城市组成的协同运作系统。运用图论的术语表述，城市网络是指用若干条线段（有方向与数值的度量）把若干个点（有等级的差别）连在一起的连通图，城市网络反映各种空间实体内在联系的状态、变化与趋势。从运输经济学和能源经济学方面看，城市网络是指节点（枢纽、站、场等）和线路的结合体；节点是网络的核心，线路则是构成节点之间功能联系的通道和纽带，网络是地域空间的“脉络”。从区域经济学的角度分析，城市网络是一个非常宽广的概念，它表示经济发展的地域关联渠道、各种物质和非物质的关联系统与关联“组织”。

荷兰学者宗尼维尔德（Zonneveld）早期将“城市网络”和“网络城市”作为“城市区域”的替代词来探讨其概念，认为城市网络是城市间物流连接、虚拟相通的活动地点①。20 世纪 70 年代，沃勒斯坦·霍普金斯（Wallerstein Hopkins）借鉴“互倚理论”（Interdependency Theory），强调在经济全球化背景下城市应该加强资本、商品、人才、信息等生产要素的国际流动，充分利用国际外生性资源，以更加开放的姿态融入世界经济体系。20 世纪 90 年代以来，学者相继提出用网络模式来补充中心地理论，指出网络城市（Network City）是基于快速交通和通信网络产生的一种新的地域空间组合；包括两个或者多个功能上相互补充的独立城市，通过便利的交通走廊和通信基础设施，相互合作并获得显著的范围经济（Batten，1995）②。泰勒（Taylor）、彼弗斯道克（Beaverstoek）、萨森（Sassen）等指出，国际化城市通过密集的全信息和生产服务网络来相互联络，相互之间存在竞争、协同和互补关系，彼此通

---

① Klaasen I.，Rooij Rd and Van Schaick J.，*Network Cities: Operationalising a Strong but Confusing Concept*，International Conference，Sustainable Urban Areas，25 –28 June，2007.

② Batten D. F.，“Network Cities: Creative Urban Agglomerations for the 21st Century”，*Urban Studies*，Vol. 32，No. 2，1995.

过联系与沟通结成复杂的网状结构。泰勒还指出，城市间不断进行着各种流的交换，城市发展由中心性向节点性转变，城市研究不再局限于城市内部，还要把握城市外部与其他城市的联系。不仅要对城市属性进行分析，还应将城市置于全球城市网络中进行讨论，分析整个体系中城市间的网络性和连通性。卡斯特（Manuel Castells）认为，现代社会是由资本、信息、技术、组织互动等各种“流”所组成的，“流动空间”支配并塑造着网络社会；其功能与地位不仅取决于总体实力、国际影响力和支撑条件，还取决于其在网络中所处的位置。城市虽然具有自身特性，但不能脱离网络而独立存在。Dematteis（1997）将城市网络联系定义为城市体系内大尺度和长距离的联系，城市作为该网络系统中的主要节点控制着区域内联系网络[①]。Garlaschelli（2004）等人揭示了网络中节点自身规模变化对复杂网络演化的影响[②]。

国内相关研究则始于 20 世纪 90 年代。文军（1997）提出全球性城市的建设和城市的全球化是当今世界城市发展的大趋势。未来中国城市全球化发展的趋势是以经济相对发达地区的特大城市为中心，形成五大城市密集区和八大城市集聚带，并以此为网络共同构筑中国城市全球化的蓝图[③]。周一星（1998）认为城市与城市体系的空间结构是以经济联系为牵引并形成某种规律[④]。袁开国等（2004）基于社会经济空间结构的相关性与全球化趋势，建立了经济全球化背景下的空间相互作用理论的基本框架体系[⑤]。沈丽珍等研究了在全球化、信息化、城镇化共同作用下产生了以流动为特征的新空间形式。从解析流动社会出发，明确了流动空间的概念，重点对流动空间的结构模式进行研究，认为由节点、线和面三个层面构成了流动空间的结构模式[⑥]。

---

① Dematteis G.，“Globalisation and Regional Integration：the Case of the Italian Urban System”，*GeoJournal*，Vol. 43，No. 4，1997.

② Garlaschelli D. and Loffredo M. I.，*Fitness - dependent Topological Properties of the World Tradeweb*，Physical Teview Letters，Vol. 93，No. 18，2004.

③ 参见文军《中国城市全球化发展趋势》，《城市发展研究》1997 年第 4 期。

④ 参见周一星《主要经济联系方向论》，《城市规划》1998 年第 2 期。

⑤ 参见袁开国、陈长春、杨洪《论经济全球化的空间相互作用与发展中国家的战略决策》，《世界地理研究》2004 年第 13 期。

⑥ 参见沈丽珍、顾朝林、甄锋《流动空间结构模式研究》，《城市规划学刊》2010 年第 5 期。

2.3.2　世界城市网络的实证

以泰勒（Taylor）为首的“全球化与世界城市研究网络”（Globalization and World Cities Study Group and Network，GaWC）将研究的焦点从城市等级转移到城市网络，致力于探讨世界城市网络的形成与演化机制、网络结构与经济全球化之间的互动关系，以及对城市发展带来的影响等问题；指出世界城市网络的形成机制是以“中心流理论”替代“中心地理论”，城市间的关系是世界城市网络的研究重点；认为“世界城市网络”是由枢纽层、节点层、次节点层等相互联系的城市网络结构组成的，世界城市是世界城市网络结构中的“全球服务中心”。GaWC 小组分别从企业组织和基础设施网络两个方面对世界城市网络进行了实证分析。理论和实证的完善推动了世界城市研究范式从层级向网络的转变。这一研究范式打破了世界城市体系等级化的观念，并引导了世界城市研究的转型，即从属性研究为主转向关系研究为主。

泰勒（2001）描绘了世界城市网络体系，认为城市是以生产者服务业公司内部的信息、知识、教育、观念和人才之间的流动支撑着城市网络的运转，采用连锁网络模型，借助全球前 100 家高级生产性服务跨国公司在 316 个城市的分布以及服务业本身的价值大小等基础数据测定了城市的全球网络连接程度，分析得出其网络组织方式：世界城市网络是以城市为节点，以跨国公司为行为主体，以生产者服务业特别是金融业为其联结主要内容的一个完整的网络。这弥补了弗里德曼和萨森以城市功能视角确定世界城市体系的缺陷，城市功能视角的研究主要是以金融业和生产性服务业密集与否等指标衡量是否达到世界城市的标准。2003 年，泰勒在《世界城市网络：全球城市分析》中，分析了全球城市的结构和发展，对世界城市网络做了进一步的深化。Robinson Jennifer①②（2005）认为，世界城市网络除了经济联系以外还应该考

① Robinson Jennifer, “Global and World Cities: A View from off the Map”, *International Journal of Urban and Regional Research*, Vol. 3, No. 26, 2002.

② Robinson Jennifer, “Urban Geography: World Cities, or a World of Cities”, *Progress in Human Geography*, Vol. 6, No. 29, 2005.

虑到政治和文化联系。

作为城市间网络联系最为直观的媒介，航班数量、铁路交通量等各类交通流的发生量对城市网络体系的影响成为城市网络研究的重点。可以说，交通流是真实和有效反映城市网络的重要指标。Cattan（1995，2005）分析了城市的人均国际交通量、国际交通比重等指标，但是将其作为属性数据使用，并未利用网络分析的方法挖掘出联系数据的价值。早期主要集中于航空流视角，国外学者在城市网络体系等方面做出诸多有益探讨①。Matsumoto（2004，2007）运用航空交通流来研究 1982 年、1998 年和 2000 年三年的国际城市体系，选取北京和上海，得出中国两个大陆城市与其他城市间的联系在持续增强；但从交通流量和联系强度来看，与世界城市均存在显著差距②。Derudder（2008）采用航空客运中的商务舱数据来分析商务客流，他们收集世界主要城市机场的航空流 OD 数据研究全球城市网络体系③④。Ma 和 Timberlake（2008）运用航空客流数据来研究中国城市在世界城市网络中所处的位置。

国内在反映城市及区域的空间联系中，对交通流的运用较多，往往通过客运流、货运流分析空间联系特征及强度，并对空间的信息、交通流动进行测量。周一星和胡智勇（2002）发表的《从航空运输看中国城市体系的空间网络结构》，运用国内和国际的航空客运数据对中国城市的空间网络结构进行了开拓性探索，但研究仍存在属性数据问题，未充分挖掘城市网络的联系特征⑤。金凤君、王姣娥等（2004）分析了 20 世纪中国铁路网扩展及其空间通达性⑥；金凤君、王成金等（2005）基于轴—辐理念研究了中国的铁路网和

① Mahutga, M. C., Ma, X., Smith D. A., et al., "Economic Globalization and the Structure of the World City System: The Case of Airline Passenger Data", *Urban Studies*, Vol. 9, No. 47, 1925–1947.

② Matsumoto, H., "International Urban Systems and Air Passenger and Cargo Flows: Some Calculations", *Journal of Air Transport Management*, Vol. 4, No. 10, 2004.

③ Derudder, B., Witlox F. and Faulconbridge J., et al., "Airline Data for Global City Network Research: Reviewing and Refining Existing Approaches", *Geo Journal*, Vol. 2, No. 71, 2008.

④ Derudder, B. and Witlox, F., "Mapping World City Networks Through Airline Flows: Context, Relevance, and Problems", *Journal of Transport Geography*, Vol. 2, No. 16, 2008.

⑤ 参见周一星、胡智勇《从航空运输看中国城市体系的空间网络结构》，《地理研究》2002 年第 3 期。

⑥ 参见金凤君、王姣娥《20 世纪中国铁路网扩展及其空间通达性》，《地理学报》2004 年第 2 期。

航空网发展格局①；王姣娥、王成金等（2009）通过航空、铁路流主要围绕铁路网络演化等方面做了系统的研究②；苗长虹和王海江（2006）运用交通联系数据研究城市间联系，但研究范围局限在国家或省的行政单元内；吴威等（2009）通过对中国铁路网络可达性的研究，得出主要节点城市的可达性情况③；宋伟等（2008）基于航空客流分析了中国的城市层级结构④；于涛方等（2008）基于航空流视角探讨了 1995 年以来的中国城市体系格局与演变⑤；武文杰等（2011）通过航空流量数据揭示了不同时段中国城市体系的格局演变等特征⑥；钟业喜、陆玉麒（2011）基于铁路网络研究了中国城市体系等级结构及其空间格局⑦；罗震东等（2012）运用公路客运班次在省域单元层面对城市间关系和区域空间结构特征进行了解析⑧；陈伟劲等（2013）基于城际客车发车班次从城市和功能区尺度对珠三角城市间功能联系的空间格局进行了分析⑨。随着高速铁路、城际铁路等区域性轨道交通的建设，城市之间的联系更加紧密。冯长春等（2014）根据城际轨道流对珠三角城市区域功能多中心进行探讨⑩。

近年来，生产性服务业视角下城市网络的研究也在不断增加。赵渺希等（2012）从企业、城市节点和城市网络三个层面分析了中国大陆地区生产性服

① 参见金凤君、王成金《轴—辐侍服理念下的中国航空网络模式构筑》，《地理研究》2005 年第 5 期。

② 参见王姣娥、王成金《城际交通流空间流场的甄别方法及实证：以中国铁路客流为例》，《地理研究》2009 年第 6 期。

③ 参见吴威、曹有挥、梁双波《中国铁路客运网络可达性空间格局》，《地理研究》2009 年第 5 期。

④ 参见宋伟、李秀伟、修春亮《基于航空客流的中国城市层级结构分析》，《地理研究》2008 年第 4 期。

⑤ 参见于涛方、顾朝林、李志刚《1995 年以来中国城市体系格局与演变：基于航空流视角》，《地理研究》2008 年第 6 期。

⑥ 参见武文杰、董正斌、张文忠等《中国城市空间关联网络结构的时空演变》，《地理学报》2011 年第 4 期。

⑦ 参见钟业喜、陆玉麒《基于铁路网络的中国城市等级体系与分布格局》，《地理研究》2011 年第 5 期。

⑧ 参见罗震东、何鹤鸣、韦江绿《基于公路客流趋势的省域城市间关系与结构研究》，《地理科学》2012 年第 10 期。

⑨ 参见陈伟劲、马学广、蔡莉丽《珠三角城市联系的空间格局特征研究：基于城际客运交通流的分析》，《经济地理》2013 年第 4 期。

⑩ 参见冯长春、谢旦杏、马学广《基于城际轨道交通流的珠三角城市区域功能多中心研究》，《地理科学》2014 年第 6 期。

务业的城市网络体系。武前波等（2012）基于电子信息企业生产网络视角，对中国城市网络的空间特征进行了探讨[①]。这些实证研究有力地表明，生产性服务业的布局对于解释全球化和信息化影响下的中国城市网络是适用的。但是，中国区域尺度的探索性研究偏重于方法的引介，对于内在机制和演化机理关注较少，未见比较系统的深入论述。

综上，因受限于基础设施网络数据的获取，基于基础设施网络视角考察城市网络的研究在研究尺度、深度和广度等方面均有较大的提升空间。此外，相关研究均未涉及深层次的网络模型和算法探讨。世界城市网络研究的主要实证路径具体见表 2 - 1。

表 2 - 1　　世界城市网络研究的主要实证路径

<table>
<tr><td></td><td colspan="4">物理联系</td><td colspan="2">虚拟联系</td></tr>
<tr><td rowspan="2">实证路径</td><td colspan="2">企业组织流</td><td colspan="2">基础设施流</td><td colspan="2">社会文化流</td></tr>
<tr><td>生产性服务公司</td><td>跨国公司</td><td>通信设施</td><td>交通设施</td><td>全球社会文化网络</td><td>高技能劳动力、非政府组织等</td></tr>
<tr><td>网络指标</td><td>城市间的信息流、知识流、指令流等</td><td>城市间公司总部与子公司数量</td><td>城市间的电信及互联网</td><td>城市间旅客数量</td><td>非政府组织办公网络数据等</td><td>管理精英的城际迁移数据</td></tr>
<tr><td>数理模型</td><td>连锁网络模型</td><td>社会网络分析模型</td><td>相关分析模型</td><td>MIDT 等</td><td>连锁网络模型</td><td>流动空间模型</td></tr>
<tr><td>考量重点</td><td>世界城市的控制维度</td><td>城市的商业服务维度</td><td>互联网网络的城市网络</td><td>航空枢纽的城市网络</td><td>社会文化政治网络</td><td>劳动力迁徙的城市网络</td></tr>
<tr><td>特点比较</td><td colspan="2">相对无形
以生产者服务企业的办公地理即办公网络构成来表征世界城市网络中城市间关系</td><td colspan="2">相对有形
以物质基础设施的地理网络来比照全球跨国城市网络的空间意象</td><td colspan="2">跨越属性
研究转向基于“人、活动与空间及其关系”，如新浪微博、手机数据等，之前难以量化的价值、思想等问题也得以有效表达和数理分析</td></tr>
</table>

① 参见武前波、宁越敏《中国城市空间网络分析——基于电子信息企业生产网络视角》，《地理研究》2012 年第 2 期。

续　表

	物理联系				虚拟联系
代表人物	以 GaWC 小组为代表	以 Alderson 等(2004)为代表	以 Moss 和 Townsend(2000)为代表	以 Keeling(1995)为代表	Taylor①②、Beaverstock③
方法	以 Taylor 连锁网络为基础的企业内部网络方法		以 Castells 流动空间层次模型为基础的基础设施网络法		
国外研究	Sassen、Taylor④⑤、Rossi⑥、Hanssens、Orozco⑦、Wouter⑧		Smith⑨、Derudder⑩、Bums⑪、Mahutga⑫、Leamer⑬、Malecki⑭、Choi⑮		

① Taylor, P. J. , "Hierarchical Tendencies Amongst World Cities: a Global Research Proposal", *Cities*, Vol. 6, No. 14, 1997.

② Derudder, B. and Taylor, P. J. , "The Cliquishness of World Cities", *Global Networks*, Vol. 1, No. 5, 2005.

③ Beaverstock, J. V. and Smith, J. , "Lending Jobs to Global Cities: Skilled International Labour Migration, Investment Banking and the City of London", *Urban Studies*, Vol. 8, No. 33, 1996.

④ Taylor, P. J. , "The new Geography of Global Civil Society: NGOs in the World City Network", *Globalizations*, Vol. 2, No. 1, 2004.

⑤ Taylor, P. J. , "New Political Geographies: Global Civil Society and Global Governance Through World City Networks", *Political Geography*, Vol. 6, No. 24, 2005.

⑥ Rossie, C. , Beaverstock, J. and Taylor, P. J. , "Transaction Links Throughcities Decision Cities and Service Cities in Outsourcing by Leading Brazilian Firms, *Geoforum*, Vol. 4, No. 38, 2007.

⑦ Orozco, R. A. P. , Derudder, B. , "Determinants of Dynamics in the World City Network", *Urban Studies*, Vol. 9, No. 47, 2010.

⑧ Wouter J. , Hans Kand Peter, H. , "The Location and Global Network Structure of Maritime Advanced Producer Services", *Urban Studies*, Vol. 13, No. 48, 2011.

⑨ Smith, D. A. and Timberlake, M. , "World City Networks and Hierarchies, 1977 – 1997: An Empirical Analysis of Global Air Travel Links", *American Behavioral Scientist*, Vol. 10, No. 44, 2001.

⑩ Derudder, B. , Witlox Fand Faulconbridge J. , et al. , "Airline Data for Global City Networkresearch: Reviewing and Refining Existing Approaches", *Geo Journal*, Vol. 1, No. 71, 2008.

⑪ Burns, M. C. , Cladera, J. R. , Bergad, M. M. , "The Spatial Implications of the Functional Proximity Deriving from Air Passenger Flows Between European Metropolitan Urban Regions", *Geo Journal*, Vol. 1, No. 71, 2008.

⑫ Mahutga, M. C. , Ma, X. , Smith, D. A. , et al. , "Economic Globalization and the Structure of the World City System: The Case of Airline Passenger Data", *Urban Studies*, Vol. 9, No. 47, 2008.

⑬ Leamer, E. E. and Storper, M. , "The Economic Geography of the Internet Age", *NBER Working Paper*, No. 8450, 2001.

⑭ Malecki, E. J. , "The Economic Geography of the Internet's Infrastructure", *Economic Geography*, Vol. 4, No. 78, 2002.

⑮ Choi, J. H. , Barnett, G. A. and Chon, B. S. , "Comparing World City Networks: A Network Analysis of Internet Backbone and Air Transport Intercity Linkages", *Global Networks*, Vol. 6, No. 6, 2006.

续 表

	物理联系		虚拟联系
国内研究	张晓明、郑伯红①、张闯等②、王成金③、金钟范④、尹俊、李仙德、谭一洺、赵渺希、武前波、甄峰	周一星、金凤君、王姣娥、王成金、苗长虹、武文杰、钟业喜、汪明峰、罗震东、马学广等⑤、戴特奇等⑥、唐子来等⑦	熊丽芳、甄峰、席广亮

注：MIDT（Marketing Information Data Transfer）包含所有航空公司承运航段的订座和取消操作明细，不仅可以分析过去的情况，还可以对未来客运市场进行预测和分析。连锁网络模型（Interlocking Network Model）共分为三个层级。第一层级为网络层级（net level），是资本、信息、人力等生产要素“流动”的蓝图；第二层级为节点层级（nodal level），由处于世界城市网络中的功能城市组成，是整个城市网络的中观体现；第三层级则是由多个先进生产性服务公司体现的次节点层级（sub - nodal level），是推动生产要素不断相互交换的重要源泉。

根据表 2 - 2，前两个阶段的总体特点为重定性、轻定量，重体系（等级）、轻网络（联系）。世界城市网络理论研究给予我们的启示包括以下几点。第一，城市间关系发生转变。应以城市间的网络关系为理论出发点建

① 郑伯红:《区域金融空间集聚与金融城市体系研究——基于美国外资银行的分析》,《世界地理研究》2009 年第 2 期。

② 张闯、孟韬:《中国城市间流通网络及其层级结构——基于中国连锁企业百强店铺分布的网络分析》,《财经问题研究》2007 年第 5 期。

③ 王成金:《城际交通流空间流场的甄别方法及实证——以中国铁路客流为例》,《地理研究》2009 年第 6 期。

④ 金钟范:《基于企业母子联系的中国跨国城市网络结构——以中韩城市之间联系为例》,《地理研究》2010 年第 9 期。

⑤ 路旭、马学广、李贵才:《基于国际高级生产者服务业布局的珠三角城市网络空间格局研究》,《经济地理》2012 年第 4 期。

⑥ 戴特奇、金凤君、王姣娥:《空间相互作用与城市关联网络演进——以我国 20 世纪 90 年代城际铁路客流为例》,《地理科学进展》2005 年第 2 期。

⑦ 唐子来、赵渺希:《经济全球化视角下长三角区域的城市体系演化:关联网络和价值区段的分析方法》,《城市规划学刊》2010 年第 1 期。

立城市间的合作关系，而不是寻求对其他城市的控制。第二，城市研究视角发生转变。以动态的视角研究城市，将城市视为一个过程，在流动空间中重新建构城市的空间结构和城市间的空间关系；将城市视为城市网络中的节点，在城市间相互作用的基础上确定城市的价值取向和管理政策。第三，城市策略发生转变。全球化的过程不是少数城市主宰的过程，城市应主动融入世界城市网络，以专业化的职能嵌入全球生产体系并在城际互动中不断提升城市的价值。第四，城市职能发生转变。从强调资源控制向强调资源流通转变，流动空间中城市中心性的判别标准不再是其所掌控资源的多寡，而是其中所流通的资源的质量。第五，城市研究方法转变。从传统的基于“空间和场所”转向基于“人、活动与空间及其关系”，从基于城市属性的分析方法到基于城市网络的分析方法，从数据缺乏到数据丰富，从静态分析到动态演绎，从宏观统计到高精度统计，从单一假设与简单模型到复杂理论与模型，研究日趋完善成熟。

表 2－2　　世界城市研究的发展脉络

	时间	人物	测度指标	分析方法	存在弊端
“有属性无关系”的世界城市研究	1960—1980	Hall、Friedmann	管理和控制中心	等级排序	仅研究单个城市或几个城市的综合指标比较，运用大量属性信息
	1980—	Sassen	生产性服务业	多城市比较	1. 仅从有限的城市看待世界城市体系组织问题； 2. 认为世界城市只是一个地点，未把其看作一种联系过程
网络社会的世界城市研究	1990—	Castells	流动空间的节点和枢纽	“三明治”模型*	1. 数据贫乏，未突破城市属性数据研究的范畴； 2. 数据仍以国家为基本统计单元，即数据的国家中心主义

续 表

	时间	人物	测度指标	分析方法	存在弊端
世界城市网络研究	2000—	Taylor	关系数据	连锁网络模型	是一种假想的预测企业与城市联系量的方法,并非代表真实的城市间联系,且无法反映企业竞争力的差异性

注:“三明治”模型:Castells 认为网络社会是围绕着流空间来组织的。流空间由三个层次构成:网络的物质基础、构成网络节点的地点和以工作、运动等方式在空间上组织起来的全球精英。其中,中间层次是非常关键的,是“三明治中间夹的肉”,而世界城市则是那些构成流空间的中心和节点的最直接的例证。

2.3.3 世界城市网络的研究方法

近年来,理论界开始探讨和反思 Taylor 的城市网络算法模型。Neal 率先剖析了 Taylor 关于多区位公司分析的算法模式,并指出该算法实质上是按照社会网络的二模网络转换计算形成的一模网络①;Derudder 和 Liu 系统归纳并对比了现有的城市网络算法②③;Henanman 则从可视化的角度探索了城市网络的图形表达④;Henanman 和 Derudder 也进一步指出,连锁模型算法忽略了企业联系的地理特征,在综合考虑地理空间性和公司层级性两大因素基础之上提出了一种替代算法⑤。

借鉴社会网络相关理论,关于行动者自身拥有性质的数据可称为“属性

① Neal, Z, “Structural Determinism in the Interlocking World City Network”, *Geographical Analysis*, Vol. 2, No. 42, 2012.

② Liu, X. J. and Derudder, B., “Two – mode Networks and the Interlocking World City Network Model: A Reply to Neal”, *Geographical Analysis*, Vol. 2, No. 42, 2012.

③ Derudder, B. and Liu, X. J., “Analyzing Urban Networks Through the Lens of Corporate Networks: A Critical Review”, *Cities*, Vol. 31, 2013.

④ Hennemann, S., “Information – rich Visualisation of Dense Geographical Networks”, *Journal of Maps*, Vol. 1, No. 9, 2013.

⑤ Hennemann, S. and Derudder, B., “An Alternative Approach to the Calculation and Analysis of Connectivity in the World City Network”, *Environment and Planning B.*, 2014.

数据”，与行动者间关系或整体网络的结构性质有关的数据称作“关系数据”。常规统计学可以通过分析属性资料和属性变量来把握节点的属性特征；社会网络分析则通过研究关系数据和网络变量，更深入地分析网络节点之间的结构关系。

表 2-3　　属性数据与关系数据研究对照

单位	研究内容	使用的变量	量化方法
节点	“点”的各种属性特征	各种“属性”变量，如 GDP、外贸依存度等	各种常规多元统计技术
关系	1. 个体层次：异质性、扩张性等； 2. 双边层次：互惠性等； 3. 三边层次：关系的传递性等； 4. 整体层次：关系总量等； 5. “关系”的演化	1. 个体属性变量； 2. 个体网络变量：聚敛性、扩张性等； 3. 二方变量：互惠性等； 4. 三方变量：传递性等； 5. 整体变量：总选择量等； 6. 时间变量	社会网络分析技术，包括： 1. 中心性分析； 2. 核心—边缘分析； 3. 动态网等

在社会网络分析中，属性数据可以通过二维矩阵来描述，即以行、列的形式来描述，行代表对象，列代表每一个对象所具有的不同属性。属性数据可以清晰地描述对象自身的特征，但是无法表征对象与对象之间的关系。在属性分析中，因空间数据所具有的误差、不精确性、随机性和模糊性，且受尺度、分辨率、抽样等因素的影响①②，种种不确定问题将会直接影响分析决策结果的准确性和可靠性。数据源的不确定性还源于数据采集过程中的量测、人为判断和假设等。关系数据除了具备属性数据的基本特征外，还包括对象与对象之间的关系。社会网络分析利用社会学、数学和图论等相关方法，分

① 参见刘文宝、邓敏、夏宗国《矢量 GIS 中属性数据的不确定性分析》，《测绘学报》2000 年第 1 期。

② 参见张景雄、杜道生《位置不确定性与属性不确定性的场模型》，《测绘学报》1999 年第 3 期。

析对象节点、对象联结之间的关系，对象节点表示网络的行动者，节点间的边表示行动者之间的关系①。

对于城市网络研究，目前主要基于两种方法：一种被称为属性方法，即通过城市的某些属性来探索城市间要素关联的证据，是城市系统研究和早期世界城市研究主要采用的方法；另一种方法被称为以城市间联系为基础的方法，或称为关系方法，它以城市间的联系为基础，通过获取城市间直接联系的关系型数据来研究城市网络，是目前世界城市网络研究主要采用的数据类型。以往的世界城市与全球城市研究只是简单地计算世界城市属性数据，过于注重城市间的等级关系，而忽略了城市体系中各城市间互动关系的重要性。在中心地理论背景下，强调的是城市的中心性也即城市等级的高低，采用的分析手段是众多城市的属性比较方法，这种方法的缺陷是忽略了城市的外部环境、城市与城市之间的关系。随后，学术界普遍认识到在网络社会背景中，城市网络的关键在于地点间的联系（relationships），而不仅仅是城市属性（attributes）；城市的重要性不在于城市内部的生产要素多寡，而是通过流经其本身的各类“要素流”证明的。由于城市之间的关系所涉及的基础问题是地点之间的关系（relationships），因而仅仅考察城市属性（attributes）的研究结论是具有说服力的。

当代世界城市网络的理论研究以英国地理学家 Taylor 所主持的“全球化与世界城市研究网络”一系列研究为代表。他们以流动空间等关系型理论为指导，将城市间关系探讨和定量评估作为研究重点。泰勒认为早期关于城市网络的研究虽然有很多文献着眼于城市外部关系，但实质上这些研究都不是纯粹基于关系数据的分析，并没有展示城市间关系的本质，无法说明城市间的关联特征和空间格局。譬如城市国际化水平评价体系中国际友好城市这个数据，可以获得研究对象友城个数，但无从得知对象究竟与哪些城市哪个地区建立友好关系。因而，要探寻城市之间的关系必须通过关系性数据才能进

① Freeman, L., “Centrality in Social Network: Conceptual Clarification”, *Social Networks*, Vol. 1, 1979.

行。因此，寻找能够表征城市间要素关联的关系型数据成为城市网络的研究难题之一，各种关系型数据的稀缺与获取难度也成为开展城市网络实证研究的重要瓶颈。

在 GaWC 世界城市网络研究的影响下，学术界开始探索以生产性服务业为基础的城市网络实证研究。由于企业内部的网络数据相对容易获取，因此基于企业内部的网络联系开展城市网络的实证研究更为主流。但因数据过于强调高级生产性服务业，忽略了其他产业企业所创造的城市间的重要网络联系，尤其是正在崛起的发展中国家和新兴工业化国家地区的制造业城市，无法度量一般性城市的网络连接特征，相关研究很难深入探索符合中国国情的城市网络格局。Castells 的流空间理论为城市间关系概念化，进而采用关系性数据进行实证研究提供了坚实的理论基础。Camagni 和 Salone 认为，城市网络的含义可以概括为两个层面，一个层面是城市间基础设施系统（如高速公路、铁路网络、航空网络）；而另一个层面则是更加广义的城市间通过经济活动和人进行的空间上的互动。伴随着移动通信与互联网技术的崛起，也有部分学者从新浪微博、百度关联指数等方面入手研究。以上所有研究强调城市由中心性向节点性转变，即在网络视角下突出城市外部关系对城市发展的重要性，“就己说己”已无法捕获外部发展机会。未来研究不应只关注城市的属性特征分析以及城市间的等级关系，而须把研究重点放在城市间的连接关系以及新的空间组织模式上。

从整体来看，在国内外研究中，更多的是从单一类型的交通流视角透视当前城市间相互作用关系的空间关联，研究方法也是针对单要素而采取的特定方法。研究中多以城市属性数据分析为主，通过重力模型和多元回归分析等方法获得结果，无法真实反映城市间的关联程度；而从交通流、迁移流、货运流等城市间直接联系数据的分析则受基础数据的类别、详略、真实性等问题的困扰。故应采取多途径分析和多方法结合的方式，最大限度地反映城市间的真实联系和空间组织。

2.4 城市国际化网络

2.4.1 城市国际化网络概念的界定

1. 城市网络空间要素构成

物质分布不平衡是运动产生的根本原因，也是生产力要素流动的根本原因。根据生产力要素流的物质构成、流通渠道的不同，可将其分为六种类型——资金流、技术流、信息流、人才流、能量流和物质流，它们之间互相影响、互相制约。根据生产力要素流的性质不同，又可分为基础设施流、资本流动等物理流动（联系），以及信息交流、文化传播、知识产权等虚拟流动（联系）。

泰勒（2000）认为城市之间高效连接的网络是实现全球化的主要途径①。虽然城市里分布着铁路、机场等各类基础设施，但它们本身并不构成城市网络；城市间的网络是通过流动在这些基础设施间的人才、商品、资金和信息等构成的。在网络结构内部，人才、资源、信息和技术等各类要素的跨边界流动是区域一体化的最显著特征，城市可以获得网络化发展所带来的协同效应，以实现资源要素在区域内的综合集成与高效配置。卡斯特（2010）也指出，城市的人力资源、技术、信息等生产要素在全球范围内流动，形成了世界范围内资源优化配置的国际城市劳动分工格局。郑伯红等（2011）指出城市作为生产要素资源和产业组织的空间载体，是全球经济活动的重要节点；并基于产业组织的长沙城市国际化网络空间基本形成，并对其发展的态势进行了细致的分析②。

---

① Taylor, P. J. and Hoyler, M. , "The Spatial Order of European Cities Under Conditions of Contemporary Globalization", *Tijdschrift voor Economische en Sociale Geografie*, Vol. 2, 2000.

② 参见郑伯红、王志远《基于产业组织的城市国际化网络研究》,《世界地理研究》2011 年第 6 期。

2. 城市国际化网络的概念界定

在现实经济生活中，城市之间客观存在着各种联系，表现为生产的、流通的、交通的、金融的、信息的、文化的和科学教育的等多方面，具有相互依存、相互制约和相互促进的特点。因此，城市的国际化发展不可能置于相互关联的城市网络之外。随着信息技术的快速发展以及全球化程度的加深，城市间的人流、物流、信息流、资金流等，无论是规模、速度与方向，还是组织形式都发生了根本性的变化。信息技术深刻影响着经济生产，流动空间取代了地方空间。在国际化发展进程中，城市发展不能再独善其身。作为区域网络的节点，城市由各种要素流构成，彼此组成复杂的网络关系。国际化城市正是通过其“流量”来实现财富和权力的积累。国际化城市处在世界城市网络体系的不同层级之中，节点间通过人员、货物、信息、技术等要素的流动发生联系。

在城市国际化网络中，点是单个城市主体，线和面是城市之间相互关联、空间相互作用和业务往来的结果，网络是城市之间相互作用所呈现的状态，是城市国际化发展的结果。虽然城市国际化的概念本身已经包含了城市之间的关联和互动，但城市国际化网络的概念更能准确反映城市之间的互动联系和发展方向与态势。在城市国际化网络中，点对点的作用超越时空，整个空间结构呈现出较强的黏合度，表现为产业、人口、资金、技术等要素紧密依存。城市与区域互动的结果将促使城市自身进行空间重构，从而牵动区域整体网络结构发育以至成熟。城市国际化网络的研究不仅可以促进中国城市网络发育、空间结构优化，而且对当前迅猛发展的中国城市国际化建设具有重要的借鉴意义。

3. 城市国际化网络的基本模型

在当代经济条件下，经济活动的全球扩散和全球一体化，一方面使核心城市的功能进一步加强，促进世界城市形成与发展；另一方面可以促进城市国际化网络体系发育。全球网络中的各个城市因控制型资源、服务能级和区位优势不同而存在等级大小，但同时又使相互关联的环形网络参与国际分工，许多大城市成为全球网络与地区网络相互连接、重叠的网络枢纽。由于知识、信息资源地理分布的非均质性，在全球化和信息化时代，国际化城市网络中的等级仍然存在。网络化并非取代等级，而是整合等级。

基于以上分析，我们得到城市国际化网络的基本模型：从网络的时空尺度看，城市国际化网络的物质形态具有时间序列的继承性与延续性。城市国际化网络体系的实质是城市“全球/区域控制能力”的等级序列，是其辐射能级的具体体现。城市国际化网络是一个包含节点、流线和区域的复杂网络，是一个可观察和量化分析的空间系统；它是由具有国际化特征的城市和这些城市间由于人力、货物、资本、交通、信息、创新等空间要素的流动而产生的联系抽象出来的地理空间模型。随着区域经济增长的外溢效应、网络化效应等综合作用使得城市间经济联系更加密切，空间联动态势日益显著，从而有助于增强区域一体化。

全球化加速了城市的国际化、网络化，促进了城市的全球化分工。城市不再局限于区域和国家的范围内，已经成为世界性、国际性城市开放体系中的一个基本元素。城市开始广泛参与全球性的竞争与合作，并在全球经济活动中扮演着一定的角色。地域性限制的时代已经结束，开始走向一个新的全球性区域时代，城市在全球化网络体系中得到重构与再造。由于各类资源要素的全球化流动，城市与城市之间产生不同程度的联系，形成城市网络体系。国际化城市是全球网络的空间节点，全球网络是国际化城市形成的外部条件。从内部因素看，技术进步、空间结构、产业结构、基础设施体系、政治体制、社会体制等因素的相互作用以及这些因素随时间的变化，将通过影响供给和需求，作用于一个区域经济增长与发展的过程。从外部因素看，区域间的相互作用，通过生产要素流动、货物与服务流动等形式使不同的区域相互联系。

2.4.2 城市国际化网络分析的方法

网络分析是城市与区域研究的方法补充。它采用“关系数据”，突出城市间的相互作用，分析方法由图论发展而来。图论是网络研究与表达的数学基础，图论中的图是指由若干节点以及连接节点的线所构成的图形。点图层和交织成网的线图层共同组成网络。节点可以用来代表事物，节点间的连线可用来代表事物之间的联系。网络分析被用于大量的结构和关系的测度。

1. 图示表达

网络的图示表达可分为两种情形：一种是非空间网络的表达，另一种是空间网络的表达。非空间网络包括统计物理研究中的复杂网络领域，社会学研究中对社会关系网络的图示，管理学中对企业之间关联的表达等网络。在空间网络中，多数现实网络关系都与地域空间相关，因此脱离不了空间要素的表达，如交通网络、城市网络均需要从地理学与城市研究的分析视角阐述空间网络的特征、结构等内容。以城市网络分析为例，表达时通常是将城市抽象为网络节点，城市之间的联系抽象为网络连接边，研究的对象是城市之间的“关系数据”。网络分析是一种不同于“因果性”分析的新型研究理论，它提供了“交互”的视角，即探讨的不是单向“因果分析”，而是一种双向交互作用。20世纪90年代以来，城市网络分析方法取得了突破性进展。“全球化和世界城市”（GaWC）研究小组批判了早期的“世界城市”研究偏重孤立测度城市属性，而忽视整个城市系统成员之间相互依赖关系的缺点。

“图示表达”顾名思义是以图形化的手段进行清晰、有效的信息传递。通过视觉化呈现数据，抓住要点信息，展示直观的模式和结论，这些均是简单统计所无法提供的。随着大数据的兴起，信息技术在多个领域的大量应用使得越来越多的网络结构数据被获取①。为了更直观地理解网络结构和更有效地挖掘网络特征，利用图形的形式描述网络数据，得到了各国学者的高度重视，

① Palla, G., Derenyi, I. and Farkas, I., et al., “Uncovering the Overlapping Community Structure of Complex Networks in Nature and Society”, *Nature*, 2005 (435).

并被广泛应用于网络分析中①。

空间网络分析工具种类繁多②，主流的分析软件有 UCINET、Pajek、Netdraw、Gephi、R 语言、ECharts、Net Miner、Network X 等。软件间的差别主要体现在数据处理、可视化以及易用性上。它们中多数不仅具有网络结构可视化的功能，还能够提供网络拓扑结构和静态特征的统计结果。这些常用软件的对比详见表 2 – 4。可以看出，多数网络结构可视化软件是开源免费的，且可用于大型网络分析。按照软件绘图数据的输入方式，可以把这些软件大致分为图 2 – 8 矩阵数据类和图 2 – 9 代码脚本类。前者包括 UCINET、Pajek 与 Gephi，这些软件可以直接通过表示网络的矩阵 csv、txt 或是其他数据格式的文件完成可视化；后者包括 R 语言和 ECharts，这些软件通过代码的方式完成了网络结构的可视化。

表 2 – 4　　网络可视化软件的比较

软件	语言	开源	免费	网络规模	网络分析	绘图方式
UCINET	未知	×	×	中型	√	矩阵
Netdraw	未知	×	√	中型	×	矩阵
Pajek	Delphil	×	√	大型	√	矩阵
Gephi	Java	√	√	大型	√	矩阵
R	S	√	√	大型	√	脚本
ECharts	Java	√	√	大型	×	脚本

① 参见孙杨、蒋远翔、赵翔、肖卫东《网络可视化研究综述》，《计算机科学》2010 年第 2 期。

② Henry, N., Fekete, J. D. and McGuffin, M. J., "NodeTrix: A Hybrid Visualization of Social Networks", *IEEE Transactions on Visualization and Computer Graphic*, Vol. 6, No. 13, 2007.

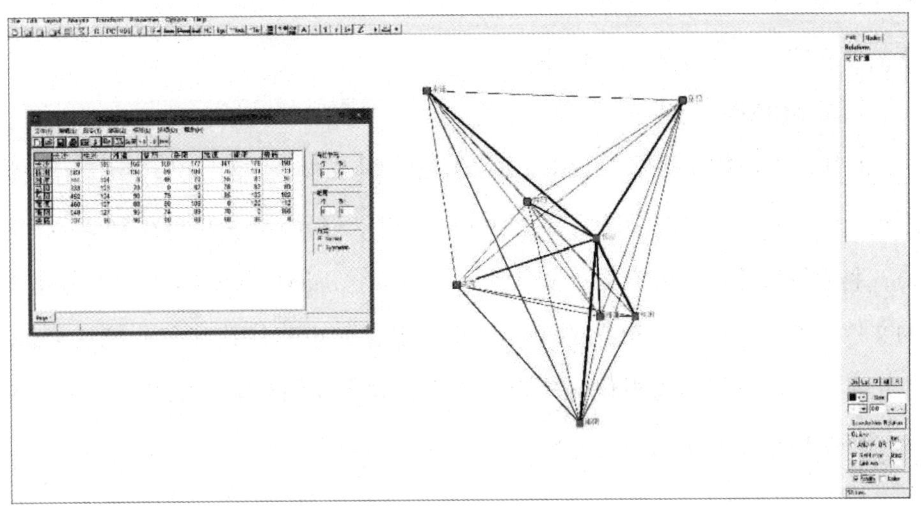

图 2－8　矩阵数据类的可视化软件示例（以 UCINET 为例）

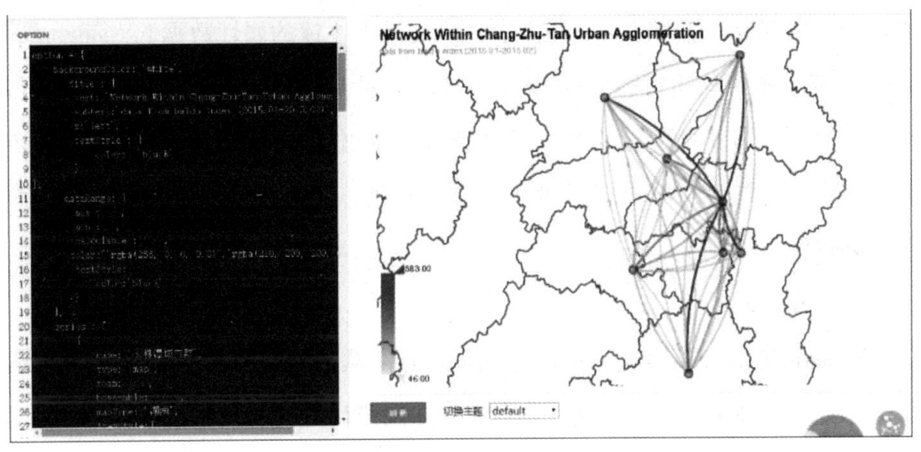

图 2－9　代码脚本类的可视化软件示例（以 ECharts 为例）

本研究中，矩阵类软件选择了应用最广泛的 UCINET 并加载了 Netdraw，既实现了网络分析，又可完成较好的图形可视化表达。与矩阵类软件相比较，上述软件虽然通过编写代码实现数据可视化的成本较高，但其可视化效果具备明显优势。并且 R 语言和 ECharts 可以通过地图套件或者地图范围的设定实现地理空间的可视化。但由于 R 语言的相关安装套件中，国内地图数据的更新比较缓慢，因此最终选择 ECharts 作为空间网络结构数据可视化的工具。以下简要介绍一下选取的三类软件。

（1）UCINET

UCINET（University of California at Irvine Network）在网络分析中运用最为广泛，是一种综合型社会网络分析软件。可以处理分析 1 - 模网络和 2 - 模网络，利用该软件可以读取文本文件及 KrackPlot、Pajek、Negopy、VNA 等格式的文件。该软件包具备很强的矩阵分析功能，如矩阵代数和多元统计分析。由于本身不具备图形可视化的能力，研究者大多使用其集成的 NetDraw 工具对网络结构进行可视化。

（2）Netdraw

Netdraw 是由 Steve Borgatti 开发的社会网络可视化软件，可免费下载使用。NetDraw 支持一种很简单的数据录入和整理方式——记事本。描述的内容通常分三个部分：node data（节点所代表的网络主体的属性数据）、node properties（节点属性数据）和 tie data（节点间关系数据）；当然并非所有文件都必须有此三个部分，我们可以根据自身需要做出选择性描述。该软件基本不具备网络分析能力，但在图形表达如节点颜色、大小、形状及连接线的设置上效果较好。

（3）ECharts

ECharts 来源于百度商业前段数据可视化团队，是一种基于 javaScript 的脚本语言，可以提供直观、精确、高度个性化定制的数据可视化图表。ECharts 提供了常规的折线图、柱状图、散点图、饼图、K 线图，用于统计的盒形图，用于地理数据可视化的地图、热力图、线图，用于关系数据可视化的关系图、treemap、多维数据可视化的平行坐标，以及用于 BI（Business Intelligence）的漏斗图、仪表盘，并且支持图与图之间的混搭。

2. 定量表达

城市国际化水平研究采用投影寻踪模型（PP）方法，分析处理“属性数据”信息，强调城市与区域的竞争比较关系。城市国际化网络研究采用社会网络分析法，即一种采用代数模型和图论工具研究关系模式及其对网络中成员影响的分析方法，处理的则是“关系数据”，其分析单位是关系，主要用于描述组织间的关系特征，确定关系类型，分析关系对网络的影响。

采用网络分析方法对构建的网络关系矩阵进行测度与分析，测度指标主要用来考察节点关系和网络结构两个方面。出现于 20 世纪 50—60 年代的社会网络分析方法，在社会学、经济学、管理学等学科得到了广泛应用。随着社会网络化进程的发展，社会网络分析也进入快速发展期，社会网络分析的影响作用逐渐增大，应用领域已不限于传统的关系网络，而是扩展到几乎全部的人类活动领域。近年来，众多学者将社会网络分析方法引入各自的领域，进行了诸多有益探索，其中包括社会生活、经济活动、人际交往、企业连锁关系等，在博客世界分析、E－mail 社区分析、舆情监控、医学诊断、基因表达分析以及社区挖掘等方面也有了一定应用。

2.4.3　城市国际化网络分析的内容

1. 网络分析的主要类型

在社会网络研究中，核心的分析单位即为节点以及节点间的关系边，二者是构成网络的最基本要素。节点可以是人、企业、产业、城市、区域等行为主体，边是各种行为主体之间资源交换和交流活动；可以是虚拟的知识、信息交流，也可以是物理的（实体）基础设施连接、资本流动、投入产出关系等。因此，网络分析按内容划分为以下几种主要类型。

（1）以企业为节点的网络分析

谭传凤、李祥妹等（2001）认为区域经济空间相互作用的微观机制主要是通过企业的商品流、资源流以及生产联合等途径来实现区域经济的联合①。

① 参见谭传凤、李祥妹《试论区域经济空间相互作用的微观机制》，《地理研究》2001 年第 3 期。

郑伯红等（2008）借鉴 GaWC 的研究方法，利用世界服务公司机构分布资料，对全球 120 个主要城市进行了网络分析，推演了全球城市网络的计算过程和结果①。

吴冰、王重鸣（2009）选取某国家级软件园进行社会网络分析后发现，软件园合作网络具有密度小、网络大、企业联系离散的特征，且网络中富含结构洞。该实证研究揭示了中国多数产业园区的共性，明确了产业园区中各企业集团的地位和角色，有助于进行相应的战略调整与政策修订②。

金钟范（2010）以企业跨国母子组织联系为根据探讨了中韩城市联系，分析了中国城市跨国网络结构特点，不仅得出跨国城市网络在不断扩大的结论，还发现网络基本要素分布呈现区位倾向性③。

董琦、甄峰（2013）以中国主要物流企业总部及分公司的分布数据为基础，生成了国内物流企业网络，并从物流企业网络中各城市网络连接度、网络总体形态结构和三大城市群网络格局比较三方面分析解读了中国城市网络空间结构特征。

（2）以产业为节点的网络分析

张许杰、刘刚（2008）对英国产业结构网络进行了实证研究，证明其网络具备小世界网络的特征，并具体分析了该网络的结构特征④。

吴先华等（2008）采集了江苏省三个产业集群的数据，借助网络分析方法研究了不同产业集群内企业间的互动，尤其是产业集群的创新能力⑤。

（3）以城市为节点的网络分析

罗纳德·波特（2008）以世界城市网络为研究对象，揭示出城市经济的

---

① 参见郑伯红、朱顺娟《现代世界城市网络形成于流动空间》，《中外建筑》2008 年第 3 期。

② 参见吴冰、王重鸣、唐宁玉《高科技产业创业网络、绩效与环境研究：国家级软件园的分析》，《南开管理评论》2009 年第 3 期。

③ 参见金钟范《基于企业母子联系的中国跨国城市网络结构——以中韩城市之间联系为例》，《地理研究》2010 年第 9 期。

④ 参见张许杰、刘刚《基于复杂网络的英国产业结构网络分析》，《商场现代化——海外链接》2008 年第 3 期。

⑤ 参见吴先华、郭际、胡汉辉《复杂性理论和网络分析方法在产业集群创新能力问题中的应用——基于江苏省三个产业集群的实证研究》，《科学学与科学技术管理》2008 年第 7 期。

可持续性与其在世界城市网络中的参与度存在密切关系。首先，以环境、经济、社会、设施四项指标度量一个城市的可持续性；其次，利用GIS技术描绘出世界城市网络图，指出国家或城市间的差距会因其在网络中的不平等地位而逐渐拉大；再次，以国家间物品、生产、贸易、服务四种联系活动描绘出四幅不同的网络地图；然后，将研究重点从国家转向城市，按照一国不同城市间的网络、跨地域城市网络、世界城市网络三个层次进行分析，结果显示研究范围越大，网络中城市关联的不平衡性越大；最后，通过相关性分析，证实了网络连接度与城市发展水平密切相关，网络连接度与城市可持续性密切相关。

侯赟慧、刘洪（2006）以长三角城市群中的16个中心城市为节点，以城市间的资金往来为网络的边，探讨了城市群的空间层次结构，为城市群的合理规划布局与城市间的协调共容提出了政策建议。

（4）对基础设施网络的分析

刘宏鲲、周涛（2007）以我国城市间直航线路为网络的边，以每周提供的计划座位数为边权，实证研究了我国城市航空网络的拓扑性质①。

武文杰等（2011）运用复杂网络的分析方法，研究了中国城际航空网络的空间结构特征和格局变迁，认为建立在城际航班、航空线等航空流数据基础上的城际航空网络结构演化在一定程度上反映了城市之间的空间关联特征。除航空客运数据以外，国内外学者还运用互联网基础设施和信息流量来研究城市网络联系。

汪明峰（2006）研究了中国互联网骨干网络结构与节点可达性②。而基于公路联系流的相关研究则开展较晚，且缺乏大尺度的宏观格局认识。

此外，根据生产力要素流的性质不同，又可分为基础设施流、资本流动等物理流动（联系），以及信息交流、文化传播、知识产权等虚拟流动

---

① 参见刘宏鲲、周涛《中国城市航空网络的实证研究与分析》，《物理学报》2007年第1期。

② 参见汪明峰《城市的网络优势——中国互联网骨干网络结构与节点可达性分析》，《地理研究》2006年第2期。

（联系）。因此网络分析又可划分为两种主要类型：物理网络分析和虚拟网络分析。

2. 城市国际化网络分析内容

城市国际化网络结构是指各个城市在相互联系过程中建立的人流、物质流、资金流、信息流关系的总和，反映了区域联系的空间属性和行为特征。在区域一体化的国际背景下，城市国际化网络作为区域内各类生产要素动态流动的主要承载形式，是城市间联系交互增强和体系演化成熟的必然结果。因此，将城市理解为网络中的节点，将城市间的各种要素流动抽象为节点间的联系，可以构建出基于综合要素流的城市国际化网络体系。

城市间的连接方式复杂多样，包括人际关系连接，公路、铁路、航空等交通线连接，信件流，手机电话通信等。这些交通线路、通信线路等基础设施是城市流的实现载体和途径。联系与流动成为城市最为根本的动力，城市之间的流动是城市发展的重要推动力量，也是城市国际化的关键因素。

然而，城市流不能明确表现各城市间的联系，采用直接的联系数据成为研究的必然趋势。以城市间的联系为基础，通过获取城市间直接联系的关系型数据来研究城市网络，是节点城市国际化网络研究的主要途径。合适的数据帮助我们分析城市间的多种交换或联系流，从而揭示城市间乃至整个网络结构的复杂形式。相互作用的本质是联系，多对联系则组成联系网络，分析联系网络的特征则是对整个相互作用系统运行规律与机制的解析。综上，研究主要选取物理联系中的基础设施流网络（国际航线网、国际班列网）、资金流网络，虚拟联系中的友好城市网络四种流动网络作为城市国际化网络的分析内容。

空间联系的微观参与者是人，人们在城市及区域间从事功能活动的主要载体为交通，而交通客运具有功能性与大众性，城际班次在一定程度上可以代替空间联系“流动”数据。以交通为联系媒介，假设交通运输的空间效应显著，即多少运输班次代表多大空间联系，区际交流程度较强。由于尺度跨行政界线，使用单一交通方式的运输指标不能完整地反映空间联系，因此可以选取多种交通方式。城市之间交通联系数据与区域空间联系强度具有相关性，二者互为支撑，已被证实具有可行性与可操作性。

资本流动，选取 FDI（Foreign Direct Investment，外商直接投资）作为长期资本流动的一种主要形式，成为现代资本国际化的主要形式之一。无疑，外商投资促进了我国中西部对外贸易规模迅速扩大，外商投资企业的进出口分别促进了中西部地区进出口商品结构的改善与优化。

航空运输是经济全球化的催化剂，也是经济全球化进程的重要载体，它承担着跨国资本、人员、技术和高附加值货物的运输职能，成为衡量跨国城市之间联通性的重要指标。航空网络及其空间结构具备良好的可视化效果，能够较好地表征世界城市之间的互动。因此，城市在全球航空网络中的位置可被用于衡量该城市在全球城市网络中所处的地位。

国际货运班列，顾名思义是指中国开往全球各地的快速货运班列，适合装运集装箱的货运编组列车。在"一带一路"倡议框架下，作为物流联运通道的铁路运输，日益反映出中国企业已经"走出去"，贸易物流拓展出新的地理区域。班列发挥着港口、铁路的融合功能，加强了与中亚、欧洲的经贸往来，提升了中国外向型经济发展水平，因此也可作为衡量城市在全球城市网络中所处地位的重要指标。

节点城市的国际友好城市，或为历史文化名城，或为所在国家的文化宗教中心，抑或为所在国家的旅游文化中心。也有部分因国家政治需求缔结的友好关系。国际友好城市的交流与合作，提高了中西部城市的对外开放度，推动了与各国在经济、科技、文化、教育、卫生、体育等领域的合作，在服务国家总体外交、服务城市经济社会发展等方面也发挥了重要作用。因此国际友好城市交流网络也可作为一个重要的衡量指标。

综上，研究以"一带一路"沿线节点城市外商直接投资联系，对外的航空联系、友好城市联系以及货运班列联系作为衡量城市关系并能够反映地区在世界城市体系中地位的重要指标，借鉴社会网络分析工具构建了沿线节点城市国际化网络，分析其网络结构特征，演绎其城市国际化发展态势。尽管已经有部分文献探讨了中国与“一带一路”沿线国家之间的贸易及其他关系，但将“一带一路”沿线主要中西部节点城市作为研究对象，探讨其外部与内部空间关系的研究较为缺乏。本书试图用社会网络分析方法来揭示“一带一路”沿线节点城市国际化网络特征，分析各种网络的演化趋势，并据此提出模式建议。

第3章　网络城市空间的特性

3.1　网络城市空间的复杂性

3.1.1　网络本身具有复杂性

复杂科学的研究表明，实际的网络本身具有复杂性，并表现出某些共同的性质特征——小世界、无标度、高集聚度。在诸如生命科学领域的各种网络（如细胞网络、蛋白质相互作用网络、蛋白质折叠网络、神经网络、生态网络），以及 Internet/www 网络、社会网络、科学家合作网络、语言学网络等研究中均对此有所表述，如图3－1所示。

a. 澳大利亚堪培拉的一个社会关系网络结构

b. Internet上部分IP地址的连接结构

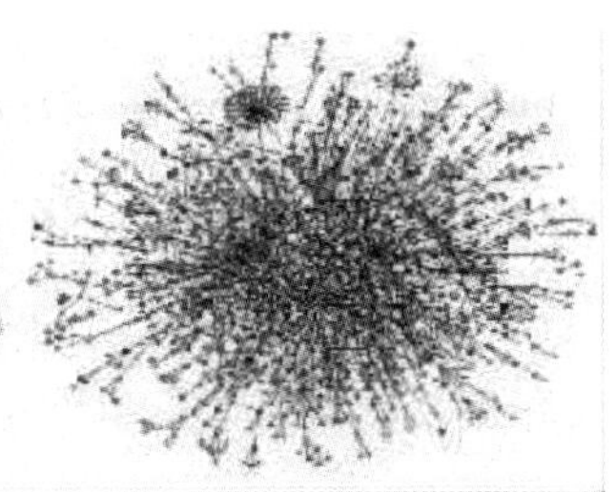

c. 蛋白质相互作用网格结构

图3－1　三个具有复杂连接结构的实际网络

资料来源：汪小凡等：《复杂网络理论及其应用》，清华大学出版社2006年版。

1. 小世界现象（small - world phenomenon）

小世界现象描述了具有高集聚度的规则网络与较小路径的随机网络的转变。在哈佛大学社会心理学家 Stanley Milgram 1967 年的试验中①，一个包裹或者文件在经过数次传递之后，会到达他之前预定的目标人手中。当然不是所有的传递都成功，而准确到达的文件和包裹平均传递了大约 6 次。这引出了著名的“小世界”模式与“六度分离”（six degrees of separation）的概念。1998 年，Watts 和 Strogatz 在 *Nature* 上对同时拥有较大的集聚程度和较小的最短路径的小世界模型及其几何性质进行了分析②，如图 3 - 2 所示。

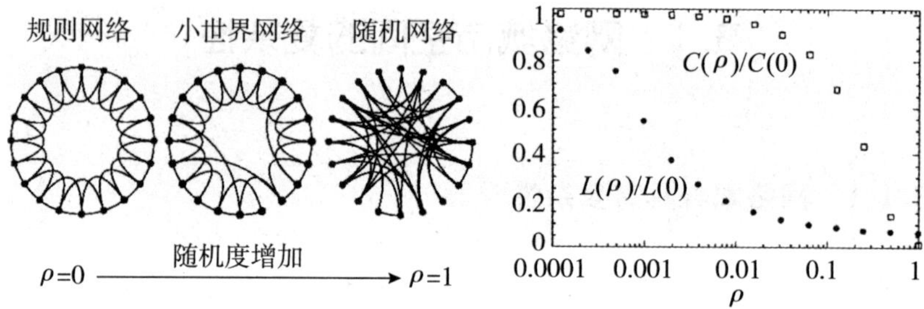

图 3 - 2　Small - world 网络模型

资料来源：Watts, D. J. and Strogatz, S. H., Collective dynamics of “small - world” networks.

2. 无标度（Scale - Free）网络

Barabasi 和 Albert 在 *Science* 上发表文章指出，许多实际的复杂网络连接度分布具有幂规律形式。由于幂律分布没有明显的特征长度，因此该类网络被称为无标度（Scale - Free）网络。这可以在引用网络、电话呼叫网络和人际关系网络等实际网络的连接度分布规律中得到验证。

无标度拓扑结构是实际网络不断增长的结果。图 3 - 3 描述了无标度网

---

① Milgram, S., “The Small World Problem”, *Psychology Today*, Vol. 2, 1967 (393).

② Watts, D. J. and Strogatz, S. H., Collective dynamics of “small - world” networks, *Nature*, 1998.

络的形成过程，如左上角小图所示，从两个节点的网络开始，每一次增加一个节点（图示空心圆圈）。新节点往往倾向于与已形成较多连接的节点联系，正是由于这种择优连接，导致了网络中一些枢纽性节点的出现。

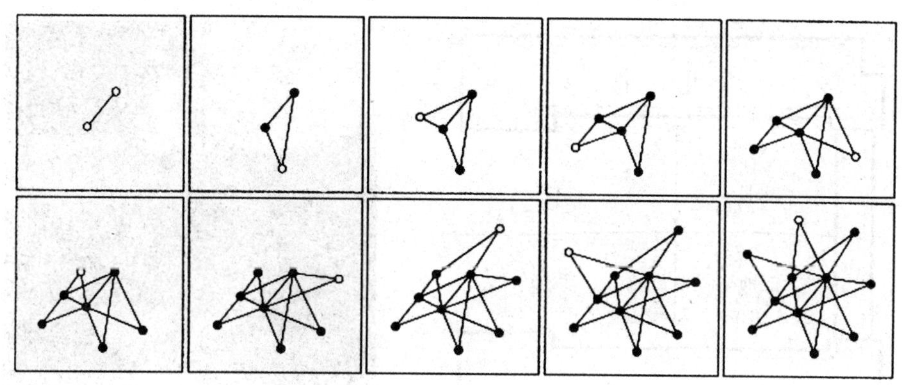

图 3－3　无标度网络形成过程

资料来源：Barabasi，A. L.，*Linked：The New Science of Networks*，Perseus，Cambridge（UK），2002.

3. 复杂网络的普遍特征

复杂科学领域的研究指出，绝大多数实际的复杂网络具有以下 5 个特征①。第一，网络的大规模性和行为的统计性。第二，节点动力学行为的复杂性。第三，网络连接的稀疏性。一个有 N 个节点的具有全局耦合结构的网络的连接数目为 $O(N^2)$，而实际大型网络的连接数目通常为 $O(N)$。第四，连接结构的复杂性。第五，网络的时空演化的复杂性。上述对复杂网络特征的描述，即是对网络复杂性的概括。网络本身是有序与无序、规则与随机、线性与非线性的矛盾统一体。

3.1.2　网络城市空间的连接及其复杂性表现

1. 城市网络的联系（connections）

联系是节点间相互作用的通道，存在互补性或差异性的节点间建立的

① 参见方锦清、汪小帆、刘曾荣《略论复杂性问题和非线性复杂网络系统的研究》，《科技导报》2004 年第 2 期。

联系才有更为实际的考察意义，这有效避免了普通节点间宽泛的联系而造成的混乱。就如同行人的路径通常由节点间短直的部分构成一样，节点间的联系通常表现为最易或者最优可达的特性，如图 3－4 所示。

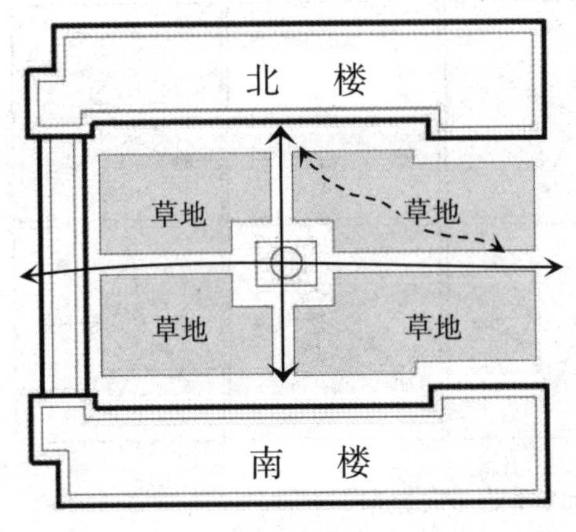

a. 实线箭头表示预设的联系路径，虚线表示新增部分

b. 实景照片（右侧草坪上的路径对应图a中的虚线位置）

图 3－4　步行联系的一个实例

资料来源：汪小凡等：《复杂网络理论及其应用》，清华大学出版社 2006 年版。

同时，两个节点间可能存在多重联系。如城市间（把城市看作节点）的交通网络并非单一的公路或者铁路网络，而是公路、铁路、航空、水运等多重联系，只是在特定的地方，某些联系方式表现或者作用更为突出。既然联系是多重的，太多相同的联系会引起通道的超负荷运行，这被称为通道超载。通道超载意味着网络系统的失衡，所以，如何有效避免通道超载是我们构建网络需要考虑的问题。解决当前诸多城市问题的实质就是建立联系，探究隐藏于事件表象下的形式是科学发展的关键。对城市网络而言，这一“形式”即是联系。由于表达的需要，“联系”一词将以“连接性”“连接”等形式出现。对于连接的复杂性，可以从以下两个方面分析。

2. 连接的不规则性

为什么看似规则的直线路径通常是不充分或者由于其他的原因是无效的呢？从亚历山大对树形结构思想起源的探讨中，我们似乎可以找到缘由：正是因为大脑具备直观理解结构的能力①，导致了对其他不规则连接的忽视。连接的不规则性，证明了网络复杂性的存在②，如图 3－5 所示。

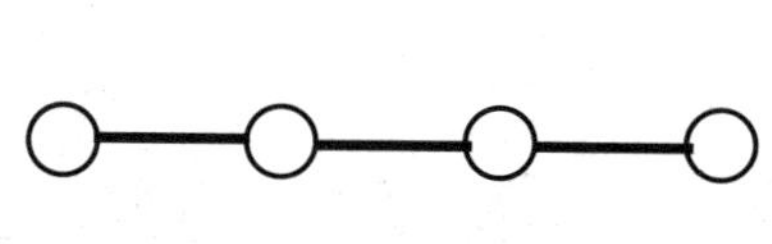

a. 最小的连接看似规则

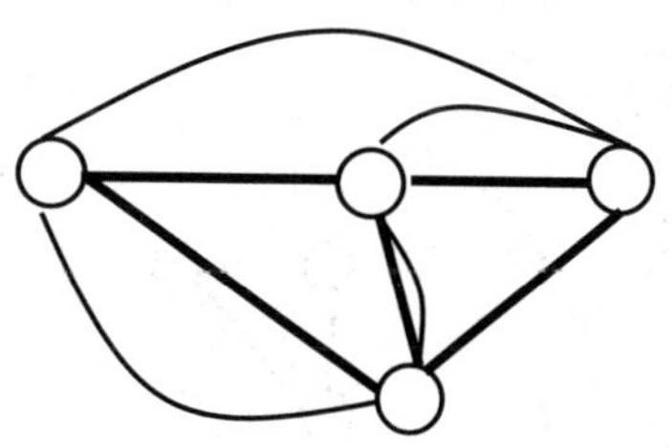

b. 四个节点间的多重连接

图 3－5　连接的不规则性

3. 最低连接数量

观察城市网络节点之间的连接，连接越强，网络拥有的子网络越多，一个城市就会拥有越丰富的生活。

对于网络最低连接数量的问题，我们可以根据节点成对连接原理进行考察。假设存在 N 个相互独立的节点，从中选择任意两个节点进行配对连接，并不断重复前述步骤。起初这些连接路径很短，并且增长缓慢。但当进行到 N/2 个步骤时，大部分节点都能形成配对连接。在 N/2 个步骤之后，连接的多重性就开始出现，较短的连接路径开始转化为较长的路径。从 N/2 步骤到 N 步骤的某一次时，大部分节点将联系在一起，形成复杂的多重联系。系统的规模越大，这种聚集的现象就越明显。但接下来，虽然这种聚集的连接仍在不断增加，但只能小幅地增长，因为 80% 的节点早已被连接起来。如此来看，节点间的连接与节点的数量存在一定关系。

---

①　参见［美］克里斯托弗·亚历山大《城市并非树形》，严小婴译，《建筑师》1985 年第 24 期。
②　参见张海潮、郑伯红《网络城市的空间及场所研究》，硕士学位论文，中南大学，2010 年。

为了更加明确地理解，下面将通过图3－6进行分析。这里N＝4，在第二个（N/2）步骤之后，有近80％（这里是3/4）的节点被连接起来。第三个（N/2－N）步骤时，节点间开始出现多重连接。复杂网络理论的研究亦表明：一个有N个节点的具有全局耦合结构的网络的连接数目为O（N^2），而实际大型网络的连接数目通常为O（N）。基于此，可以认为：网络中的连接数量与节点的数量存在对应关系，对于N个节点情况，至少需要N/2个连接，方可形成网络。

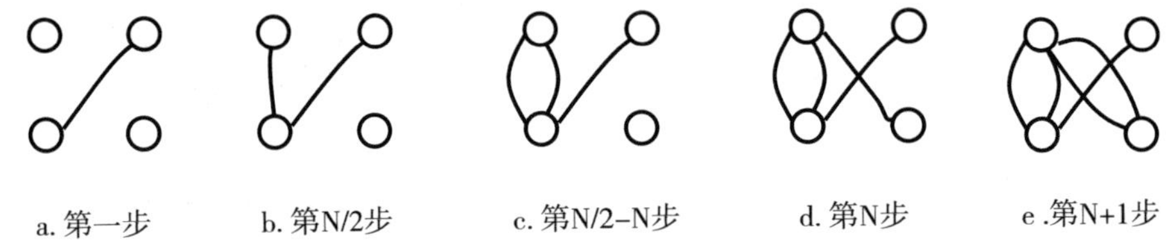

图3－6　N个节点间随机配对连接

4. 人类活动复杂性

人类创造了城市，也创造了城市中纷繁复杂的联系。城市空间的逻辑，本质上是由人支配的。扬·盖尔将人的户外活动分为必要性活动、自发性活动与社会性活动。从这些不同类型的活动出发，我们可以看出城市空间中不同的联系情形。图3－7表述了一部分较为常见的活动及其产生的联系。实际上，在不同的地方之间，因人类活动的复杂性，亦存在复杂的联系。这种联系的数量与类型之多超乎想象。

5. 联系路径的多重与不规则性

通过各种联系的复杂组织过程，城市活动的方方面面，细微到单个人的活动都可以连接到城市网络中。人们能够选择不同的路径轻易到达任何一个节点。联系紧密而有序的城市环境通常俯瞰起来是不规则的（Hillier，1996）。也正因如此，规划中的几何规律在地面上并不一定符合经验。图3－8可以帮我们更好地理解这一事实。

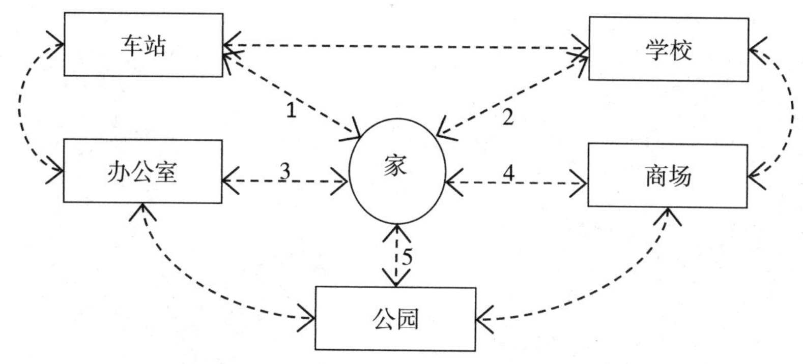

1. 出差　2. 上学　3. 　上班　4. 　购物　5. 　游玩

图 3－7　人类活动创造联系

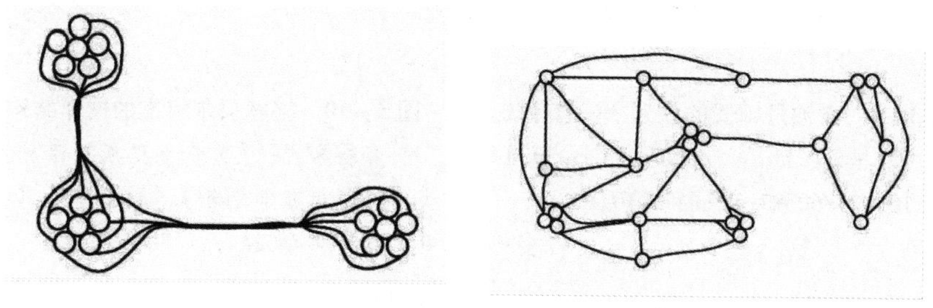

a. 联系过分集中，超过了路径的携带能力　　b. 相同数量的节点可以更好地分配

图 3－8　城市网络节点之间的联系

数学定理认为，两点之间可以连接一条线段，有且只有一条线段。但同时两点之间可以无限多的方式连成曲线。如果希望城市节点之间产生尽可能多的联系，那么就不能只坚持希波丹姆式（图 3－9）的对直连接。如同人们观察到的一样，欧洲中世纪城镇中弯曲的街道产生了令人震撼的趣味空间。但单单模仿其视觉风格未必就能解决问题，以 C. 斯坦（Clarence Stein）的马里兰州的格林贝尔特市（Crennbelt）的方案为例（图 3－10），尽管其构图充满了弯曲与诗意，但依旧是树形的①，依然未能建立高度的步行联系，而这正是自然生长的城市所要解决的实质问题。

① 参见［美］克里斯托弗·亚历山大《城市并非树形》，严小婴译，《建筑师》1985 年第 24 期。

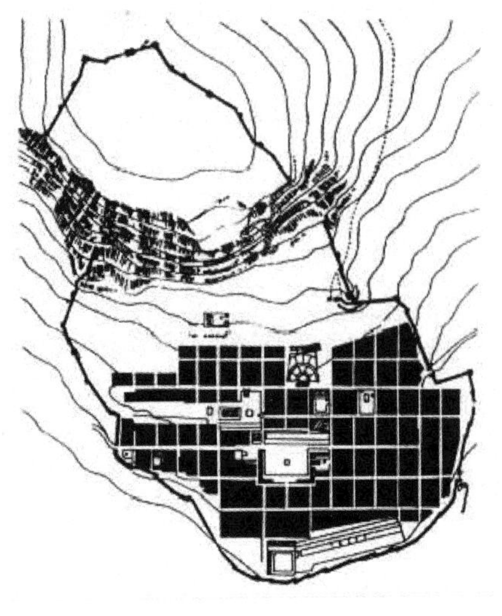

图 3-9　希波丹姆式的规划——普南城

资料来源：http：//info. upla. cn/html/2007/10-25/60387. shtml，2010。

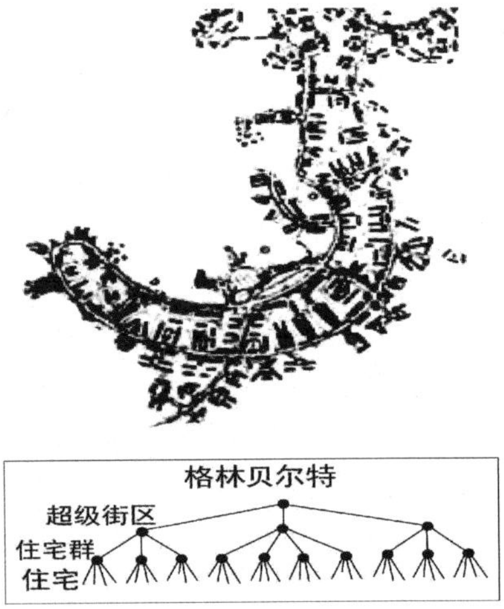

图 3-10　格林贝尔特市的树形结构分析

资料来源：［美］克里斯托弗·亚历山大：《城市并非树形》，严小婴译，《建筑师》1985 年第 24 期。

弯曲的街道既无必要，也是不可取的。矩形的网格规划在原则上并无不妥，并且具有明显的组织优势。但由于其应用的僵硬性，经常限制了连接的数量。因此，允许路径的交错，如在某个角度叠加另一个网络，从而提供更多样的连接，不失为一个有效的解决办法。从这个意义上看，当前我们城市空间中所面临的规则性形态导致联系不畅的问题，有赖于创造多重与不规则的联系来解决。

6. 联系维护的复杂性

（1）用稳定防止联系丢失

脑科学的研究证实，正因为存在大量冗余的联系为信息的获取与传输提供了通道，才使大脑保持经常性运转。对城市而言，复杂可行的城市在很大程度上需要拥有冗余的联系。节点间的联系路径较多，即使任意切断两个节点间的联系，城市仍然可以正常运转，而不堵塞。

（2）避免通道路径超载

一方面，当连接都是同一个类型的时候，它们相互竞争，甚至超过通道的容量，这也意味着通道的超载，如交通堵塞等。另一方面，不同类型的连接同时发生时，一些较弱的连接可能完全消失。例如，人行道和自行车道不能与高速公路共存，即大量不同层次的联系可以纵横交错但不能同时发生。

（3）切断不必要的联系

虽然网络的观点强调联系的多样性，甚至希望保持尽可能多的联系以保持稳定，但适当切断不必要的联系仍然是必要的。大部分步行路径的设置与车行路径是一致的，尤其在城市中（姑且不探讨这种方式的好坏）。这一步行网络与车行网络间的联系一般存在下列情况。

一是车行路径与人行路径完全互通。这存在两种极端的例子。一种情况多出现在小城镇或者城市旧区，这些道路本身是一个低速交通的网络，由于汽车的进入而让这一原本主要用于步行的网络显得不合时宜。另一种情况则刚好相反，高速公路与城市的高架道路这类车行路径，其设计的初衷并未考虑或者并不提倡甚至杜绝人行。

车行路径与人行路径仅靠路缘石隔开，形成不同高差的两个平面（图 3－11a）。城市一般性道路都是这种情况。显然，人们在经过这样的人行网络时，更容易受到机动车的干扰，更没有安全感。此外，由于人行与车行间几乎无障碍的情况，增加了行人随意穿越的可能性，从而造成两个网络间的相互干扰。这在城市新区尤为明显。

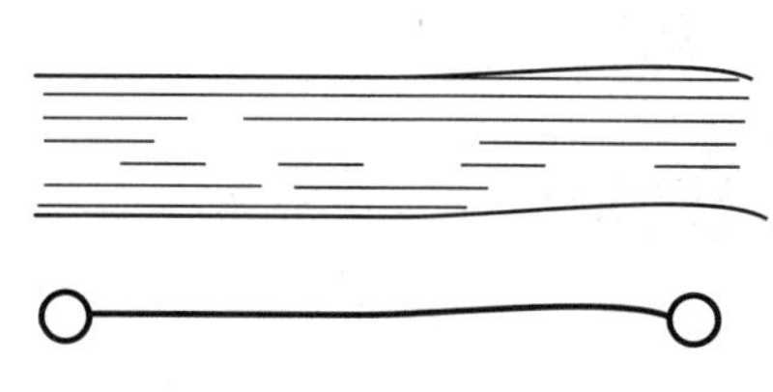

a. 车行路径与人行路径仅靠路缘石分割

b. 人行路径受到矮墙、树丛等的保护

图 3－11　人行与车行路径的联系情况

二是车行路径与人行路径之间被一定的障碍如绿化带、矮墙等隔离（图 3 - 11b）。这有效避免了人行路径与车行路径的随意联系，当前很多城市的主要道路也是这样设置的。总之，毗邻繁忙公路的人行道是危险的，因此人们很少去使用它。试图在步行与高速交通之间建立联系也没有必要。同时运用实体墙面或是采用大面积的绿地与树木，能够形成良好的城市景观，进而使其成为人们乐于逗留的场所，如图 3 - 12 所示。

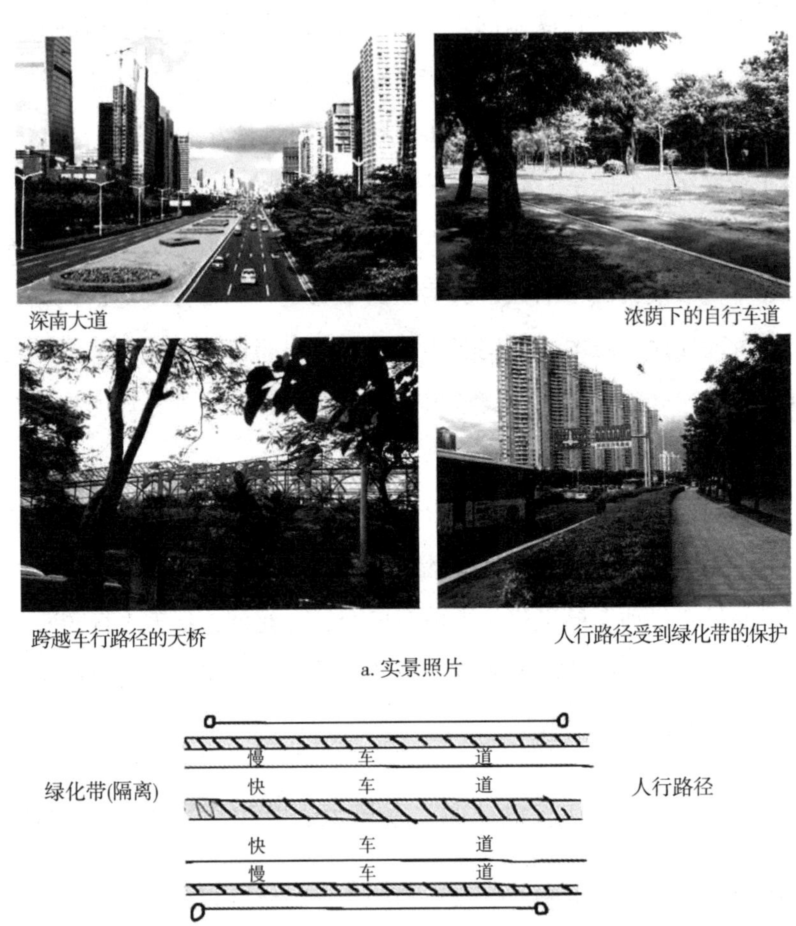

a. 实景照片

b. 深南大道人行与车行路径联系分析

图 3 - 12　深圳市深南大道的步行路径与车行路径

资料来源：图 3 - 12a 参见 http://www.panoramio.com/photo/，图 3 - 12b 为编者自绘。

3.1.3　网络城市的节点（nodes）及其复杂性

节点是城市网络的基本元素。城市网络本质上是由建立在人类活动基础上相互联系的节点构成的。家、单位、公园、商店、餐厅、社区活动室等都可称为不同活动类型的节点。自然与建筑的元素提供能够加强人类活动的节点及其连接的路径。以人为中心的城市需要调和个人、地方与城市的关系。营造有意义的节点，对于人们更好地理解城市意义重大。

1. 网络城市节点的特性

虽然城市网络中节点无处不在，尺度变化万千，但对城市而言，最具意义的节点往往是城市活动的核心。具有纪念意义的街道、重要的交通干道、集中的主要建筑物与社会基础设施综合体等都被认为是城市网络中的重要节点。这样来看，节点的意义实质上强调的是城市网络中最具特征的构成要素及其所容纳的人的活动，如城市广场、体育馆、商场、主要街道甚至是主要街道的一段。总之，在网络化的城市空间内，节点作为其基本的功能单元，体现了城市生活及其集聚特征。

（1）集聚性

空间的节点是具有不同密度的区域。城市网络中的节点往往是人口、资金、信息等的集中区域。从网络的观念来看，节点是联系的交点。联系越多，节点的集聚性也就越强，相应地节点在网络中的位置也就越重要。

（2）生活性

不同类型的节点反映了不同类型的城市活动。城市是一个生活的容器，人类的活动虽然纷繁复杂，但往往表现出向某些节点集聚的现象。虽然近来的研究发现，城市的功能正日趋混合，但这种混合依然是有限的。此外，节点不仅反映了某一类型的城市活动，更为重要的是，好的节点能够促进活动的持续。

（3）标志性

城市网络中，同类型的节点存在差异，那些占有优势的节点自然更容易显现出来，从而成为标志，这与凯文·林奇关于标志物的论述不同，凯文·林奇认为，标志物是点状参照物，观察者只能位于其外部，而未进入其中。而在开放的网络空间中，人类活动的联系广泛存在于节点间与节点内部，正是联系的集中程度导致了同类型节点间的差异。

2. 节点间的差异性与互补性

一般来说，联系只会出现在有差异或者互补的节点之间，如图 3－13 所示。郊区住宅的失败正在于节点雷同引起了联系的隔断以及与主城区联系通道的超载。城市网络的产生是为了满足从家到学校、商店、办公室或者公园的需要，而不是主要为了从一户人家到另一户人家。从这个角度看，保持节点的差异与互补就更有意义。区域城市间强调产业互补、职能分工也是遵循了这一原则。

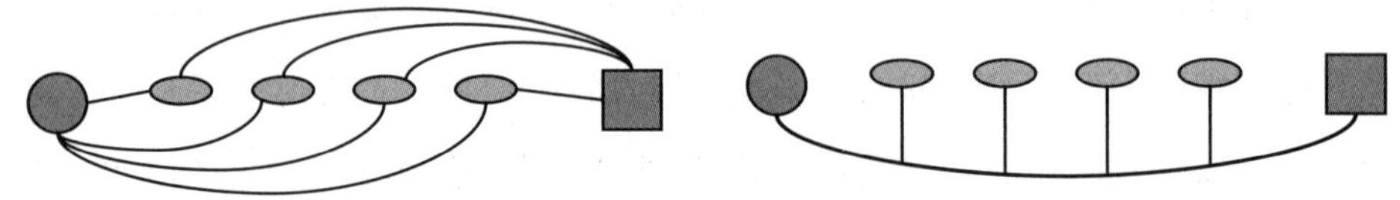

a. 不同类型的节点间自然连接　　b. 互补性节点间相互结合形成连接

图 3－13　节点的差异性与互补性连接过程

3.1.4　空间复杂性的启示

1. 当代城市空间的非网络化问题

亚历山大在其《城市并非树形》中对当时的几个著名城市规划案例进行了分析，指出了其非网络化特征——树形结构。由于建筑师与规划师对视觉效果的痴迷，忽视了对节点间联系的考虑，导致了城市空间网络中联系的断裂；严格功能分区的思想，使得某些功能过度集中，导致联系通道的超载。这是城市中基本问题如交通堵塞、空间吸引力丧失等的根源。由于实体边界，如道路、绿篱、墙体、护栏等的广泛存在，空间中的节点被孤立起来，与其他节点的连接实际上是中断的，如图 3－14a 所示。此外，不同功能区的分离与同一功能的过度集中，如高度集中的写字楼与高层公寓楼之间集中的办公与居住的联系，可能产生通道超载（上下班时的交通堵塞）。而郊区住宅与市中心就业岗位的联系同样存在这一情形。不同功能区之间的联系实质上是平行结构的，如图 3－14b 所示。

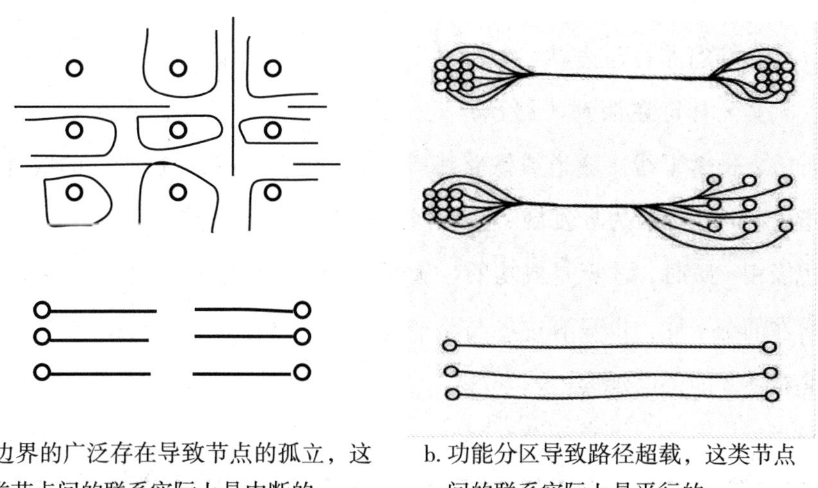

a. 边界的广泛存在导致节点的孤立，这类节点间的联系实际上是中断的

b. 功能分区导致路径超载，这类节点间的联系实际上是平行的

图 3－14　城市空间的非网络化现象

（1）人的尺度与分段连接

大型广场的失败之处由于它们一般拥有过长的人行路径；而且大多数情况下，这些路径是无遮蔽（绿化稀少）或不明确（边界含糊）的。对一般的城市新区而言，节点间亦缺乏足够多的短距离联系形成网络，从而使空间显得空洞、乏味。当节点间的距离超过了最大步行距离时，人们就不再选择步行，这意味着有用的步行路径必须分段联系。步行网络的构建过程实际上就是确定两个活动节点间的步行联系。如果它们的距离太远，就得在中间部位采用额外的节点，否则这一联系将是失效的，如图 3－15 所示。节点之间需要相互联系，这样才能创造路径，继而产生新的需求。这种新的、中间的节点需要与就近的节点相互联系，这就需要新的路径，如此，城市网络便自发形成。

a. 两组节点间距离太远而无法步行联系　　b. 利用两个新的中间节点建立联系

图 3－15　较大距离节点的步行路径的联系

（2）步行路径与边界

凯文·林奇在谈到“路径”与“边界”时①，认为路径包括机动车道、步行道、长途干线、隧道或铁路线等，而边界则是除路径以外的线性要素，并指出有时路径沿边界发展。只有当路径刚好与边界的某一领域，如建筑物的边缘相一致时，才算是成功的。从图 3－16 可以看到，边界与路径具有某种潜在的统一性，也只有边界与路径统一时，路径联系才会稳定，城市空间的完整性才能得以延续。

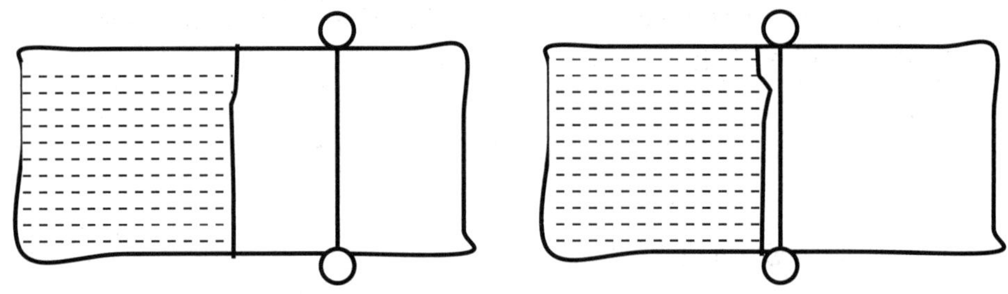

a. 路径与边界分离，脆弱而不稳定　　b. 路径与边界一致，空间完整性得以延续

图 3－16　路径与边界的关系及其影响

（3）优先创造步行路径

城市网络中步行路径的数量本应远多于当前存在的数量。但很多时候，道路网隔绝了步行路径的联系②。此外，由于过多考虑汽车的通行，忽视了步行路径的联系。亚历山大等在建立网络联系过程中认为，城市网络的构建应

① 参见［美］简·雅各布斯《美国大都市的死与生（纪念版）》，金衡山译，译林出版社 2006 年版，第 35—50 页。

② Batty，M. & Longley，P.，*Fractal Cities*，London：Academic Press，1994.

遵循一个最优序列：首先是界定步行道和绿地，其次是确定步行联系、建筑物及道路等①。当然，人行道并非要与自行车道、街道分离。事实上，行人渴望一条沿街小径所提供的视觉联系，这也是出于步行安全的需要，因为孤立的人行路可能是危险的。

（4）商业零售区的步行联系

商业零售是城市中常见的活动。受零售这一小规模商品交换行为的影响，店面（节点）之间步行路径是联系的主要方式。在这一局部网络中，联系路径越长，路径细分越多，网络的结构也就越紧密。正如前面讲到的节点间的路径距离太大，可能使步行联系中断，所以需要依靠中间节点来延续路径长度，同时中间节点之间可以形成新的路径。如图 3－17 所示，最糟糕的节点是每个店面只与停车场联系，由于人行路径受到干扰，店面前丧失了适于步行活动的环境，如图 3－17a 所示；传统的沿街布置的店面，街道每一边的店面单独发生联系，受道路的阻隔，步行路径只能沿路一边线性发展，连接的长度有限，如图 3－17b 所示；最成功的商业零售区模式，是所有的店面都能通过步行路径相互联系，这时短的细分路径形成了较长的整体连接，呈现出网络化的步行联系空间，如图 3－17c 所示。

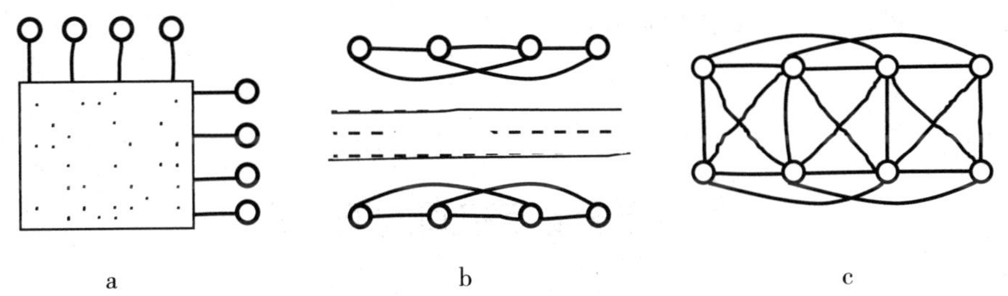

图 3－17　商业零售区的联系

总之，现代城市的非网络化比较常见，从城市网络的要素及其连接过程的基础来看，成功的城市空间网络遵循一定的生长原则，而那些失败的、不

① Alexander, C., et al., *A New Theory of Urban Design*, New York: Oxford University Press, 1987.

友好的、孤立的与非人性化的城市空间违背了这些原则，例如，采用分区法则违反了基本的联通需求。因此多样化的网络空间既迫切又必要。

2. 新范式的形成

（1）规划“蓝图时代”的破灭

空间复杂性表现为动态的非平衡，要求我们必须用发展的眼光看待问题。即便是侧重于物质空间的规划，也不应忽视其动态的特征，更何况当今的社会日益强调多学科交叉的综合研究，这意味着规划“蓝图时代”的完结。当然，我们在今后规划中，依然需要蓝图来表达构思，这只是整个过程的一个片段，而非最终的结果。

（2）“自下而上”的空间发展机制明显

空间自组织的存在说明城市空间的发展是系统内因作用的结果，表现为空间自细微而至整体的过程。在市场经济日益成熟的今天，城市的开放性被大大拓展，这也预示着城市空间的自组织作用将更加明显。

（3）新的范式转变

以往对空间的认识，是基于线性思维的，但空间却日益表现出非线性的复杂特征。基于复杂理论的基础，传统的认识模式必然被打破，对空间的认识与发展将要进入一个新的领域。

3.2 网络城市空间的流动性

“资本、劳动力、技术、信息乃至空间自身的高度流动性是信息时代的一个本质追求。”① 在这个流动的世界里，由于网络的外部性、选择性与柔性共同作用，打破了传统的空间体系，促进了先前逻辑向新型逻辑转变②。在这个

① 甄峰等：《信息技术影响下的区域城市网络：城市研究的新方向》，《人文地理》2007 年第 2 期。

② 参见［法］H. 巴凯斯、路紫《从地理空间到地理网络空间的变化趋势》，《地理学报》2000 年第 1 期。

意义上，传统相对封闭的地方空间已经瓦解，取而代之的是虚拟空间与实体空间相互作用下的新空间——流动空间。在空间流动性作用下，城市纵向中心地式的空间结构被重构，新的多中心扁平化的网络化形态日益明显。城市空间的流动性成为空间网络化的演化动力。

3.2.1 从密斯到卡斯特：空间思维范式的转变

1929 年，密斯·凡德罗最早提出流动空间（flowing space）概念，认为流动空间打破了古典建筑空间的中心性和封闭性，实现了建筑空间中人与环境的动态平衡。时隔半个多世纪后，著名社会理论家曼纽尔·卡斯特在其《网络社会的崛起》中又提出了全新的流动空间理论，认为流动空间乃是通过流动而运作的共享时间之社会实践的物质组织；并进一步指出，至少可以用三个层次的物质支持对流动空间加以描述："第一个层次，流动空间的第一个物质支持，是由电子交换的回路所构成"；第二个层次，"由其节点（node）与核心（hub）所构成"；第三个层次，"是占支配地位的管理精英（而非阶级）的空间组织"①。

对比密斯与卡斯特的流动空间，如果说密斯提出的流动空间概念仍然是一种具体的空间形式，卡斯特的流动空间则具有实体空间之外更深层次的空间含义。此外，佩卡·赫曼伦、菲利克斯·斯坦尔德等亦指出流动空间带来的影响，全球大距离的融会贯通成为可能。由于网络空间的介入，人们对空间的认识日趋深化，从传统空间到流动空间，无疑是一次空间思维方式的转变。图 3－18 描述了传统的实体空间与信息网络的虚拟空间相互作用形成流动空间②。

① ［美］曼纽尔·卡斯特：《网络社会的崛起》，夏铸九等译，社会科学文献出版社 2003 年版。

② 参见甄峰《信息技术作用下的区域空间重构及发展模式研究》，博士学位论文，南京大学，1999 年，第 39 页。

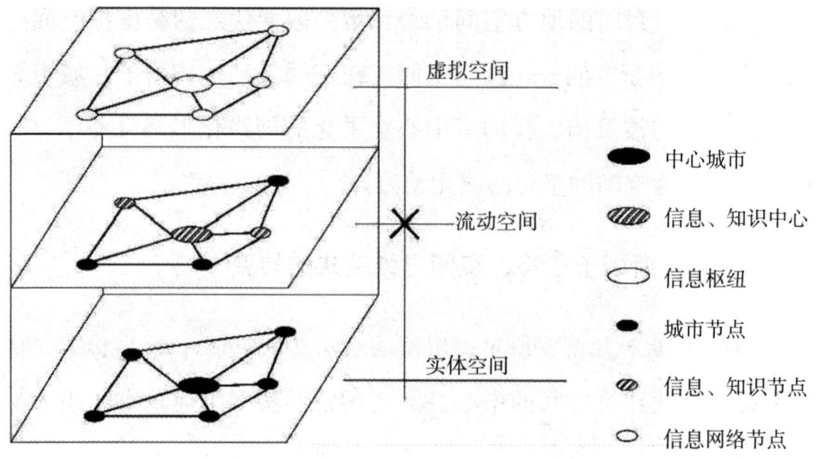

图 3-18 流动空间的形成

资料来源：甄峰：《信息技术作用影响下的区域空间重构及发展模式研究》，博士学位论文，南京大学，1999 年。

3.2.2 从地方空间到流动空间

1. 从实体到虚拟：技术改变空间

工业革命把两个城市缩短为一辆汽车的距离，改变了人们的时间和空间观念，加强了城市间的联系。西方学者因此提出了城镇体系（urban system）的概念，人们不再孤立地以城市划定生活范围，而是融入体系中。电子技术的发展给信息传输提供了便捷的途径，减弱了时空对人类社会的限制，信息无时无处不在，各种活动都有发生的可能。在信息时代，网络成为最关键的组织形式。

卡斯特从技术决定论出发，认为流动空间（space of flows）将取代场所空间（space of places），并对大都市生产区位产生重大影响。在流动空间中，一个功能和权力等级构成了世界网络，它将生产、分配和管理功能隔离并定位在最有利的区位，并通过通信网络将所有活动联系起来①。正如跨国公司的生

① Castells Manuel, *The Informational City*: *Information Technology*, *Economic Restructuring and the Urban-regional Processp*, *Oxford*: *Basil Blackwell*, 1989.

产组织网络，总部可能在美国或欧洲，而原材料来自南非，零部件生产于东南亚，装配车间在中国，产品市场面向全世界。

2. 从距离区位到数字区位：网络拓展城市空间

传统城市空间发展受制于互补性、可达性等因素，地理要素间的相互作用决定了城市空间的扩展方式，而数字技术所构建的虚拟网络空间将弥补地理空间的不足，全面提升其强度和广度。凭借着数字技术网络，各种知识和信息可以低廉、自由和高效地传递，形成双向、即时的交流使得城市要素之间信息趋于对称，弥补了物质空间的割据性，消减了距离对空间相互作用的制约，可达性大为提高。因此，远程数字通信使得距离消失，并且得出城市的规模与网络地址的密度呈正相关。数字技术主导的城市空间扩散方式将发生根本性转变，就近扩散、等级扩散、随机扩散强度减弱，网络式、复合性和跳跃性扩散逐渐成为主体，扩散方式也更加多元化，表现为同心圆圈层式扩展、分散组团式扩展、轴向式扩展、蛙跳式扩展等多种扩散模式并存，城市空间的各种相互作用和组合关系将更加复杂。

总之，信息技术允许城市各种功能发挥的形式不受空间的限制，而是根据其各自的发展战略需要进行自行选址。城市信息网络大大拓宽了城市的活动空间，使城市得以延伸其各种功能的地域分布①。

3.2.3　信息化引起城市内部空间网络化

1. 城市信息功能区的兴起

信息化带来了城市空间拓展，事实上，远非空间扩散或集聚那么简单。信息技术革命改变了人类社会的生产方式，信息技术作为当今最先进的生产力要素，渗透到社会生活的各个方面，从而引发了传统城市功能的变迁。在工业时代，城市用地以工业布局为中心内容，工业占据着城市中的大量

---

①　参见年福华、姚士谋《信息化与城市空间发展趋势》，《世界地理研究》2002 年第 1 期。

用地。在数字技术时代，科技和体制创新成为推动城市发展的根本动力，城市的创新能力成为城市竞争中的首要因素。知识的生产、传播、研究与开发占据中心地位，并成为最重要的部门。传统的工业用地占比降低，以知识开发与创新为特征的信息业、教育业、高新技术产业用地比例上升。于是，作为创新的策源地，信息功能区（科技园区、软件园）成为城市中重要的功能组成与空间要素，同时也是新的经济要素①。以世界上第一个高科技园区——美国硅谷为例，其开创的大学、科研机构与企业结合的新型经济模式，不仅取得了成功，更大的意义在于在全世界范围内兴起了建设信息功能区的热潮。从今天来看，这种源于信息化革命的信息功能区建设已经大大改变了城市的功能空间。

2. 数字建筑与多功能社区

数字建筑是指信息技术衍生的网上商店、银行、学校和医院等数字虚拟建筑，以及与数字虚拟空间相关联的其他实体建筑。数字虚拟现实和远程会议系统属于一种电子链接的数字建筑类型，可以取代面对面的会议，并可以选址于城市地价低廉的郊区，而不是集中在高地价的城市中心。人类活动空间界限变得模糊，都市中家庭办公使得商务人员办公方式灵活多样，工作地点呈现分散与多样化趋势，往返于生活地点和工作地点的通勤族逐渐变成生活和工作一体化的居家办公族，生活与工作、休闲等空间高度综合。企业的数字化、轻型化、清洁化又为生产空间与居住空间的邻近提供了可能，最终促使商务办公、工业生产与居住生活的土地使用兼容化，产生新的城市空间基本单元——多功能社区，融合了居住、办公、商业、生产和游憩等功能。

3. 城市中心的解构和重组

传统城市中心区大多包含商业中心、行政中心、金融中心和休闲中心等，用地都是高强度的。但数字化时代电子商务、虚拟银行等使传统城市

---

① 参见孙世界《信息化城市：信息技术与城市关系初探》，《城市规划》2001 年第 6 期。

商务、办公、金融中心等职能削弱。中央商务区（CBD）在城市的中心地位受到挑战。近年来，在北美发达国家的城市已出现 CBD 被功能多元化的城市中心地区（Central Area）所取代的趋势。传统城市中心内文化娱乐功能将加强，商业功能将分散，办公和娱乐综合功能将强化，部分后台办公功能将分散到城市各网络单元中去，原来的城市中心功能与空间会重组，空间密度降低。因为随着工业生产部分撤离市区或者转型为多功能社区，中心区可以腾出更多的空间用来作为公园和休闲绿地，网络城市的绿地、公园、休闲广场等公共开放空间系统比重增加，城市更显自然性与人工性的和谐统一。

未来城市一方面因聚集经济向外扩展，总体上呈现分散化扩大；另一方面，大都市区又向集中的结构收敛，城市空间结构将呈现出“大分散、小集中”的环形树状网络结构，与数字信息高速公路的环形树状结构特征相对应，表现为一个中心、多个次中心、分散化的制造业和居住以及更集中的服务业的空间形态，呈现出数字网络结构特征。

4. 城市功能分区趋向复合

由于信息网络的作用，《雅典宪章》所倡导的城市功能分区日趋融合，传统的生产与流通、居住与办公等不同的功能相连接，导致了城市规划中土地利用的模糊。此外，由于城市部分功能的虚拟化，如虚拟商业、虚拟交通、虚拟社会化服务等的发展，传统城市的功能空间受到了挑战。城市的场所以虚拟方式组建，通过逻辑关系彼此相连。电脑化空间和城市空间一样拥有公共场所和个性化私密空间①。

信息化导致了城市空间的分散化，城市功能的混合化、模糊化等，从而引起城市空间由传统圈层式向网络化的发展，如图 3 – 19 所示。

① 参见［美］威廉·J. 米切尔《比特之城：空间、场所、信息高速公路》，范海燕等译，生活·读书·新知三联书店 1998 年版，第 5—18 页。

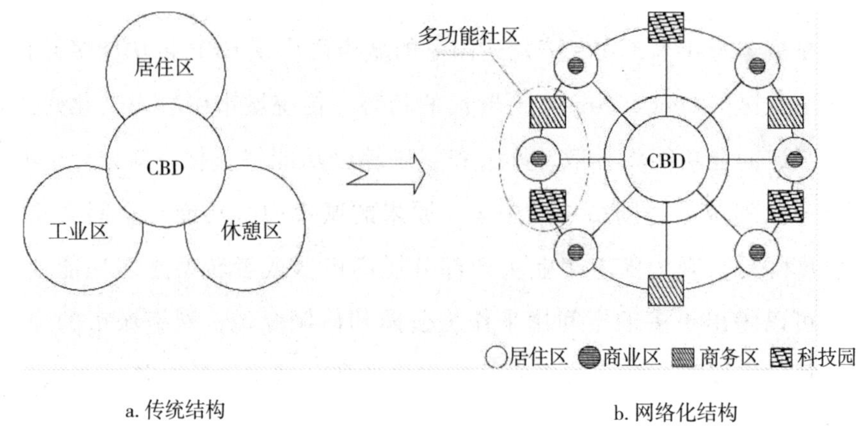

图3－19 城市内部空间由圈层式向网络化演变①

资料来源：黄文波等：《网络革命中的城市演变趋势分析》，《预测》2000年第4期。

3.2.4 信息化引起城市外部空间网络化

1. 生产空间重组

城镇化进程正在经历一场数字化革命，城市从制造业中心转变成服务业中心后，又从服务业中心转变成信息业中心。城市的制造业和服务业已在全球范围内分布，传统的空间距离不再是生产力布局的主要因素，全球范围内的城市经济联系打破了一定范围内的城镇体系，使之成为全球经济系统的一个节点，传统意义上的一个封闭的城市腹地范围已经不复存在，全球化背景下的大城市将会形成一个与全球化、信息化相适应的网络化空间。

生产性企业一方面可以通过信息网络与上游企业形成方便、快捷、直接的联系，另一方面可以在区域甚至全球范围内灵活选择生产地点，从而获得最大的利润空间。这直接导致了城市土地利用的分散化。以欧洲空中客车工业财团的A－340的制造为例，其飞机零部件来自德国、澳大利亚、加拿大、韩国等国家，以至地域上跨越了四个大洲。网络空间以现实空间为基础，二

① 参见黄文波、王浣尘《网络革命中大的城市演变趋势分析》，《预测》2000年第4期。

者相互作用、相互补充，这将导致生产和消费迅速全球化，以及产业、组织和城市区域的大范围重组①。

2. 城市群体空间的重组

远程信息处理技术日趋完善，借助电子网络，城市的经济管理、生产消费等活动都可以通过在线完成，极大地促进了城市经济的流转。信息技术带来的革命性影响，涉及城市经济活动、社会文化、物质空间、交通设施等方方面面，甚至是城市规划及政策。我们倡导建设的“数字城市”，正是应对信息化的产物。“远程信息处理和远程通信对城市功能的影响与其说体现在城市本身，不如说表现在城市体系上，它的影响在于为整个城市打开了在更大地区获取经济利益和地位的窗口。”② 在世界城市网络体系中，城市的发展越来越取决于其节点的等级地位，而这与城市专业化的信息创建与交流能力息息相关。

信息技术、人流、货物流及其他服务流（广告、设计、咨询、金融等）在全球节点城市日益集中。航空、高速公路、铁路等快速交通及通信技术的发展引导国家交通向全球主要节点城市集中。虽然城市的信息网络不能阻止和取代现代化的交通运输网络的发展，但它产生的相互补充作用却大大拓宽了城市的活动空间，使城市得以延伸其各种功能的地域分布③。

在城市发展进程中，历来不缺乏“去中心”的张力。自 20 世纪 50 年代以来，西方国家的大都市经历了一轮又一轮的郊区化运动。首先是人口居住的郊区化，接着是工商业郊区化，最后是服务业和办公场所的郊区化。中心城区人口过度集中、住宅紧张、交通拥挤、环境恶化以及高昂的地价均与郊区的状况形成鲜明对比，无疑是城市郊区化过程中最主要的“去中心”的张力。在郊区化的过程中，人口、技术、资金等从城市中心区向郊区扩散，客观上促进了城市区域的发展。虽然中外城市的郊区化过程存在显著的差异④，

① Kitchin, R. M., Towards Geographies of Cyberspace, *Progress in Human Geography*, Vol. 3, No. 22, 1998.

② 杨家文：《信息时代城市结构变迁的思考》，《城市发展研究》1999 年第 3 期。

③ 参见年福华、姚士谋《信息化与城市空间发展趋势》，《世界地理研究》2002 年第 1 期。

④ 参见吴国兵、刘均宇《中外城市郊区化的比较》，《城市规划》2000 年第 8 期。

但信息化时代，信息技术对距离障碍的克服，显然更有利于城市的先进要素追随功能空间扩散。发达的通信和交流方式使集聚的优势不同程度地有所丧失，这使大都市的分散发展成为可能①。

城市空间的分散化趋势不仅表现在单个城市内部，在城市群区域范围内也出现了多中心发展的态势。尤其在城镇密集的区域，信息技术为城市空间扩散创造了更为便捷的通道，有利于城镇间联系与城镇一体化构建。表 3－1 显示了长三角地区城市发展中的多中心化趋势。

表 3－1　　长江三角洲地区城市发展中的多中心化趋势②

城市	所比较区域	年份	GDP 中心度（%）	财政收入中心度（%）	实际利用外资中心度（%）
上海	长江三角洲	1990	32.7	59.8	57.8
	上海地区	2003	26.5	45.3	22.7
南京	长江三角洲	1990	17.7	29.5	28.5
	江苏省	2003	13.1	19.2	14.8
杭州	长江三角洲	1990	31.6	36.7	27.7
	浙江省	2003	26.7	32.0	20.0

注：中心度为一个城市的某项指标/所比较地区该指标的总和。

资料来源：刘冬华等：《从空间扩展到网络治理：城市分散化趋势探析》，《城市问题》2007 年第 4 期。

3. 数字区位与城市网络的多重聚散

从全球范围看，通过金融和商务服务公司建立起遍及全球的网络分支机

---

① 参见肖建莉《论知识经济时代社会与城市的若干发展趋势》，《城市规划》1999 年第 7 期。

② 参见刘冬华、诸大建《从空间扩展到网络治理：城市分散化趋势探析》，《城市问题》2007 年第 4 期。

构，国际化城市提供全球性生产服务。跨国公司在全球进行分支机构网点布局实际上是全球化的区位决策和实施过程。许多跨国公司通过全球区位战略的实施形成了各自的空间集聚体系，跨国公司正是利用这种方式，将国际化城市相互锁定成全球服务中心网络，它们是当代全球城市网络的主要生产者。

在信息经济条件下，信息节点的出现及其成长已使其成为区域空间新的增长极，从而构造了基于信息的新型城市等级结构，其内涵包括信息首都（Information capital）的出现和高级城市功能（Superior urban function）不断集中。这一新的空间极化现象加大了城市增长极与其相应的腹地之间的差异。从理论上讲，高速信息网络的出现实现了企业生产区域流动的最大化，将有利于实现整个世界区域的均衡发展。在网络设施都具备的条件下，虽然各个节点之间信息流动都是均等的，都平等地享有信息，但是，在流动空间中，仅仅是储藏和积累信息的节点往往很难发挥信息中心的作用，而作为一个信息中心所真正需要的是不断创新。这种以城市等级为原则的远程通信与信息网络建设无疑强化了原有地域空间等级格局，即使是那些原本相对均衡的区域也会由于这些新的技术和投资而产生空间上的极化效应，这样势必形成空间上的极化格局。如纽约、伦敦和东京等实力突出的全球性城市，由于拥有较高的智力资源、通信设施和高级信息活动等控制型资源，从而成为信息时代的指挥与控制中心。在实力较差的地区，也会因某些功能的空间集聚而形成层次较低的世界城市，从而出现空间分化。最终，在特定社会经济背景下，这些全球性大城市将会形成一个与全球化、信息化相适应的多重集聚的网络化格局，如图3－20所示。

东京最新的市域的区域总体规划提出了网络化城市区域战略。在东京的第三次长期计划（2010—2020年）中，日本的规划师提出了建设网络型中心大都市的战略定位，并分别从全球、东亚、日本全国和首都圈四个不同网络层面进行战略规划。事业规划包括主要工程项目202个，工程总费用达31兆1791亿日元，包括住宅、交通、都市结构、人口就业、企业创新、卫生与环境等十个方面。东京附近地域城市布局将更加合理。中心城市与附近的新城市形成具有强大吸引力的中心，以及相当繁华、热闹、众多的“副都心”所围绕的网络型核心城市，东京日益发展为国际化、信息化与现代化的“多心型”的网络型城市群区域，如图 3－21 所示。

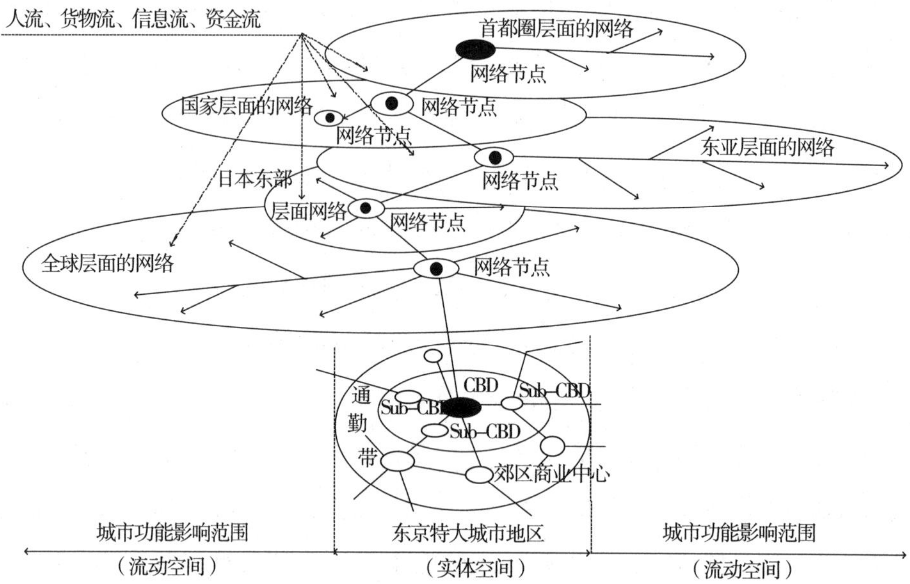

图 3－20　世界城市（东京）的多重网络化

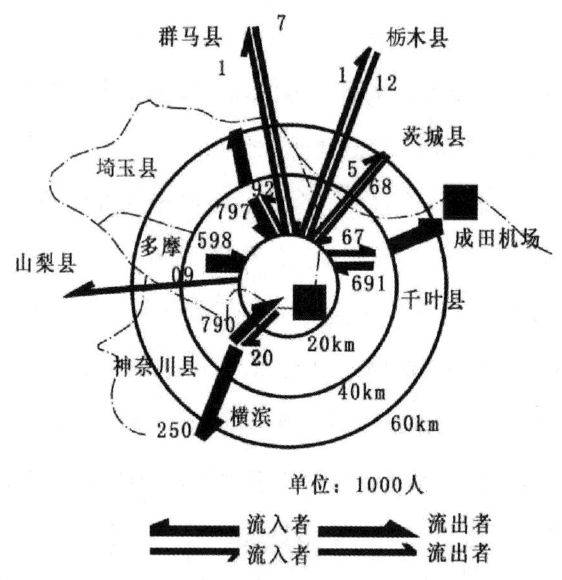

图 3－21　大东京“多心型”网络型城市群

4. 城市网络化空间模式

信息时代的区域空间结构将是一种多核心的空间结构。在这一结构中，单纯的极化与扩散逐渐被网络化的空间关系（relationship）和空间连接（linkage）所取代。一方面，传统的核心边缘结构由于边缘区新的增长中心出现而日趋均衡化、网络化；另一方面，随着高级信息节点的不断极化，点对点的作用在超越时空的尺度中进行，由于网络节点之间社会经济活动的高级化与复杂化，整个空间结构呈现较强的黏合度。这表现在世界城市与流动空间之间在产业、人口、资金、技术等要素方面形成很强的相互依赖关系。城市与区域互动的结果会促使世界城市在多层次极化的基础上进行空间重构，如图 3 – 22 所示，这种重构既有来自实体空间的，也有来自虚拟空间的，两者共同作用于流动空间中，表现为各层级极化核心及极化区域构成的一个相互嵌套的空间结构。位于不同层面网络节点的城市和服务公司在整个网络体系中既有竞争，又有协作，这就是世界城市控制力的具体体现。

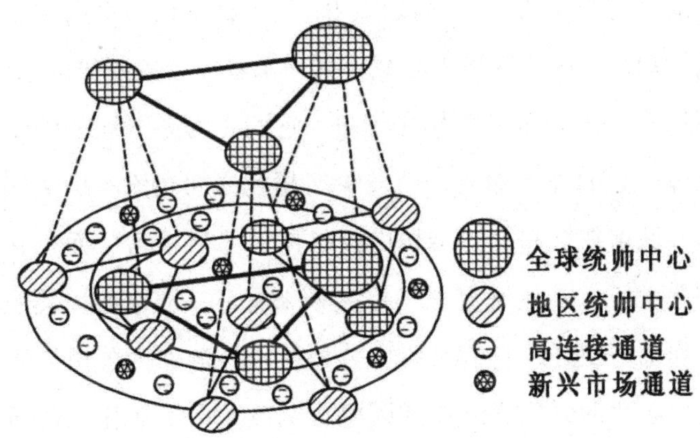

图 3 – 22　世界城市网络化的流动空间模式

按照弗里德曼（1986）提出的世界城市的“控制和统帅中心”概念，我们可以凭借控制力差异从控制与被控制两个方面对上述空间模式进行分析。跨国公司对城市的服务能级是通过公司在其他所有城市中的服务能级而实现倍增的。对于每个城市，这些倍增的结果可以划分成三种类型的网络连接：

支配性连接、从属性连接和中立性连接。在不同连接类型的网络系统中，按照城市的服务能级可分为不同的节点类型：全球统帅中心、地区统帅中心、高连接通道和新兴市场通道等。

在相互联系、相互影响甚至相互交错的多重网络系统中，全球统帅中心无疑是处于最高网络层的老牌世界城市，如纽约、伦敦、东京等“超级世界城市”（Hyper World City），它们作为整个区域乃至全球层面的金融、信息、经济和文化的中心而出现，吸引跨国公司总部和其他重要支部成为其重要发展动力。地区统帅中心作为次一级网络节点，包括那些具有一定资源（人力、资本、信息、技术等）控制能力的区域中心城市，这些城市是地区总部集中和技术创新与生产基地，目前尚不具备超级世界城市那样广泛的全球影响力，是崛起中的世界城市。高连接通道和新兴市场通道城市是再次一级网络的节点。作为通道型中心城市，它们是全球统帅中心或地区统帅中心城市在全球范围内施加影响的重要中转节点。因此，这些世界城市大都富含国家和地区市场的通道功能，它们是当代世界城市网络化进程中最典型的连接通道。从全球网络连接性看，每一个通道中心城市都联系着一个主要的国家经济实体，如北京和莫斯科等。在区际交流与合作中，它们更为频繁地依赖于全球统帅中心和地区统帅中心的外来输入，而较少在相互之间交流。从从属关系这个角度出发，这些城市在空间分层结构中仅仅作为“依赖物”而存在，但是从任何城市都依赖于所有其他城市这一重关系来看，在网络连接关系中，这种从属并不等于作用力缺乏，它们是跨国公司所选择的作为公司扩张的新的战略要地。总之，上述网络化联结模式既融合又改变了工业化时代所形成的中心地模式。

第4章　市域层面的城市内部空间网络化

4.1　城市空间与城市形态

4.1.1　形态学与城市形态

“形态”（Morphology）一词来源于希腊语 Morphe（形）和 Logos（逻辑），意指形式的构成逻辑①。“形态学”始于生物研究方法，是生物学研究的术语，它是生物学中关于生物体结构特征的一门分支学科，研究动物及微生物的结构、尺寸、形状和各组成部分的关系②。

随着城市研究的深入和各学科的交叉，地理学派和人文学派的学者将形态学引入城市的研究范畴，其目的在于将城市视为有机体加以观察和研究，以了解其生长机制，建立一套分析城市发展的理论。在研究内容上，“逻辑”的内涵属性与“表现”的外延共同构成了城市形态的整体观。

总结相关学者的研究，城市形态可以有狭义和广义的定义。狭义的城市形态（Urban Morphology）是指城市实体所表现出来的具体的空间物

① Schurch, T. W., Reconsidering Urban Design: Thoughts About Its Definition and Status as a Field or Profession, *Journal of Urban Design*, Vol. 4, No. 1, 1999.

② 参见段进《国外城市形态学研究的兴起与发展》，《城市规划学刊》2008年第5期。

质形态①。而广义的城市形态不仅仅是指城市各组成部分有形的表现，也不只是指城市用地在空间上呈现的几何形状，而是一种复杂的经济、文化现象和社会过程，是在特定的地理环境和一定的社会经济发展阶段中，人类各种活动与自然因素相互作用的综合结果；是人们通过各种方式去认识、感知并反映城市整体的意象总体。城市形态由物质形态和非物质形态两部分组成。具体来说，主要包括城市各有形要素的空间布置方式、城市社会精神面貌和城市文化特色、社会分层现象和社区地理分布特征，以及居民对城市环境外界部分现实的个人心理反映和对城市的认知。

4.1.2 城市空间的形态学特征

1. 城市空间的类型

从形态学角度讲，空间是城市系统的基本组成元素。空间为所有的个人和集体提供了住所和各项活动所需的资源。按照城市内外部空间的不同功能属性，可将其划分为以下六种类型，如图 4－1 所示。

（1）水域

水的定义是指集中在地球固体表面的上层或下层，可以分为静态水（游泳池、水洼、池塘、盐水湖、湖）和动态水（泉、小河、小溪、江河、瀑布），或者地下水、自然水和人工水，或者淡水、海水和咸水（Brockhaus，1991）。

城市水域主要包括自然的水域，如江河、湖泊、池塘、溪流，以及城市节点内的水域，如人工水体景观。

（2）绿地

广义的绿地可以定义为生命的自然社区，主要是由特殊的气候和土壤条件形成的，与特定植物和特定动物构成的生态系统。城市绿地主要包括城市边缘地带的山体、森林以及城市节点内的公共绿地，如公园绿地。

---

① 参见谷凯《城市形态的理论与方法——探索全面与理性的研究框架》，《城市规划》2001 年第 12 期。

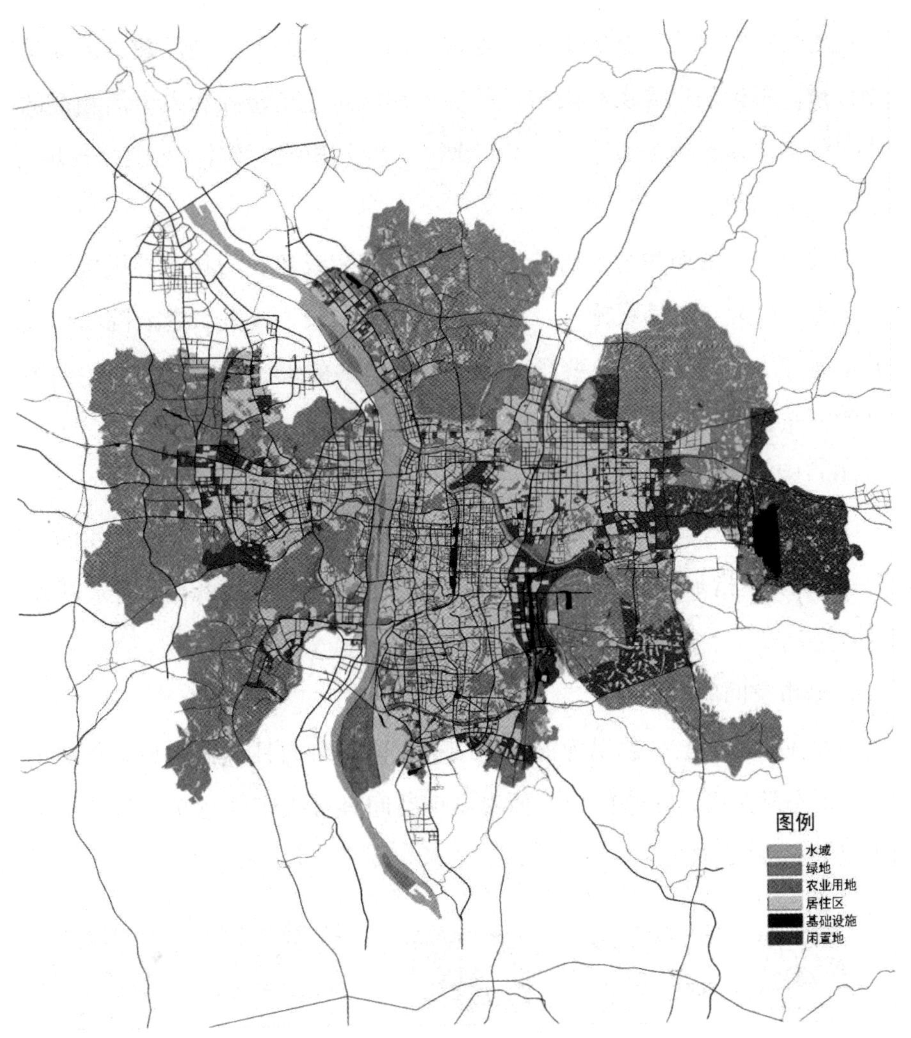

图 4-1　长沙市主城区空间类型（2017）

(3) 农业用地

农业用地是指“为了生产粮食和动物产品而对土地进行的经济利用。根据经济划分，农业属于第一产业”。具体包括城市边缘和城市内部以种植农产品为主要用途的农业用地，如稻田、麦地、果园、菜地以及畜牧业用地。

（4）居住区

这里所指的居住区被定义为人类占据的、为他们的活动所建立的建筑和设施区域。不仅是指提供给人居住的房屋和建筑，还包括和人生活相关的一切人工的实体建筑物，如工厂、商业建筑、办公场所以及各类公共活动场所。

（5）基础设施

基础设施是指那些为了居民生活便利而安装或建设的技术性设施，如街道、水管、电力、通信设施等，特别还包括了学校、医院、老人院、行政和公共交通等。也就是说，这些独立的或个人需要的设施成为人们居住和工作之外的补充。

（6）闲置地

广义上指那些长期不使用、尚未使用，或作为预留地而未被开发的“地段”。狭义上是指城市内部通过土地管理部门批准建设而又长期未开发的用地。

2. 城市空间的特征

空间在形态学上可被视为混合的结构，这些结构具有自然和文化双重特性。从形态学角度，在这两个方面对城市空间具有决定性意义的特征可以总结为以下五种①，如图 4－2 所示。

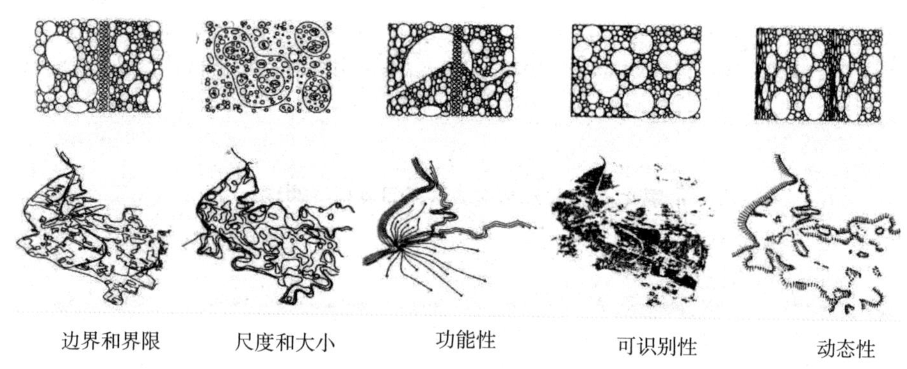

图 4－2　城市区域的特征

① 参见［瑞士］弗朗茨·奥斯瓦德、彼得·贝克尼《大都市设计方法：网络城市》，孙晶等译，中国电力出版社 2007 年版，第 49 页。

（1）边界和界限

空间边界是进行区域划分、安排、保护的工具。城市系统由区域及其边界构成。一个城市系统的形态特征随着它内部空间的边界及其特征辨认性而得以存在。边界简单地定义了特定空间的位置、大小和轮廓；同时既分离了空间又连接了不同的空间。但是空间的边界可能是模糊和连续的，如山体、水体，甚至居住区也是如此。空间边界的一个重要属性就是无论面积大小都可以穿越、消除、移动或是重新形成。

（2）尺度和大小

人们往往能够通过自身的感觉为空间定义一定的尺度和大小，以便联系和比较空间的扩大和缩小，以及彼此独立的不同地区的高低起伏，例如高山和峡谷、山区和海滨。另外，城市街道和建筑等人工区域的介入进一步增加了空间的多样化尺度。不同时期的城市，其街道的形态和建筑的排列都有不同的尺度和大小。这种尺度差异通常是根据人的尺度要求和不同时期的思想应运而生的，同时也是人类科技进步的表现。

（3）功能性

人们创造空间是为了给自身及其他生命物质提供生活场所。房子用于居住、工作、娱乐；道路用作联系和运输的通道；森林和水域为多样化的生命形态提供栖息地并为人类输出氧气和各种资源。除了具有使用功能外，空间还承担许多社会、经济和生态功能。这些功能多是从代代相传的风俗中形成，从宗教仪式中形成，从目前出现的网络社会的新需求中发展而来①（Castells，1993），等等。除此之外，在不同时期，空间的功能还会发生转变而产生新的功能。新出现的功能取代了传统功能或者作为传统功能的补充，如工业遗址的再利用。

（4）可识别性

城市空间的可识别性是空间的感知属性，它是人类感知的产物。人类可

① Castells Manuel, *Rise of the Network Society*, England: Blackwell Publishers (England), 2000, pp. 389–414.

以知道如何通过不同空间的形态表征来辨认城市和景观，这种感知能力一般是建立在人类后天条件反射的基础之上的。如在地图上人们能很快地指出自己的国家、省市，甚至自家所在的街道和小区。而空间的这种可识别性源于空间之间的差别，建筑的、社会的、文化的，等等。人们不会把北京错认为纽约，不会走错自家的门，就能说明这一点。空间的魅力也正是体现在其特征上。

（5）动态性

城市空间不是静止的，是在不断变化的。除去自然的原因之外（地壳运动、气候变化等），农田和森林会被侵占，建成居住区；而城市里老旧的房子会被拆掉，建成商场或是学校；公路和桥梁会改建；甚至河流也会被改道，山体会被铲平，等等。这些都是人的力量所作用的。随着时间的推移，在自然和人类的共同作用下，任何空间的形态和功能都在动态地发展着。

3. 城市空间的形态学概念

在明确了城市空间的类型和特征之后，为进一步从形态上对空间进行识别，有必要提炼出空间在形态学上的一些基本概念。在此对城市空间的形态学概念做一简单介绍，分别是轮廓、用地、大小、结构、图形和等级[①]，如图 4－3 所示。

（1）轮廓

轮廓又可以看作空间的边界线。从形态学上讲，轮廓一般是闭合的线条，特点是用以表现空间的外围状态。空间的轮廓可以有不同的表现形式。笔直的线条、规则的多边形、无规则的扇形或曲线都能表现出空间的轮廓形态。通过这些特征的结合，可以立即产生一个与其他空间轮廓不同的图形。

---

① 参见［瑞士］弗朗茨·奥斯瓦德、彼得·贝克尼《大都市设计方法：网络城市》，孙晶等译，中国电力出版社 2007 年版，第 52 页。

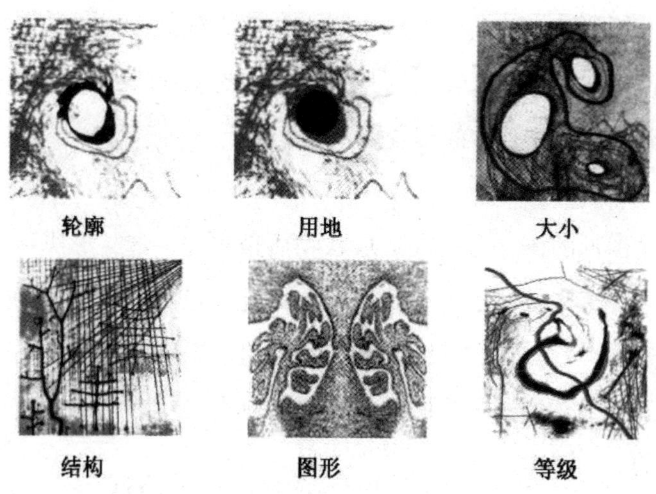

图 4－3　城市空间的形态学概念

（2）用地

用地通常位于空间的内部，其范围和尺度由轮廓来限定。用地具有在它的空间影响范围内的包容性和排他性，如单位用地往往只限本单位的人员使用而禁止闲杂人员入内。另外，一种用地可以位于另一种用地中，与它重叠，即用地能够结合一些物体，成为跨等级的整体用地，用地的这种形态学特征的理论基础来源于集合论①。

（3）大小

用地的这种形态学特征的理论基础来源于集合论，这是一个靠人的主观感受来判断的形态学概念。人们很容易比较出不同区域的大小，但同时大小又是一个相对的概念。地块 A 可能比地块 B 大，但与地块 C 比起来，可能又小很多。只有在通用的尺度标准和测量规则下进行的大小比较才有意义。

（4）结构

结构是一个综合的概念，表示不同事物之间形成的关系，如人与人之间，物与物之间，人与物之间。从形态学角度看，结构主要是由特定节点之间的

① Shevky, E., Williams, M., & Riemer, S., "The Social Areas of Los Angeles: Analysis and Typology", *American Journal of Sociology*, Vol. 56, No. 1, 1950.

连线形成的，连线是结构最重要的形态学特点。就城市而言，道路网是最能表现城市空间形态结构的要素之一，能形象地表示出人、商品、信息的流动，而城市中的建筑则是结构中的节点。

（5）图形

形态学中图形的概念是指大量点状物质聚集在一起，形成一定的密度而表现出来的一种聚集效应。一般来说，在特定用地内一个或多个点形成的形状以及组成这个形状的点的密度决定了图形的可识别度。比较经典的“图底关系”现象很好地说明了：当图形和背景都具有足够多的点和密度时，它们是可以互换的。

（6）等级

等级也就意味着层次和秩序，是指事物之间的主次关系。层次等级决定着物体的位置，在空间中是重要的参考点。一旦确定了等级，就没有必要固定层次中不变的顺序了。并且等级也会因为许多原因而发生变化，这种变化贯穿发展和循环的每个阶段。

4.2 城市网络空间的整体生长与演进

4.2.1 城市网络内部生长

城市的发展，伴随着网络的形成与发展。城市发展初期，空间结构简单，网络单一。随着空间交往的增加，相应的城市空间网络被强化①。热力学第二定律表明，在一个相对封闭的系统中，熵总是从低向高发生不可逆转的变化。也就是说，在没有外部能量供给的条件下，物质总是从有序向无序发展，复杂的结构倾向于衰退成无序的简单状态。因此要保持物质的有序状态，必须有外部的能量介入和干预，以抵制自然耗散的衰退之势。城市网络空间也遵循同样的规律。地块和路网建立的有序状态，必须有强力的实施和维持管理，

① 参见段进《城市空间发展论》，江苏科学技术出版社 1999 年版，第 155 页。

才能保持有序的蜕变。

道路网是城市网络物化的重要形态之一。城市内部道路网是城市空间生长的骨干，它支撑着城市内各种功能型空间的分布，并使它们有机地联系在一起。对比中西方古代城市的街区肌理可以发现，西方城市大多经过统一规划，道路红线或建筑界面遵循道路网络的几何形态，建筑肌理整齐划一。中国封建城市的网络肌理就不整齐划一，即便像北京、西安这样历史上经过统一规划的城市，由侵街占道建设或垂直高度突破视廊极限，城市严整的网络空间秩序也会遭到破坏，演进成不同形态。网络的形态分为放射状、放射环状、方格网状、一字型、混合型等，由此产生了相应的城市内部网络形态结构：放射型、环型放射型、方正型、带型和混合型等，如图4－4所示。

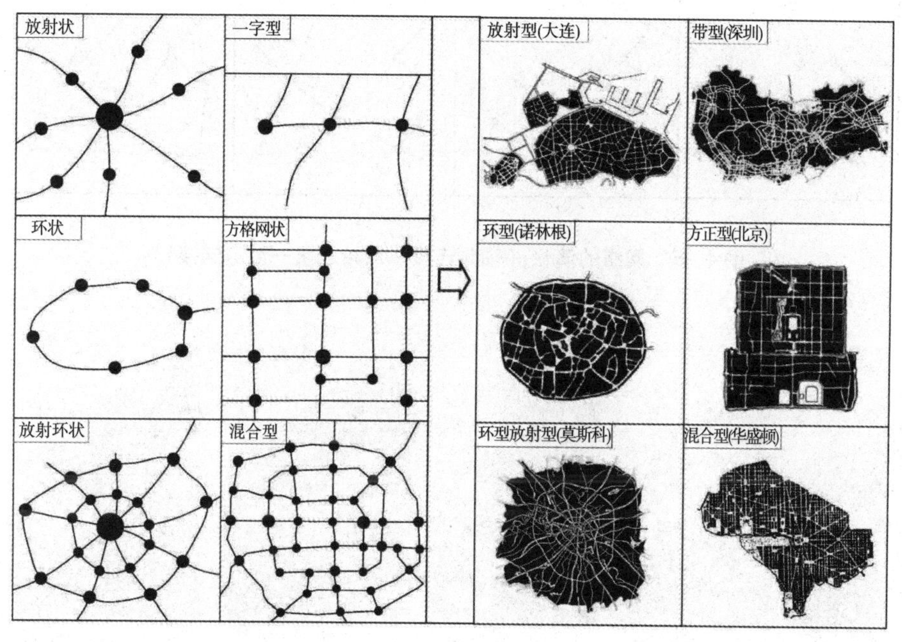

a. 道路网络形态　　b. 城市网络形态

图4－4　城市内部网络形态

从理论上讲，网络的演化过程包括两个基本过程，即轴心连接与散点连接，如图4－5所示。在城市发展初期，以空间集聚为主，道路发展多为轴心连接。当空间进入扩散阶段时，道路发展进入散点连接，产生大量的交通线以满足空间的横向联系，由此网络产生。随着空间的发展，网络逐步复杂化，如长沙河西地区的网络化过程，如图 4 –6 所示。从网络自发的生长方式分析，网络主要通过分叉进行。这是由城市空间发展自组织性规律所致，其形式表现为局部网络与整体网络的自相似性，即分形生长。自然生长的城市就是由于自组织分形的作用才使其具有完善的、适宜的路网功能。这种网络分形生长的原理大到自然界、城市群，小到一棵树都普遍存在。并且不同大小的空间网络的分叉有其规律和限度，正如任何树种都有平均高度一样。网络的分叉以两种基本方式进行，即单轴分叉和合轴分叉，如图 4 –7 所示。

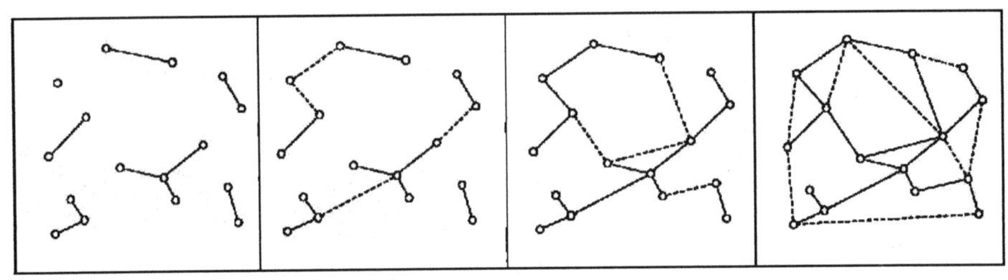

图 4 –5　网络的演化（轴向连接—点轴连接—散点连接）

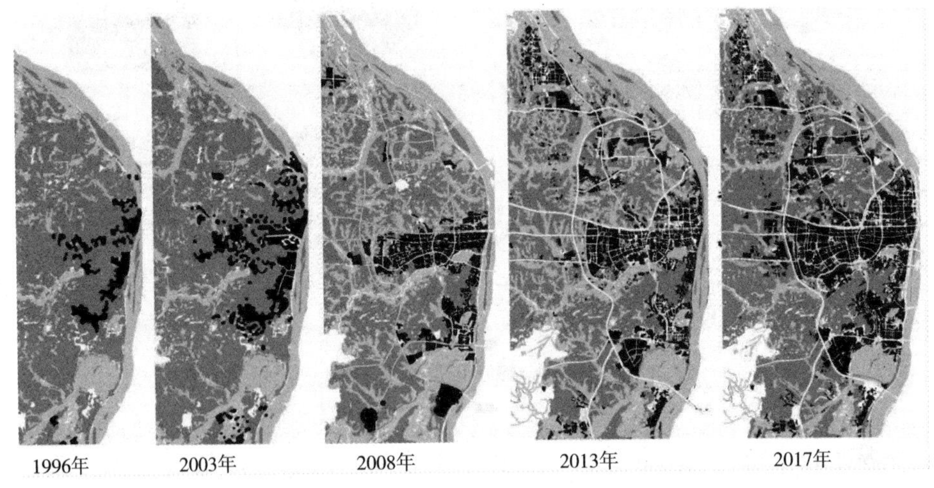

图 4 –6　长沙河西地区的网络化过程

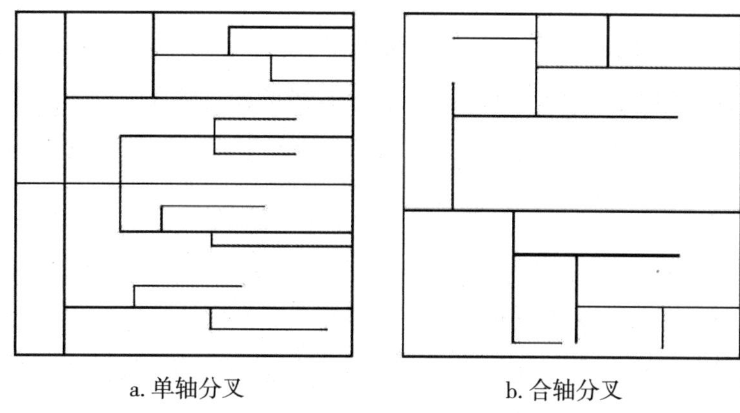

图 4-7　网络的两种基本分叉方式

网络生长的这种能力使网络一方面交织形成层次分明的网络，而另一方面也能导致网络整体的蔓延，各种空间沿道路网的聚集导致城市空间的混乱，从而阻止了网络的畅通性。所以规划的控制和干预，促进网络组织型生长是现代大城市网络优化的必要措施。

城市网络形态可归纳为三种：一是从无序自由形式向有序网络过渡；二是从有序的几何型网络向自由形式发展；三是分别由前两种形式向中间过渡。

4.2.2　城市网络的演进

城市空间网络的演进由于地形、地貌、社会、经济等各种因素影响，网络的生长与交织能力不是均匀和各向同性的，而是根据区位择优的规律以优势资源区位为方向向外扩张，从而形成了城市空间的不平衡发展形态。

1. 城市中心位移

网络的生长与发展变化导致空间的演替发生，进而空间的不断演替改变了城市原有空间的结构关系和空间作用，城市中心随之发生变化与位移。一般情况下，城市中心的位移对应着城市整体区域的变化，当城市向某个方向发展时，空间中心也随之移动，具有一定的联动性①。

明清以前长沙城的老商贸区主要集中在西半城，该区域主要靠近德润门、驿步门、潮宗门、通货门等水运码头，起运卸货方便，有利于商品货物的聚散。因此这一带一直是长沙城的老商业中心，几千年均未曾迁移。1904 年长沙被开辟为对外商埠，市场逐渐扩大；1910 年，铁路运输的兴起使得城市的对外交通逐渐转向水陆并重，最后过渡到以铁路为主。长沙铁路线的开通、铁路客运站的建设改变了原有城市的整体布局，沿江一带的城市商业中心地位不断下降，闹市区从西往东延伸，新商业中心由沿河地段向城内扩展，致使城市新商业中心形成。随着城市近代化进程的加快，城市布局受多元文化发展影响，长沙最具代表性的新型高层商业建筑和文化娱乐设施迁至中山路。因此，中山路一带迅速成为长沙城区的繁华商业区和中心地带。20 世纪 70 年代，铁路线的东移以及湘江大桥的修建，使长沙城市结构发生了重大变化，整个城市沿五一路向西、向东拓展，城市中心依托老城延至五一路与芙蓉路交叉地带。进入 21 世纪，城市快速发展，武广高速铁路的投入使用、国际机场的建设、河西先导区的拉动，使城市中心呈现“一核多心”的态势。“一核”仍位于五一路与芙蓉路交叉的金十字地区，而“多心”为河西新城、星马新城逐步发展形成的次级商务中心，如图 4－8 所示。

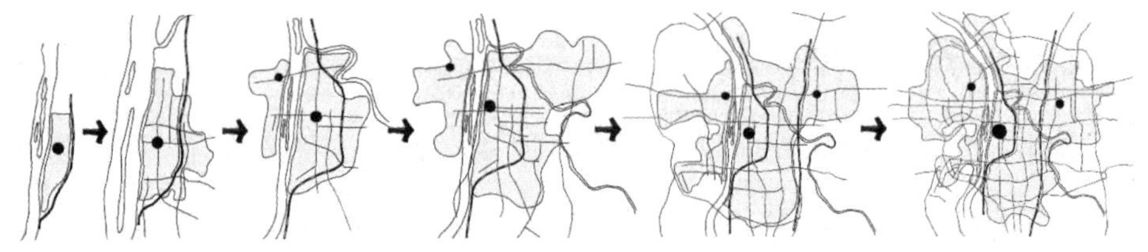

图 4－8　长沙城市中心的位移

2. 城市网络结构

长沙城市空间受地理环境、城市内部生长机制以及区域发展结构等因素的

① 参见段进《城市空间发展论》，江苏科学技术出版社 1999 年版，第 15 页。

影响，空间网络经历了由封闭几何型向开放自由型发展的演替过程，如图 4－9 所示。长沙古城城市空间结构及形态受《周礼·考工记》的礼制思想和《管子》与自然环境相结合的思想影响。城址选择重视对城区周围自然环境的探索，追求山环水绕的意境。因此，与中国封建城市典型的空间布局形态相比较，长沙市古城空间形态发展有其独特性。由于长沙自古以来“得舟楫之便”，主要作为水运码头和商业市肆发展起来，长沙突破了一般封建社会城市“方正居中”的空间模式，主要沿湘江一线呈自由的扇状发展，“自下而上”自发形成的城市空间特征明显。城市扩展主要是沿着通往水运码头的道路逐层向外扩展，并且随着商业繁荣，逐步形成与路垂直，与江河走势相呼应的商业街道。此外，其城市主体结构基本上呈不规则的方形或长方形的城市布局，方格形路网，城内道路多呈直角相交的网状，网络结构一直延续封闭特征。

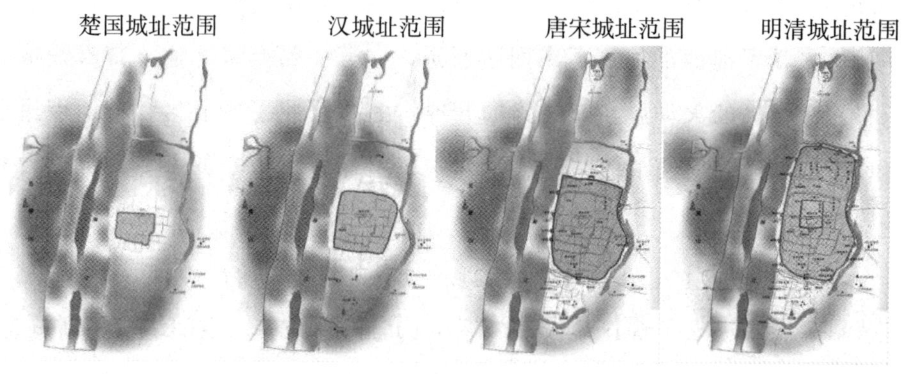

图 4－9　明清以前长沙城市形态演变

辛亥革命后，经济发展加速，人口规模增大，促使城市逐步扩张，城市沿着湘江继续南北拓展（以南向为主），市区也围绕老城区逐步向外拓展，在城外划出局部的地段作为租界居留地、通商场，并开始发展卫星城。城市逐步形成了较为明确的功能分区，河西主要发展为教育区，河东则为市场区，已形成几个商业区。城市道路系统逐步发展起来，形成了城市的基本框架。1914 年，长沙旧城城墙被拆除并在城基上修建新式马路，新修筑的环城马路将旧城与城外商埠区连成一片，形成城市的局部开放格局，城市用地连片向东、北、南三面圈层式扩展，城市路网由方格网逐渐发展为方格网与环状路网相结合，网络结构呈半封闭特征。

长沙于1950年开始编制城市规划，先后编制了《长沙市规划原则草案提纲》《道路系统草图》《市区规划草图》。重点是修建沿江大道、南长路，将水运与路运连通起来。路网系统的修建打破了长沙若干年以来受水运交通影响而沿湘江呈带状发展的格局，城市市区面积继续沿着老城区向外扩张。20世纪50年代末，京广新线工程开工，铁路由市区外迁，促使城市向东扩展；港口南移带动了城市南部的发展；建立南、北工业区，将城内部分工厂外迁至城南、城北，形成产业发展极，带动经济发展，工业的外迁促使城内土地功能置换。三项重点工程的建设对于长沙市城市空间形态布局产生了极大的影响。70年代，湘江大桥的建设极大地促进了河东与河西的联系，带动了河西城市的发展，为打破湘江西岸发展缓慢的格局奠定了基础，带动了河西的发展；东西主干道——五一路全线开通，其沿线成为长沙经济发展的大动脉。五一路的开通进一步强化了中心区功能，促进了市中心的繁荣，促使沿线兴建大量建筑，增加了市中心的人口密度以及建筑密度。

20世纪90年代，改革开放、土地有偿使用制度的推广等政策促使经济加速发展，城市进入了快速建设期，城市功能不断完善，空间结构不断调整，城市空间形态演变进程加快，城市规划也发挥着越来越重要的作用。此时期在城市边缘地带开辟和拓展了城市新区，城市扩展由原先圈层式、轴线状为主的连续扩展模式转变为斑块状与组团状为主的非连续扩展形态，逐步形成了“一主体，两翼，三组团”的空间格局。进入21世纪以后，城市空间扩展更是转变为多种模式交叉进行，但以跳跃式生长为主，城市空间结构呈现“一主体、两翼、四组团”的多中心组团式结构特征，网络结构向自由开放型演变，如图4－10所示。

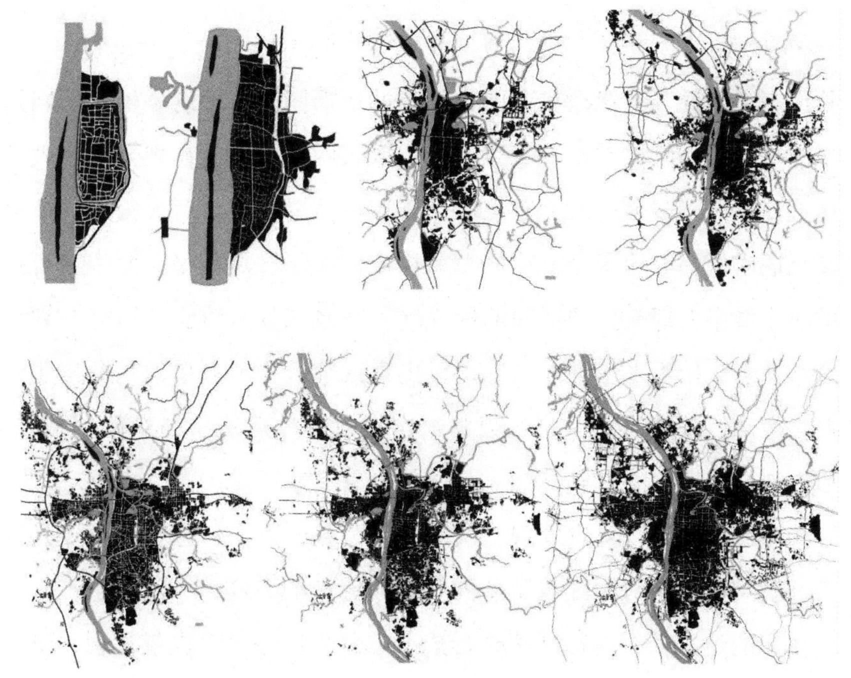

图 4－10　长沙城市形态发展演变

4.3　城市网络空间的形态学分析

本节以城市中某一特定区域（实际上整个城市就是由无数个这样不同的特定区域所构成的区域网络，如商业区、居住区、文化区、行政区）为出发点，建立一种具有普遍适用意义的中、微观层次的形态识别方法分析城市网络空间。下面结合长沙市相关实证研究加以论述。

4.3.1　网络节点的形态识别

城市中的空间网络是一个模糊的概念，其形态没有定式，从不同的角度可以得出不同的识别结果。而网络节点则是网络系统中的重要组成部分，决定了整个网络的基本形态，这里采用纵向和横向相结合的方法，试图对网络节点形态进行比较直观的感性识别。

1. 同步性研究——不同尺度的节点识别

从形态学上说，也就是在不同比例尺的地形图上，可以分辨出不同尺度的区域网络元素和区域类型。一般而言，区域网络节点的显现开始于大范围的地区边界，像以多个城市为节点的区域城市群网络；之后大范围的节点形状被转化成由低一等的多个节点区域所构成的次级区域网络，而本身可作为节点的单个城市内部又可按不同的标准（如行政区划、功能区划等）划分出多个区域节点；接下来还可以更细地以街道或社区为节点单位划分出更细一级的网络节点，最终的结果是可以将城市里每一栋建筑物都看作一个节点，它们可看作最小尺度的节点。

在同步性研究中，可以发现，城市中的区域节点在形态学上主要是通过居住区和基础设施这两种区域类型的叠加而定义的。这种叠加产生了人和商品极度密集的地方，而高密度正是形成节点的先决条件。也就是说，节点内的连线是节点的组成部分，节点外的连线可以是更高一级节点的组成部分，但同时也是基础设施的组成部分。值得注意的是，在进行节点的同步性识别时，一般的识别顺序是由大到小、由外到里，图 4 – 11 为长沙市三个尺度上的节点识别。

2. 历时性研究——不同时期的节点识别

城市中区域节点的历时性研究是指在若干个特定历史条件下重复记录不同尺度节点范围内的特定要素（如居住、工业、公共服务设施）的分布结果，与现在的真实情况作比较并定义其特征。

图 4 – 12 至图 4 – 14 为长沙市区 1979—2017 年间六个时间点的居住用地节点、工业用地节点以及公共建筑用地节点的历时性研究成果，可以得出以下结论。

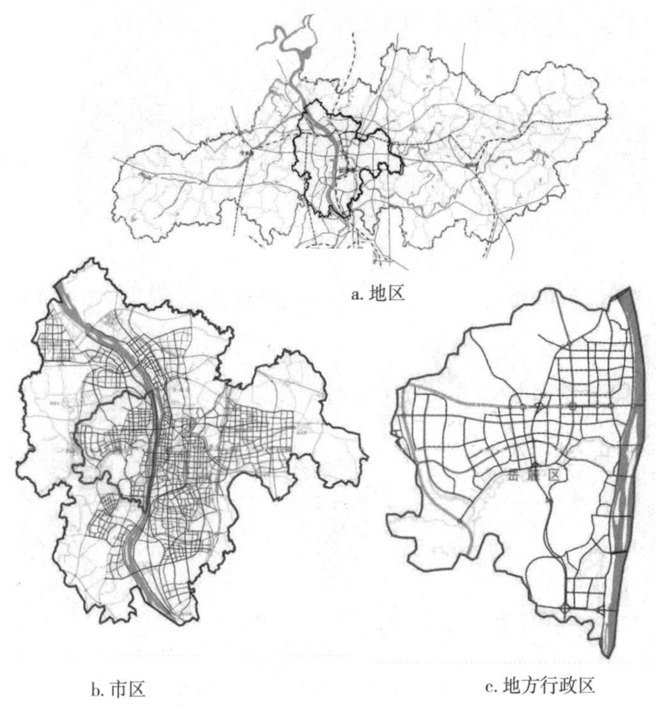

a. 地区

b. 市区

c. 地方行政区

图 4－11　长沙市三个尺度上的节点识别

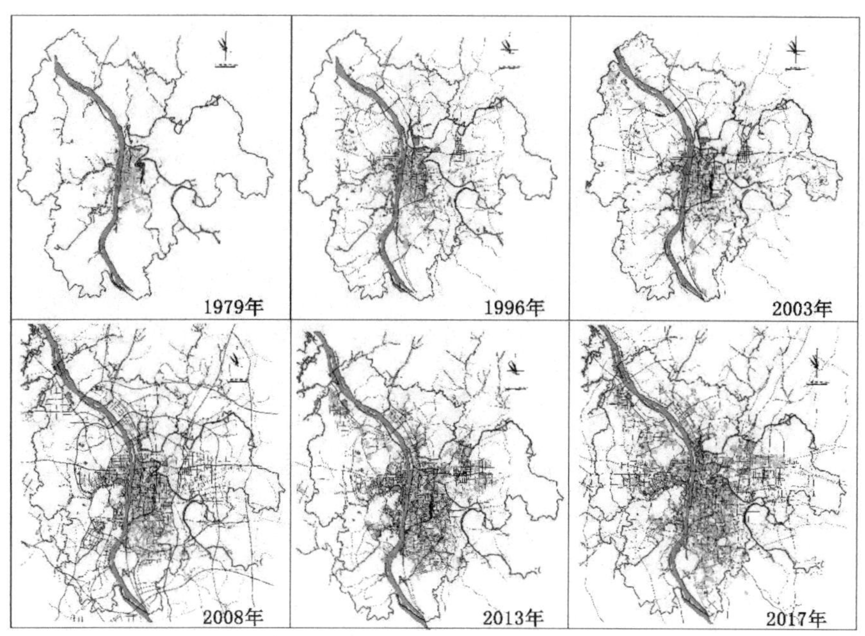

图 4－12　长沙市居住用地节点的历时性识别

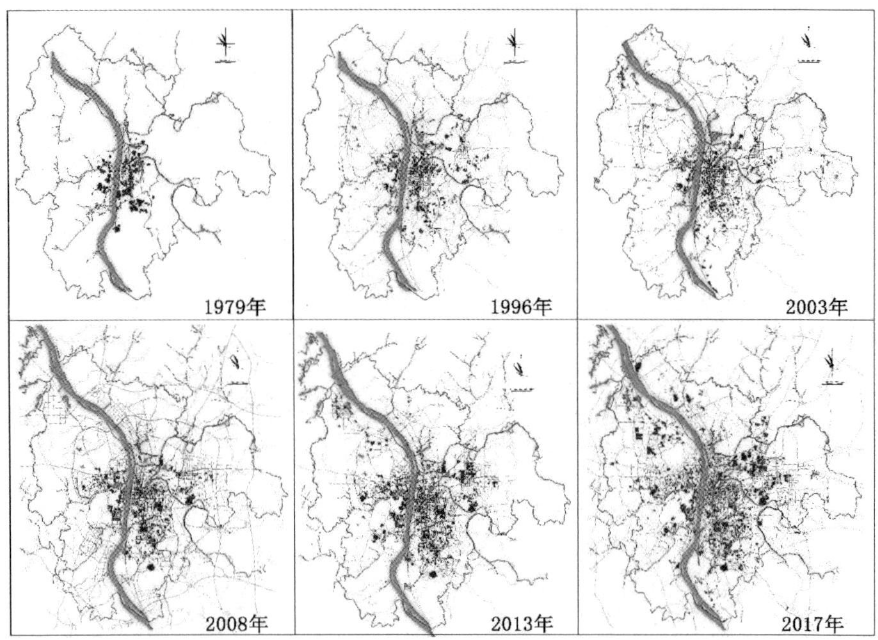

图 4-13　长沙市工业用地节点的历时性识别

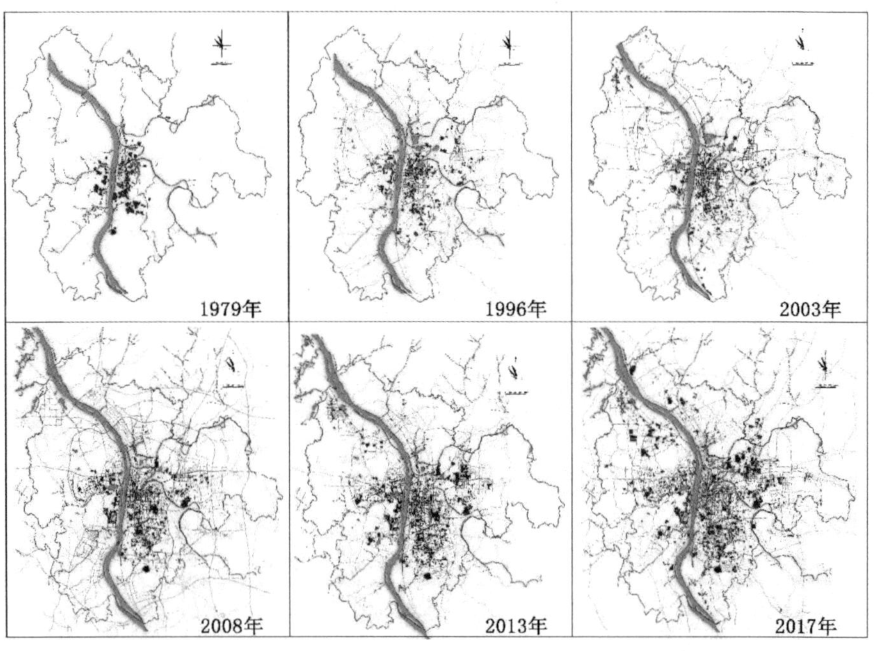

图 4-14　长沙市公共建筑用地节点的历时性识别

第一，城市用地扩张趋势明显，居住用地由绝对集中向相对分散趋势发展，除城西因地形因素限制而蔓延缓慢以外，东、南、北三个方向居住区用地扩展态势明显，中心区居住用地呈现均质化特征。

第二，工业用地的历时性特征是：早期相对集中于中心城区外围，主要是城南和城北及少数城中地区；近期由于环境保护和治理意识的加强以及资源节约和环境友好型产业技术的兴起，大片内城的工业用地得以置换或是外迁，在数量上呈现缩减态势，而城区内的工业用地也大多以相对集中的产业园区的形式存在，取代了原先杂乱分散的分布状态。

第三，公共服务设施基本同步于居住用地的发展态势：分布范围越来越广，数量越累越多，并且功能和形态也更加多样化，反映了社会的多样化需求和人类生活质量的提高。

4.3.2　城市网络空间形态识别指标

为了明确网络空间的特征，形态学指标的介入是必要的且能取得有效而直观的效果。通过特征指标的选取和数理模型的设计，借助 GIS 软件的数据—图像转化处理技术可以实现对城市网络空间系统形态的可靠识别，解决与网络元素（节点、连线、边界线）的形态特征有关的问题。

形态指标的选取同区域的布局、结构和形状相关，同时也与节点的位置、面积、容量及联系有关。综合以上各个因素，研究选取了以下六个形态学指标，并基于长沙市芙蓉 CBD 区域（图 4 – 15）对城市网络空间的形态特征进行实证分析。

1. 碎片指标——空间连贯性识别

碎片指标用来表现区域中地块被割裂的程度，即用地连贯性的体现，是对用地中次级分类的衡量指标，能应用于所有尺度。

碎片指标（S）可被理解为区域内划分成小块土地的程度，也就是说它是以区域内被障碍物围合或分隔的地块面积的大小来界定的。这里涉及一个关键变量，即被障碍物分隔的地块的面积大小。可以想象，在区域中设立的障碍物越多，地块就被划分得越细，其连贯性也越差，发生相遇和运动的可能性就越低。因此碎片指标在此可表示为被分割地块面积的倒数，将其标准化于是有：

图 4－15　长沙市芙蓉 CBD 区域卫星影像现状

$$S = 1/C = 1/(\sum A_i) \qquad (4-1)$$

公式（4－1）中，C 为被道路分隔的地块面积大小；A_i为各地块中被其他障碍物分割的各地块面积大小。

碎片指数的目标是估算特定区域连贯性的程度。它的前提条件是：穿越区域边界的机会越低，与邻近地区的间接连接和交换就越不直接。有形和无形的边界将区域表面以许多不同方式进行了划分，包括交通路线、所有类型的管道和电线、航空路线、建筑区域的行政边界线墙（国内通常表现为封闭式的单位围墙）和分布界限等。自 20 世纪 50 年代开始的广泛扩张的基础设施建设已经导致了某些区域的过度碎片化。在这种情况下，小尺度区域间的交流受阻，网络连线变成了障碍和严重的制约因素，尤其对于资源的多样性保护而言。因此，保持适当的碎片程度将有利于增强地块间的交流和可达性程度。

图 4 – 16 给出长沙市芙蓉 CBD 区域的碎片程度的识别结果。颜色越深表明碎片程度越大，其空间的连贯性也就越小。很明显，碎片程度较高的地区主要分布在区域西北和西南部的老城区以及五一大道中北部的居住区内。区域中，五一大道南侧由于主要集中了占地大的商务办公和商业设施而使得空间相对连贯；而存在于区域东部的两个大型公共机构（省人民政府居住区以及湘雅二医院生活区）虽然在空间上较为连贯，但由于其过大的面积以及封闭的管理，使其对周围地区而言不具有亲和力，缺乏与其他地块之间资源的交互流通，从而也降低了区域的吸引力。

图 4 – 16　长沙市芙蓉 CBD 区域碎片指标识别结果

2. 颗粒指标——空间渗透性识别

颗粒指数指的是特定区域内的个体数量和尺寸，影射在城市中就是指在特定区域内建筑物的不同尺度和不同形式的混合比。

这里需要从颗粒尺寸和占地程度两个方面来反映城市区域的颗粒指数。颗粒尺寸是指颗粒（单体建筑）的周长、体积和形式；占地程度则可用通常我们所说的建筑密度来表达，即地块内建筑物的占地面积总和与地块面积的比值。不同的颗粒尺寸与占地程度相混合，得以综合体现区域的颗粒指标。于是颗粒指数的图形应拆分为两个组成部分：

颗粒指标 = 颗粒尺寸（G）+ 建筑密度（D）

分别对颗粒尺寸（G）和建筑密度（D）建立标准化公式模型就有：

$$G = \sum M_g = \sum (nM_1, M_2, \cdots, xM_n) \tag{4-2}$$

$$D = V/C = (\sum B_i)/(\sum A_i) \tag{4-3}$$

公式（4－2）中，M_g 为颗粒组变量，即用于混合比计算的集合论中的辅助变量；M_1，M_2，…，M_n 则用来表示地块中不同尺寸占地物（一般为建筑物）的分布状况。公式（4－3）中，V 为各地块中所有占地物的基底面积总和；C 为各地块的面积大小；B_i为地块每个占地物的占地面积；A_i为各地块中被其他障碍物分割的次级地块面积大小。

这里之所以用“和”的形式而不采用“积”的形式，是由于实际上可能出现区域内某一地块内建筑数量虽多，但是体量小而密；而另一地块建筑数量虽少，但是体量却很大。这两个地块的颗粒指数若按照颗粒数量、颗粒尺寸和建筑密度三者的乘积计算，很可能出现颗粒指数结果相等的情况，但事实上这两个地块的颗粒形态性质是完全不同的。

颗粒指数的另一个用途是为特定的领域找到合适的渗透性。渗透性指人和非人要素（阳光、空气、声音等）间的接触性。它是一个变量，若排除习惯、文化、观念等主观因素，客观上渗透性受到区域颗粒指数的影响最大，即区域内颗粒的占用空间和混合比例的程度越高，渗透性就越低，反之亦然。

占用空间和混合比例的程度剧增会产生心理和生理上的问题，阻碍甚至阻止渗透性，试想住在一栋四周都是十几层或者更高层建筑的单层独栋住宅中是怎样的感受？从规划设计的角度看，就引发了我们这样的思考：不同性质的区域之间应该采用哪种颗粒及哪种颗粒形态？

图 4－17 为长沙市芙蓉 CBD 区域内的建筑颗粒大小的识别结果。颗粒较大的区域较多分布在城市主要干道的两侧，且功能多为商业和商务建筑。在被各个道路分割的地块内部主要是颗粒较小的居住建筑。在东北部和西南部老城区内的颗粒显得小而密集，并且颗粒的排列和形态显得极不规则，分布也不均匀；区域东部的一般居住区内的颗粒分布则相对均匀，大小较为统一；而在中部则表现出复杂的混合颗粒特征，多为商业和居住的混合功能。总结出的普遍现象是：复杂混合物区域倾向于集中在重要的基础设施路线上，而相对简单的混合区域则更远离这些线路，即集中于各个地块的内部而非边界上。

图 4－17　长沙市芙蓉 CBD 区域颗粒指标识别结果

图4－18则表现出了长沙市芙蓉CBD区域内的建筑密度的识别结果，颜色越深，建筑密度越高。整个区域的建筑密度由西向东呈现逐渐降低的趋势，老城区和其他区域存在较为明显的密度差异，一般来说，在建筑密度越大的区域，空间的渗透性越差，视线的通透性受阻也越严重，但是考虑到高度因素后（老城区建筑高度一般较低，其他地区多为中高层）发现老城区和一般地区在空间渗透性的感受上相差并不是很大，作为城市中心区而言存在普遍的压抑感。在这种情况下，空间网络中起到视线缓冲区作用的城市广场和绿地（例如五一广场和芙蓉广场）对于整个区域而言就显得十分重要了。

图4－18 长沙市芙蓉CBD区域建筑密度识别结果

3. 可达性指标——联系的多样性选择

可达性指标（E）指的是这个位置与整个系统之间人、商品、信息可能的流通程度，也就是地方的可达程度。可达性分为“出”和“入”两个方面。网络系统中用于确定可达性程度的界面是那些能够将特定尺度内所有地方连接起来的部分，这是判断地方优势的一个重要特征。

对于一个地区的可达性来说，如果不同尺度的交通形式（轻轨、公路、人行道、水路等）都能在此交叉，那么无疑其可达性是最高的。所以说交叉联系是极其重要的。可达性指标主要就是由各尺度间的联系机会决定的，包括从一个地方到另一个地方，快速或缓慢地到达，等等。因此，当特定地方位于不同尺度的通道上时，可达性指标较高。总之，与特定地区连接的尺度越多、越不同，可达程度也越高，反之亦然。于是可达性指标可以表示为：

$$E = N/L = \sum (a_n x_n)/L \tag{4-4}$$

$$N = a_1 \cdot x_1 + a_2 \cdot x_2 + \cdots, \ + a_n \cdot x_n \tag{4-5}$$

公式（4－4）中，N 为每个节点地块中所有层次的出入口数量；L 为地块周长。公式（4－5）中，a_1，a_2，…，a_n为可达性系数，本研究以《长沙市路网规划图》为依据，分析研究地块周边的道路，与地块相邻的道路级别越高，数量越多，其可达性相对越大。根据与地块相邻的不同道路的实际情况，借鉴《长沙市高层布局研究》，对长沙各等级道路的可达性系数做如下规定：一级主干道可达性系数为 $a_1=1$；二级主干道可达性系数 $a_2=0.7$；次干道可达性系数 $a_3=0.4$；支路可达性系数 $a_4=0.2$；街坊内部道路可达性系数 $a_5=0.1$。x_1，x_2，…，x_n为与地块相连的对应的各级道路上的出入口数量。

在现实生活中，存在的若干突出问题是：虽然基础设施的建设在不断进行，但可达性的不平衡性仍然十分突出；看起来可达性很强的区域也许并不那么容易到达（交通堵塞是主要原因）；某些区域以不恰当的方式同其他区域连接起来，如高速公路直接与居住区相连，或者是购物中心直接与居住区相连，它们之间缺少次级层次的过渡联系，以致这种可达性“剧增”的区域与人们希望的效果不相符，因此迟早需要通过重建和选择性改造来弥补这种缺陷。

图4－19给出了长沙市芙蓉CBD区域内各地块的可达性程度识别结果，深色区域可达性较高，浅色区域可达性较低。很明显，整个区域内可达性最高的区域向两条城市主干道的交叉口汇聚。也就是说，越靠近五一路和芙蓉路的十字交叉口，可达性一般越高；而越远离主干道的内部地块，可达性相

对越低。但是可以看到，被道路划分得越细小的区域，其可达性并非越高；也并非地块面积越大的区域，其可达性就一定越低。可达性的程度取决于地块边界单位长度上的交通到达机会，也就是说，地块越小且地块边界上内外联系出入口越多的区域，可达性才越高。认识到这一点，就能帮助我们理解为什么在一些道路密度较大的区域还同样存在可达性不高的现象，那是因为在地块外围没有提供足够多的出入口，尽管区域的碎片程度已经很高。

图 4－19　长沙市芙蓉 CBD 区域可达性指标识别结果

4. 容量指标——空间开发强度识别

容量指标（H）指的是区域内特定地块的开发强度。从形态学角度来说，容量指标反映的是地块的立体高度信息，它从一个侧面折射出人类开发大自然的强度，即反映出人工痕迹的程度。直接的表述将容量指标公式化就和平常我们所说的容积率的概念相当，于是就有：

$$H = F/C = (\sum J_i)/(\sum A_i) \qquad (4-6)$$

公式（4－6）中，F 为地块节点内的总建筑面积；C 为各地块的面积大小；J_i 为地块内每个建筑物的建筑面积；A_i 为各地块中被其他障碍物分割的次级地块面积大小。

关于容量指标最常见的问题是，对于开发商来说，容量指标决定地价成本在房屋中占的比例；而对于住户来说，其又直接涉及居住的舒适度。绿化率也是如此。绿化率越高，容积率越低，建筑密度一般也就越低，开发商可用于回收资金的面积就越少，而住户就越舒服。这两个指标决定了是从人的居住需求角度，还是从纯粹赚钱的角度来设计一个社区。

将这个问题进一步放大，则引发了规划界长久以来的一个争论：是蔓延式发展的低密度城市好还是紧凑型的城市好，以及紧凑的标准究竟如何界定。毫无疑问，二者是相互博弈的：独栋的别墅和花园住宅是人们所向往的，能够享受开阔的空间和体验大自然的魅力自然具有巨大的吸引力，以霍华德、赖特等为代表的城市分散主义充分认识到这一点；然而，当人口剧增，土地资源紧缺，小汽车的发展引发能源和环境危机之后，以柯布西耶等为代表的城市集中主义者提出城市应该向高密度的集中式方向发展。时至今日，似乎紧凑型占了上风（洛杉矶的教训的确很深刻），但是以中国的情况来看又如何呢？以西方的标准，中国几乎所有的城市都是紧凑型的，而且是十分紧凑的，但是问题解决了吗？显然没有，交通依然阻塞，环境依旧恶化，而房子仍在越建越高……但是，当我们看看哥本哈根、慕尼黑，再看看东京、新加坡，就会发现，原来低密度和紧凑型可以同样出色，关键是如何去做。不能无限地扩张，也不能一味地紧凑，更不能边扩张边紧凑（中国一些城市就是如此）。在控制城市规模的前提下保持低密度或者是在高密度中建立起相对低密度（让人能感受到低密度般的舒适），这样的中庸之道才是正解。

图 4－20 给出了长沙市芙蓉 CBD 区域内各地块的容量程度识别结果。颜色越深的地区表明其开发强度越大，即建筑物的平均层数越多，建筑在高度上对天空的侵占也越明显。在整个 CBD 区域范围内，除老城区的容量指标比

较均衡统一外，其他地区由于点状式的开发不断打破原有的城市肌理则显得比较混乱，处于干道两侧和道路交叉口的地块一般容量指标较高，并且新建地区的容量普遍高于老旧的地区，并且地块外围的容量一般高于地块内部，形成了所谓的“一张皮”的城市道路景观现象。

图 4－20　长沙市芙蓉 CBD 区域容量指标识别结果

5. 可视域指标——空间视觉环境容量识别

可视域指标的提出可用来反映城市形态的真实视觉效果，通过“可视物量指数”和“自然物量指数”来测量都市街道的开阔程度，即视域范围内城市非实体空间容量的大小，从而以人的角度出发，进行视觉环境容量分析。下面分别对引入的两个变量参数做出解释。

“可视物量指数”指的是有形物量与以某个点为中心的一定区域范围内总物量的比例。有学者认为具有保护价值的建筑物的水平距离是 100 米，社会公认人视距的最大距离在 70—100 米，在超过 110 米距离的城市风景没有考虑的必要①。因此，在本书中采用的是半径为 100 米的半球体进行研究。可视物量指数的计算方法如下。第一，视点位于三维空间，如图 4－21 所示。显示的假想半球的半径为 100 米，围绕点在视点（q_1）。第二，有很多点在半球体的表面上（q_2），并且根据 q_1、q_2 的连线是否被一幢建筑物分割来决定。如果被分割了，那么从 q_1 到建筑物墙壁的距离算起。如果线没有被建筑物分割，那么从 q_1 到 q_2 的距离就是 100 米。可视物量指数（P）通过可见区域的体积对半球体积的比值来计算②。其标准化计算公式可表示为：

$$P = F/Z = (\sum V_j)/V_R \tag{4-7}$$

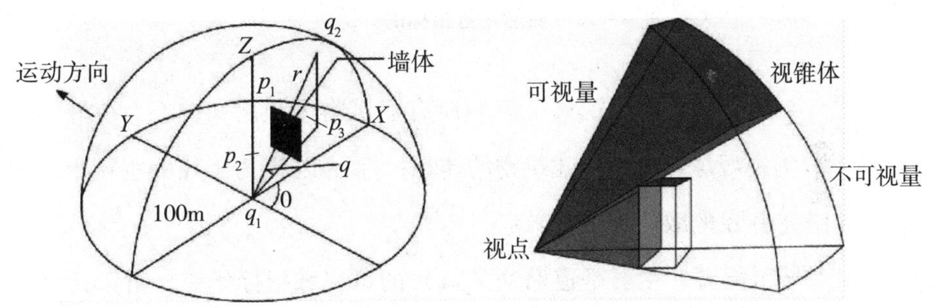

图 4－21　可视物量指标的计算方法

公式（4－7）中，F 为视域范围内可见区域的体积；Z 为视域半球体体积；V_j 为被建筑物外墙面分割的各个不同大小的可见视锥体体积；V_R 为以 R 为半径的视域半球体体积，本研究中 R 的取值为 100 米。

“自然物量指数”是指实体体积比半球体体积小的建筑物的体积与整个半球体体积的比值。如图 4－22 所示，在一个半球体（q_2）表面的垂直线可能是被建筑物的屋顶分割产生的。如果线没有被分割，距离就是从 q_2 到 Z 的距离。如果线被分割了，距离就从 q_2 到建筑的屋顶算起。柱子的高度是节点所在区域到底部区域的距离。自然物量指数是指柱子的体积与整个半球体积的

---

① Lynch, K., *The Image of the City*, Cambridge: MIT Press (America), 1960, p. 46.

② 参见何磊《城市网络空间系统的识别与评价研究》，硕士学位论文，中南大学，2007 年，第 47 页。

比值，其计算公式可表示为：

$$Q = K/Z = (\sum V_n)/V_R \tag{4-8}$$

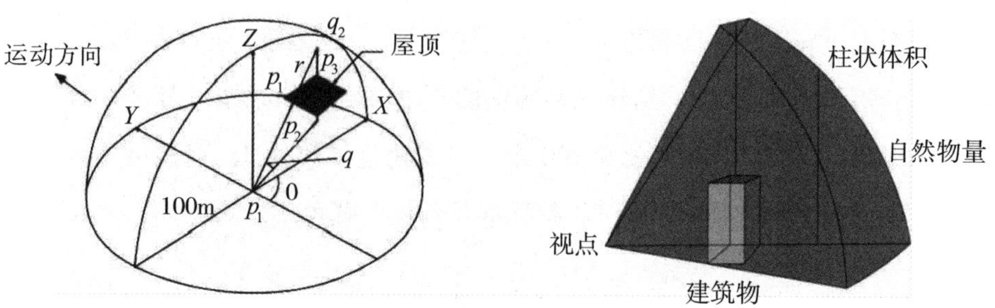

图4－22　自然物量指标的计算方法

公式（4－8）中，K 为视域范围内所有建筑物体积之和；Z 为视域半球体体积；V_n 为视域球体内不同建筑物的体积；V_R 为以 R 为半径的视域半球体体积，本研究中 R 的取值为 100 米。

通过对城市街道（主要是道路交叉口）的可视域指标研究，可以建立起城市空间的立体感知，对传统城市空间研究中的几何构成、类型研究、要素研究增添了新的内容。实际来说，一个城市的特色景观应以人的视觉感知为主体。城市给人的印象是城市感知、认识城市的基本出发点。

在现今的大都市中，人们对城市景象感知的主要载体是街道空间。现实是越来越多的城市街道趋于同质，城市面貌雷同的倾向也越来越严重，城市个性和城市特色正在发展中逐步丧失。但奇怪的是却又有这样的共识：城市设计必须赋予城市最强烈的时代特征和地方特色，使城市符合当代人的审美要求，并为后世子孙提供美好的生存环境和文化遗产。这种愿景与现实的差距值得深思，但至少可以肯定的是，河流、公园、停车场、交叉口等给予街道一个更大的开敞空间，而可视物量指数表明城市街道的开敞程度是和城市的开放空间紧密联系在一起的。现实可行的方法是，如何在趋于相似的城市街道空间中寻求更多的变化。

选取长沙市 CBD 区域内两条交叉道路（五一大道和蔡锷路）上的九个典

型视点建立可视域研究模型。图4－23为选取长沙市CBD区域内五一路和蔡锷路上的九个视点进行可视物量研究的识别结果，整个圆圈区域为每个视点的可视区域在平面上的投影，其中网格覆盖的部分是能够同时看到天空和地面的可视区域范围，其余部分是只能看到天空的可视区域范围。可以发现，位于不同道路交叉口的视点（A、C、E、F、I）一般比位于道路上的其他视点具有更大的可视区域，尤其是具有更大的视觉通透性，即能够看到更多的面与天空相连的情况而使视线不被建筑物所割裂和阻挡（图中的网格部分所示）。同时，由于道路宽度的不同和道路两侧建筑物的形态（包括体量、高度等）差异，从而使得每条街道上的视觉环境和视觉容量都会有所不同。图4－24给出的是各视点的自然物量关系，相关计算结果见表4－1。

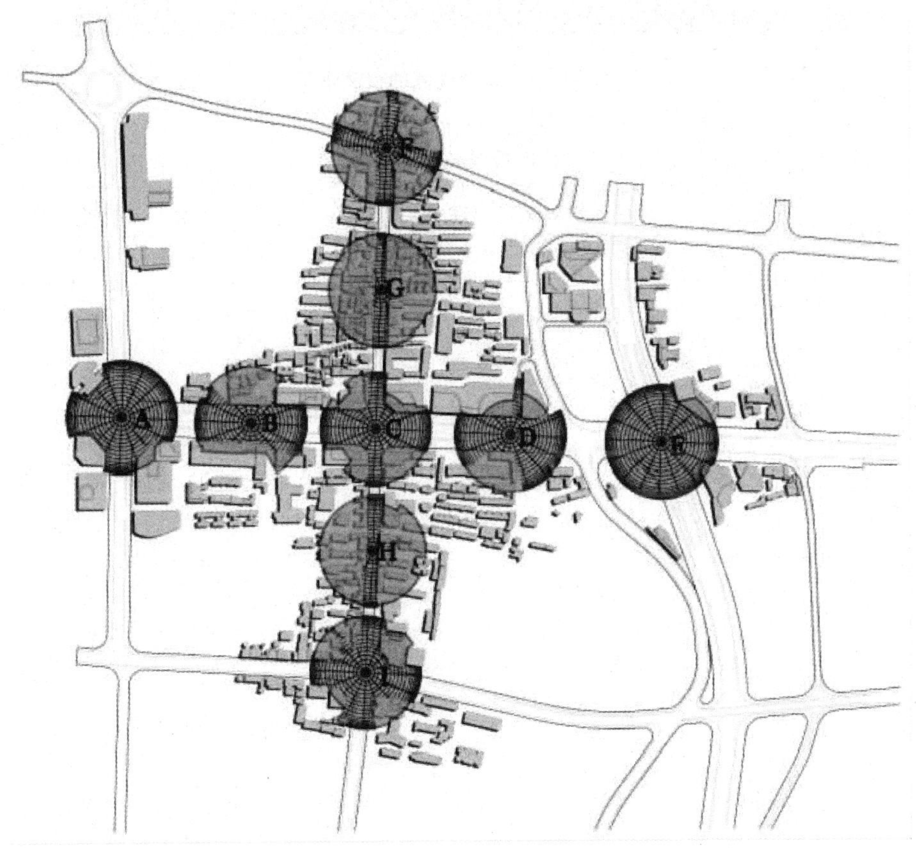

图4－23　九个视点的可视物量

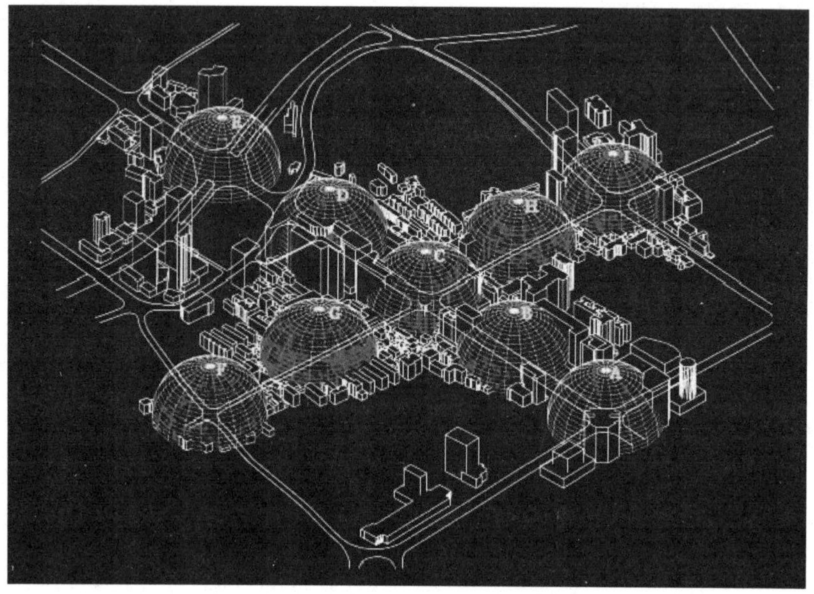

图 4-24　九个视点的自然物量

表 4-1　　九个视点的视觉环境容量识别结果

视点	道路宽度（米）	可见区域体积（万立方米）	建筑物体积（万立方米）	可视物量指数（%）	自然物量指数（%）
A	60×40	162.45	34.30	77.73	16.41
B	60	145.25	38.17	69.50	18.26
C	60×20	149.26	36.48	71.42	17.45
D	60×4	135.46	41.57	64.81	19.89
E	60×60	200.31	6.97	95.84	3.33
F	20×16	190.80	17.65	91.29	8.44
G	20	160.10	37.72	76.60	18.05
H	20	183.12	22.70	87.62	10.86
I	30×20	157.78	32.60	75.49	15.60

结合图 4 –24 和表 4 –1 可以看出区域内视觉环境容量的另一个特点，即各个视点的可视物量指数与其自然物量指数之间没有必然的反比线性关系。也就是说，并不一定就是视域范围内的物体所占的总体积越大，其可视域范围就会越小（例如 A 点和 I 点，G 点和 C 点以及 G 点和 I 点都是如此）。具体地点的可视域情况同时和建筑密度以及建筑高度有关，那些视域范围内建筑密度越大且建筑高度越高的地区，其视觉容量才会越小。

4.4　基于空间句法的城市网络量化分析

4.4.1　城市网络分析的主要参数

城市空间网络结构的系统性、复杂性和流动性，演进的非线性、动态性，以及内部要素的空间依赖性等特征，使得传统的对网络城市空间结构及其演进的分析方法很难对动态的空间网络结构提供一个整体的、理性的、定量的结论，难以提供实证分析计算方法和以精确的图形图像表达结论的形式，更难以发现其深化的内在肌理。

研究试图通过建立一套基于空间句法[①][②]的网络城市评价体系，将空间网络量化，分析空间网络结构属性与空间使用行为分布规律的关联性，即从全局整合度、局部整合度、可理解度、空间智能度等方面[③]衡量空间网络发展的潜力，有效地揭示城市空间结构深化的内在机理，从而探讨城市未来的发展态势。

---

① Hiller, B., Hanson, J. & Penn, A. et al., "Natural Movement: or Configuration and Attraction in Urban Pedestrian Movement", *Environment & Planning B: Planning & Design*, Vol. 20, No. 1, 1993.

② Hillier, B., "Space Is the Machine: A Configurational Theory of Architecture", *Journal of Urban Design*, Vol. 122, No. 3, 2007.

③ 参见段进《空间句法与城市规划》，东南大学出版社 2015 年版，第 18 页。

在网络城市中，空间智能度决定了空间使用行为的分布，而全局整合度与局部整合度决定了空间智能度，可理解度则是由全局整合度与连接度决定的。因此，全局整合度、局部整合度、可理解度与空间智能度四个参数构成了评价空间发展潜力的因子，用以衡量网络空间的发展潜力。

1. 全局整合度

全局整合度就是半径为 n 的整合度，全局整合度反映了一个单元空间与系统中所有其他空间的集聚或离散程度。当一个空间系统是集成的或集聚时，则该系统中所有单元空间相距较近，彼此之间很少有障碍物影响它们的联系；反之，则系统中单元空间相距较远，彼此之间有较多的障碍物影响它们的联系。全局整合度体现了从整个城市角度分析的到达该节点的难易程度。

2. 局部整合度

局部整合度一般根据经验，选半径为 3 的整合度，局部整合度反映了一个单元空间与该单元周边三步之内其他空间的集聚或离散程度。当一个单元局部整合度高时，则该单元三步之内可以到达的其他单元很多，彼此之间很少有障碍物影响它们的联系；反之，则系统中单元空间相距较远，彼此之间有较多的障碍物影响它们的联系。局部整合度体现了从步行空间内到达该节点的难易程度。

3. 可理解度

可理解度表达的是全局整合度与连接度之间的关系，可理解度反映的是网络内的人，通过局部的结构，对整体网络体验的难易程度。可理解度高，说明该网络结构比较合理，局部与整体具有高度相似性，整体与局部协调统一，局部更容易形成人性化空间。反之，网络结构就比较混乱，整体不能很好地统领局部，局部缺少人性化空间。

4. 空间智能度

智能值表述了局部空间与整个系统的相互关系。如果局部范围内连接值较高的空间，在整体上整合度也较高，那么这个空间系统是清晰的、容易理解的，从而也是智能的。智能意味着从局部感受整体，而非智能就很难有整体的概念。智能值的实质反映了观察者通过对局部范围内空间连通性的观察进一步获得整体空间智能度信息的程度，其表达式（4－9）如下：

$$R^2 = \frac{[\sum (C_i - \bar{C})(I_i - \bar{I})]^2}{\sum (C_i - \bar{C})^2 \sum (I_i - \bar{I})^2} \tag{4-9}$$

式中：C 为所有单元空间连接值的均值，I 为所有单元空间全局整合度的均值。

4.4.2　长沙市城市网络空间分析

1. 模型建构与数据库建立

（1）模型建构

根据空间句法理论中轴线地图的构建原则，对收集的资料进行配准、转化，提取研究所需的路网信息。城市空间轴线地图模型的构建，主要选取最能反映三个不同时期的城市空间网络演进的城市结构（包括 1996 年长沙市总体规划的土地利用状况图，2003 年长沙市总体规划的土地利用状况图，2009 年长沙市总体规划的土地利用状况图、2017 年长沙市总体规划的土地利用状况图）和电子地图，而中心城区空间轴线地图模型的构建，主要选取 2003 年版长沙市的土地利用状况图和 2009 年长沙市总体规划的土地利用状况图作为研究的主要数据来源。

需指出，研究中确定轴线构图的街道网络为城市支路以上等级街道，以保证各个时期句法系统具有可比性。

（2）数据库的建立

基于研究的目标，采集各个年代的空间基础数据，对城市空间数据进行相关取舍，确保轴线数据所蕴含的空间社会属性，保证数据和分析结果的科学性和准确性。然后进行句法运算，获得全局集成度、局部集成度、连接度、控制值、深度值等数据，建立网络城市评价体系数据库，按照数据标准进行分类并图示化。然后，根据选取全局集成核的标准分别对两个不同年代的轴线按当年实际情况进行命名①。通过这个数据库和对应的轴线地图模型，按照数据的标准进行分类，我们还可以得到全局集成度、连接度、智能散点图，并得出句法变量之间的关联分析。分析完成后，系统自动生成特征值空间数据库。

2. 基于评价体系的网络生长规律

通过对句法变量值的分析，从网络城市角度解读长沙市网络生长的规律。

（1）全局整合度与中心城区全局集成度②

1996 年长沙市状况的全局整合度模型的主轴呈现出一个非常清晰的变形“十”字，东西向是五一路和八一路，南北向是芙蓉中路一段和韶山北路，共同构成了长沙市的主要结构，几乎全部位于老城范围内，可以说往昔老城的空间及特征表达还烙印在城市空间上，传统的街巷在句法地图上清晰显现，它的存在延续了城市空间肌理。至 2003 年，全局整合度模型呈现出城市空间开始沿主城向外拓展，城市整体空间结构开始出现“主城 + 新区”的组团结构特征。城市空间结构的变化促进了部分主轴的向外延伸，逐步改变了传统的形态，在变形“十”字形态上开始出现向东、西延伸的枝状结构。2009 年的全局整合度模型的主轴呈现出一个非常清晰的“互”字，东西向三一大道、八一路、五一路、长沙大道，且轴线向西部的导向性增强，南北向是芙蓉中路一段和东二环，呈环网状布局，如图 4 – 25 所示。

---

① 参见张宝铮、郑伯红《基于空间句法的长沙市中心城区发展研究》，硕士学位论文，中南大学，2010 年。

② 参见李云飞、郑伯红《基于空间句法的网络城市评价体系研究》，硕士学位论文，中南大学，2009 年。

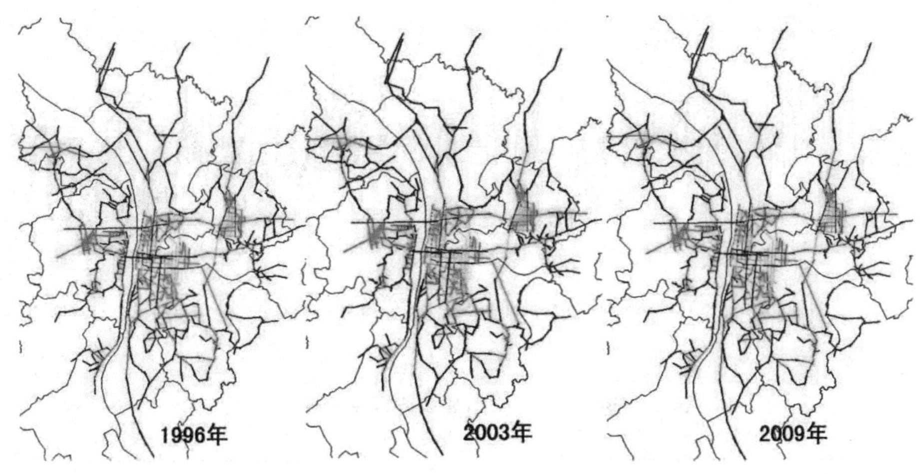

图 4－25　1996—2009 年全局整合度变化

通过对 2003 年和 2009 年城市空间集成度变化曲线（图 4－26）和数据变化的分析比较，发现两个时期的城市全局集成度曲线变化特征存在明显的差别。在 2003 年曲线图中，全局集成度数值在 0.27—0.91 的范围内波动，除了少数轴线数值过低，全局集成核中轴线的全局集成度都是在 0.80—0.91 之间。而 2009 年曲线图中，全局集成度数值在 0.41—1.33 的范围内波动，除了少数轴线数值过低，全局集成核中轴线的全局集成度都是在 1.06—1.33 之间。对比分析，可以看出 2003 年的波动特征较为集中，2009 年的波动范围较广。从数值上面还可以发现 2009 年的全局集成度明显大于 2003 年的全局集成度，全局集成核数值的范围也大于 2003 年，这表明了全局集成核的扩大，也意味着城市空间范围的扩展。对照轴线地图，发现波峰曲线对应了城市中心地区，波谷则对应了城市边缘地区。如［8—16］区间对应的就是人民路、芙蓉路一带的城市中心区。

（2）全局集成核

以 2003 年城市空间句法轴线总数的 8.4%，2009 年取城市空间句法轴线的 12.9% 设立集成核轴线区间，作为全局集成核（图 4－27a），通过两个时期的城市空间全局集成核比较，分析其间的全局集成核变化特征得出以下结论。

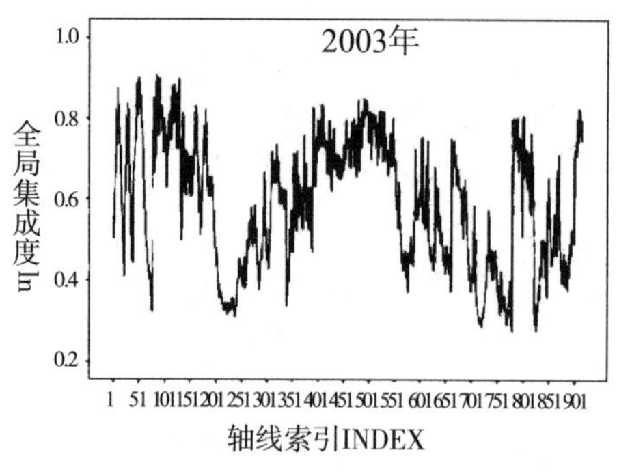

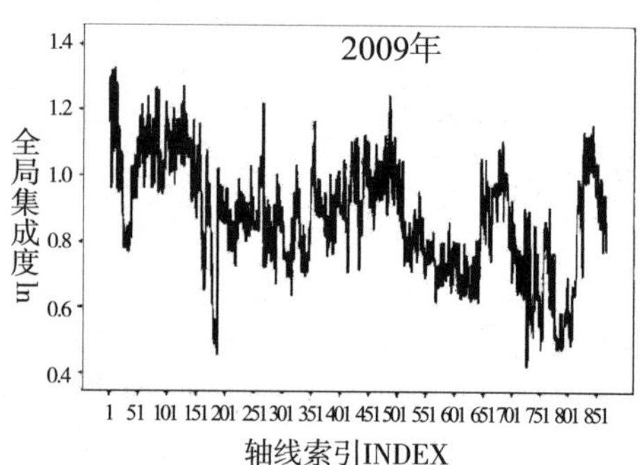

图 4 –26　全局集成度变化曲线

①两个时期全局集成核形态相似，都是以南北向的芙蓉路、韶山路、车站路、东二环（2003 年称为中环路）和东西向五一大道、岳麓大道、南二环路（2003 年称为新中路）为主轴，并呈现较为明显的“环形 + 方格”网状特征，表明两个时期的中心城区整体形态大致均呈现出“环形 + 方格”网状形态。

②在 2003 年和 2009 年两年的全局集成核中，集成度最高的四条轴线是南北向的车站路、芙蓉路和东西向的五一大道、人民路轴线。车站路轴线的全局集成度最高，这与长沙火车站位于五一大道与车站路的交叉处有着密切关系。另外，在全局集成核中，集成度最高的这四条轴线地位稳定，都是中心城区的主要交通干道、商业干道和人流集散的密集道路。

③全局集成核的空间区位并没有改变。从 2003 年至 2009 年，尽管中心城区的城市空间在东、西、南、北四个方向上都向外拓展很多，尤其是向南部城区和东部星沙经济技术开发区拓展。但是全局集成核仍然集中在城市中心的范围内，即以古城发展起来的城市中心（人民路以北、八一路以南、湘江大道以东和二环线以西的区域）。

④全局集成核规模不断扩大。2003 年以前，中心城区的全局集成核主要集中在八一路—中山路—湘江大道—西湖路—城南路—桂花路—中环路—远大路—八一路所围合的区域内，并以五一大道、人民路、芙蓉路、车站路轴线为主要核心。到了 2009 年，城市集成核规模扩大，全局集成核的句

法轴线从 2003 年的 77 条增加到 2009 年的 112 条，集成核轴线范围向外扩张明显。全局集成核集中的范围已经拓展到二环线，集成核向西和向南的扩展以沿芙蓉路和岳麓大道延伸比较明显。与此同时，集成核向东发展势头迅猛，二环线以东到星沙形成较为密集的轴线区域。其中，沟通城市南北的万家丽路集成度不断增强，成为一条重要的全局集成核轴线。而原有的几条集成核轴线集成度不断增加，仍然是全局集成核中重要的集成核轴线。2009 年的全局集成核显现出长沙中心的城市空间已经不再是湘江东岸一枝独秀的发展局面，整个城市的全局集成核已经跨越湘江，开始沿湘江两岸发展。

⑤全局集成核形态日趋完善。2003 年的全局集成核呈“口”字形结构，但由于二环线尚未贯通，这个“口”字形结构并不完整，2009 年的全局集成核呈现出明显的“十”字形结构（南北向的芙蓉路和东西向的岳麓大道—三一大道），并且成为城市空间向外延伸发展的生长轴，全局集成核的形态日趋完善。

1996—2009 年的全局整合度、集成度和全局集成核的变化表明，长沙城市空间网络经过漫长的发展，正由半网络化向自由开放型的网络化演变，城市从单一中心发展到“多中心 + 组团”的城市空间结构，但城市的中心仍然是以长沙古城为核心逐渐发展起来的，且在河西新城和星马星城形成新的节点中心，与前文分析的长沙城市空间形态发展演变与中心位移变化一致。

根据2016 年全局集成核模型（图 4 –27b）可以得出，集成核数量和规模明显增加，其数量不仅在中环路以西的内部越来越多，在中环路以东也不断扩展，空间边界明显向东延伸，原来的集成核外围的轴线已经演变为更大的环状轴线网络。集成核道路主要为人民路、朝阳路、五一大道和韶山路，其全局集成度值已经达到 3. 0137、2. 98917、2. 98474、2. 85883，整体数值有所提高。

a. 长沙中心城区 2003 年、2009 年全局集成核变化

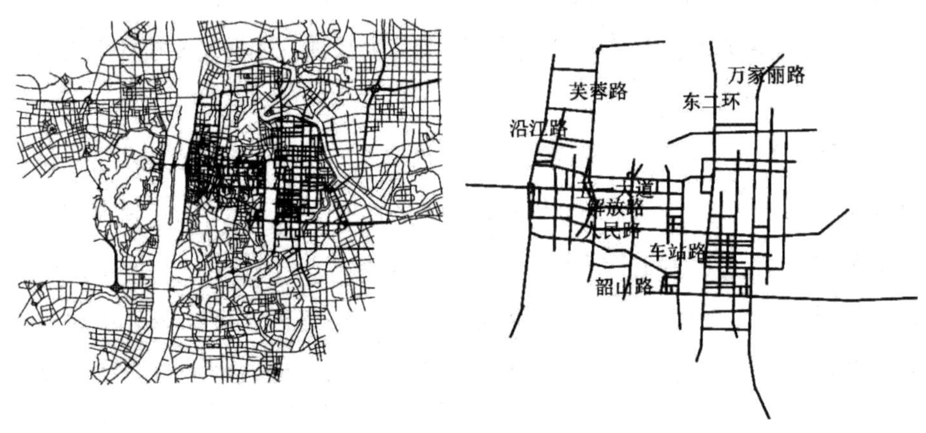

b. 长沙中心城区 2016 年全局集成核模型

图 4－27　长沙中心城区各年度全局集成核模型

资料来源：乔文怡、管卫华、王晓歌、王馨、顾朝林：《基于空间句法的长沙市空间多中心性演化研究》，《城市与区域规划研究》2018 年第 10 期。

整体来看，各个时期的集成核形态相似，主要围绕东西向的五一大道，南北向的车站路、韶山路、芙蓉路，在中环路（2016 年称为东二环）呈现出较为规整的方格网形状。在 2003—2016 年间，长沙城区的全局集成核经历了较大的变化，出现了全局集成核的更迭以及集成中心的不断变迁。全局集成核轴线向东部延伸，京港澳高速的全局集成度不断提高，由于道路网结构的集成度核心与中心区位置吻合，随着其走线的生成，围绕其附近的区域将形成具有发展潜力的增长中心①。

主城区形成了明显的集成度中心。由图 4－28 长沙中心城区全局集成度轴线模型来看，2016 年沟通城市南北的万家丽路集成度不断增强，空间吸引穿越交通的潜力较大，为一条重要的全局集成核轴线。五一路、人民中路一直占据主导集成核的地位，纵贯城市南北空间的万家丽路在系统中地位提升，再次证明城市空间有向东集聚的趋势。通过比较，集成度较低的轴线对应了湘江两岸和岳麓山风景区附近，主要原因在于湘江和岳麓山的阻隔使得人们发生交往的频率较低，难以形成人流聚集趋势，集成能力较弱。

图 4－28　长沙中心城区 2016 年全局集成度轴线模型

资料来源：乔文怡、管卫华、王晓歌、王馨、顾朝林：《基于空间句法的长沙市空间多中心性演化研究》，《城市与区域规划研究》2018 年第 10 期。

① 参见乔文怡、管卫华、王晓歌、王馨、顾朝林《基于空间句法的长沙市空间多中心性演化研究》，《城市与区域规划研究》2018 年第 10 期。

（3）局部整合度和中心城区局部集成度

1996 年长沙市城市空间的局部整合度模型的主轴主要分布在五一路两侧和星沙。五一路两侧是长沙的老城区，传统的步行空间延续下来，使得这两个区域一直保持很高的局部整合度，给步行人流提供汇聚的机会，一直是长沙市的商业中心；自 1992 年星沙组团开始建设，因为它自身的网络有很高的局部整合度，所以发展异常迅速，现已成为长沙市先进装备制造业基地，先后有三一重工、菲亚特、比亚迪等国内外知名企业在此落户。这些反过来证明了局部整合度能给人流提供汇聚的机会，进而带来产业经济的汇聚。2003 年城市空间局部整合度模型的主轴主要分布在三一大道两侧、五一路两侧、星沙三个区域。2009 年的局部整合度模型的主轴主要分布在五一路两侧、火车站周边、星沙三个区域，可以看作前个时期局部整合度的延续。局部整合度的主轴从 1996 年到 2003 年再到 2009 年都非常相似，没有质的变化，如图 4－29 所示。

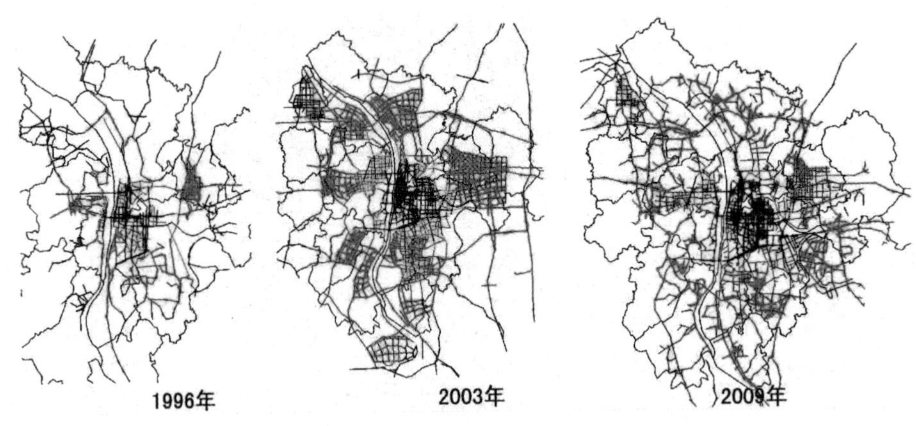

图 4－29　1996—2009 年长沙城市空间局部整合度变化

对比分析 2003 年和 2009 年中心城区局部集成度曲线，如图 4－30 所示，2003 年的局部集成度曲线总体还是相对平稳的，局部集成度数值在 1—2 之间，其中轴线区间在［1，120］、［310，450］、［500，550］为峰值区间，区间曲线抖动明显，分别对应了主城区、河西新城、星马新城中心。相对 2003

年，2009 年的局部集成度曲线图局部集成度数值在 2—4 之间，曲线的变化特征比较明显，局部集成度数值整体上升。轴线曲线图波峰区间在［1，150］、［170，270］、［300，350］、［500，550］区间为峰值区间，分别对应主城城市中心、星马新城中心、河西新城中心。

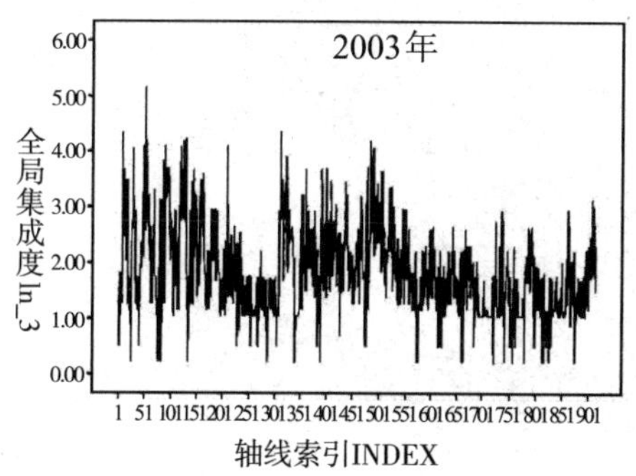

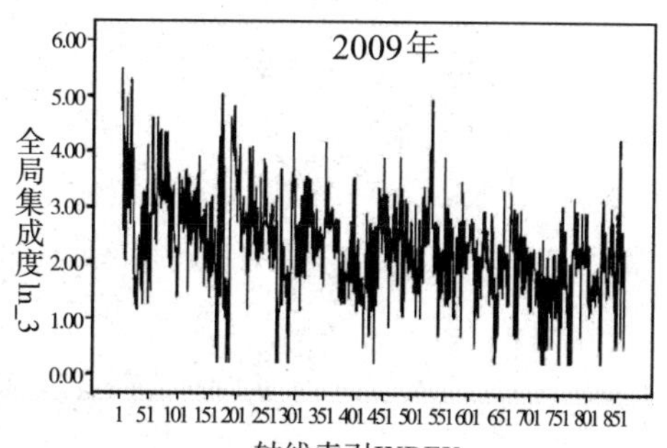

图 4 - 30　局部集成度变化曲线

根据图 4 - 31 显示，到 2016 年在岳麓和星沙地区出现局部集成度高值区。由于局部集成度的变化意味着轴线所在街道社会功能的变化，表明岳麓区和星沙区的功能发生了变化，且在岳麓和星沙地区因为局部集成轴线的数量增长而出现了比较突出的局部集成核。其中河西地区绕金星路形成了新的局部集成核，湘江两岸河两岸的局部集成核依靠银盆岭大桥连接；东北部围绕京港澳高速、星沙大道、开元中路、东二路形成了局部集成核。总体来说，十余年间，城市局部集成核基于老城区向东、北有扩大趋势；局部集成核主要轴线由单一的中环路、五一路和解放路组成，扩展为万家丽路、联通河西的橘子洲大桥和星沙地区的开元中路。这个大的集成核中心范围的街道轴线集成度高，它牵引着人流运动，推动城市空间结构和交通网络的不断互动和演化。新的集成核代表了城市中心功能空间新的发展方向，通过集成核增长中心的区位变化，可以判断城市空间中心区位变化的轨迹和趋势即城市空间向星沙和河西地区扩展，表明城市在发展过程中逐渐完善的多中心空间模式①。

① 参见乔文怡、管卫华、王晓歌、王馨、顾朝林《基于空间句法的长沙市空间多中心性演化研究》，《城市与区域规划研究》2018 年第 10 期。

图 4－31　长沙中心城区 2016 年局部集成度轴线模型

资料来源：乔文怡、管卫华、王晓歌、王馨、顾朝林：《基于空间句法的长沙市空间多中心性演化研究》，《城市与区域规划研究》2018 年第 10 期。

（4）空间可理解度

1996 年长沙市的可理解度为 0. 394，在这种规模的城市里，这个值算比较高的，说明在 1996 年，长沙市空间网络的连接度与全局整合度近似于正比关系，局部的结构可以比较好地引导人们去理解全局的结构。2003 年长沙市的可理解度为 0. 279，远远低于 1996 年的 0. 394 和规划的 0. 411，这说明此时长沙市的城市结构相对无序。随着 1997 年长株潭经济一体化协调领导小组成立，从 1998 年开始由湖南省发改委牵头提出了基础设施建设方面的“五同规划”，即交通同环、电力同网、金融同城、信息共享、环境共治。正是由于 1997 年以来，长株潭与长沙两个层次的规划没有得到很好的衔接，引发规划体系的混乱，进而引起城市结构的无序发展。2009 年长沙市状况的可理解度为 0. 289，略高于 2003 年规划状况的 0. 279 和规划的 0. 219。相比 2003 年，2009 年的空间的可理解度已经略有提高，可以认为长沙在融入长株潭网络的过程中，已经由混乱过渡到有序的阶段，如图 4－32 所示。

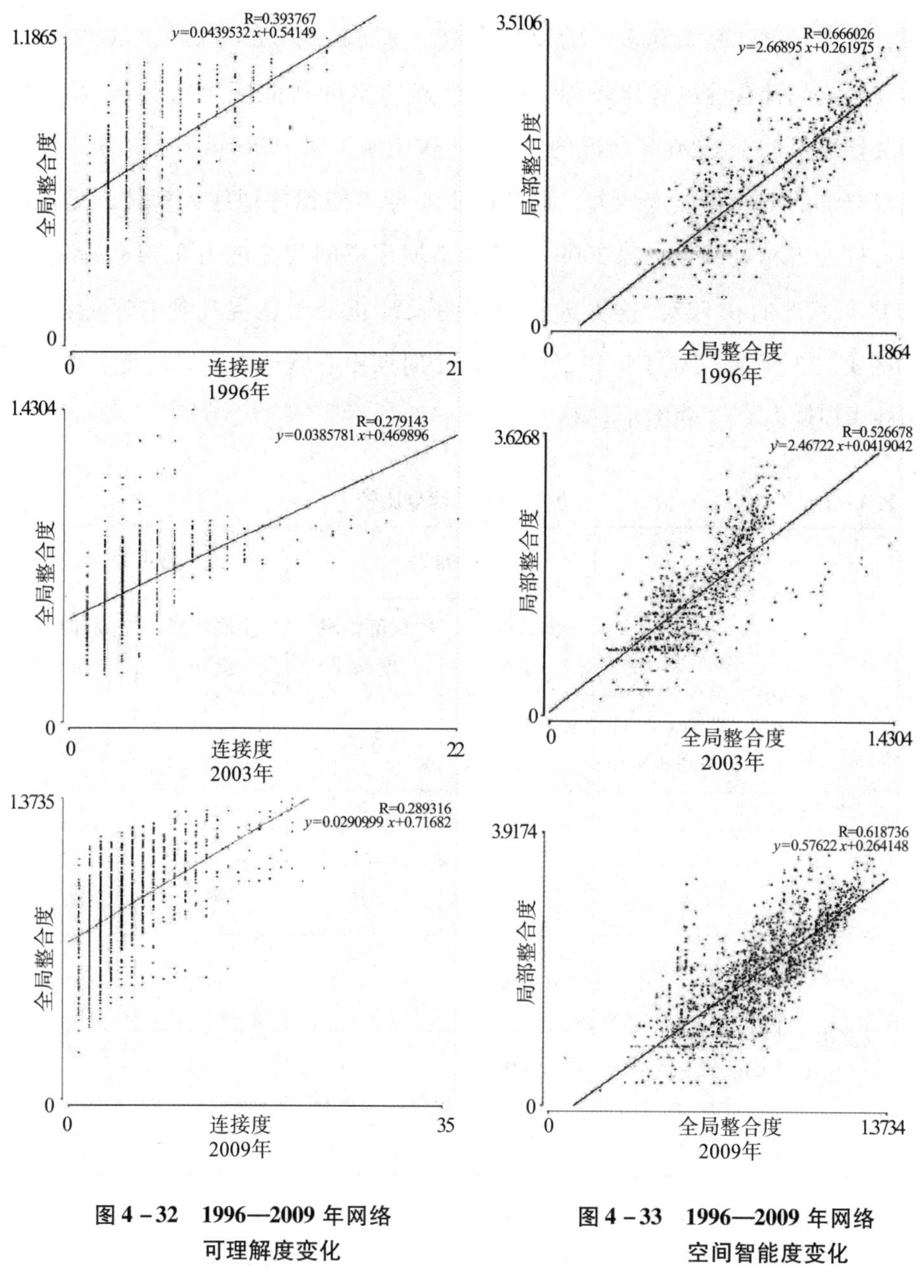

图 4－32　1996—2009 年网络可理解度变化

图 4－33　1996—2009 年网络空间智能度变化

（5）空间智能度

1996 年长沙市城市空间智能度为 0. 666，呈中度相关性，说明从整个城市的角度来说，局部空间的中心性基本上能够融入全局空间结构之中，局部空间的自组织发展与全局空间在功能互动过程中产生了更大的乘数效应，带来了更加复杂和多样的社会功能，使局部地区的中心性得以更好地体现，空间社会性趋势比较强。2003 年城市空间智能度为 0. 527，呈中度相关性，但低于 1996 年状况的 0. 666。这说明，跟 1996 年相比，城市的全局与局部的空间智能度变差，局部的中心性不能很好地融入整体，局部的中心性变得相对孤立。到 2009 年长沙市城市空间智能度为 0. 618，略高于 2003 年状况的 0. 527。这更进一步证明长沙正处于从混乱到有序的阶段，如图 4 – 33 所示。2003 年和 2009 年两个时期中心城区空间智能度分析，其变化表现见表 4 – 2 和图 4 – 34。

表 4 – 2　　城市空间智能度比较

<table>
<tr><th colspan="2" rowspan="2"></th><th colspan="2">2003 年</th><th colspan="2">2009 年</th></tr>
<tr><th>全局集成度 ln</th><th>局部集成度 ln_3</th><th>全局集成度 ln</th><th>局部集成度 ln_3</th></tr>
<tr><td rowspan="3">全局集成度 ln</td><td>Pearson Correlation</td><td>1</td><td>0. 635 **</td><td>1</td><td>0. 532 **</td></tr>
<tr><td>Sig.（2 – tailed）</td><td></td><td>0. 000</td><td></td><td>0. 000</td></tr>
<tr><td>N</td><td>915</td><td>915</td><td>867</td><td>867</td></tr>
<tr><td rowspan="3">局部集成度 ln_3</td><td>Pearson Correlation</td><td>0. 635 **</td><td>1</td><td>0. 532 **</td><td>1</td></tr>
<tr><td>Sig.（2 – tailed）</td><td>. 000</td><td></td><td>. 000</td><td></td></tr>
<tr><td>N</td><td>915</td><td>915</td><td>867</td><td>867</td></tr>
</table>

注：** 相关性在 0. 01 水平显著（双尾）。

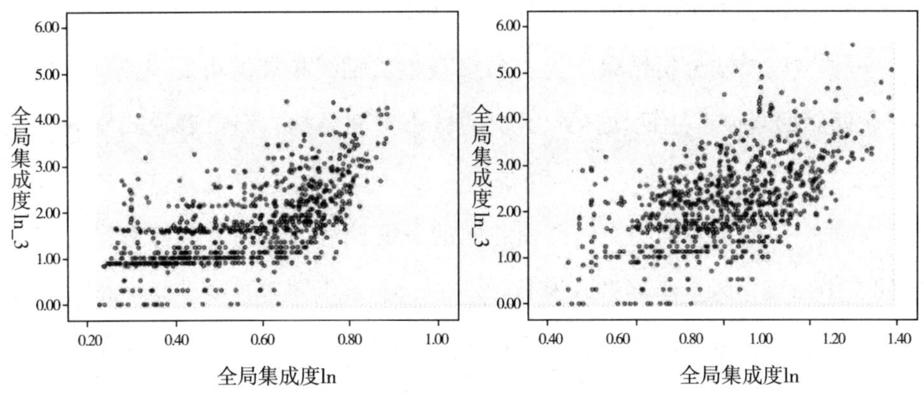

图 4－34　城市空间智能散点图

2003 年和 2009 年中心城区的整体空间集成度与局部集成度的相关系数呈中度相关性，但是相对中心城区整体空间而言，2003—2009 年空间智能度值明显下降，中心城区的多数区域整体智能度下降，只有少部分地区整体智能度上升，所以中心城区的整体智能度下降。

从经济学和社会学的角度来说，智能度越高的空间，其局部中心性能可以越好地融入全局空间结构，进而能够产生经济和社会活动的乘数效应，使空间系统功能趋于多样性和复杂性。这意味着随着长沙市城市空间趋于复杂性和多样性的同时，城市整体空间结构的协同性和聚合度较好，局部的中心性可以融入全局空间结构。

3. 合理空间模式构建策略

（1）建立可生长的非均衡的空间结构

长沙原城市空间结构实际上受到了大伦敦规划思想的影响，希望通过外围组团来疏解中心城区的人口和职能。但是随着经济快速发展，中心城区“中心＋外围”组团的城市空间结构慢慢演变成“十”字形生长的轴线结构。规划所设想的外围组团均衡发展的态势也由于各组团自身的规划定位和发展潜力导致发展速度不同呈不均衡状态。因此，从空间战略高度，重新审视长沙空间发展模式，寻找适合长沙的空间发展结构。借鉴国内外大城市发展经验，轴线可生长的非均衡空间结构更适应长沙快速发展的需要，其开放、动态的特征更能对发展的不确定性做出实时调整。

根据空间句法分析结果，提出沿多条生长轴线拓展城市发展空间，构筑“一轴两廊两带、一主两次六组团”的城市空间结构，突出廊道式空间发展模式。

一轴——沿芙蓉路、韶山路南北向的发展轴线，串起北部开福区的捞霞组团、中部核心区、南部省政府行政中心、暮云组团等重要节点。该轴是重要的功能中枢，承担城市中心服务职能，顺应现有空间“T”字形发展结构。

两廊——两条横向的主要联系市区内部的空间生长廊道。其中，一条为沿岳麓大道、319 国道方向的联系河东和河西的发展廊道。该发展廊道上聚集了高新区和经开区两个长沙市最主要的产业园区，定位为长沙先进制造业以及研发等产业的承载空间。另一条为横向联系黄榔片区、省政府组团以及含坪片区的发展廊道。依托高铁站、空港，以及高校资源，主要承载商务办公、总部经济、科研、教育培训等生产性服务业。

两带——纵向发展的联系长沙和湘潭、长沙和株洲的发展带，与长株潭区域提升规划提出的空间结构相符。

河西地区依托三环和长潭高速，形成自北向南串联高星片区、河西片区、含坪片区以及湘潭九华地区的发展带。这条功能带主要集聚了河西地区的高校、科技机构和高新技术产业区，大力提升自主创新能力、产业层次和城市功能，整合并提升了长株潭城市群的创新要素资源，是“两型”社会建设和创新发展的空间载体。

河东地区依托长株高速，对接株洲，依托空港、高铁和高速公路等便利的对外交通设施，重点发展中央商务、先进制造业、空港物流等高端产业和新兴功能。在这条发展带上，集中了长株潭城市群的战略空间和产业，支撑长株潭城市群向外辐射、对外开放。

（2）建立基于轨道交通、公交优先的多中心城市空间体系

长沙是在原古城基础上发展起来的，中心城区人口高度集中，中心城区尤其是中心区道路系统无法适应现代社会以小汽车交通为主导的交通模式，

中心城区面临着极大的交通压力。为避免出现美国式的基于小汽车交通的城市蔓延发展模式，提出建立以轨道交通、公交优先为主导的可持续的交通模式，对于长沙建设“两型社会”和“低碳社会”具有重要意义。

空间结构上，长沙现有城市规划扩张与单中心城市结构的矛盾日益突出，抑制了长沙城市运行效率，也阻碍了城市新的高层次功能的培育和提升。东京的多中心体系给长沙提供了很好的启示。在都市区范围内选择轨道交通枢纽站以及与其他交通方式的换乘站，建设城市次中心，共同构建多中心的城市空间体系（如图 4－35 所示），利用高速快捷的轨道交通为基础的公交优先的交通体系保证空间的高效运转，满足城市长远发展的需求。

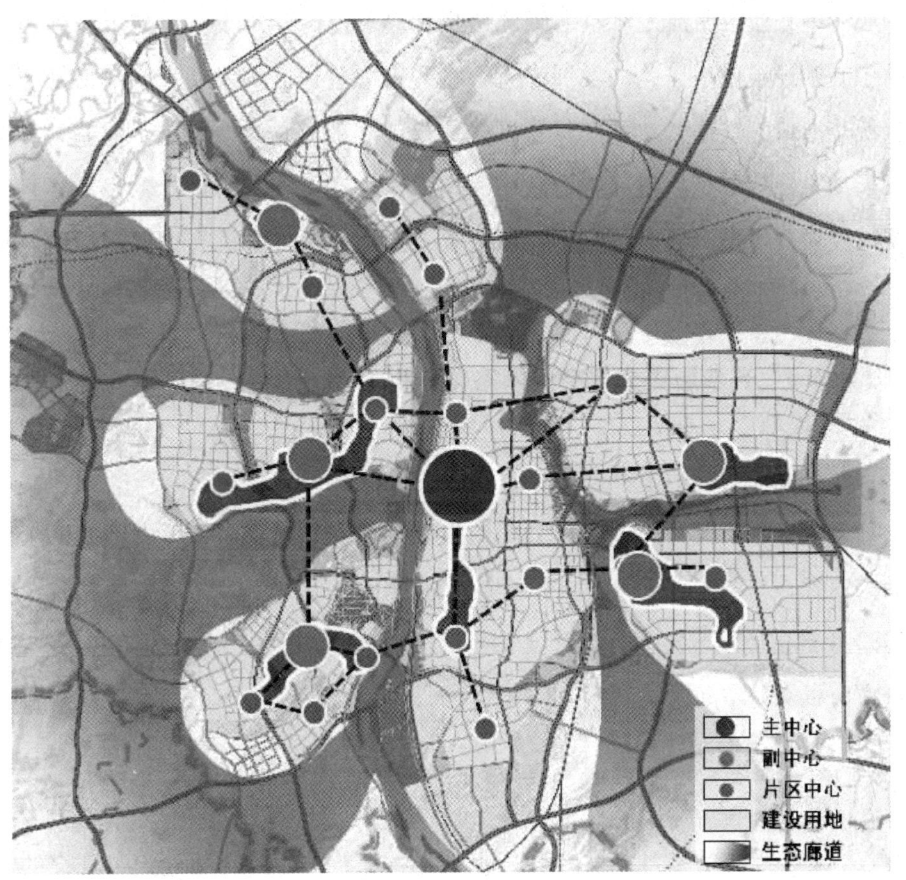

图 4－35　多中心城市空间体系

（3）空间发展方向与重点

长沙处于不同层面东西向和南北向发展廊道的网络节点上。在宏观的区域层面，“3+5”城市群呈南北布局，以纵向联系为主；而微观的市域层面，长沙市行政区划东西排列的模式，以横向联系为主。空间结构调整以“两型社会”和“低碳社会”建设为导向，突出资源节约、环境友好和减少能源消耗以及对城市的污染，强调土地集约利用，防止城市无序蔓延，保护公共空间、生态用地和自然景观。

长沙中心城区东部地区主要有高铁站等区域重大基础设施以及星沙国家经济技术开发区产业空间载体，高铁站周边区域将会迅速发展成为城市的次中心。中心城区西部大河西地区“两型社会示范区”的设立，加上长沙市行政中心搬迁至该地区，从发展来看，将带动周边地区的发展。北部最重要的资源是港口、铁路货运站和保税区，为长沙北部的物流中心、工业基地，但发展动力一直不足。南部省行政中心南移，带动了相关房地产的发展，且发展已经初具规模。从目前发展的情况看，南部地区将会成为长株潭地区的接合部，有很大的发展潜力。

4.4.3 长沙历史文化空间网络化分析

1. 历史文化资源概述

立足空间角度，历史文化资源的内涵包括点、线、面、历史轴线四个层面的内容，如图4-36所示。长沙是一座具有三千多年历史的“楚汉名城”，1982年被国务院确定为首批全国24个历史文化名城之一，构建了相对完整的城市历史文化空间网络。

（1）点状资源

点状资源是构成历史资源的基本资源类型，包括现存的和消失的历史资源点。资源点指的是各级文物保护点、文物保护单位和历史建筑，现存的历史资源点是指目前有物质遗存的历史资源点。长沙市区内现存的重要历史资源有国家级重点文物保护单位2处（黄兴墓、岳麓书院），省级文物保护单位

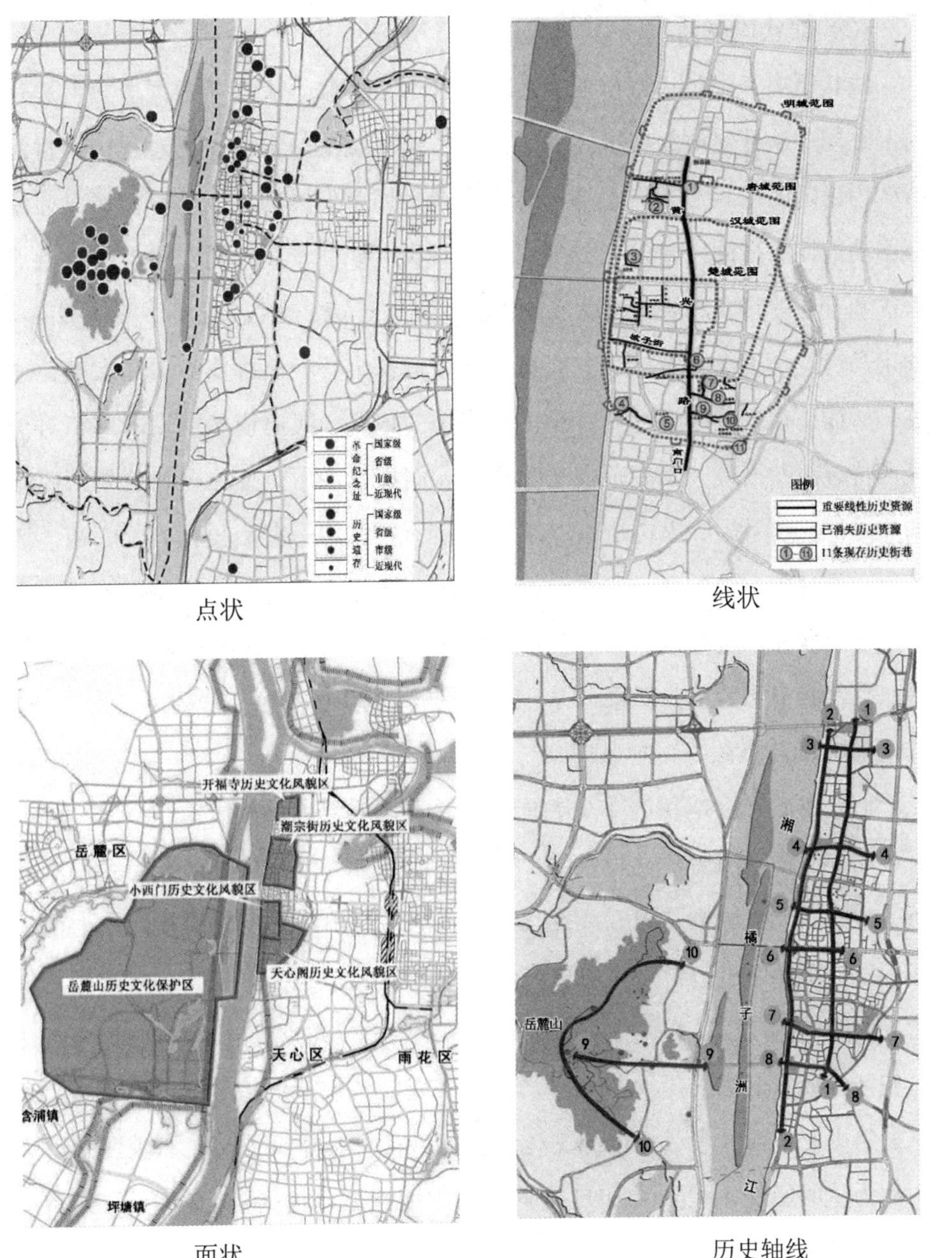

图4-36　长沙历史资源分布

37处（爱晚亭、天心阁、开福寺等），市级文物保护单位32处（橘子洲头、白沙古井、火宫殿牌楼等），近现代历史建筑35处（钟楼、湖大礼堂、美孚洋行私人馆等）。

（2）线状资源

线状历史资源包括城市的街巷系统和水系网络。长沙是中国历史上最长时间在同一地址建城的城市之一，街巷系统在城市的发展演变过程中一直保持较为稳定的空间形态。大部分传统街巷因城市发展的需要被拓宽，成为城市中功能性极强的一部分，如黄兴路步行街、湘江景观大道。也有得到重点保护和重建的具有重要历史意义的街巷，如坡子街、金线街。而一部分街巷，如走马街、马王街、织机街，在城市建设进程中已经名存实亡，让人难免遗憾。然而，在老城区的一些传统民居集中的地区，我们依然可以看到相对清晰的传统街巷格局，具有很强的生命力。例如长沙历史文化名城规划所确定的化龙池、白果园、大古道巷、小古道巷、磨盘湾—南倒脱靴、天心街、潮宗街、连升街、吉祥巷、古潭街、西文庙坪11条历史街巷，依然保持了原有的空间尺度和风貌特征，反映出明清期间的“鱼骨式”加棋盘特色街道格局，是研究线状资源的主要对象。

（3）面状资源

面状资源是以地块为单位，能综合体现城市历史文化的历史资源片区，区域内存有丰富的历史文化资源，并能形成连续性城市传统风貌特色。本书所研究的面状资源主要为五片文化风貌区。岳麓山历史文化保护区主要由岳麓山和橘子洲两个包含众多历史资源的景区组成，是长沙“山水洲城”总体格局中的半壁江山，在城市形象定位上发挥着非凡的意义；小西门历史文化风貌区内拥有丰富的历史街巷和历史人文资源，包括贾谊故居、火宫殿、太平街历史文化街区等，是传统文化特色区域；天心阁历史文化风貌区是以天心阁为主的展现历史人文和自然景观的重要区域，包括第一师范、定王台、白沙井等城市著名的历史文化资源；潮宗街历史文化风貌区内保留有多条历史街巷，区内有钟楼、潮宗门等城市文脉标志物，近代革命遗址较多，历史、文化氛围浓厚；开福寺历史文化风貌区以长沙独一无二的传统古典建筑形式开福寺为主体景观，具有鲜明的地方特色和较高的艺术价值，并结合周边地区形成大型宗教文化活动集散场所和市民休闲广场。

（4）历史轴线

历史轴线可体现城市空间发展的历史方向与脉络，是城市历史资源特色和城市发展历程的浓缩。在空间的网络系统中，历史轴线起着联系各历史资源点和历史资源片区的重要作用。轴线在各历史资源之间穿插的过程，使历史文脉延续性得到最大限度发挥，是对静态历史资源的突出与再梳理。

在充分了解长沙历史资源的基础上，长沙城区的主要历史轴线可总结为以下十条：黄兴路（南正街）历史轴线、沿江大道历史轴线、开福寺历史轴线、湘春路历史轴线、中山路历史轴线、五一路历史轴线、城南路历史轴线、劳动西路历史轴线、牌楼口路—岳麓山历史轴线、岳麓山历史轴线。十条作为各历史资源点和历史街区脉络的历史轴线，贯穿于五个资源片区，见证了长沙城市的发展演变。在形态上，它们几乎都与现在城市的主要道路重合，例如黄兴路历史轴线、沿江大道历史轴线、湘春路历史轴线、城南路历史轴线，它们与长沙老城的街巷骨架从明清两代沿袭至今，较为完好地保留了当时的街道格局有关。

2. 历史文化空间网络的构建

（1）实体的历史文化空间网络

通过对长沙点、线、面三个层面的各历史资源和历史资源轴线进行叠加和整合，并对其进一步简化和抽象，将具有重大意义的资源要素从片区中提炼出来形成节点，通过轴线筑以骨架，形成历史文化空间实体网络，如图 4 - 37 所示。

长沙历史文化空间网络系统结构呈现“一环六中心”“四横两纵”的格局。其中，“一环”是指沿岳麓山脉所形成的山体景观带，呈蜿蜒的环抱姿势，又地处高势，可广泛吸纳对岸的景观资源；“六中心”指六个以重要历史资源岳麓书院、橘子洲头、天心阁—白沙井、太平街—火宫殿、钟楼—潮宗门、开福寺为中心的历史文化节点，以名山、水洲、古城墙—古井、历史街巷、钟楼—牌楼、古寺等城市符号为代表，体现古城长沙的丰富历史资源，

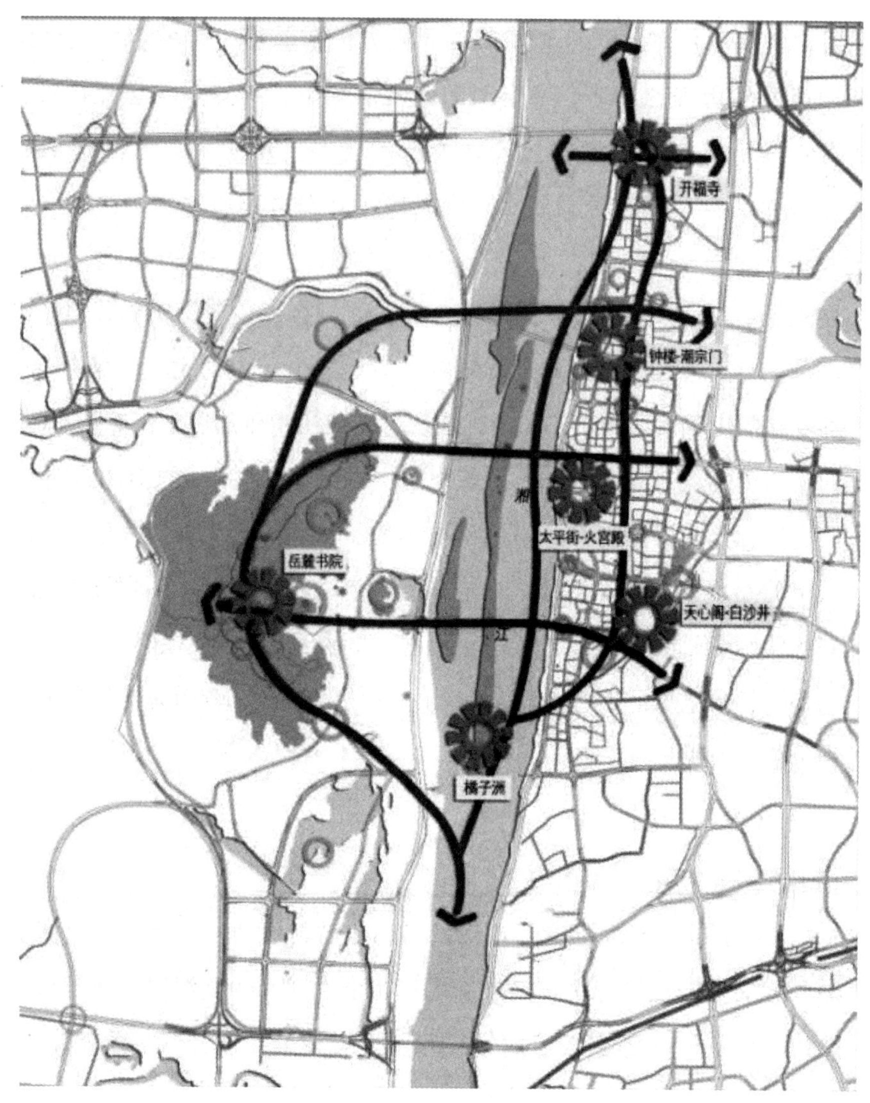

图 4－37　历史文化实体空间网络

均衡置于空间网络，营造出浓厚的历史氛围；“四横两纵”则指南北向的开福寺区轴线、湘春路、五一路、城南路，东西向的沿江大道—橘子洲两岸、黄兴路，在老城中形成了四横两纵的网格状历史文化空间轴线结构，串联历史资源的同时也发挥着网络骨架的作用。

（2）视域空间网络

视线通廊空间网络的构建体现在三个方面。首先，“山—洲—城”视线通廊、新—老城视线搭接、江景视线渗透。在视线通廊的控制点选择上，选取城区内地势较高、意义重大的历史文化资源节点，如岳麓山、妙高峰、天心阁、橘子洲南北两端代表城市形象的历史资源点，通过调整节点间相关区域的建筑高度，形成通透的视线通廊，作为控制点的历史资源标志性意义得到尽量发挥，也强化了历史文化空间的整体感观。其次，在新—老城之间的视线搭接方面，强化历史资源带给城市现代空间的标志性作用，与代表城市现代空间的标志性建筑之间，如烈士公园、摩天轮、贺龙体育馆，互相建立视线，通过视线间的搭接，能增加历史文化空间与城市空间的视线关联。最后，积极发挥“山水洲城”中“水”元素的景观作用，在视线的形成上加强湘江对城市空间的积极渗透，形成湘江水体景观与城市新老空间相互渗透的景观开阔面，也是视线空间网络的重要部分，如图4－38所示。

3. 历史风貌区的空间网络特征

历史风貌区作为历史文化空间网络的重要节点，对其空间网络特征的分析显得尤为重要。下面选取长沙五个风貌区中的一个——小西门历史文化风貌区，构建空间句法轴线模型，经过句法运算以后，得到全局集成度和轴线连接度，通过对现状、规划的全局集成度、连接度以及全局集成度与连接度之间的关联性进行对比分析（见表4－3），概括总结风貌区的空间网络特征，为风貌区的完善与协调提供可行的规划控制方法，从而为历史文化空间网络的构建提供科学的依据。

表4－3　历史文化风貌区现状规划句法变量对比分析

		轴线数 N	全局集成度均值	连接度均值	关联值 R^2
小西门历史文化风貌区	现状	179	1.24985	3.2961	0.4398
	规划	56	1.30155	3.4286	0.7567

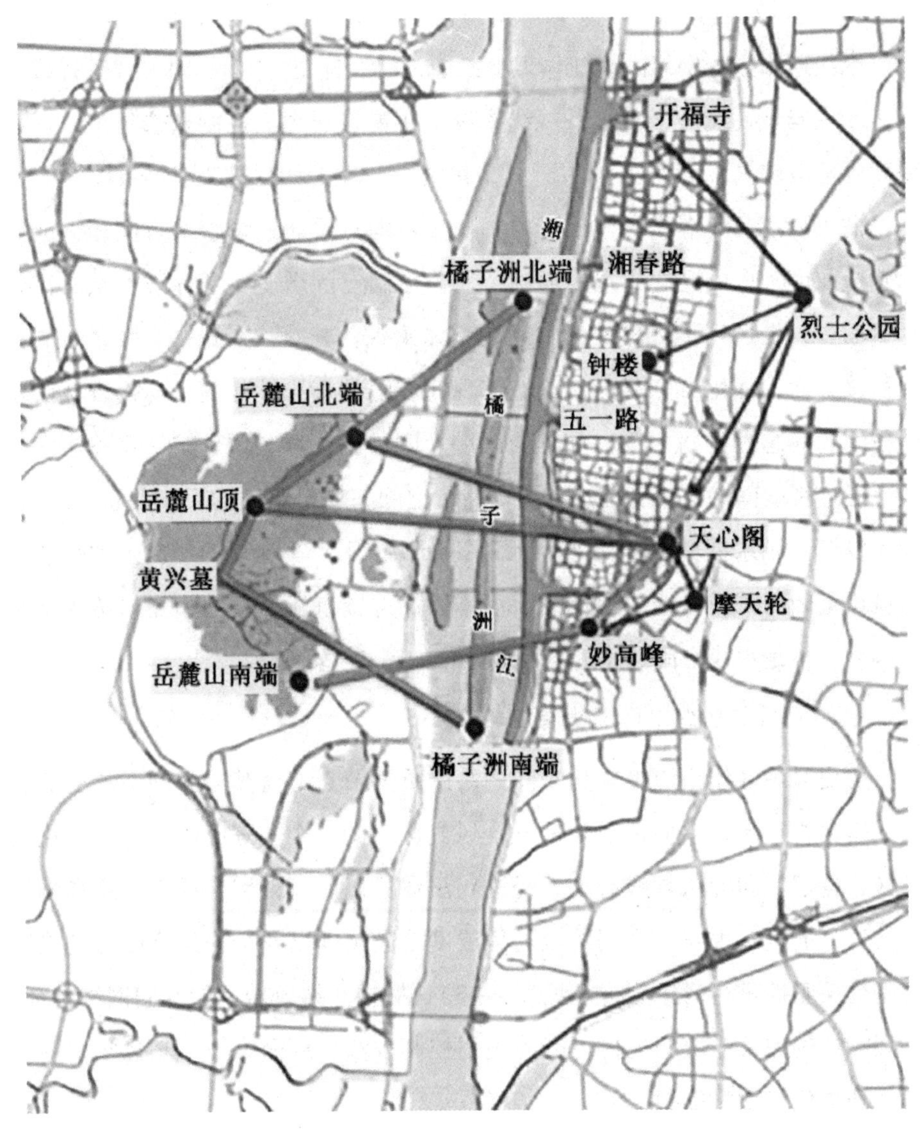

图 4－38　历史文化视线通廊网络

（1）空间句法变化特征

通过现状全局集成度和连接度图示发现整个区域外部可达性良好，而内部街巷路网混乱，空间渗透性和可理解性较差。图 4－39 显示，贯穿南北的黄兴路、湘江大道和横贯东西的解放西路、五一大道以及太平街都具有很高的集成度，这也说明这些道路的可达性、便捷程度很高。图 4－40 显示，黄兴路、五一路、太平街、解放西路的连接值较高，表示这些轴线所代表的空间的渗透性较好，视觉可达性较强。

小西门历史文化风貌区规划大体保护了原有街巷的肌理和格局，将其中不合理的道路贯通合并，从 6 年来规划的实施角度来看，区域内部交通大为改善。通过构建规划调整后的轴线地图来分析规划实施的合理性，分析结果如图 4 –41 和图 4 –42 所示。图 4 –41 反映的是规划调整后的全局集成度，经过调整后的五一大道、湘江大道、黄兴路、解放西路集成度依然较高，整个区域内集成度最高的轴线变为人民路。图 4 –42 反映的是规划调整后的连接度，调整后湘江大道、五一大道、黄兴路、解放西路和人民路的连接度是整个区域内较高的，尤其是人民路全线拉通拓宽整改后，集成度和连接度大幅提高。规划后的道路网结构原则上保持了原有街巷的肌理，把状况集成度和连接度比较低的轴线进行贯通合并，使整个风貌区内尤其是人民路周边的可解读性更高。

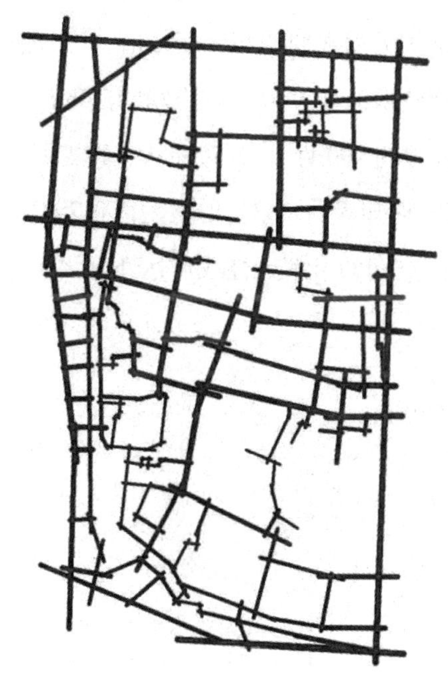

图 4 –39　现状全局集成度分析

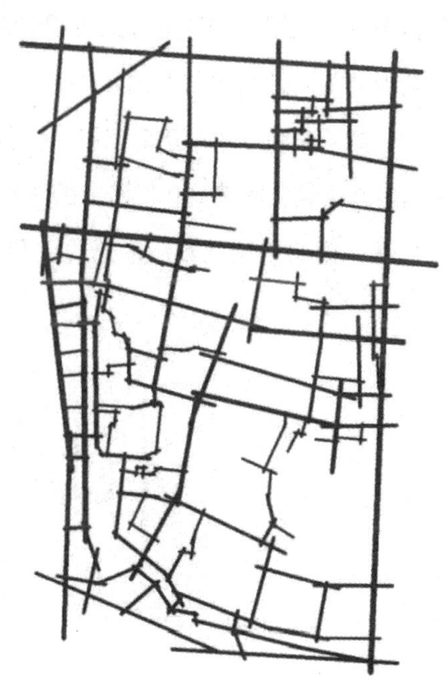

图 4 –40　现状连接度分析

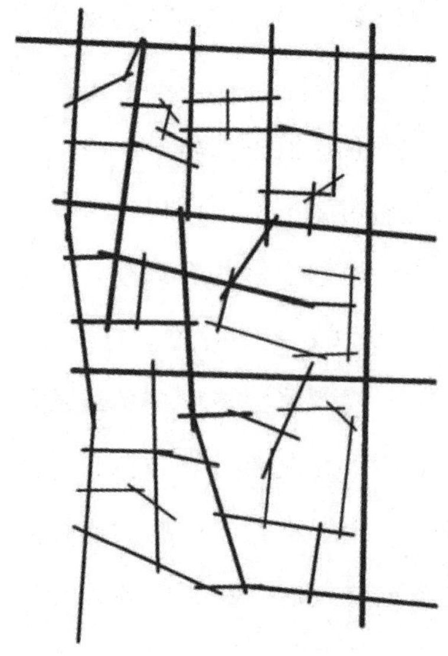

图 4－41　规划全局集成度分析

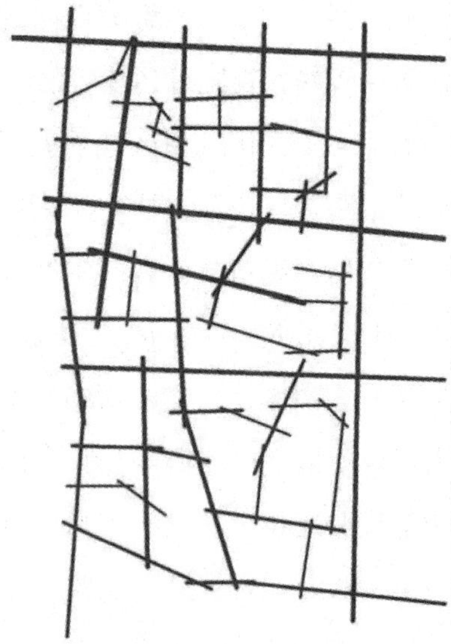

图 4－42　规划连接度分析

（2）集成度与连接度关联性分析

图 4－43 和图 4－44 为关于轴线地图中连接值与全局集成度之间的关联性分析图示。根据句法变量公式可以计算出原状况和规划的句法变量值，可以看出两者的关联性从原状况的 0.4398 到规划调整后的 0.7567（在空间句法理论研究中，如果关联度超过 0.5，就认为两者有较强的关联性）。通过原状况和规划的连接度与全局集成度关联性研究的比较分析，得知规划调整后的关联性 0.7567 > 0.4398，说明规划调整后的历史文化风貌区空间的可解读性或可达性增强。

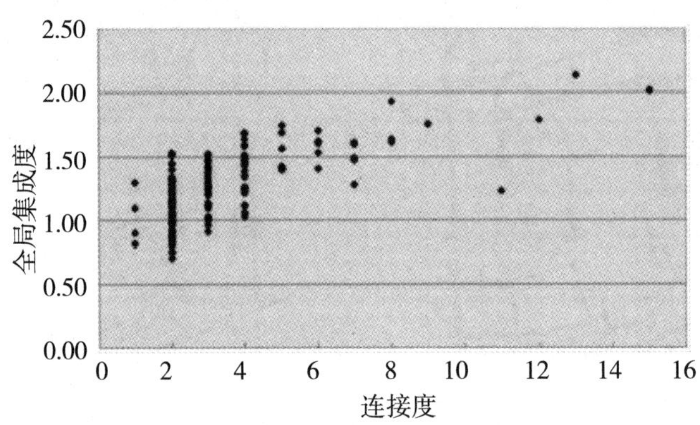

图 4－43　集成度与连接度关联性分析

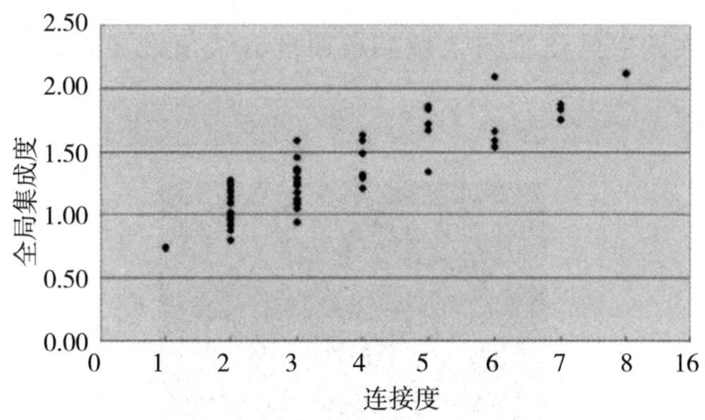

图4－44　规划集成度与连接度关联性分析

4. 历史文化空间网络优化的策略

历史文化空间网络的构建有利于在宏观上把握城市历史文化空间形态，清晰而准确地定位城市历史文化资源，在现代城市建设中的城市历史文化遗产保护有序可循，但构建历史文化空间网络的意义不仅如此。历史文化空间作为现代城市空间的一部分，是城市的公共资源，只有为广大市民所认同，通过适当的调整和重新设计融合到城市现代公共空间中，才能挖掘出它在新时代背景下的最大价值。历史文化空间网络应当遵循这一思路，通过规划设计、建筑设计和景观设计，全方位融入当代城市空间。

（1）整理新老城市空间肌理

老城区空间肌理代表传统城市空间尺度与街道格局，为了使其与城市整体空间和格局和谐共存，一方面采取恢复、修缮、调整、优化几种措施对传统空间肌理进行细致整理，例如太平街历史文化街区、坡子街等历史街巷的恢复和修缮；另一方面，对城市新建空间肌理与老城空间肌理有机衔接，对风貌区内新建城市肌理同步调整。一是对空间尺度的调整，传统居住小区与商业板块的尺度与传统空间尺度的差异应予以改善，居住建筑通过建筑形式街坊化改造以适应传统空间尺度。同时，老城区商业活动繁荣，所占比重较大，应逐步减少体量过大的商业建筑建设。二是对道路系统的改造，减少街道路幅，增加建筑密度，以加强对未来空间肌理的控制，强调空间肌理与老城城市肌理有机衔接与融合。如图 4 - 45 所示。

图 4 - 45　新老城区的肌理融合

以核心区网络空间规划为例，设计中对规划区内的历史古迹和历史街区予以保留，通过文化产业流线的设置，将其联系整合，形成完整网络。

首先对现状地块、道路及建筑肌理进行梳理（图 4 - 46），并对地块内建筑肌理模式进行分类和提炼（图 4 - 47），总结出现状建筑肌理特征。根据分析，我们采用肌理交织、重点保护、空间延续片段植入等手法将传统街区作为未来 CBD 众多体验中的独特一环，并加以复兴、保护，以实现发展与传承的和谐共存，图 4 - 48 为核心区一平方千米城市取样肌理生成。

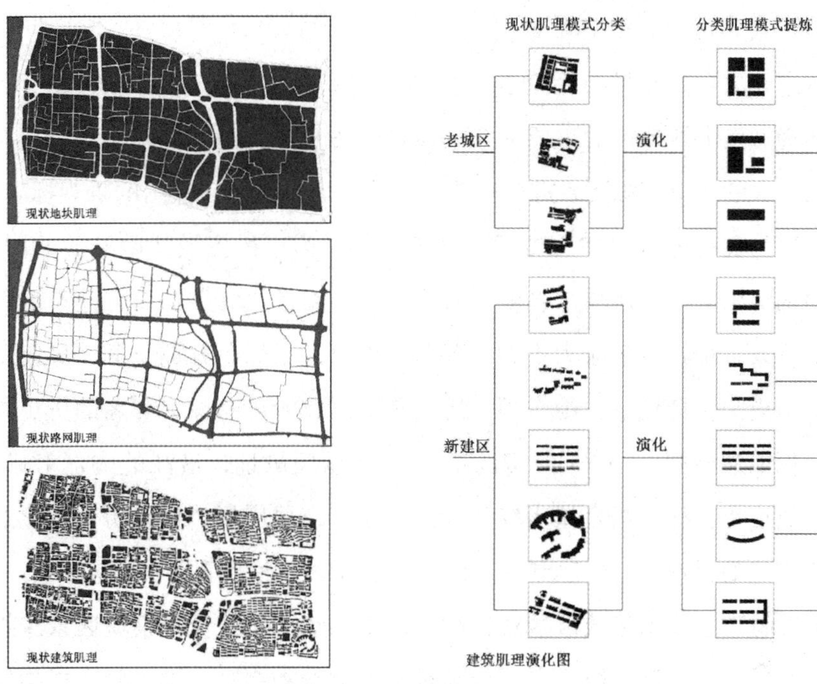

图4-46 历史文化实体空间网络　　图4-47 历史文化视线通廊网络

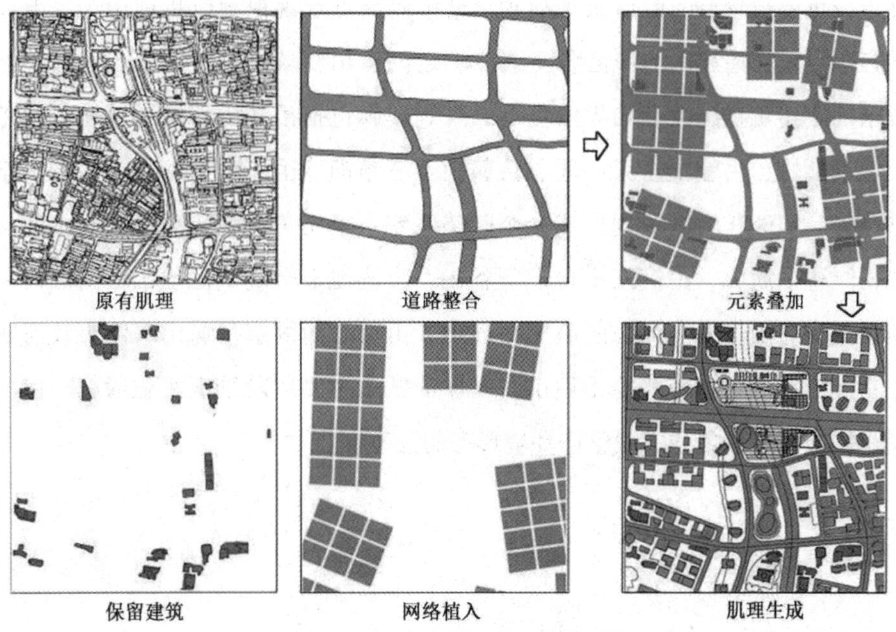

图4-48 一平方千米城市取样肌理生成

(2) 打造城市开放空间

城市开放空间是城市活动和人群聚集的场所，是城市生活的核心区域，也是体现城市个性特征的重要元素。在构建历史文化空间网络中，有选择地对意义重大的历史资源要素进行塑造，充分利用古城墙、城门的景观标志性，将之开发为具有地方感和历史感的开放空间，为市民提供休闲开放的同时，亦可增加历史文化遗址的知名度。如选取天心阁古城墙所在位置建设的天心公园，以太平军红色革命为主题，既为城市开辟了绿色开放空间，又突出了长沙的历史文化特色，古为今用，历久弥新。长沙还有许多著名的历史文化遗址，例如湘春门、小吴门、潮宗门等清代城门故址，沿江的陶侃射蟒台，碧湘宫故址等，都可结合城市绿化，建设小型市民广场，提升历史文化遗产对城市空间的影响力，构建更为完整的实体历史文化空间网络系统。

同时，建立和完善城市景观视廊和眺望系统，为欣赏观察城区景观提供良好的视觉引导，保持城市主要景观视廊的通畅和制高点的通视，以构筑历史文化视域空间网络体系。在岳麓山、天心阁、天际岭、鹅羊山等各主要制高点或重要观景点间留出景观视廊。城市制高点景观视廊以岳麓山为主要视域控制点，在岳麓山与城区各主要广场之间留出视域走廊，按景观视域控制要求确定建筑物高度和临界面宽度。景观视廊包括岳麓山至南郊公园、岳麓山至天际岭、岳麓山至天心阁、岳麓山至三角洲、岳麓山至谷山、岳麓山至妙高峰。临湘江两岸规划形成九个眺望系统：由三角洲眺望岳麓山、由湘江二桥眺望岳麓山、由滨江平台眺望谷山、由滨江平台眺望岳麓山、由湘江一桥眺望岳麓山、由南郊公园眺望岳麓山、由天心阁眺望岳麓山、由市政府眺望岳麓山、由妙高峰眺望岳麓山，以保证城市主要地段景观眺望通畅，保持城市微观环境形象和宏观整体环境形态的完整性。

第 5 章　圈域层面的城市群体空间网络化

5.1　城市外部空间演化的一般规律

5.1.1　城市外部空间与城市核心建成区

城市区域与城市本体两者在空间研究上是有严格区别的。以伯吉斯（E. W. Burgess）、霍伊特（Homer Hoyt）、麦肯齐（R. D. Mckenzie）、乌尔曼（E. L. Ullman）以及穆斯（Muth）、阿隆索（Alonso）、米尔斯（Mills）等为代表的城市空间结构运动研究实质上是以城市内部的功能结构划分及土地利用为研究对象的，在空间范围、结构形成与演变规律上严格区别于城市外部的空间研究。概括地讲，城市外部空间的研究对象是由特定内部关系构成的城市群或城市体系。城市外部的第一重空间指城市的行政属地范围，包括城市除中心区外的建成区、郊区及辖属的远郊区县、卫星城市或乡镇；城市外部的第二重空间是指城市的经济属地范围，这是一种广义的外部空间范畴，具体指由城市外部经济关联所形成的城市经济区体系内部的空间结构，一般包括与该城市具有内在经济联系的区域内部其他城镇。本章对城市外部空间的研究在空间范畴上是以城市中心区（核心建成区）的外部空间关系作为划分基础的。根据具体空间关系的差异，城市外部空间可以分为都市区、都市圈和都市带（城市群）。

5.1.2 都市区

美国是最早采用都市区概念的国家。1910 年，美国人口普查局首次采用大都市区（metropolitan district）这一概念进行人口统计，规定大都市区包括一个 10 万以上人口的中心城市及其周围 10 英里以内的地区，或者虽超过 10 英里但与中心城市连绵不断，人口密度超过每平方英里 150 人的地区。1959 年又改称大都市统计区（MSA），1980 年后改称标准大都市统计区（SMSA）。1990 年，美国开始采用 Metropolitan Area 这一名称，规定每个大都市区应有一个人口 5 万以上的城镇化地区（urban area）作为核心，围绕这一核心的都市区地域为中心县和外围县。中心县是该城镇化地区的中心市所在的县，外围县则是与中心县邻接且满足以下条件的县：从事非农业活动的劳动力至少占全县劳动力总量的 75% 以上；人口密度大于 50 人/平方英里，且每 10 年人口增长率在 15% 以上；至少 15% 的非农业劳动力向中心县以内范围通勤，或双向通勤率超过 20%①。

关于都市区的概念在国际上并无统一的界定。根据国情不同，不同国家对都市区的叫法有所区别，加拿大称为“国情调查大都市区”（CMA），英国称为“标准大都市劳动市场区”（SMLA），澳大利亚称为“国情调查扩展城市区”（CEUD），等等。各个国家对都市区的叫法虽不相同，都市区的划分标准也略有差异，但其基本含义却是一致的。即都市区都是指一个大的人口核心，以及与这个核心具有高度的社会经济一体化倾向的邻接区域的组合，一般以县作为基本单元②。

周一星（1987）首次提出了中国建立“城市经济统计区”的设想③。胡序威、周一星等（2000）进一步明确提出中国都市区界定方案④：中国的都市

① 参见周一星《城市地理学》，商务印书馆 1995 年版。

② 参见许学强、周一星等《城市地理学》，高等教育出版社 2008 年版，第 20 页。

③ 参见周一星《关于明确我国城镇概念和城镇人口统计口径的建议》，《城市规划》1987 年第 3 期。

④ 参见胡序威、周一星、顾朝林等《中国沿海城镇密集地区空间集聚与扩散》，科学出版社 2000 年版，第 33 页。

区由中心市和外围地区组成，中心市应当是非农人口在20万人以上的地级市；外围地区以县域为基本单元，并同时满足以下条件：全县GDP来自非农产业的部分在75%以上，全县社会劳动总量从事非农经济活动的占60%以上，与中心市直接毗邻或已划入都市区的县（市）毗邻。

都市区是城市功能地域，而非行政地域，以某一大城市或特大城市为中心，包括城市核心建成区、城市边缘区以及城市影响区、乡村腹地。整体可认为都市区由两部分组成——中心城市与外围地域，它们是依靠密切的社会经济联系组成的统一且相对独立的地域空间单元。

5.1.3　都市圈

都市圈的概念最先源于20世纪50年代，日本行政管理厅提出：以城市核心建成区为基础，以一日为周期，可以接受城市某一方面功能服务的地域范围为一个都市圈，其中中心城市人口规模必须在10万人以上。1960年又提出大都市圈的概念，规定都市圈的中心市人口规模须在10万以上，且外围地区到中心市的通勤率须在5%以上。其中，大都市圈要求中心市为中央指定城市或人口规模在100万以上的城市，且邻近有50万人以上的城市，外围地区到中心城市的通勤人口不低于本地人口的15%，大都市间的货物运输量不得超过总运输量的25%①。日本政府据此把都市圈分为大都市圈和地方都市圈两类，地方都市圈的概念类似于美国的都市区；而大都市圈的概念则类似于城市群，在空间尺度、城市功能和空间结构上已不同于都市区。

国内学者从20世纪90年代开始对都市圈进行研究，先后有高汝熹、顾朝林、杨建荣、王建、邹军、张京祥、张伟、周牧之、袁立冬、董晓峰等探讨了都市圈的概念及发展战略问题，但对都市圈的概念没有统一的标准定义。邹军②、张京祥③等（2001）认为都市圈是指一个或多个核心城市，以及与核

① 参见张伟《都市圈的概念、特征及其规划探讨》，《城市规划》2003年第6期。

② 参见邹军、陈小卉等《城镇体系空间规划再认识》，《城市规划》2001年第1期。

③ 参见张京祥、邹军、吴启焰等《论都市圈地域空间的组织》，《城市规划》2001年第5期。

心城市具有紧密社会、经济联系的，具有一体化倾向的临接城镇与地区构成的圈层式结构；并指出都市圈是客观形成与主观推动双向作用的产物，其界定标准是：中心城市人口规模在100万以上，且邻近有50万人口以上城市，中心城市GDP中心度大于45%，中心城市具有跨省的城市功能，外围地区到中心城市的通勤率不小于本身人口的15%。邹军、王兴海等（2003）认为都市圈是以中心城市为核心，以发达的联系通道为依托，吸引辐射周边城市与区域，并促进城市之间的相互联系与协作，带动周边地区经济社会发展的、可以实施有效管理的区域①。

显然，都市圈是一个具有综合功能的特大城市或大城市以其强大的辐射扩散功能带动周边中小城市发展，从而形成具有一体化特征的城市功能区。其地域范围包括中心城市影响区和次级城市影响区。

5.1.4 都市带

1957年，法国地理学家戈特曼（Jean Gottmann）在对美国东北海岸城市密集地区的研究中提出了大都市带（Megalopolis）的概念，他认为在一个巨大的城镇化地域内，支配空间经济形式的已经不再是单一的城市或都市区，而是集聚了若干都市区，并在人口和经济活动等方面密切联系形成的一个巨大整体。戈特曼认为，大都市带就是在具备特定条件的地区出现的沿着特定轴线发展的巨大的多核心城市系统。它由存在着各种形式的密切相互作用、空间形态相连的多个异质子系统（都市区）构成。各个子系统之间以人口、信息、资金、物资和文化活动等各种“流”的高强度交互作用，使这一巨大系统在自然景观和社会活动功能的许多方面都与周边地区表现出巨大的差异。戈特曼认为大都市带的形成有五个基本条件和标准：一是区域内有较密集的城市；二是有相当多的大城市形成各自的都市区；三是有联系方便的交通走廊把核心城市连接起来，各都市区之间没有间隔，联系密切；四是必须达到

① 参见邹军、王兴海、张伟等《日本首都圈规划构想的考察及其对中国都市圈规划的启示》，《国外城市规划》2003年第2期。

相当大的规模，人口在 2500 万人以上；五是具有国际交往枢纽的作用。并由此确定了世界六个大都市带：美国大西洋沿岸大都市带，欧洲西北部从巴黎经布鲁塞尔、阿姆斯特丹到鲁尔、科隆大都市带，英格兰中部从曼彻斯特、利物浦到伦敦的大都市带，美国与加拿大的五大湖地区大都市带，日本东海道太平洋沿岸大都市带和中国以上海为核心的长江三角洲大都市带。

国内对都市带的研究始于 20 世纪 80 年代。于洪俊、宁越敏（1983）首次用"大都市带"的概念向国内介绍了戈特曼的思想，此后，崔功豪、宁越敏、顾朝林、姚士谋等对长江三角洲都市带做了比较深入的研究。周一星（1991）提出了"都市连绵区"（metropolitan interlocking region，MIR）概念，他认为都市连绵区是以都市区为基本组成单元，以若干大城市为核心并与周围地区保持强烈交互作用和密切社会经济联系，沿一条或多条交通走廊分布的巨型城乡一体化地区①。

由此可见，都市带是由若干个相互连接的都市圈、都市区构成的，在社会经济方面存在密切联系的巨大的带状城镇化地域，是国家对内联系和对外联系的重要枢纽②，如图 5－1 所示。

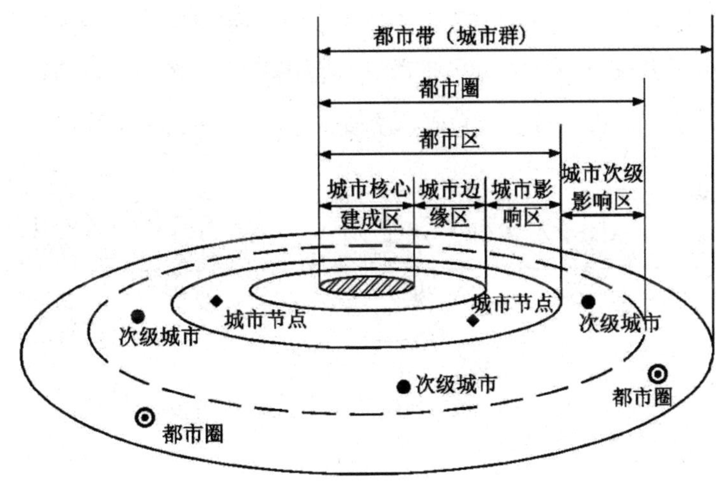

图 5－1　城市核心建成区—都市区—都市圈—都市带地域结构

① Zhou，Yixing，The Metropolitan Interlocking Region in China：A Preliminary Hypothesis，in *the Extended Metropolis*：*Settlement Transition in Asia*，Honolulu：University of Hawaii Press，1991.

② 参见谢守红《都市区、都市圈和都市带的概念界定与比较分析》，《城市问题》2008 年第 6 期。

5.1.5 城市外部空间演化规律

城市外部空间发展具有阶段性，其演化具有特定的规律。英国学者弗里德曼（1964）认为，都市区的形成发展可分为工业化以前的农业社会、工业化初期、工业化的成熟期、工业化后期四个阶段①；耶兹则将城镇群体地区的空间演化划分为重商主义城市时期（Mercantile City）、传统工业城市时期（Classic Industrial City）、大城市时期（Metropolitan Era）、郊区化成长时期（Suburban Growth）和银河状大城市时期（Galactic City）五个阶段。

国内学者对城市外部空间演变阶段的划分存在一定差异，却包含着一些共同点，即城市区域或群体的发展必然是由低级到高级的逐步演进过程；空间结构经历由单中心向多中心演化的过程；城市群体内部城镇之间的关系由松散地关联发展到紧密地联系；城市区域内部城镇之间的分工合作由不成熟逐渐走向成熟，最终形成合理的劳动地域分工体系；城市群的结构和功能趋于不断的发展和完善之中②。在总结城市区域空间演化规律性的基础上，可将城市外部空间演化的阶段划分为：低水平均衡—城市孤立发展阶段，集聚—单中心都市区形成阶段，大范围扩散、小范围集聚—多中心都市圈形成阶段和高水平均衡—大都市带发展并成熟阶段，如图 5－2 所示③④⑤⑥。

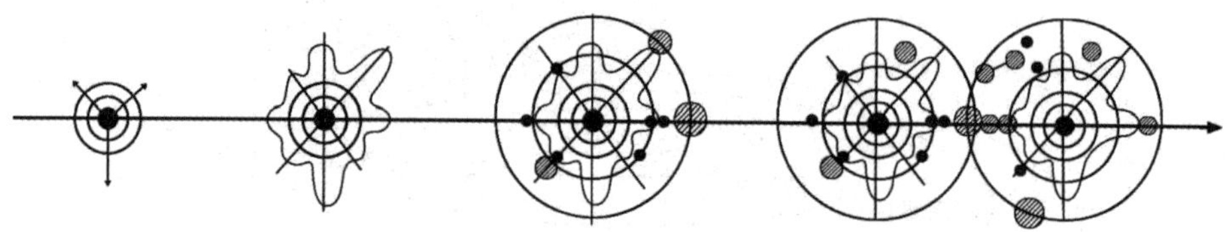

图 5－2 城市外部空间演化过程及阶段

① Friedmann, J., *Regional Development Planning: a Reader*, Cambridge, Mass, M. Press, 1964.

② 参见刘静玉、王发曾《城市群形成发展的动力机制研究》，《开发研究》2004 年第 6 期。

③ 参见陆大道《区域发展及其空间结构》，科学出版社 1999 年版。

④ 参见张京祥《城镇群体空间组合》，东南大学出版社 2000 年版。

⑤ 参见谢守红《大都市区的空间组织》，科学出版社 2004 年版。

⑥ 参见朱英明《城市群经济空间分析》，科学出版社 2004 年版。

1. 低水平均衡—城市孤立发展阶段

城市发展初期规模较小，为生产和生活提供服务的产业多集中在城市中心，以农业为主的生产活动分布在中心城市外围。生产力水平较低，经济发育程度不高，城市处于自给自足的发展阶段。整个区域内部，城市处于孤立发展阶段，与区域联系较少。也就是说，这时的城市是一个相对独立、完整的社会经济系统，它对周边地区有一定的吸引力和辐射力，但由于城市规模、等级较小，经济势能较低，对外吸引和辐射的能力也就相对有限。在这一发展阶段，城市围绕单一中心组织，往往形成单中心圈层状空间结构，为典型的单中心城市心①②。

2. 集聚—单中心都市区形成阶段

随着工业化与城镇化进程加快，伴随专业化生产、交通、通信技术的发展，人口、产业、资金、技术不断向大城市中心集聚，以利用集聚带来的规模经济和范围经济。中心城市吸引、汇集周边地区及城镇的资源，并通过高密度经济积聚产生的高能量经济场对周边地区进行辐射，城市与周边地区的联系逐渐加强，单中心都市区逐渐形成。中心城市同时存在极化效应和回流效应，这一阶段极化效应大于回流效应。极化效应是指中心城市通过强大的积聚力量吸引资金、技术、人才和劳动力等要素聚集，为周边地区提供综合服务，以此加快自身的发展；回流效应是指中心城市通过技术扩散、资本输出和空间蔓延来影响和带动周边地区的发展。交通网络对单中心都市区的形成起到了重要的作用，一方面城市会沿着交通网络向外扩展，另一方面城市与周边区域的联系将依靠交通网络进行。发达的交通网络使孤立发展的中心城市与区域联系起来，从而形成更大地域范围的单中心城市区域③。

---

① 参见陆大道《区域发展及其空间结构》，科学出版社 1999 年版。

② 参见胡序威、周一星、顾朝林《中国沿海城镇密集地区空间集聚与扩散研究》，科学出版社 2000 年版。

③ 参见张颢翰、张超《大都市圈的城市阶段与动机机制》，《江海学刊》2006 年第 1 期。

3. 大范围扩散、小范围集聚—多中心都市圈形成阶段

随着专业化分工的加强和交通运输、通信网络的完善，中心城市和周边地区间的空间相互作用逐步增强。一方面，从中心城市内部来看，随着中心城市经济的快速发展和在空间上的迅速扩张，中心城市对周边地区的辐射和带动作用日益明显，周边地区一些位于交通轴线上、区位条件较好的地区或城镇，在中心城市扩散作用力的影响下，发展成为次中心，并逐步被纳入中心城市发展过程。此外，在中心城市集聚发展的同时，由于产业空间集聚的外部经济以及新的劳动地域分工，一些标准化以及较低层次的生产活动逐渐向郊区转移，而城市中心则发展知识型产业、服务业等附加值较高的产业。另一方面，从中心城市的外部来看，随着中心城市圈域的扩展，它也会与周边地区的其他城市圈域发生交叉和重叠。当区域内多个中心彼此相互作用、融合，并最终形成一个有机联系的城市群落时，多中心的都市圈就形成了。此时的城市区域呈现大范围扩散、小范围集聚的特点，内部城市体系以网络化、多中心为特征，城市区域内部职能分工明显，联系得到加强，网络化大都市的雏形也就显现出来。

4. 高水平均衡—大都市带发展并成熟阶段

网络化大都市是城市区域发展的高级阶段，表现为发展成熟的多中心都市带。多中心都市带是一个有机联系的庞杂的城市体系，中心城市根据各自不同的城市职能与资源禀赋有机联系、互为补充，使整个区域内的社会经济高度融为一体。区域中心之间通过彼此的吸引与辐射，以及经济流、信息流、人流和物流等的交互作用，实现了对区域内资源的有效整合和协调，并同时促进着区域内各个中心的整体协调发展。当中心城市间真正形成经济和功能上的互补协同关系时，城市区域进入了高水平均衡的发展状态，这时，城市区域内各中心在功能上互为补充，在地域上相互交叉和渗透，彼此间的良性互动成为区域经济持续繁荣的直接动因，大都市带发展并日趋成熟，形成网络化大都市。

5.1.6　城市外部空间演化各阶段特征

表 5-1　城市核心建成区、都市区、都市圈和都市带范围界定与特征比较

	城市核心建成区	都市区	都市圈	都市带
人口规模	无特别规定	中心城市人口大于50万	总人口大于500万，中心城市人口大于100万，次级城市人口大于50万	总人口大于2500万，中心城市人口大于400万，次级城市人口大于100万
空间尺度	空间范围小，城市行政属地范围内	空间范围较小，无特别规定	空间范围较大，半径在100千米以内	空间范围庞大，面积5万—15万平方千米
社会经济特征	城市中心区，非农增加值占GDP 80%以上，非农就业人口占就业总人口80%以上	中心城市与外围县市形成紧密联系的有机整体；外围县市非农化水平较高（非农增加值占GDP 75%以上，非农就业人口占就业总人口50%以上，城镇人口占40%以上）	外围城市与中心城市具有密切的合作关系；有发达的联系通道；中心城市GDP中心度大于45%，具有跨省的城市功能	城市间有密集的相互作用；区域城市化水平高，城乡融合；国家政治、经济和文化的核心区域；中心城市具有国际性功能
空间结构特点	属于城市的核心部分，边界清晰，呈点状形态	处于大城市地域空间组织的初级阶段；边界清晰，内部联系紧密，明显的二元结构；呈块状、带状、组团式等多种形态	处于大城市地域空间组织的中级阶段；边界较清晰，内部联系较紧密，内部结构较复杂，多核心的圈层式结构；一般呈团块状	处于大城市地域空间组织的高级阶段；边界模糊，内部联系较松散，内部单元各具特色，结构复杂；呈多核心、多节点的带状或环状

5.2 企业生产网络主导的城市区域空间组织

5.2.1 传统城市空间结构模式

最早对城市空间结构模式的探讨出现于20世纪20年代，美国芝加哥学派提出的城市空间结构三模式：同心圆模式（Concentric ring model）、扇形模式（Sector model）、多核心模式（Multiple - nuei - model）。与同心圆模式和扇形模式相比较，多核心模式已开始考虑都市区的空间因素①。

“二战”以后，随着技术创新和经济的高速增长，西方城市空间结构乃至广大发展中国家的城市空间结构都发生了很大变化。许多学者开始对现代城市新的空间结构模式进行探讨，塔弗（E. J. Taaffe）和加纳（B. J. Garner）提出了城市地域结构模式包括近郊区，他们把城市地域从内向外分为中心商务区、中心边缘区、中间带、向心外缘带、放射近郊区5个地带，各带均有自己的突出功能和性质，但混合型经济活动较为明显，如中间带高、中、低住宅区并存，在中心边缘有批发商业、工业小区和住宅的分布，如图5-3所示。

20世纪60年代以后，随着经济全球化、信息化以及城市郊区化的快速发展，城市空间结构出现一些新的变化，对城市空间结构的研究也朝着区域化、网络化方向发展。R. A. 埃里克森（Redney A. Erickson）对美国14个特大城市人口、产业等向外扩散情况进行研究，将城市边缘区土地利用空间与结构的演变划分为三个不同的阶段，即外溢—专业化阶段、分散—多样化阶段与填充—多核化阶段，如图5-4所示。

① 参见李健《从全球生产网络到大都市区生产空间组织》，博士学位论文，华东师范大学，2008年，第128页。

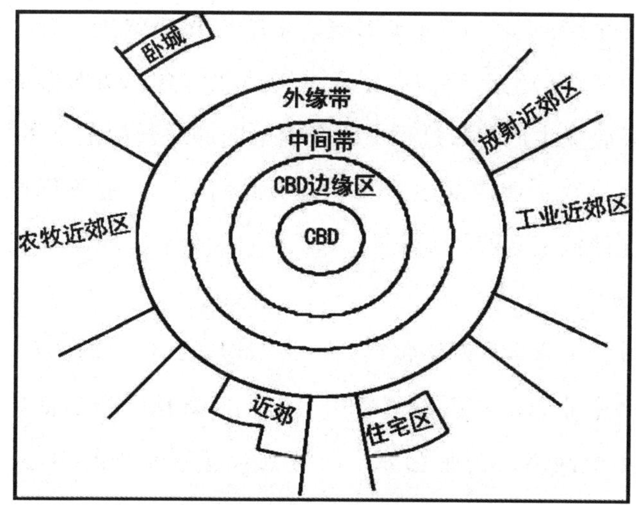

图 5－3　塔弗的城市地域理想结构模式

资料来源：谢守红：《大都市区空间组织的形成演变研究》，博士学位论文，华东师范大学，2003 年。

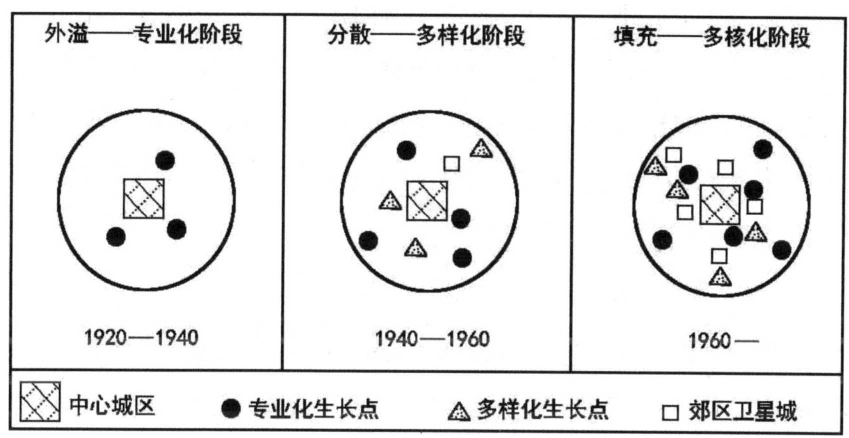

图 5－4　埃里克森的城市空间扩展模式

资料来源：谢守红：《大都市区空间组织的形成演变研究》，博士学位论文，华东师范大学，2003 年。

5.2.2　都市圈空间组织动力：企业生产网络化

1. 企业生产网络及其组织形式

企业生产网络是一种企业生产组织形式，它是企业组织生产流程的网络，随着企业生产向多产品、多部门、多基地和全球化发展，企业通过生产要素、生产环节、生产产品类型进行网络化配置，从而形成企业网络化空间结构。在企业生产扩张过程中，企业不同部门开始独立承担不同职能，不同生产基地导致企业内部生产分工，与此同时，企业不同职能部门、不同生产基地在地域上选择不同区位，形成了企业不同职能部门和不同生产基地的空间分离。

概括来看，企业生产网络包括三种组织形式：生产职能部门配置网络，这种形式是由企业总部、研发创新中心、生产基地、产品销售网点、服务网点构成的生产网络，企业总部全面协调管理研发创新中心、生产基地、产品销售网点、服务网点，而研发创新中心、生产基地、产品销售网点、服务网点自身形成生产链条，如图 5 - 5a 所示；生产环节配置网络，这种形式既可发生在企业内部，也可在企业之间进行，是由原材料加工、初级产品制造、中级产品加工、高级产品深加工构成的生产网络，如图 5 - 5b 所示；生产产品类型配置网络，这种形式是由企业内不同生产基地负责生产不同产品构成的生产网络，如三一集团的工程机械产品建筑机械、路面机械、挖掘机械、桩工机械、起重机械都是由不同的生产基地生产，如图 5 - 5c 所示。

2. 企业流程再造与都市圈生产空间网络化

流程再造理论（Business Process Reengineering）最初是在美国企业管理中由 Hammer 博士于 20 世纪 90 年代初提出来的①，该理论要求通过对企业原有业务流程进行重新塑造，借助计算机及其信息技术带来的革命性影响力为企业管理指明方向，使企业由传统的以职能为中心的职能导向型转变为以流程为中心的流程导向型，实现企业经营方式和管理方式的根本转变，最终提高企业竞争力。传统的管理是依等级关系的树枝状垂直管理，管理流程长，效率低；而网络导向型管理大大缩短了垂直流程，但两两之间联系太多，横向流程繁多，降

① Hammer Michael and James Champy, "Reengineering the Corporation: A Manifesto for Business Revolution", *European Journal of Information Systems*, 1995.

低了效率。因此，建立一种共享信息平台，让企业内部或企业之间只需进入共享平台就能获取所需全部信息，这样垂直和水平流程大大缩短，管理效率大大提高，如图 5 – 6 所示。

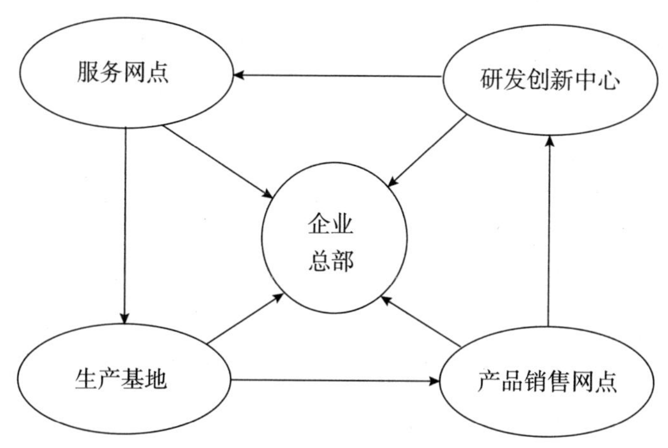

a. 生产职能部门配置网络

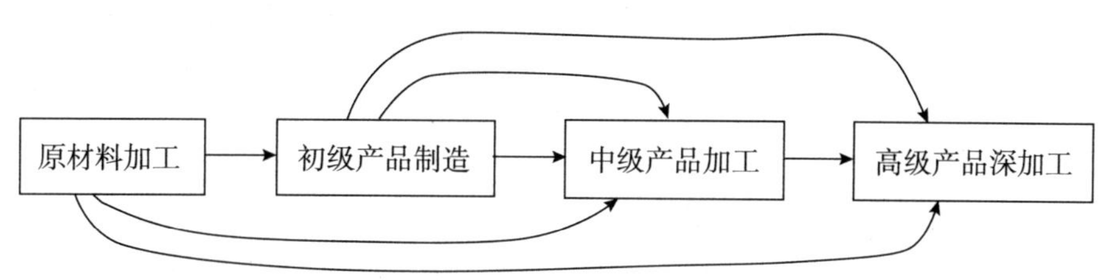

b. 生产环节配置网络

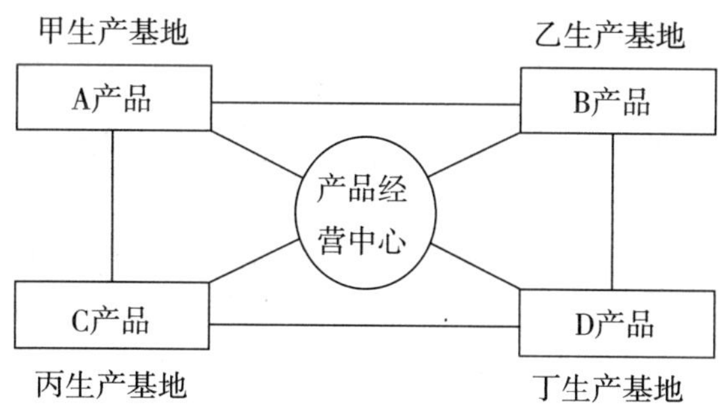

c. 生产产品类型配置网络

图 5 – 5　企业生产网络的三种组织形式

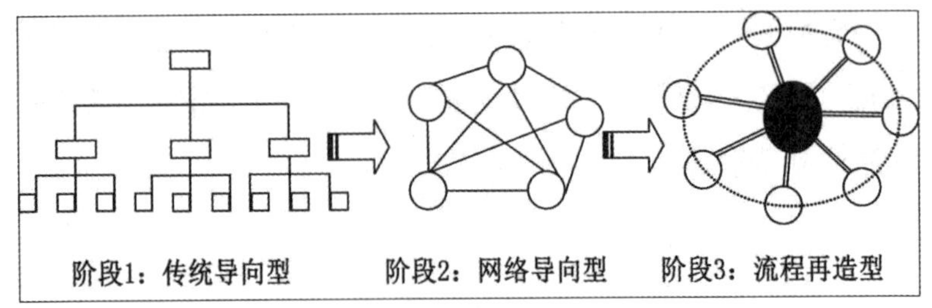

图 5－6　企业管理的流程再造

资料来源：汤放华：《长株潭城市群空间结构演化研究》，博士学位论文，中山大学，2009 年。

根据企业流程再造原理，在信息化的条件下，将都市圈发展所依赖的信息节点分为三个层次，即信息枢纽、节点和用户。对应这三个层次的信息节点形成城市圈空间结构的三个层：作为都市圈信息枢纽的城市是都市圈的核心城市，提供都市圈发展所需要的共享信息，其所提供信息的范围是整个都市圈；作为一般信息节点的城市是都市圈的次级城市，其所提供信息的范围是都市区；而在信息节点的下一层次是用户端口，其所提供信息的范围是次级城市影响区或城市节点。这样就形成了基于流程再造理论的都市圈网络化空间格局，如图 5－7 所示。

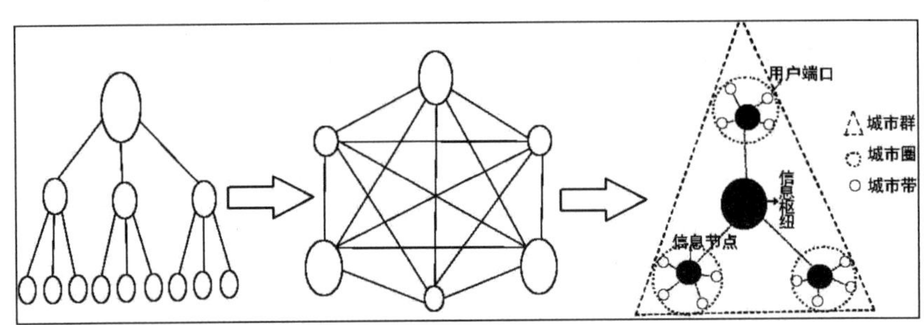

图 5－7　基于流程再造的都市圈生产空间网络化

资料来源：汤放华：《长株潭城市群空间结构演化研究》，博士学位论文，中山大学，2009 年。

3. 生产网络的扩散与价值区段集聚

信息化的快速发展使得生产性服务活动可以通过信息网络进行远距离的整合与沟通，表面上看，生产性服务业分布将呈现必然的空间分散特征，但实际并非如此。与纯粹生产制造环节活动不同，包括管理、营销、法律、广告、咨询等管理控制价值区段的商务活动更多地建立在对市场信息的掌握程度上，“服务业的复杂性、市场的多变性以及交易活动对时间要求的迫切性都构成了新型集聚经济的动力”① （Sassen，2004）。事实上除规模经济的效应和平衡商务成本的超强能力外，包括发达的金融机构、高效的办公场所、便捷的交通通信网络、完善的配套服务设施以及各类高素质的人力资源都保证处于生产网络管理控制区段的生产者服务业仍倾向于集聚在中心城区。大量同类知识信息密集型价值区段的空间集聚，正好为企业之间通过信息共享来获得完备的市场信息提供了必要的条件。信息技术的协同效应则使城市中区位最好、基础设施最为完善的中心城区成为信息流通和企业管理服务中心，生产网络中管理控制功能区段的集中化，使城市尤其是大都市区在全球或生产网络中的中枢功能进一步加强。

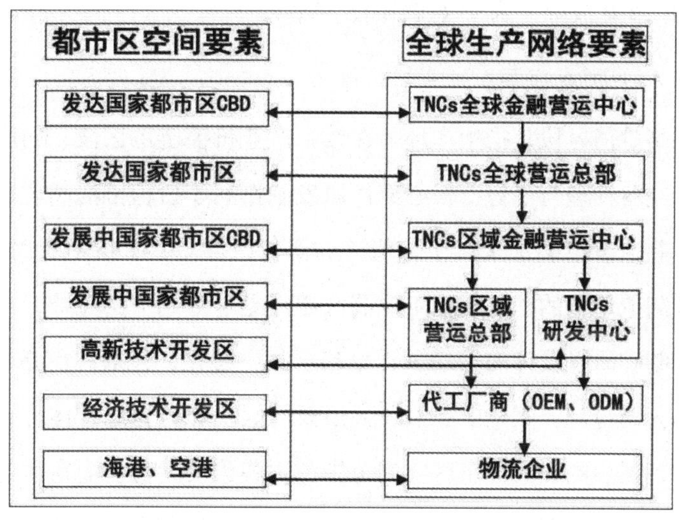

图 5－8　全球生产网络中价值链构成与城市空间网络之对应关系

资料来源：李健：《从全球生产网络到大都市区生产空间组织》，博士学位论文，华东师范大学，2008 年。

① 周振华、陈向明、黄建富：《世界城市——国际经验与上海发展》，上海社会科学院出版社 2004 年版，第 17—27 页。

在生产网络价值链高端向城市中心集聚的同时，城市工业以及高新技术产业则进一步向郊区工业区和高科技园区集中。工业园区是发展中国家和地区嵌入全球/区域生产网络的主要平台，具有地价低廉、基础设施齐全、资源共享以及明显的产业聚集效应，加上政府的各种优惠条件而成为价值链中生产制造以及组装测试等区段最佳空间选择。而随着社会经济的转型，以高科技园区为代表的新产业空间得到了快速发展。从20世纪50年代初美国斯坦福大学创建世界第一个科学研究园区硅谷开始，世界各地的许多城市都相继建立了类似的科技园区，例如东京筑波、中国台北新竹、斯图加特都是依托大都市地区而发展的，在中国大陆还有北京的中关村、上海的张江高科技园区等。工业区与高科技园区的兴建，带动了周边地区房地产开发以及商业和服务设施等生活配套建设，使城市经济空间呈现中心的商业金融区和外围的高科技园区相互联系又保持一定距离的两极化发展，CastellS形象地称之为"对偶城市"①。

4. 多中心的形成与都市区空间网络化

生产网络价值区段是指生产环节在整个产业价值链的区段，如产品研发与设计、品牌经营管理与销售、核心部件研发制造属于价值链的高位区段，而一般部件设计制造、组装加工属于价值链的低位区段。其扩散是有时间顺序的，其中，生产制造环节的扩散并在工业园区镶嵌是这种趋势的先导，继而越来越多的管理控制和研发设计的劳动过程也趋于去中心化，包括后台办公业、物流管理、新的公司总部、媒体中心以及大规模的娱乐和体育综合体都随着时间推移呈现越来越强烈的在大都市区空间范围内再集聚的趋势。而在大都市区的形成与演变过程中，生产网络各价值区段往往并非均匀分布，在整个生产网络空间扩散过程中仍倾向于同类区段的集聚，无论是管理控制、营销等高端环节，还是研发设计中端环节，乃至制造组装环节均如此。其中规模经济和商务成本的博弈发挥了重要作用。商务成本的提升导致规模不经济，引导生产网络低端

① ［美］曼纽尔·卡斯特：《信息化城市》，崔宝国等译，江苏人民出版社2001年版，第7—37页。

价值区段的郊区化的过程，这无疑可以降低空间成本，但区位的均匀分布明显不能发挥规模经济降低成本、提高生产效率的效应。相反，在远离中心地区的地方实现新的集聚，不仅能够继续保持特有的外部规模经济，同时其商务成本也可以大大降低。郊区价值区段的集聚辅以各种商业、娱乐及社会服务基础设施建设，从而形成新的次级中心。由此，在全球或地区生产网络内生机制作用下，都市区最终向分散的多中心网络化空间结构收敛。

霍尔（Peter Hall，1999）指出①，多中心网络化的空间结构在代表新的空间发展趋势的同时也是城市社会和历史的空间累积，不同城市的历史和文化造就了由不同类型中心所组成的城市多中心体系。这些中心包括以下几类。一是传统商业中心，一般处于城市核心地区，建成于城市产生之时，保留有城市传统的街道格局和大量的历史建筑，集聚了政府机构和传统生产服务业，如银行、保险公司。伦敦金融城、纽约曼哈顿下城、上海外滩—人民广场地区属于此类。二是新的商业中心，通常在高档住宅区基础上发展起来，包含了大量的商务办公（主要是大型企业的总部）和文化娱乐等功能。伦敦的西尾区、纽约曼哈顿的中城、上海陆家嘴和南京西路属于此类。三是内部边缘城市，通常是在中心城市更新地区上发展起来的，包括大量办公和娱乐在内的综合性区域，通常与传统商业中心和第二层次的商业中心保持一定的空间距离。如巴黎的德方斯、伦敦的道克兰、东京的新宿等属于此类。四是专业化副中心，主要是为休闲、商务会议、展览和大型体育运动等提供的专门活动区域，比如巴黎迪士尼乐园、上海的国际展览中心地区。其区位比较灵活，既可能接近传统 CBD 地区，又可以远离市区，主要根据其功能而定，是城市内的大型开放空间。五是新城，其表现形式十分多样，大致可以分为三类：传统的人口、商业和制造业郊区化在一定地域集中形成的新城；城市外部边缘城市（edge city），即位于主要的机场、高速铁路站点周围，服务业以物流、制造业出口加工为主；工业园区和科技园区相结合的新城，制造业活动依赖于科技园区集聚的内勤、研发、设计等劳动过程。

---

① Hall，P.，*The Future of Cities*，Computers，Environment and Urban System，1999.

随着全球（区域）生产网络在地方的镶嵌并按照一定规则实现空间扩散，地方集聚的各价值区段在空间上就形成多元化的产业综合体。如图5－9所示，横轴左侧表示生产网络价值生产区段，右侧则为生产网络价值服务区段；纵轴为商务成本，表达了不同价值区段依据土地利用性质间的差异随距离推移表现出的商务成本曲线。商务成本曲线随着距离递减的趋势未变，由内至外可分为中心城区、中心城市、都市区、都市圈四个圈层。其中总部管理与市场营销类企业主要位于商务成本最高的中央商业商务区（CBD）；研发与设计类企业主要位于中心城区与中心城市连接处的科技园区；区域运营与后台服务在继续外移布局，空间形态以服务业集聚区或者城市副中心（Sub－CBD）为主；技术密集型的高端产品生产制造环节则主要位于近郊交通便捷的高新技术开发区；低技术、劳动力密集制造与组装环节因为对土地需求大及污染问题，以工业区的形式存在于远郊区。而就生产网络价值生产支持性环节考察，金融服务业与贸易业位于中央商业商务区，多以金融贸易区的形式存在；信息服务全球联系由于对空间需求不大，分布较为自由；物流服务与对外贸易以空港、海港的形式存在于远郊地区，与信息业、服务业构成了全球（区域）生产网络中全球化与地方化互动的最根本支撑条件；另外，如人才服务与劳动力供给方面以培训学校的形式存在，其空间集聚则形成大学城，由于对土地需求量大同时兼需成熟基础设施的支持，大学城多跟新城共同布局于大都市区远郊地区。

以上多中心都市区空间网络化忽略了城市土地利用具有社会性和历史延续性，以及城市规划的调控引导作用，和中国城市实际状况有较大出入。事实上，即便是市场经济国家也需要政府干预城市的土地利用以防市场经济的失效，最通常的做法便是通过城市规划及相应的管制条例来控制土地利用的格局。因此，宁越敏（2002）指出都市圈空间结构的变动除受市场经济机制的影响外，也受政府管制的强烈影响①。其中既包括中心城市土地利用和交通通信基础设施的空间规划和组织，还包括开始就作为城市规划产物的大都市

① 参见宁越敏《上海市区生产服务业及办公楼区位研究》，《城市规划》2000年第8期。

区副中心、新城、卫星城等，另外还包括通过规划出现的能左右企业空间区位的新产业空间，如工业园区、科技园区。

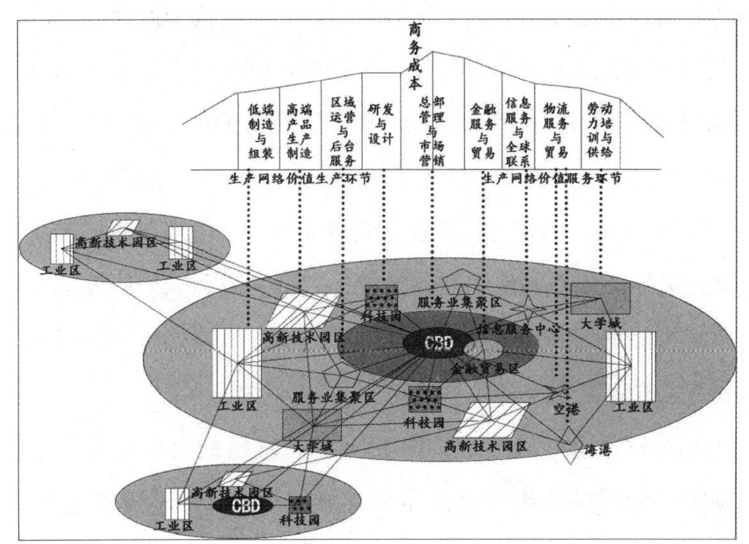

图 5-9 从全球（区域）生产网络到都市圈生产空间网络化的基本模式

资料来源：李健：《从全球生产网络到大都市区生产空间组织》，博士学位论文，华东师范大学，2008 年。

5.2.3 都市圈网络空间单元

从城市内部空间到外部空间的都市区和都市圈，城市空间组织结构正是在生产网络框架组织下，由系列经济规律主导发展形成的。夏铸久等（2003）认为，“信息化时代都市具备的空间片断化与网络的区段化已经浮现了”①。这种多元化破碎的空间格局正是由不同功能的都市圈新的空间成长单元所塑造形成的，CBD 地区、工业区、科技园区及远郊物流中心等都市圈空间单元都日益成为网络城市节点、边界的典型代表。

1. CBD 地区

CBD（Central Business District）作为一个城市区域概念，最早由 20 世纪 20

① 夏铸九、刘昭吟：《全球网络中的都会区域与城市：北台都会区域与台北市的个案》，《城市与设计学报》2003 年第 15 期。

年代初的伯吉斯（Begess）和帕克（Park）提出，他们将CBD定义为：位于城市布局的中心，交通发达，土地价值最高，拥有大型商店、办公楼、剧院、旅馆、银行等设施，是城市社交、文化活动的中心。从这个概念看，CBD的精确翻译应该是中央商业商务区（于洪俊、宁越敏，1983）①。宁越敏等（1993）认为CBD是城市精华所在，是全市金融、商业、贸易最集中的地区，也是专业性服务办公楼、各种企业总部等的集中地②；陈瑛（2002）从流量经济学的角度，认为CBD是城市人流、物流、资金流、信息流等经济流高度集中的地区，各种经济流利用地处城市中心部位的有利区位，进行物质和能量的充分交换和优化组合，凝聚成中心商业和中央商务两大职能板块，共同组成城市中能级最高、最富活力的核心功能区③。

发达的信息网络基础设施是CBD商务经营环境的突出特点，一些常规办公活动扩散后所形成的集聚效应开始引导城市周边区域的某些地方逐步发展成为次级城市中心，商务和商业功能特点显著，承担了核心CBD的部分职能，空间组织上一般会呈现放射性特征，与CBD地区构成了一个"CBD系统"。郑伯红、陈瑛（2002）对重庆等大都市CBD系统实证研究后，把CBD职能扩散外溢而形成数个具有一定商务职能的城市副中心称为Sub－CBD④。

当代中国大都市CBD系统的空间演进是在特定的城市经济爆发式、跨越式发展，导致了城市中心职能转移、扩散和多中心格局形成。副中心是大都市职能结构分散化过程中核心CBD的自然外延，副中心的兴起对核心CBD智能升级起到明显的补偿与推动作用。与西方某些大都市CBD自然衰落不同，在此过程中，重庆、长沙等大都市核心CBD的职能转移与副中心的兴起，突出表现为因果关系和职能分工、组合关系。我国大都市CBD系统发展远未达到发达国家的水平，当今及今后一段时期内，职能集中仍然是我国大都市空间演化的主导趋

---

① 参见于洪俊、宁越敏、夏铸九、刘昭吟《城市地理概论》，安徽科学技术出版社1983年版。

② 参见宁越敏、严重敏《我国中心城市的不平衡发展及空间扩散的研究》，《地理学报》1993年第4期。

③ 参见陈瑛《特大城市CBD系统的理论与实践——以重庆和西安为例》，博士学位论文，华东师范大学，2002年，第18页。

④ 参见郑伯红、陈瑛《重庆大都市区CBD系统演变的机制与规律》，《经济地理》2004年第1期。

势，但中国是一个处在转型发展期的大国，自然条件和社会环境差异造成的都市二元结构普遍存在，从长沙、重庆等大都市 CBD 系统透视到的局部分散现象以及部分空心化趋势，揭示我们应从信息化、网络化层面认识我国大都市 CBD 的空间集散过程。重庆市 CBD 系统格局为“一个中心四个副中心”，如图 5－10 所示；长沙 CBD 系统规划为河东 CBD 和河西 CBD，如图 5－11、图 5－12 所示。

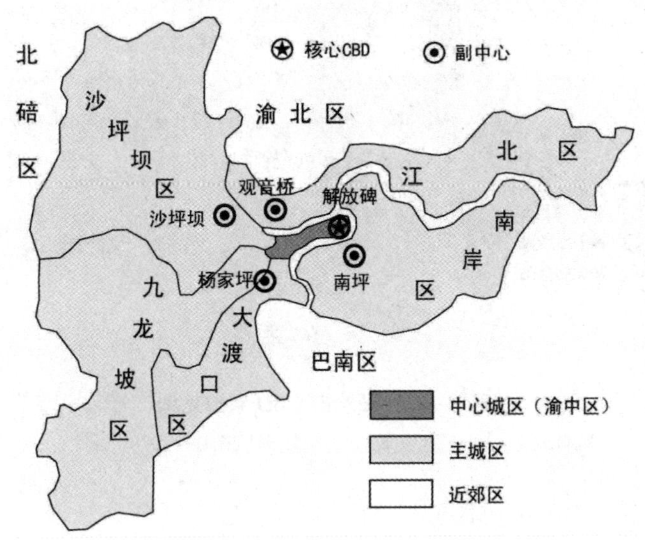

图 5－10　重庆市 CBD 系统结构

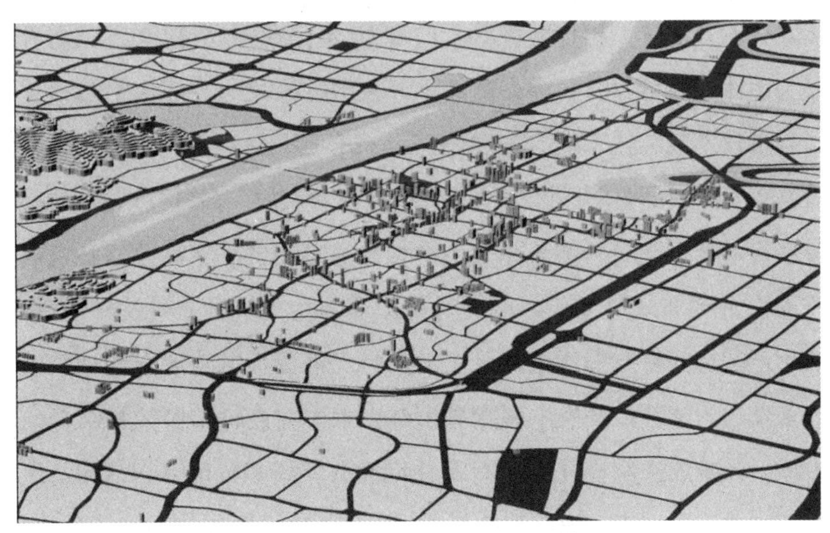

图 5－11　长沙市商务楼宇空间分布

图 5－12　长沙市 CBD 系统结构

资料来源：《长沙市城市总体规划(2010—2020)》。

2. 工业区和高科技园区

目前，城市工业区的类型多种多样，包括工业园区、保税区、出口加工区、高新技术开发区、科技园区等。但自 20 世纪 50 年代以来，以高科技产业发展为主体的高科技园区和高新技术开发区逐渐成为工业区最具代表性的形式，包括技术区、技术城、知识园区等，本质上都是科技园区。科技园区意味着高技术指向的科学园区，拥有包括高技术研发、高科技产品生产制造，甚至某些高科技企业的总部与相关生产性服务等功能。在高技术日益成为全球生产网络主导部分的今天，以高科技产业为主，从事高科技知识、信息、研发和生产制造的科技园区就成为主导区域经济发展的重要空间增长极，在目前许多发达国家甚至发展中国家城市都以大学与高科技园区相结合的形式发展形成新的功能空间，并重新塑造着传统的区域和城市空间结构。由于科技园区正日益成为城市知识活动的新空间，使城市空间结构产生了质的飞跃。甄峰等（2004）指出科技园区在城市经济活动中起着先行、先导和衡量城市发展水平的标志性作用，成为推动大都市区空间结构不断变迁的重要引擎①。

3. 物流园区和物流中心

物流园是为了实现物流设施集约化和物流运作共同化，或者出于城市物流设施空间布局合理化的目的而在城市周边等区域，集中建设的物流设施群与众多物流业者在地域上的物流集结地②。根据《物流园区分类与基本要求》，我国物流园可分为交通服务型（包括空港物流园、海港物流园、陆上交通枢纽物流园）、产业服务型、商贸服务型、综合服务型。物流园选址一般位于城市中心区的边缘地带，有利于城市内物流的流通转运；或位于内外交通枢纽附近，城市路网的外环线与放射干道交叉点；或位于城市物流的主要发生源节点附近，如大型产业园、大型市场、交通枢纽等物资集散地；还有的位于土地开发资源较好或经营管理水平高、成本较低的地区。物流园是物流相关活动空间集聚的平台，物流中心则是由经营企业实际控制的一种地域空间。一个物流园区里可能有多个物流企业，一个物流企业可能控制多个物流园区，物流企业高度集聚的园区自然形成物流网络节点，即城市功能区——物流中心。从物流园区的发展历程来看，大都市区物流园区的演变模式可分为四个阶段：城市物流园区形成阶段—城市物流园区扩散阶段—区域物流空间网络化阶段—区域物流园区和国际物流网络形成，如图 5 – 13 所示。

物流中心发展建设一般离中心城区有一定距离，在生产生活服务功能上难以共享中心城区的便利。但与核心城市之间有密切的资本、货物和信息联系，从而推动区域基础设施如高速公路、铁路、通信网络、信息网络等建设，引导和促进大都市区空间结构的重组。因此，随着物流中心的建设，其区域功能日益多元化而向城市功能区转化，由城市功能空间单元变成相对独立的大都市区空间单元，包括以郊区新城、卫星城以及边缘城市等形式存在。

近年，随着全球产业经济的发展转型，以知识和高技术为要素的产品逐

① 参见甄峰、张敏、刘贤腾《全球化、信息化对长江三角洲空间结构的影响》，《经济地理》2004 年第 6 期。

② 参见《国家标准术语》，中华人民共和国国家质量监督检验检疫总局和中国国家标准化管理委员会“物流术语：GB/T 18354—2006”，中国标准出版社 2007 年版，第 4 页。

渐成为全球贸易的重要对象，由于该类产品普遍体积小、重量少、价值高，同时对市场信息和流通要求偏高，因此航空港、信息港等都日益成为物流中心的重要部分。

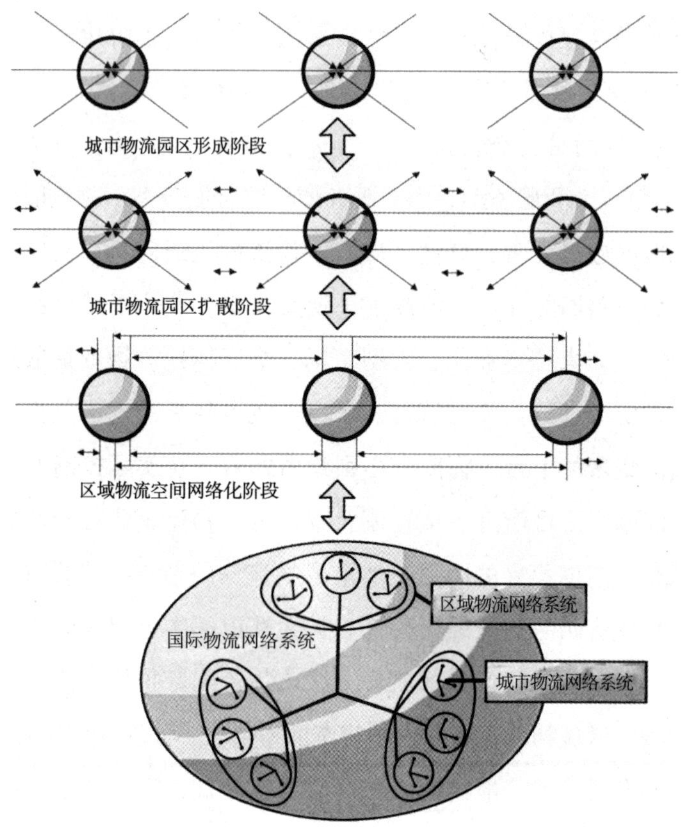

图 5－13　大都市区物流园区演变模式

资料来源：舒慧琴、惠英、陈川：《长三角地区枢纽城市物流园区布局规划研究》，《理想空间（25）现代物流园区规划》，同济大学出版社 2008 年第 25 期，第 32—37 页。

4. 新城

从国外经验看，中心城市产业过度集聚、人口快速增长、交通拥挤、环境恶化等内部动力促使各国政府不得不采取措施，通过在大城市周围兴建卫星城或新城来缓解大城市日益增长的压力，其中尤以新城（New Town）为发展的重点。新城的概念更强调了新城市的相对独立性，大多数新城是为了疏散大城市的人口和产业，并为大城市的发展拓展空间，功能上强调居住、就业、生活服务等各方面均衡发展，并为其周围地区服务，与中心城市发生相互作用，成为城镇体系中的一个组成部分，对中心城市的人口以及涌入大城市的人口起到一定的疏解和截流作用。我国新城有几种类型：一是内城改造和城市发展战略升级相互联动发展的“田园新城”；二是伴随大都市郊区化，中心城部分功能逐步外移而形成独立于大都市却又保持联系的边缘新城；三是以便捷交通系统导向发展的居住新城，又称 TOD 新城；四是通过分担核心区部分城市功能来实现城市多中心目标而形成的副中心新城和行政中心新城等，一般与城市中心区保持合理距离，但有快速交通联系。发展中国家大都市区新城建设的动力源于工业化引导的城市产业升级与功能转变，才逐渐促进产业在郊区聚集新的资源并形成新的经济增长点，逐步成长为具有各种功能的新城。北京新一轮总体规划中新城共规划了 11 个，分别是通州、顺义、亦庄、大兴、房山、昌平、怀柔、密云、平谷、延庆、门头沟。其中，重点发展的 3 个新城分别是位于东部发展带的通州、顺义和亦庄。新城带动区域发展的规模化城市地区，具有相对独立性。日本东京都市圈也规划了数座新城，主要用来疏解中心城人口和功能、聚集新的产业，如图 5 – 14 所示。

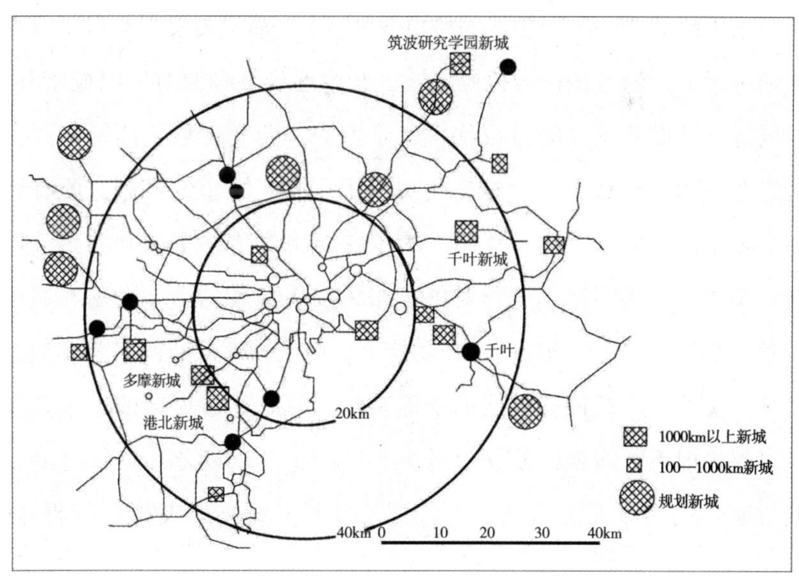

图 5 – 14　东京新城规划

从生产网络框架下分析，新城则成为全球（区域）生产网络区域扩散后在大都市郊区形成的重要节点。专业化经济效益促进了生产网络价值区段的分解，出现生产制造环节的郊区扩散，而产业扩散的地点必然是区域自然地理状况、交通状况、人口状况、科技教育状况具有明显优势的地方，同时具备良好的基础设施和人文社会条件以及政府制度支持。在这样的基础上利用新城区的区位、环境和政策优势，尽快培育支柱产业，塑造地方经济新的增长点。同时，生产网络价值区段扩散保持动态发展的趋势，持续由低端向高端发展，新城发展动力开始由传统制造工业向新型技术工业和第三产业转变，商务中心、研发机构、高科技产业园区等新型经济功能空间大量出现，并在新城空间布局中占据主导地位。新城与中心城之间以及新城之间的功能合作日益强化，从而成为大都市区空间网络化的重要力量。

5. 复合型城市开发区

复合型城市开发区是指在传统的城市开发区基础上，因城市发展需求和开发区自身发展需要，逐步向功能综合、产业升级、空间扩张的方向过渡，形成有别于传统的单一生产功能的城市开发区①。其主要表现为以下方面。在空间地理位置上，随着城市的拓展，城区开始逐步吞噬原有的旧城市开发区，原有的城区与城市开发区的过渡地带逐步消失，两个区域逐渐衔接并互相渗透，最终在空间上形成统一。在空间规模上，由于城市的扩张，原有城市开发区的实际生产区域面积逐步缩小。为维持经济发展的平衡和城市土地利用的平衡，城市开发区不得不进行对外扩张，以满足新的产业发展和城市发展需求，通常我们称之为“扩区”。在功能上，由于城市的空间扩张和城市开发区的扩区，必然带来城市开发区的功能重组。原来靠近城区的城市开发区受中心城区的辐射不断增强，使其由过去单一的生产功能逐步向综合的城市服务功能过渡，包括以发展房地产、各类公共服务设施、现代服务业等居住、

① 参见潘洁燕《城市开发区的复合化趋势》，《理想空间（23）现代产业园规划》，同济大学出版社2007年版，第112—115页。

服务功能，而原有传统工业也开始逐步转移外迁，形成新一轮的产业转型和产业发展。在产业上，由于城市开发区的功能调整，也带来了产业上的重构。一方面，城市居住、服务等功能的出现必然带来第二、三产业的更替；另一方面，对传统的第二产业也提出了新的要求，过去低档次、低效益的产业逐步淘汰，一些新兴的无污染、高效益的朝阳产业将进行逐步替代。在城市开发区日益复合化的今天，越来越多的复合型城市开发区重塑着传统的区域和城市空间结构，如图 5－15 所示。

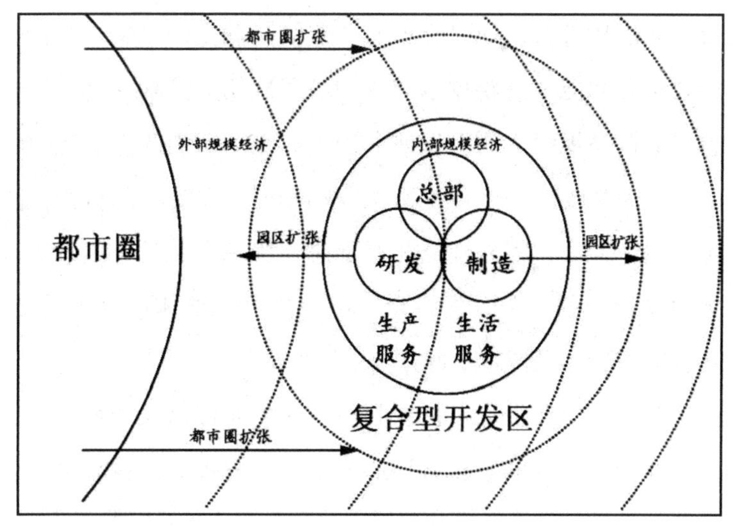

图 5－15　复合型城市开发区与都市圈空间互动机制

总之，新的产业空间利用都市圈作为发展平台，而都市圈又通过新产业空间来衔接全球化和本地化两股力量。其中地方政府和企业寄希望于网络镶嵌扩张资源利用与商品销售的市场，实现自身在生产网络中地位的提升；而生产网络亦则会透过都市圈作为区域组织的原始节点，不断谋求与本地化的结合。正如宁越敏等（2008）指出，在这种双向作用过程中，全球生产网络实现了“空间中的生产”及“空间的生产”①。

① 李健、宁越敏、汪明峰：《计算机产业全球生产网络分析——兼论其在中国大陆的发展》，《地理学报》2008 年第 4 期。

5.3 长株潭网络型城市空间构建

5.3.1 长株潭都市圈产业集群

以长沙为中心的长株潭都市圈内部城市产业开发定位，具有相对的独立性，拥有优势产业部门，在专业功能方面相对突出。此外，长株潭都市圈内各组团发展充分依托母城，构建合理的产业结构和空间结构。长沙作为全省省会，以行政中心职能、高新技术产业和高层次第三产业为重点；株洲作为我国南方重要的铁路枢纽，侧重发展大进大出型原材料工业、先进制造业和新材料产业；湘潭在改造提升传统重工业的同时，要努力培育光机电一体化等高新技术产业。同时，需要建立相互促进、协调发展的空间发展框架，为三个都市区边缘接合的合理开发，为三市一体化的整体推进奠定坚实基础。都市圈产业空间总体上呈四带集群分布结构。

东侧先进制造业产业带：在长株潭核心区的东侧沿长株城际快速干道布局，临空产业株洲园、株洲高新区田心产业园、株洲高新区栗雨产业园、株洲航空工业园，形成一条南北向的以先进制造业为主的产业带。

西侧高新技术产业带：在长株潭核心区的西侧沿长潭城际快速干道布局麓谷高新技术园区、湘潭大学高科技园、湘潭高新区、涟水涓水高新农业园，形成一条南北向的以高新技术为主的产业带。

南侧基础产业提升带：在长株潭核心区的南侧沿 G320 国道布局清水塘循环产业园、竹埠港循环产业园、下摄司循环产业园、楠竹山先进制造园、九华先进制造园、霞湾物流园、湘潭西商贸物流园、九华物流园。控制基础性工业园区的规模并对其进行改造，新增先进制造业园和物流园，促进南带改变以重工业为主的产业结构，形成基础产业提升带。

北侧科技制造产业带：在长株潭核心区的北侧沿 G319 国道布局永安先进制造配套园、星沙先进制造业园区、宁乡先进制造配套园、麓谷高新技术园区、黄花临空产业园。以科技创新推动制造业的发展，形成科技制造产业带，如图 5－16 所示。

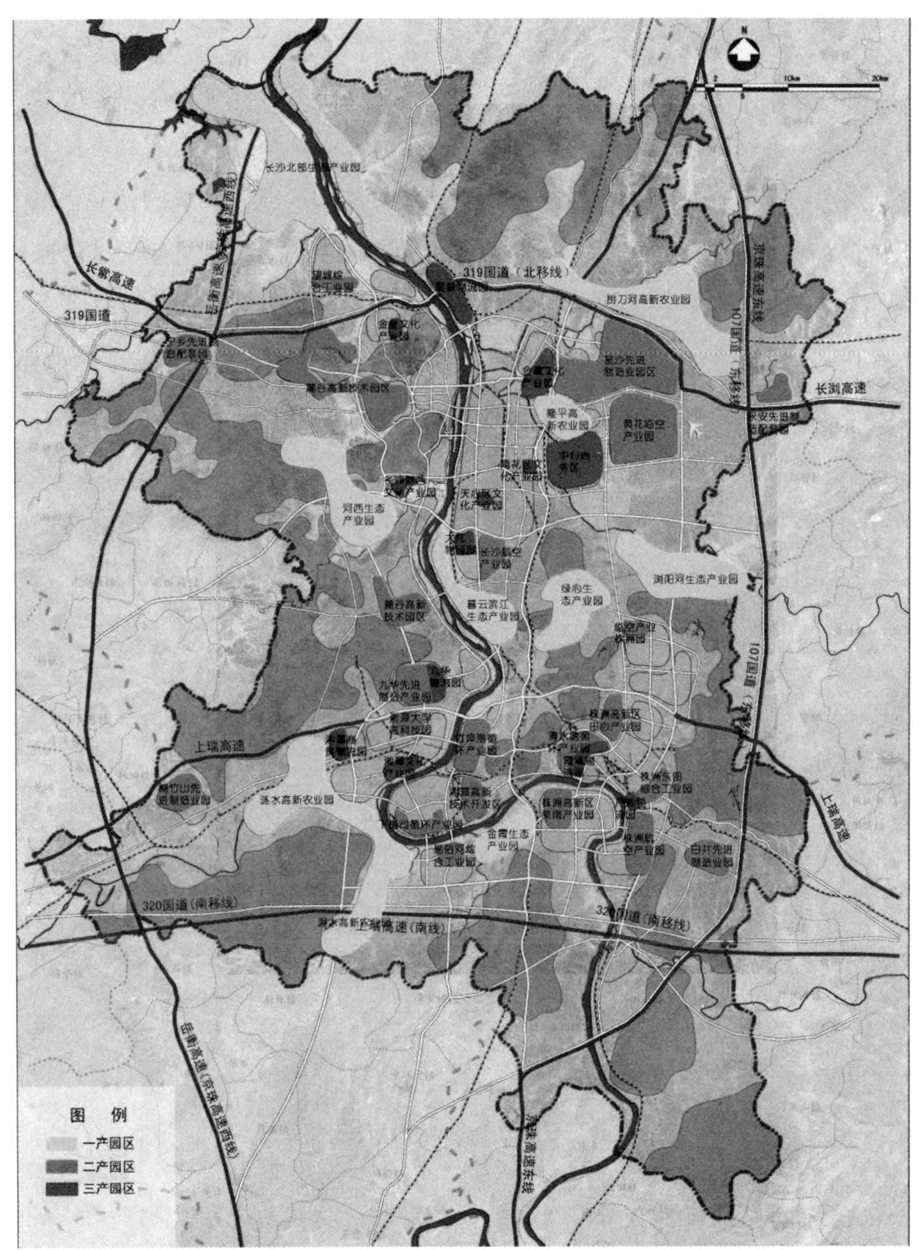

图 5－16　长株潭都市圈核心区产业园布局

资料来源：《长株潭城市群区域规划提升》（2008—2020），2008 年。

5.3.2　复合型产业园节点生长

1. 复合型产业园生长阶段

复合功能产业园在空间位置上与城市城区临近，往往位于城市边缘地段或城市郊区，依赖城市的基础设施而建设，但又与城市外围空间具有便捷的交通联系。其本质是产业园区，因此与其他性质的产业园相同的是，仍以生产功能为第一功能，产业功能既为园区的发展提供资金，也是整个城市经济发展的动力来源。生产功能、生活功能、公共服务功能和仓储物流功能共同构成复合功能产业园的四大主要功能。生活功能需求一方面来自产业园内部，另一方面来自城市城区；公共服务功能伴随生活功能产生，属于城市公共服务体系。除主要功能外，复合功能产业园还包含绿地、市政、交通、商业、科研、行政等由主功能衍生出来的附属功能，这些功能共同构成产业园的复合功能体系，如图5－17所示。

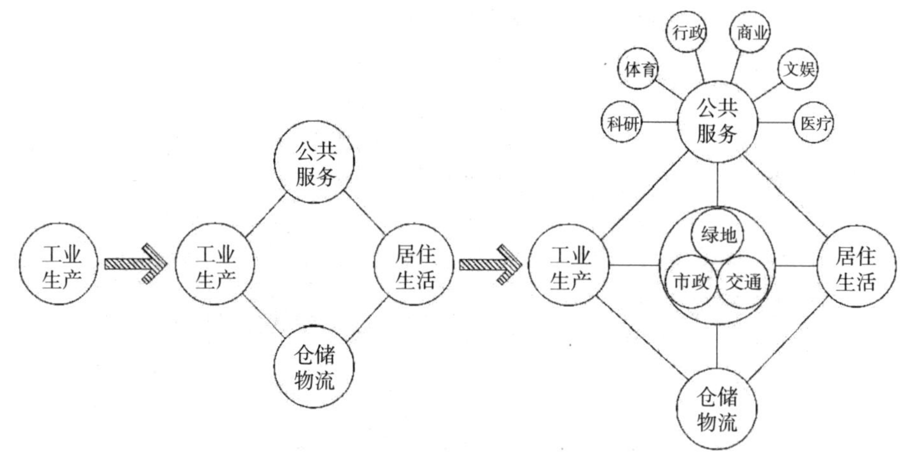

图5－17　复合功能产业园功能构成体系

复合功能产业园具有城市新区的职能特性。发展成熟的复合功能产业园具有完整的城市职能构成，成为与城市其他区域相互独立的组成部分，同时又属于城市的整体职能体系，与城市原有空间职能互补、联系紧密。

从复合型产业园与城镇原有城区之间以及与区域之间的关系来看，它存在四个发展阶段。在不同的发展阶段，产业园因其与所依托的城区之间的关系不同而呈现出不同的发展态势和增长机制，如图 5 – 18 所示。

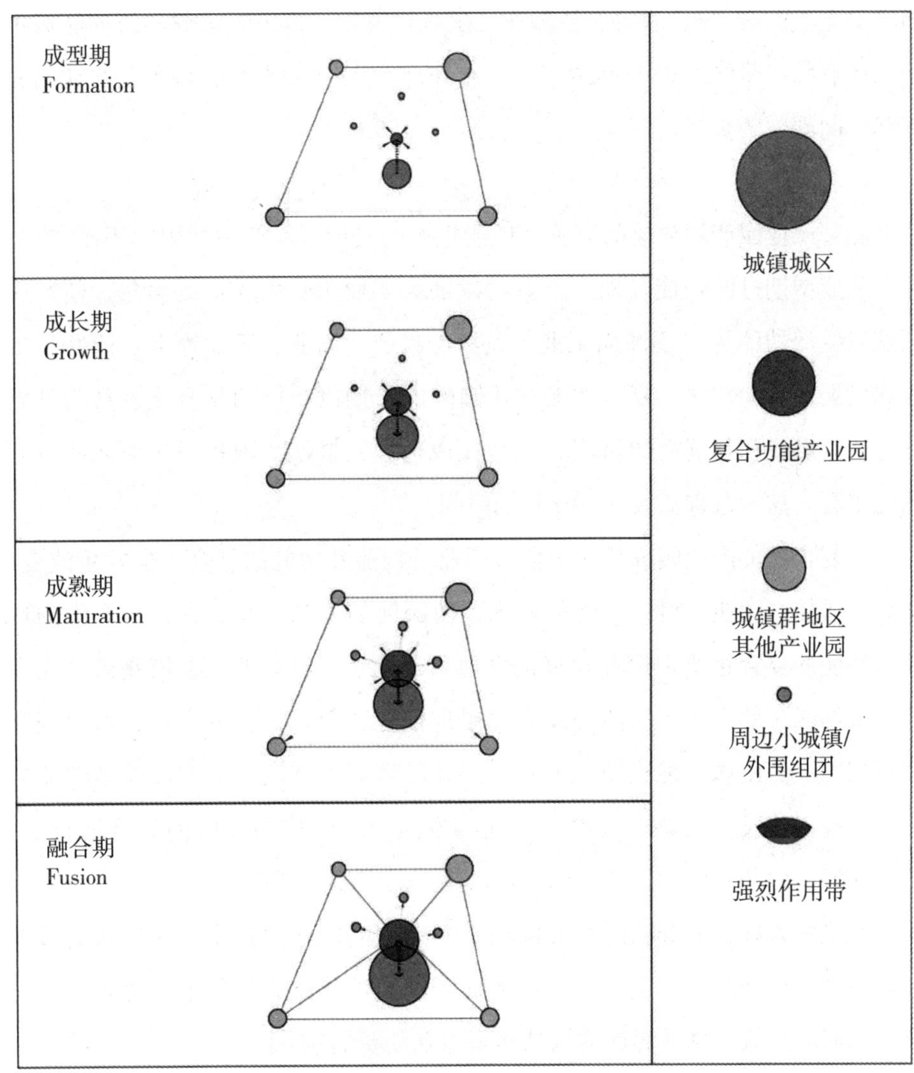

图 5 – 18　复合功能产业园发展阶段

（1）成型期（Formation）

复合型功能产业园在建立之初，依靠财政优惠政策、政府划拨土地、补贴资金以及引进外部资金作为发展产业的初始动力，并且园区的产业发展关系整个城镇和整个地区经济的发展，因此，产业生产功能在产业园形成之初占绝对优势比例，并不能完全体现其功能上的复合化趋势。根据学者研究，一个产业园从园区新兴之时直到发展成为城市的经济增长极，这个阶段要经历大约5年的时间①。在这个阶段中，资金、物资、人力等资源的流向从城市指向产业园，呈注入式增长模式，依靠外部投入来实现产业园产业功能的完善和空间规模的扩张。

（2）成长期（Growth）

随着产业园产业功能的完善，产业生产的发展，产业园的规模不断扩展，逐渐从成型期过渡到成长期。产业的发展为产业园带来人口的聚集，使产业园从以生产功能为主逐渐向工业、贸易、科研、商业、居住等多功能并举复合式发展的方向转化。复合功能产业园的成长期以功能的复合化发展为开始标志，以形成初具规模的城镇新区为完成标志，根据我国各地产业园的发展状况来看，这一过程需要5—10年的时间。

在复合功能产业园成长期阶段，产业结构随着功能的复合化也发生改变。贸易、居住、商业、科研功能的介入，使园区的第二产业面临转型升级的局面，功能的复合化要求产业发展淘汰落后产能、污染产业，发展高效、无污染、节约能源的产业；功能的复合化更加催化了第三产业的发展，从而调整产业园的产业结构，促进第二、第三产业的协调发展。这个阶段城镇继续向产业园投入建设，而产业园由于产业的发展也已经成为城区的经济增长极，此时资源流向是双向的，产业园和城区呈互助式发展模式。

在成长阶段，复合功能产业园由于功能空间用地的扩张，在空间地域上与城镇城区更加临近，甚至在某些界面与城镇功能区衔接起来，随着城区与园区的同时扩张，这些界面成为功能重组最活跃的地方。

（3）成熟期（Maturation）

复合功能产业园成熟的标志是其功能类别、设施水平、人口密度等指标日益趋近于城区的城镇化水平。从我国东南沿海一些起步早、发展条件好的

① 参见王慧《开发区与城市相互关系的内在肌理及空间效应》，《城市规划》2003年第3期。

产业园的发展历程来看，产业园从创建到发展成熟总共需要 15—20 年时间。

成熟期的复合功能产业园功能更加完善，而因土地的扩张使其功能影响范围与城区功能影响范围重叠，重叠部分的城镇空间功能更加复杂，成为城镇功能的强烈作用带，产业园与城区功能已经融为一体，从而导致整个城镇的功能重组。

产业园在发展成熟阶段，产业发展已经趋于完善，已经不再单纯依赖外部资金的投入和政府优惠政策来发展自身，转而依靠园区内部产业发展产生的效益作为继续发展的资金来源，依靠科研机构的创新研发机制作为产业发展的长远生命力，依靠人才的引进作为产业发展的品质保障，所以，产业园在这个阶段已经完全可以“反哺”城镇，从而呈现指向旧城区的资源流向。

这个阶段产业园与旧城区在空间上的界限将日益模糊直至消失，产业园作为一个园区的概念也逐渐淡化，这时复合功能的产业园实质上已经作为城镇新区与旧城区构成整个城镇空间而不可分割。

（4）融合期（Fusion）

复合功能产业园的融合期发展阶段指的是产业园与旧城区功能和空间上的融合，以及产业园与区域的融合。

这个阶段的产业园发展不再表现为土地规模的扩张，而表现为与旧城区的全面融合和内部功能的不断完善。这个时期的产业园已经成为功能强大的现代化城市新区，而整个城市也借助于新区的发展实现自身功能的强化和整体地位的提升。

在区域中，融合期的复合功能产业园将发挥巨大的辐射作用，与区域中的其他产业园形成网络化和一体化发展趋势，带动临近的其他小城镇以至整个区域协同发展。

2. 复合型产业园类型

目前我国的产业园区主要包括经济技术开发区、高新技术产业开发区、大学科技园、工业园、出口加工区、农业科技园区等类型，这些产业园区类型是按照产业门类进行划分的。复合功能产业园是相对于单一功能产业园而提出的，是按照产业园的功能进行划分的，与按照产业门类进行划分的产业园类型在概念上部分重叠，即复合功能产业园包含所有具有功能复合化趋势的产业园区。

网络型城市中的复合开发区节点可分为三类：知识镶嵌体、新型产业园、生态产业园。知识镶嵌体在区域和城市空间上主要表现为大学城、高新技术园区、研发中心等，是网络城市富有创造力和创新性的功能空间，与全球或区域生产网络价值链镶嵌。长株潭都市圈知识镶嵌体以长沙国家软件园、金鹰文化产业园等为科技文化中心，以长沙岳麓山大学城、株洲高新区、湘潭大学城和湘潭高新技术开发区等为技术创新中心，还包括浏阳、醴陵、湘乡、韶山的科技文化产业区。新型产业园在区域和城市空间上主要表现为战略性新型产业园区，包括以先进制造业、文化创意产业、商贸物流业等产业为主的长沙经开区先进装备制造业、湘潭九华先进制造产业园、株洲航空产业园等。生态产业园在区域和城市空间上主要表现为高新农业、生态产业园区，长株潭都市圈的生态产业园以长沙北部生态产业园、隆平高新农业园、金霞生态产业园为主。上述城镇密集区的产业园，随城市功能复合形成复合型城市开发区，类型划分见表5－2。

表5－2　　长株潭都市圈复合型产业园生长类型划分

序号	节点类型	产业园名称
1	知识镶嵌体	麓谷高新技术园区、湘潭高新区、湘潭大学高科技园、株洲高新区田心产业园、株洲高新区栗雨产业园
2	新型产业园	宁乡先进制造配套园、望城综合工业园、星沙先进制造业园区、黄花临空产业园、永安先进制造配套园、长沙航空产业园、九华先进制造产业园、楠竹山先进制造业园、下摄司循环产业园、易俗河综合工业园、临空产业株洲园、清水塘循环产业园、株洲东部综合工业园、株洲航空产业园、白井先进制造业园、金星文化产业园、霞凝物流园、金鹰文化产业园、雨花区文化产业园、天心区文化产业园、长沙河西文化产业园、中心商务区、大托物流园、九华物流园、湘潭商贸物流园、湘潭文化产业园、霞湾物流园、芦淞物流园

续　表

序号	节点类型	产业园名称
3	生态产业园	长沙北部生态产业园、捞刀河高新农业园、河西生态产业园、隆平高新农业园、暮云滨江生态产业园、绿心生态产业园、浏阳河生态产业园、涟水高新农业园、金霞生态产业园、涓水高新农业园

5.3.3　节点空间生长三种模式

都市圈复合型城市开发区由于受地理区位、产业园规模、政府政策等因素影响，节点空间生长模式主要表现为融合式、对接式、独立组团式三种。

1. 融合式产业空间生长模式

（1）模式特点

与主城区用地相互融合，属于主城区用地的一部分，用地性质较为单一，功能主要表现为生产功能。这种产业空间位于主城区内，隶属主城区，与主城区是从属关系。空间形态特征表现为产业用地与城市各功能用地相互渗透，如图 5－19 所示。

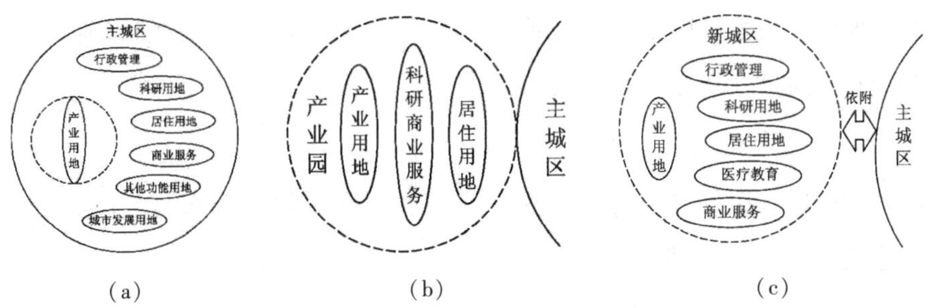

（a）融合式产业空间生长模式　（b）对接式产业空间生长模式　（c）独立组团式产业空间生长模式

图 5－19　产业空间生长模式

（2）典型产业园区

湘潭高新区（德国）工业园位于高新科技工业园范围内，东起湘钢铁路专用线，西至宝塔南路，北临科东1号路，南至书院路。园区规划面积6226.518公顷。其中，道路占地面积33.21公顷，商贸净用地面积36.60公顷，德国工业园综合配套净用地面积29.70公顷（其中安置用地面积8公顷），创新创业孵化基地净用地面积19.13公顷，德国工业园产业净用地面积296.89公顷。产业定位为机电、建材、环保等产业，见表5-3。

株洲高新区栗雨产业园是株洲高新区的科技创新和高新技术产业化区，西临京株高速公路株洲的出入口，北临湘江，东与株洲市的城市快速环道相接。园区规划面积13.49平方千米，不仅有以先进制造、电子信息、生物医药和健康食品为主导产业的九个工业组团，还有市级标准的基础设施，完善的社会服务，以及35%以上的山体和绿地。按“一核、一轴、一环、八果”的结构布局。“一核”是位于园区中心地段的公共服务中心；“一轴”是从园区中心穿过的株洲大道等道路；“一环”是连接园区各产业组团的高科环线；“八果”是环绕核心区和公共服务带的八个产业组团，见表5-3。

2. 对接式产业空间生长模式

（1）模式特点

与主城区对接，用地相连接，产业园用地性质主要是工业用地、居住用地和管理服务用地，功能较为多样，但不齐全。这种产业空间位于城区边缘，依托主城区，与主城区是互补关系。空间形态特征表现为产业园用地与主城区用地相互对接，如图5-19b所示。

（2）典型产业园区

株洲高新区田心产业园位于株洲市东北面的城郊接合部，距长沙45千米，距湘潭40千米，距长沙黄花国际机场60千米，紧靠中南地区最大的铁路编组场——株洲北站，园区有3条铁路专用线贯穿东西，高等级公路320国道横贯南北，上瑞、株黄高速公路以及株洲城市快速环道的修建使园区交通方便快捷。园区详规面积为1.5平方千米，控规面积为5.08平方千米。园区配套服务设施比较齐全，教育、医疗、金融、商贸、饮食、娱乐等社会服务体系和配套设施日趋完善，见表5-3。

长沙高新区麓谷科技城位于长沙市西部城区内，湘江西岸、岳麓山风景区北侧，南接岳麓山大学城和长（沙）—（湘）潭西线，长（沙）—常（德）高速，城市西二环线，城市三环线（京珠高速长沙段西线）纵横贯通园区，距城市最大商业中心8分钟车程。麓谷科技产业新城初步形成“一心七区”的空间开发架构。麓谷主要容纳工业项目，辅之以满足工业发展及科技创新需求的生产性服务业，分为麓谷建成区、长沙信息产业园等七大以工业项目为主的产业功能区；根据先导区雷锋湖城市中心辐射范围，沿主干道路布局总部经济、孵化经济及生产性服务产业，见表5－3。

长沙隆平高科技园为集工业、农业、科技、商贸为一体的高科技园，位于长沙市城市总体规划中星马片的西南部及新世纪片的南部，东及东北与长沙县毗邻，西、南与马王堆乡、黎托乡隔浏阳河相望，西北与综合农场接壤。距市中心9.5千米，西距长沙火车站6千米，东距黄花国际机场15千米。规划总用地面积为22.14平方千米。规划结构总体概括为“二带、两心、三轴、五区”。“二带”为浏阳河风光带、京珠高速公路及高速铁路绿化带；“两心”为隆平科教中心、东岸商贸中心；“三轴”为远大路城市综合功能发展轴、人民东路延长线产业发展轴、星沙大道—红旗路教育科研发展轴；“五区”为东岸安置区、隆平综合贸易区、隆平马坡岭工业区、白竹坡配套服务区、隆平东湖工业区，见表5－3。

3. 独立组团式产业空间生长模式

（1）模式特点

与主城区相对独立，是城市新城区，用地复合程度较高，功能齐全。这种产业空间位于近郊、远郊区，相对独立于主城区，与主城区是依附关系。空间形态特征表现为产业园用地与主城区用地相互独立，如图5－19c所示。

（2）典型产业园区

长沙经济技术开发区位于长沙市东郊星沙，区位优势得天独厚，基础设施配套完善。规划控制面积60平方千米。已形成了以先进制造和电子信息技术产业为支柱，以高新技术产业为补充，以现代物流为配套的“两业为主、多元推进、成龙配套”的产业发展格局，见表5－3。

湘潭九华工业园位于湘潭市北郊，产业园规划形成“组团格局、绿水环绕、和谐共生”的空间发展格局，即“一心八区”的组团式城市空间布局结构。商务、商贸、行政综合服务中心位于九华大道与奔驰路相交处东北部区域。工业生产区主要位于长潭西线以西，上瑞高速以北区域，同时还包括长潭西线以东建成工业区。科技孵化综合配套区位于长潭西线以西，奔驰路两侧。配套居住区主要为上瑞高速以北，九华大道与湘江路之间区域；上瑞高速以南，九华大道、江南大道和滨江路之间区域。物流园区分成两部分，东部是以湘江千吨级码头为依托形成的物流园区，近期将九华物流园与金霞、大托铺、石峰物流园共同组成长株潭的物流体系；西部将依托潭锰铁路形成铁路货运物流园区。高铁综合配套区位于长潭西线以西，长城路两侧区域。旅游休闲服务区位于湘江路以东区域，与昭山风景名胜区隔江相对。大学科教区指湖南科技大学和规划实施中的湖南软件学院。战略用地发展区为九华大道与长城路相交区域，见表5－3。

株洲航空产业园位于株洲市南部，东以株渌路为界，西临湘江，北以城市快速干道南环线为界，南与株洲县相接。规划面积45平方千米，构建“一核五区”产业架构，“一核”为民用航空航天高技术产业核心区；“五区”为航空中小企业促进园区、航空民用飞机试验区、民用航空产业合作区、民用航空试飞区、民用航空产业配套功能区。民用航空航天高技术产业核心区总规划面积19.08平方千米，布局在董家塅高科园“航空城”和331厂、608研究所主厂区。航空中小企业促进园区总规划面积10平方千米，布局在331厂东向块区、五里墩乡范围。航空民用飞机试验区总规划面积2平方千米，布局在608研究所南华工业园及周边。民用航空产业合作区总规划5平方千米，布局在株洲枫溪大道两侧，以枫溪大道为主轴，在董家塅高科园—渌口经济开发区—株洲县区段构建“十里航空工业长廊”。民用航空产业配套功能区总规划面积4平方千米，布局在枫溪大道从董家塅高科园至株洲县段以西到湘江范围，见表5－3。

表 5－3　　长株潭都市圈复合型产业园生长类型划分

<table>
<tr><th>类型</th><th>用地布局</th><th>功能分区</th><th>空间结构示意图</th></tr>
<tr><td rowspan="4">融合式产业空间</td><td>产业用地
商业服务业用地
居住用地　科研用地</td><td>服务轴带
居住层
科研层
产业层
产业圈层</td><td></td></tr>
<tr><td colspan="3">湘潭高新区（德国）工业园规划空间结构示意图</td></tr>
<tr><td>商业服务用地
居住用地
产业用地
科研用地</td><td>居住层
服务轴带
居住层
产业层
产业层
居住层
服务中心
商业层
居住层
产业层</td><td></td></tr>
<tr><td colspan="3">株洲高新区栗雨产业园规划空间结构示意图</td></tr>
<tr><td rowspan="4">对接式产业空间</td><td>公建用地　产业用地
居住用地</td><td>产业层
服务层
居住层</td><td></td></tr>
<tr><td colspan="3">株洲高新区田心产业园规划空间结构示意图</td></tr>
<tr><td>
</td><td>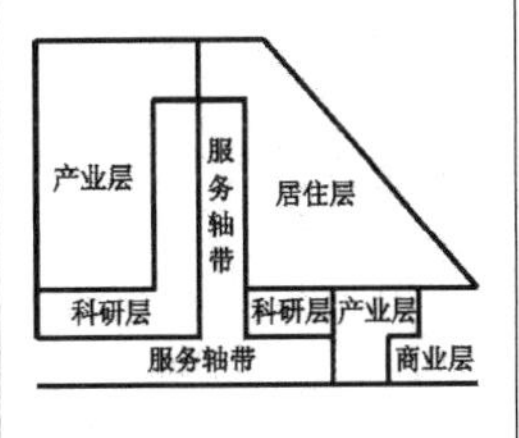
</td><td>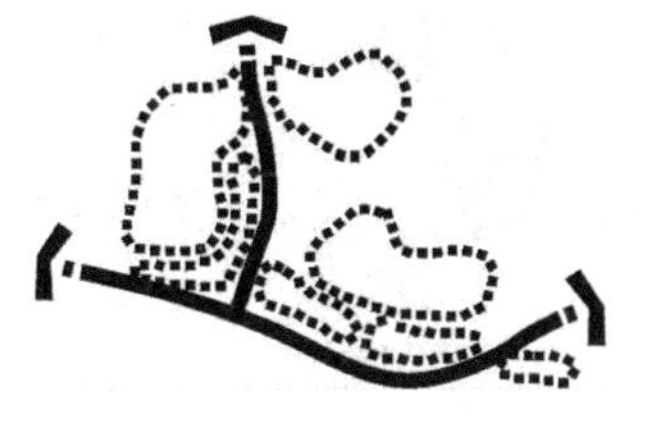</td></tr>
<tr><td colspan="3">长沙高新区麓谷产业园规划空间结构示意图</td></tr>
</table>

续 表

类型	用地布局	功能分区	空间结构示意图
对接式产业空间	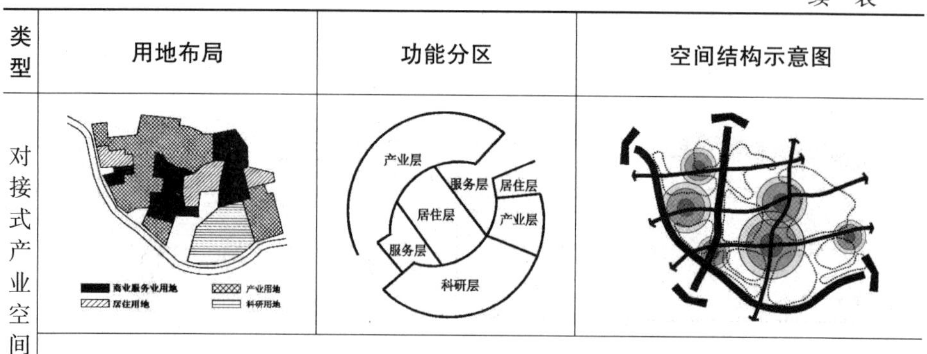		
	长沙隆平高科技园规划空间结构示意图		
独立组团式产业空间	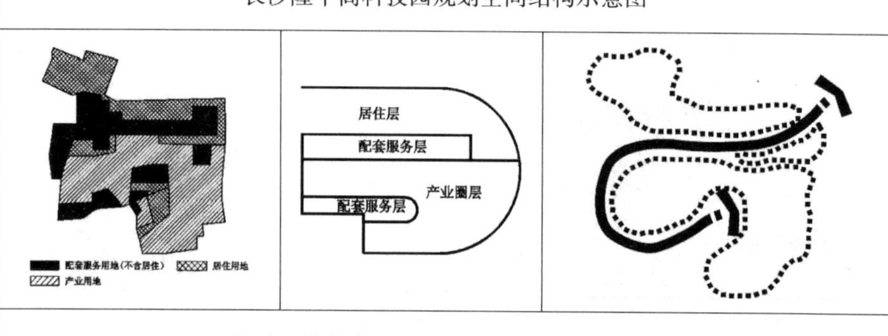		
	长沙经济技术开发区规划空间结构示意图		
	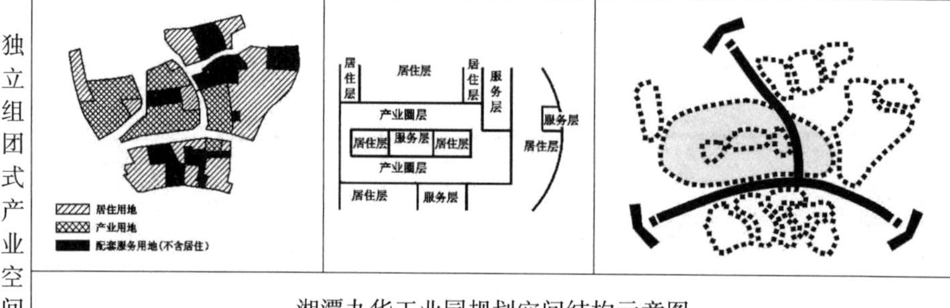		
	湘潭九华工业园规划空间结构示意图		
	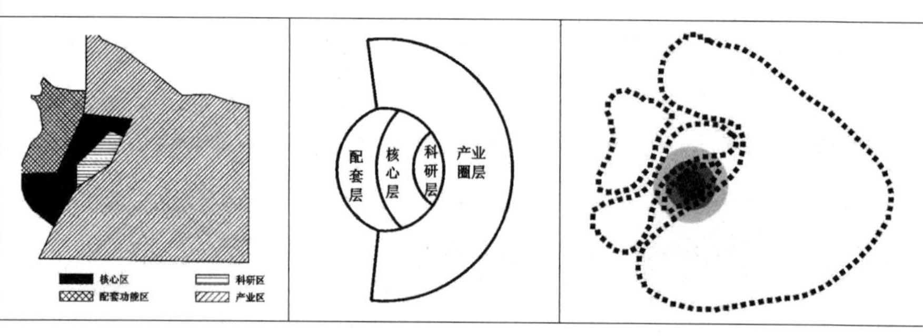		
	株洲航空产业园规划空间结构示意图		

综合前文对长株潭核心区复合型城市开发区的空间结构和规模分析，可以发现产业空间的微观区位—空间结构—功能具有一定的相关性，节点空间生长模式表现为三种特征，见表 5 –4。

表 5 –4　　长株潭核心区复合型城市开发区节点空间生长模式

	模式 1	模式 2	模式 3
模式类型	融合式	对接式	独立组团式
模式特点	与主城区用地相互融合,属于主城区用地的一部分	与主城区对接,用地相连接,产业园用地性质主要是工业用地、居住用地和管理服务用地	与主城区相对独立,是城市新城区,用地复合
产业园功能	功能较为单一	功能多样,但不齐全	功能齐全
关系(与主城区)	隶属主城区,从属关系	依托主城区,互补关系	相对独立于主城区,依附关系
相对位置	主城区内	城区边缘	近郊、远郊区
典型代表园区	湘潭高新区(德国)产业园、株洲高新区栗雨产业园	长沙高新区麓谷科技园、株洲高新区田心产业园	长沙经济技术开发区、湘潭九华工业园、株洲航空产业园
形成原因	地理区位因素主导,其次与产业园规模、政府政策有关		

5.4　网络城市的功能整合与空间构架

5.4.1　总体上的功能互补

功能多元复合与互补是网络城市的重要特征之一。作为知识中心的长沙市自身蕴含着集聚的要求，仍然是长株潭社会经济活动的中心集聚地。空间网络化促使长沙、株洲和湘潭之间的相互依赖性加强，使得许多高级管理和控制功能更加方便地在长株潭都市圈核心与次核集中，从而激发新一轮基于数字信息产业和知识的集聚经济，新的核心边缘格局逐步形成。生产地域组织的变化进一步引发城市空间形态的演变，产业的管理功能和生产功能在空间上进一步分离，呈现管理向城市中心集中，生产向城市外围分散，销售向全球扩展的趋势。因此，整合长株潭的城市功能，形成功能互补、交互增长的网络体系，也是构建长株潭网络城市的前提条件。

长沙、株洲和湘潭三座城市的经济基础、资源禀赋、历史环境不同，知识经济和信息技术在城市中的渗透程度自然不同。中心城市长沙具有信息化优势，可以凭借完备的基础设施和丰富的智力资源而成为湖南乃至中南地区的信息中心。长沙作为省会城市，应当以高科技产业和高层次第三产业为主导产业，逐步实现由第二产业到第三产业作为支柱产业的成功转型，持续发挥其作为经济中心、文化中心的集聚力和辐射力。株洲是全国铁路枢纽，也是全省目前唯一的贯通东西南北的铁路交通枢纽城市。株洲应发展机车车辆、以新材料为重点的有色冶金和化工产业。湘潭是湖南最大的钢铁产业基地与电力产品输出地，应继续强化这种优势，发展专业性园区以带动均衡性和高关联度的产业发展，形成合理的产业体系和产业集群。同时，长株潭各节点城市间的科学合作有利于促进城市控制和运用科技资源，为信息、资本、技术、人才等的通畅流动创造媒介空间，如图5－20所示。

5.4.2 网络空间拓展

目前，长株潭都市圈正处于整体扩散和局部集聚的状态，产业区位向次一级城市空间渗透，都市圈空间扩展摆脱地理延续性的限制和行政束缚，以“飞地”型的扩展方式向中心城市的中远郊扩散，以保留城市外围的绿地和农田，优化城市生态环境，形成多中心、分散化的组团式结构，有利于避免“摊大饼”式的无序蔓延。

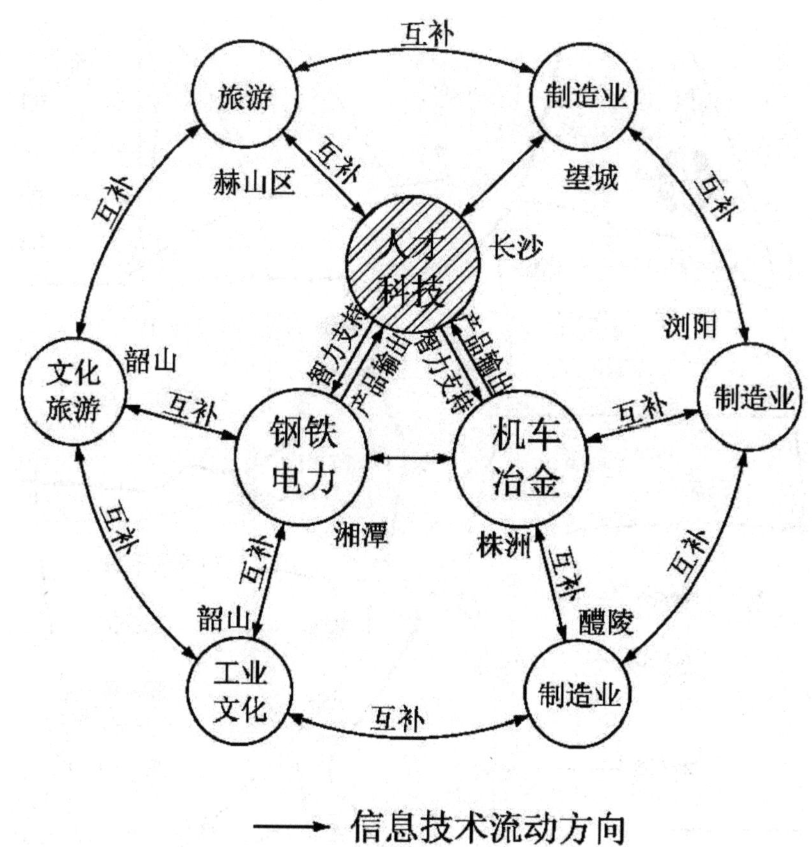

图 5－20　长株潭网络城市功能互补

网络城市内部各组团节点的功能趋于多样化，不仅是较小等级的制造业基地围绕着较大规模的制造业中心，而且长沙这个功能主核的周围也分布着株洲、湘潭两个副核，以及创新研究中心、制造业、旅游休闲中心等次级节点，呈现多功能都市的特点，如图 5－21 所示。功能互补、各具特色、大中小相结合并具备地缘优势的网络等级组群形态初步显现。

1. 等级联系

以长沙为中心的长株潭都市圈核心地区包括 28 个小城镇组团，它们与 3 个主中心组团、4 个次中心组团、15 个片区组团共同组成大中小相结合的联系密切的网络体系。等级联系的存在表明，传统城市中心依然具有强大的吸

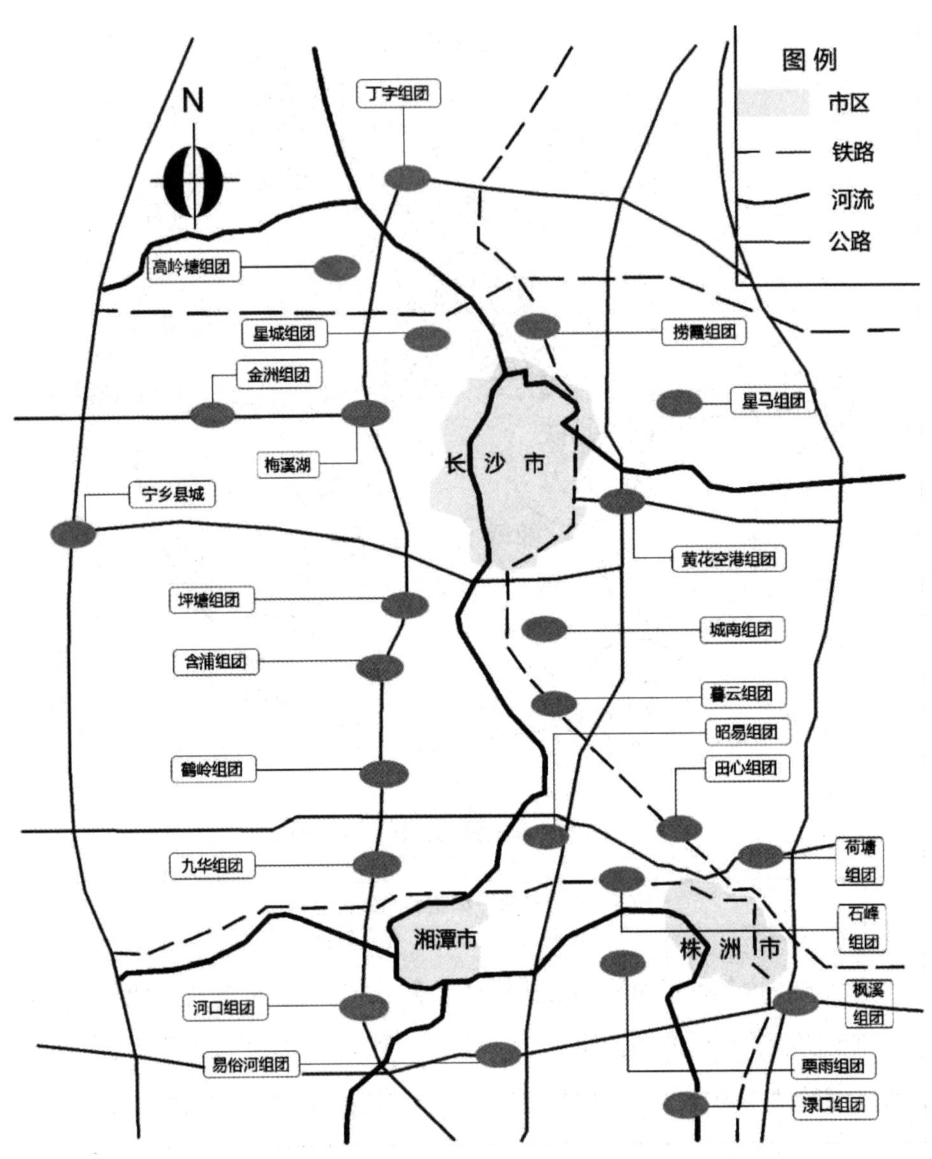

图 5-21　长株潭都市圈开发组团空间分布

引力。各产业园的生长，受所在地区中心城市的辐射影响，产生向心联系，这是产生等级联系的主要原因。在这种中心引力作用下，近中心的小城镇生长表现出向中心拓展的趋势，在空间形态上，最终可能形成无缝对接。从网络的观点来看，新的节点与网络建立联系的过程中，总是趋向于与优势节点连接。传统中心因其天然的优势——人才、资金、技术等——而成为新节点优先选择的联系对象。

表 5－5　　　　长株潭都市圈域内小城镇组团开发模式选择

发展模式	易家湾、高塘岭、星沙、榔梨、暮云、渌口
交通主导模式	易俗河、云湖桥、黄花、榔梨、暮云、大托、易家湾、白关、雷打石、梅林桥、姜畲、渌口、星沙、安沙、谭家山
园区开发模式	雷打石、易俗河、含浦、星城、坪塘、丁字、捞霞、暮云、渌口、易家湾、荷塘、曲尺、昭山、河口、鹤岭、白关
产业主导模式	东方红、云湖桥、含浦、渌口、坪塘、果园、马家河、黄兴、暮云、易家湾
旅游开发模式	易家湾、大京、昭山、黄金、雷锋、云田、仙庾

青竹湖镇依托高尔夫球场发展健身康体旅游业和房地产业。

星沙镇长沙县治所在，拥有长沙经济技术开发区，交通运输便利，107 国道、319 国道、京珠高速公路在此交会。功能定位是卫星型综合城镇，依托长沙经济技术开发区大力发展高新技术产业和先进制造业。

黄花镇东距市区 20 千米，319 国道、长永高速公路、长平公路、黄花机场高速公路横贯全镇。黄花国际机场位于本镇，交通运输便利，现已形成建材、轻纺、汽车制造等规模工业。

跳马镇地处三市“绿心”位置，旅游资源比较丰富。重点发展生态农业、旅游观光和一部分房地产业，镇治规模可进一步扩大。

黄兴镇初步完成由污染型工业城镇向生态经济城镇的转型，重点发展生态农业、教育文化、旅游休闲和房地产业等。

暮云镇地处长沙、株洲、湘潭三市的中心地带，距三市均约 18 千米，素有“金三角”的美称。镇内基础设施完善，交通便捷，107 国道、京广复线纵贯全镇南北。凭借区位、交通、资源和人才优势，发展一部分无污染的加工制造业，重点是生态环境保护和旅游业。

安沙镇重点发展商贸流通业和一部分加工制造业，也作为重要的生态农业基地。

桥驿镇是长沙市区北大门和望城河东片中心，发展农家乐庄园和黑麋峰狩猎场，建设成集旅游、商贸、交通于一体的综合型城镇。

高塘岭镇是望城县治所在，长沙重要的卫星城。水陆运输便利，南有雷锋大道与长沙市区连接。重点发展食品、轻纺、机械等工业部门和商贸流通业。

白箬铺镇重点发展机械、建材、化纤等行业，积极发展生态农业和休闲旅游业。

靖港镇发挥毗邻湘江的水运优势，发展加工制造业、建材业和旅游业。

乔口镇是重要的区域性城镇，重点发展农副产品深加工和商贸流通业。

铜官镇是湖南陶瓷工业的主要发源地。重点发展陶瓷工业、人文旅游业。

雷锋镇是雷锋的故乡，也是长沙的西大门。重点发展红色旅游业、商贸流通业和一部分加工制造业。

星城镇地处湘江西岸，北连望城县城，跨雷锋大道两侧，交通运输便利。除发展加工制造业外，可依托谷山、北津城遗址、月亮岛等自然、人文景观，大力发展生态旅游业。

坪塘镇发展以曾国藩墓为核心的旅游业，以及一部分加工制造业和建材工业。

黄金乡位于湘江西侧，重点发展生态农业和生态旅游业以及一部分高科技产业。

含浦镇大力发展岳麓山大学城新园区以及配套产业。

茶亭镇重点发展陶瓷、机械和农副产品加工。以九峰山—茶亭水库为核心发展旅游观光业。

仙庾镇重点发展生态农业和观光旅游业。

白马镇为三市生态保护区域，以生态环境保护和旅游业为发展重点。

云田镇重点发展花卉苗木产业和生态农业以及农副产品深加工。

龙头铺镇重点发展高校后勤服务业，建设好兴隆工业园区，发展农副产品深加工。

马家河镇发展重点是一部分工业配套产业，但要下大力气改善当地的生态环境，整治工业污染。

皇图岭镇依托集贸市场实施农业产业化经营，发展生态农业和商贸流通业。

白兔潭镇重点发展商贸流通和建材工业。

九华镇发展重点是汽车产业，生态环境保护也是重要内容。

花石镇以湘莲和生猪等农产品为主，进行农业产业化经营，发展生态农业和农副产品深加工。

谭家山镇矿产资源丰富，工业基础较好，发展煤炭工业以及相关产业。

茶恩寺镇重点发展竹木制品和商贸流通业。

乌石镇依托彭德怀纪念园，以开发旅游资源为主。

白石镇依托齐白石故居，以开发旅游资源为主。

响水乡有湖南科技大学驻此，重点发展高校后勤社会化服务。

泗汾镇重点发展边境贸易和先进制造业。

网岭镇重点发展火力发电以及相关配套产业。

易俗河镇为湘潭县治所在。依托主城区发展食品工业和先进制造业，建设好天易生态工业园；依托镇内的战国古墓群，发展人文旅游业。

渌口镇位于长株潭城市群南缘，是株洲县治所在，距株洲市区仅 14 千米，距省会长沙 50 千米。湘江两岸人文景观闻名遐迩，著名者如大京风景区、空灵寺、朱亭人工林海等。可重点发展加工制造业、生态农业和旅游业。

易家湾镇位于湘潭市东北角，是长株潭三市的生态“绿心”和旅游胜地。发展重点主要是生态建设和旅游业。镇区建设分为南北两大组团。北组团结合昭山风景区，建设成风景旅游区；南组团结合凤形山、仰天湖以及交通枢纽设施，建设成旅游、商贸综合服务区。

2. 互补联系与差异联系

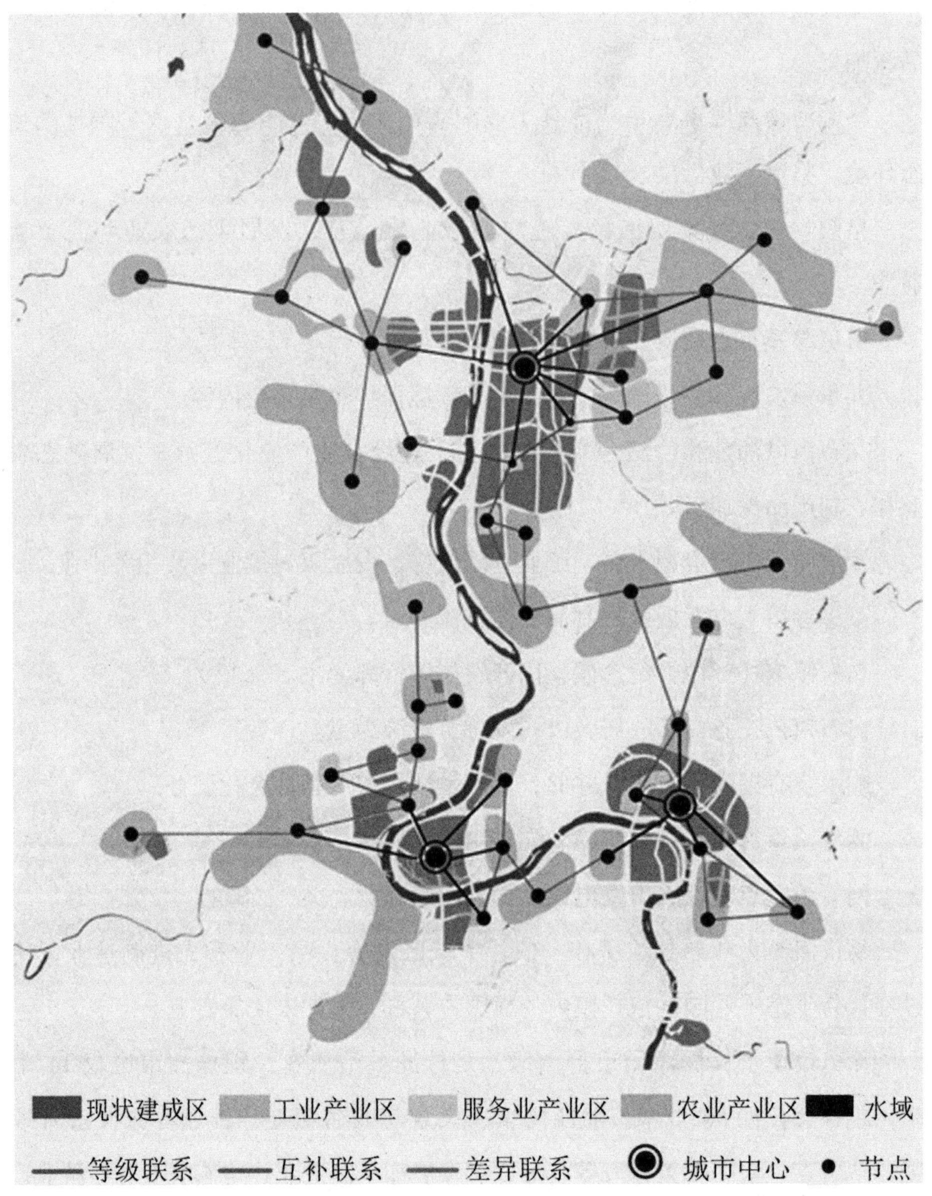

图 5－22　长株潭网络城市空间构架

节点（这里指产业园）间必须形成互补与差异关系才能建立有效联系。如高新技术园与先进制造园、循环产业园间本身就存在技术等的功能互补关系，所以，如果这些园区名副其实，节点间自然能够形成互补联系，表现为技术、产品等的互动作用。此外，同是先进制造业，其具体制造业的选择依然可以形成互补。如长株潭三市在其发展工业过程中，其最大工业部门机械工业的分工协作关系——长沙以机床、电子等工业设备制造见长，株洲以机车车辆为重点，湘潭则是电工城①，见表 5－6。

表 5－6　　网络城市开发组团的功能互补与差异

城市	开发组团	主要功能
长沙市	高塘岭组团	规划为综合性产业区、市区新产业开发及置换外迁企业基地，以机械食品工业为主，形成一个功能分区明确、配套设施齐全、交通便捷、环境优美的现代化城市新区
	星城组团	侧重发展重工业和劳动密集型加工工业，为新产业开发及置换外迁企业基地，并形成具有一定规模的居住新区
	含浦组团	主要为岳麓山大学城的远期发展用地以及与之配套的生活居住用地
	坪塘组团	主要为岳麓山大学城的远期发展用地以及与之配套的生活居住用地；对现有小水泥厂逐步关停并转
	丁字组团	完善水运设施，配套适量仓储功能
	星马组团	利用园区和交通优势，发展高新技术产业和高档生活小区
	捞霞组团	霞凝新港和捞霞货运站、编组站，成为水运、公路、铁路的中转联运中心，并规划仓储用地、物流中心、大运量的工业基地
	城南组团	利用区位优势和资源优势，布局面向长株潭的旅游商贸等区域性公共设施
	暮云组团	以发展旅游休闲产业为主

① 参见陈湘满、刘君德《长株潭城市群的形成及其行政组织与管理模式研究》，《邵阳师范高等专科学校学报》2000 年第 5 期。

续 表

城市	开发组团	主要功能
株洲市	栗雨组团	作为对自然环境要求较高的高新技术产业开发用地;建设相对独立、封闭式管理的完整的工业园
	石峰组团	包括清水塘片区、湘天桥片区、杉木塘片区,其产业规划以提高其生产技术工艺水平,提高劳动生产率,降低污染,恢复生态特征为目标
	田心组团	以株洲电力机车工厂为龙头,在田心片形成技术密集型产业群优势,带动田心地区的城市改造和发展,同时,发挥株洲电力机车研究所和中南林学院等科教优势,逐步形成高新技术产业和高校农业、科研与产业相结合的生态型城市组团
	荷塘组团	宋家桥区:以株洲车辆厂为主体,集合若干企事业团体组成的以工业为主的城市组团;大丰区:适宜开发集仓储、装运、市场于一体的物流园
	枫溪组团	充分利用现有产业优势形成技术密集型产业群,带动董家塅地区生活配套设施的改造完善和枫溪生态城的开发;同时,结合芦淞区的商贸流通优势,在枫溪生态城建设新的对外交通设施,形成一个新的商贸流通中心和高品质居住区
	渌口组团	结合株洲县城功能建设,近期强化培育区域农副产品加工服务中心职能,远期纳入株洲中心城区
湘潭市	九华组团	以生态保育、郊野旅游、体育休闲为主要内容的具有时尚风格的生态旅游度假区,建设九华生态科技城和生态型的先进制造业或新技术产业基地
	昭易组团	结合昭山风景旅游区建设,配套安排休闲旅游设施、商贸和一类居住区
	易俗河组团	远期规划发展为以生物医药、食品加工、机电为主,配套旅游休闲、生活居住的综合性产业区
	鹤岭组团	城市重工业区,配套安排居住、商业用地
	河口组团	以生态型产业、旅游休闲产业和生态涵养保育功能为主

5.4.3　紧凑型网络城市形态

由金字塔形的行政等级形态转向平面化的网络组团形态，既反映出长株潭城市群公路、河运、铁路、航空等多种运输方式组成的立体交通运输网络特点，也体现出数字信息网络的网状、复杂、开放特征。未来的网络城市将形成以长株潭大都市圈北（长沙都市区）与西南（湘潭都市区）、东南（株洲都市区）三个功能区为主次核心，三市接合部金三角地区为绿心，突出长沙城区（北核）作为主核的地位，城市中心组团、片区组团和小城镇形成网络等级，工业时代多中心、组团式的公路网络与数字化时代的“一主两副环绿心”的网络重叠，如图 5－23 所示。新的大城市构架可能包含可持续发展、城市管治、网络化形态与城市文化培育等多方面的内容，但从最基本的出发点与考察角度思考，在此，仅对长株潭大城市的形态作概括性的阐述。未来长株潭大城市的空间将朝着紧凑的网络城市形态发展。

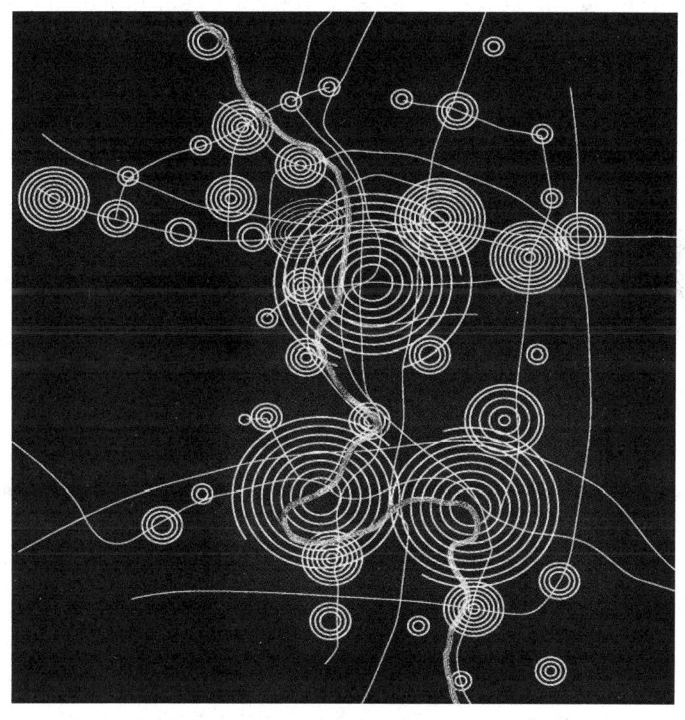

图 5－23　紧凑型网络城市形态意象

显然，网络城市的蔓延方式更加多元化，表现为同心圆圈层式扩展、分散组团式扩展、轴向扩展、飞地型扩展并存，外围与核心的联系将以数字信息流为主，人流和物流等交通流为辅。这种网络式城市空间形态类似于德马（Dematteis）描绘的行星状大都市区网络（the planetary metropolitan network）[①]。

图5－23强调的是运用网络城市的空间观念构筑一个由传统中心、新的城市副中心以及外围节点构成的区域城市网络，节点间借由便捷的交通、通信网络连接。而节点的内部则是更低层次的网络，它们主要由公共空间（广场、商业街区等）及交通网络（步行、公共交通网络等）组成，以便在城市区域高效交通联系的基础上，形成宜人的城市空间，回归城市生活的本义。

① Dermatitis，G.，The weak metropolis，in L. Mazza（Ed.）*World Cities and the Future of the Metropolis*，Milan：Electra，1988.

第 6 章　区域层面的城市群体空间网络化

城市群空间网络化是城乡之间多种物质的动态流的最高表现形式，也是城市群形成发展过程中理想的城镇化模式。两个或更多的原先彼此独立但存在潜在功能互补的城市，借助于快速高效的交通走廊和通信设施连接起来，彼此全力协作以实现大规模经济繁荣的富有创造力的一种创新型城市群空间结构。网络化作为物质演化阶段的一个动态过程，主要表现为城市群区域内经济网络中人流、物流与信息流所依托的基础设施的生成、发育、完善甚至优化的演进过程。

6.1　城市群空间网络化组织模式

城市群区域网络化应当是有序的，不同区域具有不同线性与节点，同时其空间结构组织模式也是具有差异性的①。在区域经济发展过程中，城市群空间网络化组织模式集中表现为以下五种模式，见表 6－1。

① 参见姚士谋、朱英明、陈振光《信息环境下城市群区的发展》，《人文地理》2001 年第 8 期。

表 6 - 1　　不同类型网络化模式对比

网络模式化结构示图	结构图示图	
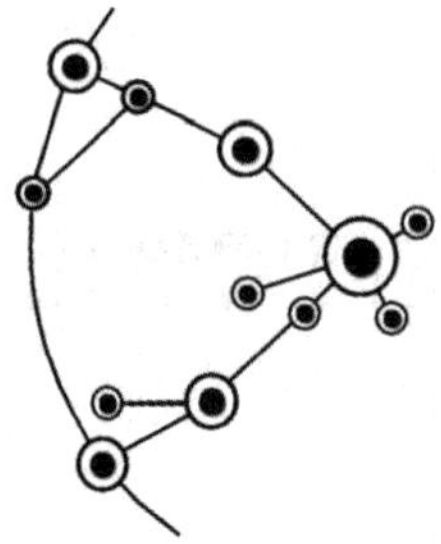 “雁行”型网络化模式	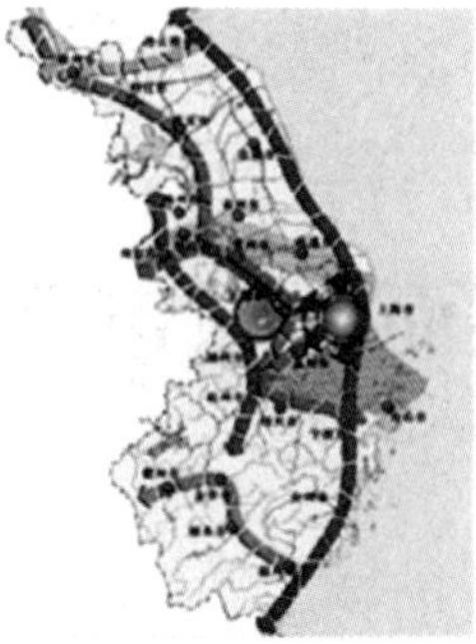 长三角城市群网络化结构	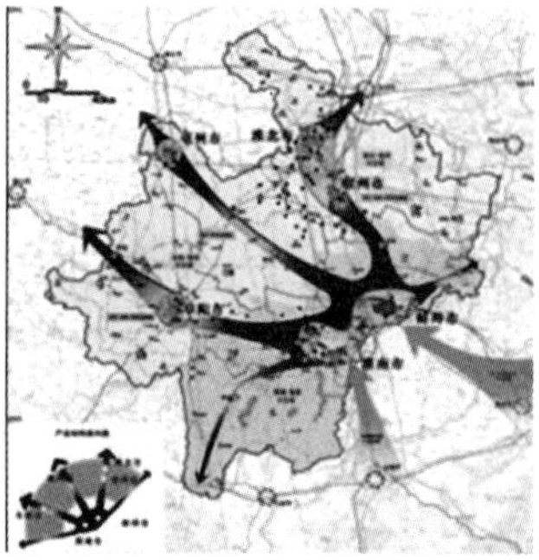 沿淮城市群网络化结构
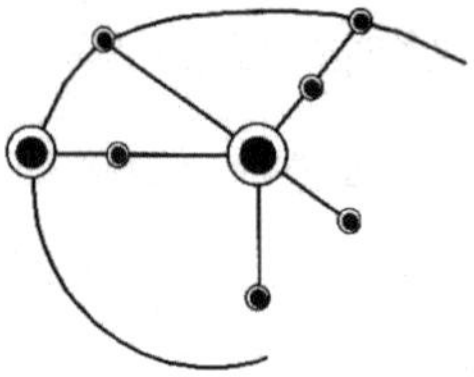 “双子座”型网络化模式	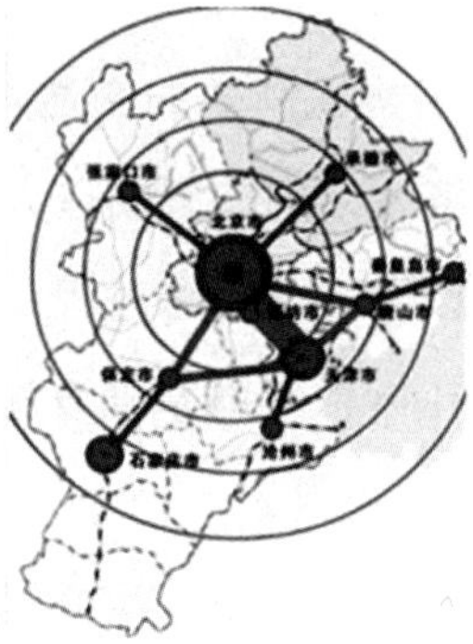 京津冀城市群网络化结构	 山东半岛城市群网络化结构
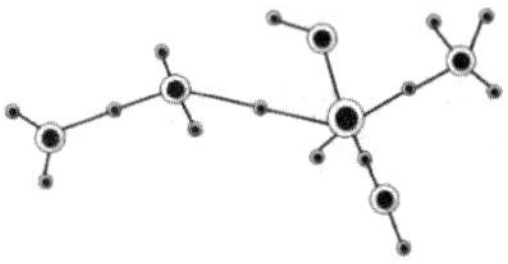 “走廊”型网络化模式	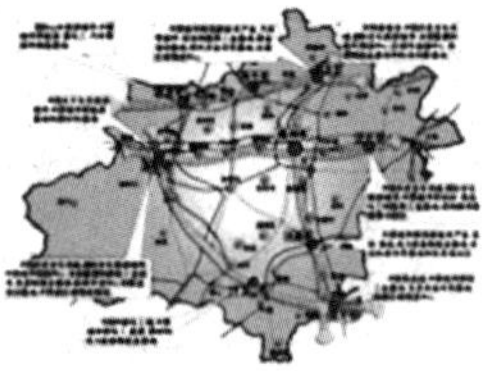 中原城市群网络化结构	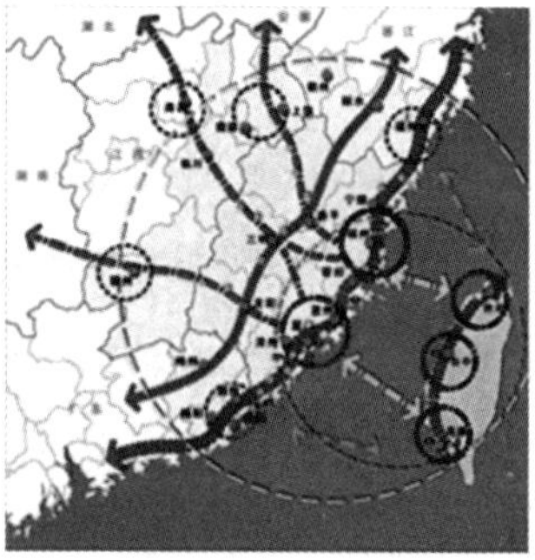 海西城市群网络化结构

续　表

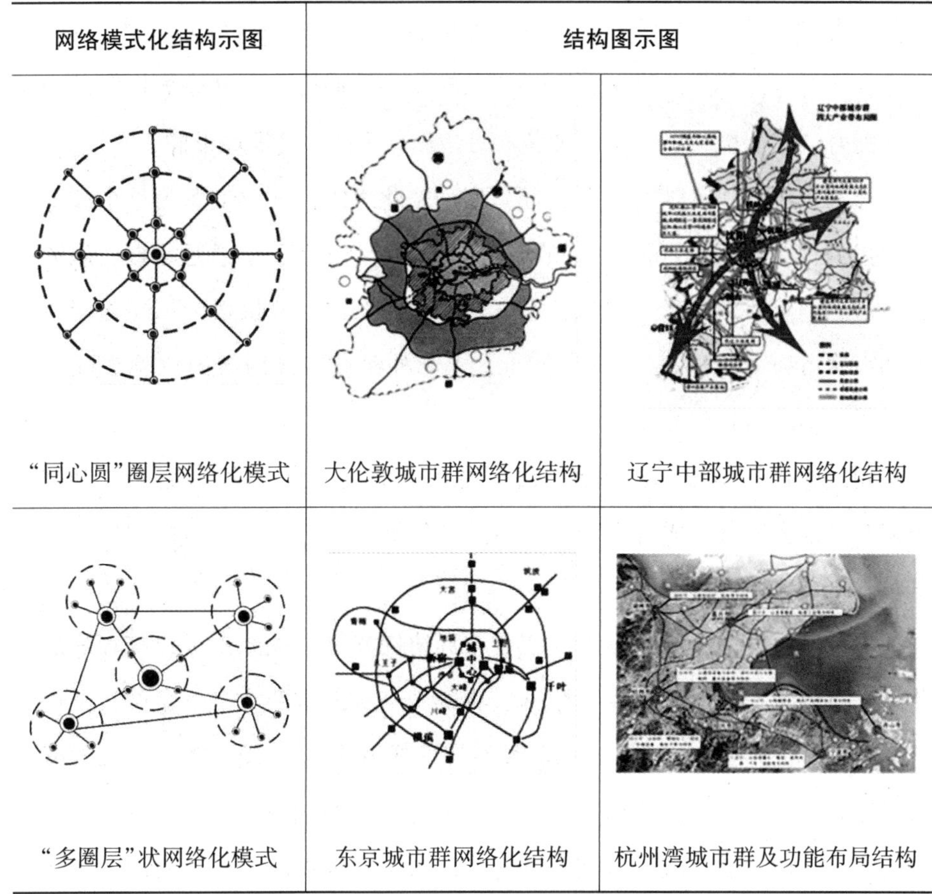

网络模式化结构示图	结构图示图	
“同心圆”圈层网络化模式	大伦敦城市群网络化结构	辽宁中部城市群网络化结构
“多圈层”状网络化模式	东京城市群网络化结构	杭州湾城市群及功能布局结构

6.1.1 “雁行”型网络化模式

“雁行”型网络化模式是以核心城市或区域作为整个城市群体的“发展极”，其他不同功能和规模的大城市作为“协调极”，利用发达的铁路、公路、水路、航空网构成的交通网络来联络，形成高层次的、整体的经济网络和新型的地域生产力关系，空间结构如同空中飞行的“群雁”。“发展极”处于城市群体发展的“领头雁”位置，居绝对主导地位，是整个地区城市相互作用的牵引中心和辐射源，负责引导人流、物流、资金流、信息流在整个城市群体中互动运行。同时，作为创新区，通过体制创新、管理创新、服务创新、观念创新等，不断地向其他大城市推出新技术、新产品、新观念。“发展极”与其他大城市形成一定的分工体系和发展梯度，从而在整合过程中，有利于人流、物流、资金流、信息流的增值循环①。“协调极”在“发展极”的牵引下，配合“发展极”的发展，如长江三角洲城市群、沿淮城市群。

长江三角洲城市群采取“雁行”型网络化组织模式，上海为整个城市群的“发展极”，是区域最新成果的创新区，包括制度创新、管理创新、服务创新、观念创新等，南京、杭州、宁波、苏州、无锡、常州六个不同功能和规模的大城市为“协调极”。在空间上，上海处于城市群网络的“领头雁”位置，并且不断向其他网络城市推出新技术、新产品、新观念，负责引导整个长三角的人流、物流、资金流、信息流在整个城市群中的互动运行。因此，上海与其他大城市形成合理的分工体系和发展梯度，所有要素流均处于增值的循环之中。

沿淮城市群按照城市发展与产业布局协同发展的关系形成以蚌埠—淮南为领头雁的“雁行”型网络化模式，将蚌埠与淮南这两个产业发展较发达地区的产业不断整合与完善，形成区域经济发展极核②。“领头雁”充分发挥中心城市在资源聚集、生产研发、金融服务等方面的优势，带动次区域内广大农村和郊区的发展。通过区域交通连线形成中心辐射路径，带动沿线经济发展，形成三条发散式轴线：蚌埠—淮南—阜阳发展轴、淮北—宿州—蚌埠发展轴和亳州—蚌埠发展轴。

6.1.2 “双子座”型网络化模式

在一些城市群的区域内，有一对城市无论是在地理区位、城市经济力量、城市规模与吸引能力的强弱，还是在区域中所起的作用大小，在城市群的形成发展过程中始终起到“双核心的作用”，如果充分发挥双城效应，可以产生

---

① 参见陆玉麒《区域发展中的空间结构研究》，南京师范大学出版社 1998 年版。

② 参见刘峰、刘贤腾、余忠《协同区域产业发展空间布局初探——以沿淮城市群为例》，《城市规划》2009 年第 6 期。

特别效果。针对这种以两个特大城市为核心的城市群进行的网络化组织称为“双子座”型网络化模式，如京津冀城市群、山东半岛城市群、成渝城市群。

“双子座”型网络化模式中，两个核心城市在空间距离上临近，区域自然条件基本相同，社会、文化发展水平也比较接近。但由于每个城市的实力都比较强，因此，中心城市的主次关系不明确，相互制约，合作的愿望比较淡薄。但是当面临资金不足、资源匮乏、基础设施滞后等共同的困境时，单靠哪个城市都不能很好地解决。只有通过竞争性的合作，取长补短，把整合深入各个层面、各个环节，发挥“双城”的整体优势，才能解决好共同性的问题，从而带动整个城市群的发展。值得一提的是，“双子座”整合模式中的双城，既有形成两个城市势均力敌的情况，也有一强一弱的情况。当双城存在中心和副中心这种状态时，既要重视中心城市的发展，更要注意目前较弱城市的具体定位和策略选择，正确处理好主中心城市与副中心城市在发展中的优势互补合作关系，形成“双核牵引，双星同辉”的崭新格局①。

京津冀城市群（北京—天津）采取“双子座”型网络化模式。北京与天津两座城市仅一城相隔，在中国历史上就因其政治中心与门户地位奠定了无可撼动的区域地位，新中国成立后又成为直辖市，雄厚的基础与实力成为京津冀城市群的两极。通过建设京津城际铁路、京津高速公路通道等交通网络，加强双城的联系，并且深化其内部产业和地区分工，建设优势互补的生产和服务体系，达到双星同辉的态势，同时带动整个城市群的发展。

山东半岛城市群“双子座”型网络化模式，以济南、青岛为中心，淄博、东营、潍坊、烟台、威海、日照辅助协调发展。城市群内形成了两条发展轴线：胶济铁路轴线——以济南—淄博为核心积极调整自身产业结构，抓好电子信息产业、新材料产业与医药制造业等优势产业；沿海产业轴线——以青岛—烟台为核心，带动 3000 千米海岸线上的十几个大中小城市，建成以现代制造业、电子信息业、海洋生物工程为重点的高新技术产业带，以及半岛城市群面向日韩产业协作区的先进制造业核心地带。三个高新产业聚集区为以

① 参见陆大道《区域发展及其空间结构》，科学出版社 1998 年版。

济南市为中心的信息产业聚集区；以淄博、东营、潍坊市为中心的化工新材料产业聚集区；以青岛、烟台、威海、日照市为中心的先进制造产业聚集区①。

6.1.3 “走廊”型网络化模式

“走廊”型网络化模式主要指在一些城市群体或城市发展地带的重要交通枢纽或城镇节点，沿着交通条件比较优越或用水、用地条件好的发展轴线展开，形成了点—轴成带，呈走廊—串珠状联网发展的一种模式。沿着交通走廊或经济发展轴线发展城市群是目前我国城市群空间发展的主要模式之一。通常这类“走廊”型的城镇网络化发展往往形成国家区域性的重要产业地带，如美国东北部大西洋沿岸城市群、中原城市群、海西城市群。

中原城市群采取“走廊”型网络化模式，城市群内部形成四条“走廊”。①郑汴洛城市走廊：以中心城市郑州、副中心城市洛阳和开封作为产业、技术、资金、人才等要素的高势能辐射源，并以沿线巩义、偃师为二级节点城市，以中牟、新密、荥阳、上街、吉利、孟津、新安、义马、渑池等为三级节点城市，在开封至渑池300千米、310国道两侧约30千米范围内展开，牵动群内三大主要城市。②新—郑—漯（京广）走廊：此产业带将纵贯中原城市群南北、呼应京津冀和珠三角城市群及武汉都市圈、连南贯北，与郑汴洛城市走廊形成“十”字形工业区。③新—焦—济（南太行）走廊：此带自东向西依次穿越新乡、焦作、济源三市，并包括三市所辖的辉县、获嘉、修武、博爱、沁阳、孟州6县（市），可辐射整个豫西地区。④洛—平—漯走廊：穿越洛、平、漯三市以及所辖的汝州、宝丰、叶县、舞钢等县（市），向西南辐射南阳等豫西地区，向东辐射周口等豫东地区。

海西城市群包括福州大都市区和厦泉漳大都市区，形成了由福州、宁德、莆田、厦门、泉州和漳州6个城市及周边城镇组成的发展核心区。城市群以

① 参见任建兰、史会剑、张淑敏《山东半岛城市群高新技术产业空间布局协调研究》，《世界地理研究》2009年第9期。

"走廊"型网络化模式，总体上构建了"两点、一线、四轴"的空间布局结构，"两点"即福州大都市区和厦泉漳大都市区，"一线"是沿海城镇密集地带，"四轴"指"南（平）三（明）龙（岩）发展轴""福（州）武（夷山）发展轴""中部（三明至泉州、莆田）发展轴"和"厦（门）龙（岩）发展轴"。

6.1.4 "同心圆"圈层状网络化模式

"同心圆"圈层网络化模式即"核心+外围"圈层网络化模式，主要指一些城市群体发展以核心城市为中心，以圈层状的城市空间分布为特点，逐步向外发展，形成"核心—外围"的圈层，依次分为内圈层、联系圈层和外圈层的一种"圈层"网络化城市组合的城市群。一般来说，内圈层就是核心圈层，是城市群经济、社会发展的中心，经济发展水平较高，是推动城市群区域发展的增长极；联系圈层是受核心圈层影响较大并与之保持紧密联系的圈层；外圈层是外围辐射圈层，是随着核心圈层和紧密联系圈层的发展所能扩散和辐射到的区域，如大伦敦城市群、辽宁中部城市群、大武汉城市群。该模式的优点是可以随城镇及区域发展时序而制定灵活、连续的城市体系发展规划，但核心城市面临巨大的向心压力，尤其是目前中国处于以集聚城镇化为主的发展阶段，这种组合模式易很快被中心城市的蔓延所吞没。

大伦敦城市群为"同心圆"圈层状网络化模式典型代表。1942年，英国著名规划师艾伯格隆比（Patrick Abercrombie）主持"大伦敦规划"的编制。大伦敦规划的区域范围约为6700平方千米，人口约为1250万。其结构是由内至外集中式的圈层结构，即内城圈、近郊圈、绿带圈与外圈。内城圈包括伦敦郡及周边地带，用地结构复杂；近郊圈实行人口密度控制，配套公用设施组成社区；绿带圈为宽约165千米的绿化地带；外圈为农业区，规划建设8个卫星城，并扩建原有的20多座旧城镇，用以疏散伦敦的工业和过剩人口。

辽宁中部城市群也为"同心圆"圈层状网络化模式，城市群"一核心、四辐射带"区域空间发展格局。一个核心是建设沈阳特大经济核心区，打造世界级先进装备制造业基地和技术研发与创新基地，建设区域性商贸物流和金融中心、科教文服务中心、高新技术产业中心，建成超强的区域中心城市，逐步发展成为东北亚国际性中心城市。四条辐射带为通海产业大道经济带、沈铁工业经济带、沈本工业经济带、沈抚产业经济带。

6.1.5 “多圈层”状网络化模式

“多圈层”状网络化模式主要指在城市群中发展培育多中心的自立、互补、相互联系的分散化网络型都市圈。各中心都市圈里形成明显的区域职能分工网络，核心城市根据自身的基础和特色，承担不同的职能分工，最终形成优势互补并能发挥整体集聚优势的网络型城市群，如日本东京城市群、杭州湾城市群。

日本东京城市群采取“多极、多圈层”状网络化组织模式，划分为东京中心部，多摩自立都市圈、神奈川自立都市圈、埼玉自立都市圈、千叶自立都市圈、茨城南部自立都市圈。每个都市圈里细分为业务核心城市和次核心城市，培植了政府机关、业务、金融、信息等中枢职能，并且形成了明显的区域职能不同分工。如东京中心部职能为政治、行政、金融、信息、经济、文化，多摩自立都市圈职能为商业、大学集聚，神奈川自立都市圈职能为国际港湾、工业集聚，埼玉自立都市圈职能为居住、政府集聚，千叶自立都市圈职能为国际空港、工业集聚，茨城南部自立都市圈职能为大学、研究机构集聚。

杭州湾城市群采取“两圈一廊”布局框架，整体属于“多圈层、多极”状网络化模式。杭州城市经济圈呈现以杭州市区为中心，杭宁、杭沪、杭甬、杭金衢高速公路以及 104、320 国道等主要交通走廊为轴线的圈层状结构。重点发展以电子信息、现代医药为主体的高新技术产业以及纺织、服装等传统优势产业，成为全省高新技术研究开发与产业化的核心区域、高附加值传统优势产业发展的枢纽区域。宁波城市经济圈以宁波市区为中心，依托高速公路主骨架和铁路主骨架发展。重点发展临港重化工业和服装、塑料加工等传统优势产业，成为上海国际航运中心的重要组成与浙江临港重化工业的核心区域。近沪经济走廊呈现以嘉兴市区、湖州市区为两极，依托申嘉湖高速公路（规划）、申苏浙皖高速公路（规划）发展的带状结构。强化嘉兴区域性中心城市地位，加大接轨上海力度，重点发展临港型产业、高附加值传统特色产业和部分高新技术产业，成为上海产业转移的吸纳基地、产业协作的配套基地、科技成果的转化基地和跨国公司的出口加工基地。

6.2　城市群空间网络结构计算——以京津冀城市群为例

6.2.1　空间网络模型构建

将城市群的空间结构抽象为网络模型，以便于统计描述其网络拓扑结构与静态特征，模型的构建将作为分析地理空间复杂性特征的基础。将城市或地区抽象为节点，把地理空间中的信息流抽象为节点间的联系，构建区域和国家两种尺度下的三类城市群空间网络模型①。在没有特殊说明的情况下，本节构建的空间网络模型均为相似权含义下的有向加权复杂网络，即节点间的联系是有方向、有权值的，且边权越大表明节点间的空间联系越紧密。

1. 区域城市网络模型

区域城市网络模型是指以城市群的内部空间为范围，将城市群所包含的城市抽象为节点，城市之间的信息流抽象为节点联系后形成的网络结构，如图6－1a所示。

2. 国家城市网络模型

国家城市网络模型是指将24座城市群看作一个整体，把其所包含的

① 参见毛磊、郑伯红《新数据环境下的城市群空间网络结构研究》，博士学位论文，中南大学，2016年。

193 个城市抽象为节点，城市之间的信息流抽象为节点联系后形成的网络结构，如图 6－1b 所示。

3. 国家城市群网络模型

国家城市群网络模型是在国家城市网络的基础上，在各城市群内部范围进行节点收缩。节点收缩是一种常见的复杂网络挖掘方法，是指将网络中与节点 v_i 相连接的 k_i 个节点通过收缩都与节点 v_i 融合，形成一个新的节点 v'_i 用于代替原来的 k_i+1 个节点。通过节点收缩，我们把国家城市网络中城市群内部的节点融合，形成 24 个城市群节点，再把城市群之间的信息流总和抽象为节点联系后形成的网络结构，如图 6－1c 所示。

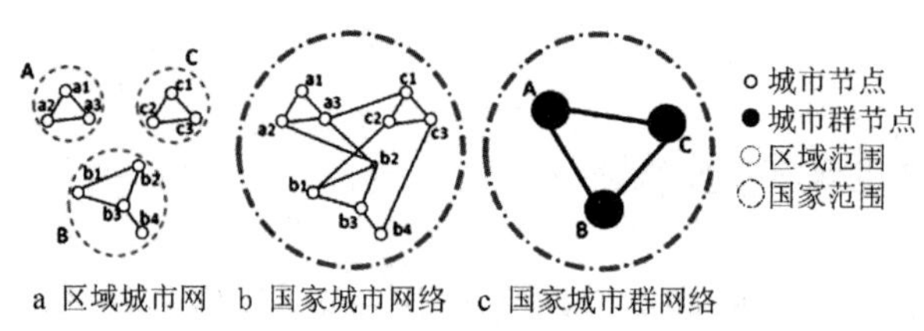

图 6－1 城市群空间网络结构示意

6.2.2 网络结构模型统计指标

1. 统计指标的计算方法

复杂网络是一个包含了大量个体以及个体之间相互作用的系统，是把某种现象或某类关系抽象为个体（节点）以及个体之间相互作用（边）而形成的用来描述这一现象或关系的图。复杂网络的研究侧重于从各实际网络的现象中抽象出一般网络几何量，并用这些几何性质解释和描述网络的拓扑结构与静态特征。本书参考了一些以往的相关研究文献，并根据城市群空间网络有向加权的特征总结出以下几类统计指标。

（1）节点权

在无向无权网络中，与节点 v_i 相连接的邻边数量 k_i 被称为节点度。将节点度的概念推广至加权网络中即为节点权，由于边被赋予了权值，节点权可

定义为:

$$S_i = \sum w_i \quad (6-1)$$

其中, S_i 表示节点 v_i 的点权, $\sum w_i$ 表示节点 v_i 所有邻边的边权之和。

借鉴 Boccaletti 的研究①, 对于有向加权网络, 边权 w_i 是具有方向的, 根据边权与节点 v_i 的指向关系可分为点入权和点出权:

$$S_i^{in} = \sum w_i^{in} \quad (6-2)$$

$$S_i^{out} = \sum w_i^{out} \quad (6-3)$$

其中, S_i^{in} 表示节点 v_i 的点入权, $\sum w_i^{in}$ 表示所有指向节点 v_i 的邻边边权之和; S_i^{out} 表示节点 v_i 的点出权, $\sum w_i^{out}$ 表示所有从节点 v_i 指向其他节点的邻边边权之和。从上述概念中容易得出:

$$S_i = S_i^{in} + S_i^{out} \quad (6-4)$$

在一个包含 N 个节点的网络中, 可以得出网络总点权和平均点权的定义, 表示为:

$$S_{总} = \sum S_i \quad (6-5)$$

$$\langle S \rangle = \frac{S_{总}}{N} \quad (6-6)$$

其中, $S_{总}$ 表示网络总点权, $\sum S_i$ 表示所有节点点权之和, $\langle S \rangle$ 表示网络的平均点权, N 表示网络包含的节点数量。

在城市群空间网络中, 点权可以理解为节点城市或者节点城市群的空间流集聚程度, 即点权越大的节点在空间网络中处于更具活力的状态。点入权表示某个节点对于其他城市或者城市群资源的吸收能力, 而点出权则表示其辐射能力。网络总点权表示某个空间网络的总体发育程度, 而平均点权则表示空间网络中所有节点的平均活力水平。

---

① Boccaletti S., Latora V., Moreno Y., Chavez M., Hwang D. U., *Complex Network: Structure and Dynamics*, Netherlands: Physics Report, 2006.

（2）节点对称性

在有向加权网络中，节点间的相互作用可以通过方向和强度来描述，而相互作用的平衡性则可以通过对称性来描述：

$$NS_i = \frac{S_i^{in} - S_i^{out}}{S_i^{in} + S_i^{out}} \tag{6-7}$$

其中，NS_i 表示节点 v_i 的对称性，S_i^{in} 表示节点 v_i 的点入权，S_i^{out} 表示节点 v_i 的点出权。容易得出 $-1 \leqslant NS_i \leqslant 1$，即当没有从节点 v_i 指向其他节点的邻边时，有 NS_i 的最大值 1；当没有指向节点 v_i 的邻边时，有 NS_i 的最小值 -1。

节点对称性可用于描述某个节点城市或者节点城市群在空间网络中吸收能力与辐射作用的对比。节点对称性越大说明该节点对于其他节点的吸收作用比辐射作用更明显，该节点也更可能处于核心的地位；反之则说明该节点可能处于相对弱势的地位。

（3）点权差异性

节点 v_i 的点权差异性，即权重分布差异性，用于表示与节点 v_i 相连边权分布的离散程度，对于无向网络，可以将其定义为：

$$Y_i = \sum_{j \in N_i} \left(\frac{w_{ij}}{S_i}\right)^2 \tag{6-8}$$

其中，Y_i 表示节点 v_i 的点权差异性，$j \in N_i$ 表示节点 v_j 与节点 v_i 之间有联系的边，w_{ij} 表示节点 v_i 与节点 v_j 之间的边权，S_i 表示节点 v_i 的点权。容易看出，如果节点 v_i 邻边权值相差较大，例如，只有一条边的权重起着绝对重要的作用，则 $Y_i \approx 1$；如果节点 v_i 邻边权值差别不大，则 $Y_i \approx \frac{1}{k_i}$，其中 k_i 表示节点 v_i 的邻边数量。

对于有向加权网络，也可以分别定义入权差异性和出权差异性，即

$$Y_i^{in} = \sum_{j \in N_i} \left(\frac{w_{ji}}{S_i^{in}}\right)^2 \tag{6-9}$$

$$Y_i^{out} = \sum_{j \in N_i} \left(\frac{w_{ij}}{S_i^{out}}\right)^2 \tag{6-10}$$

其中，Y_i^{in} 表示节点的入权差异性，$j \in N_i$ 表示节点 v_j 与节点 v_i 之间有联系

的边，w_{ji} 表示节点 v_j 指向节点 v_i 的边权，S_i^{in} 表示节点 v_i 的点入权，Y_i^{out} 表示节点的出权差异性，w_{ij} 表示节点 v_i 指向节点 v_j 的边权，S_i^{out} 表示节点 v_i 的点出权。

点权差异性可以度量某个节点与其他节点城市或节点城市群之间的联系是否平衡。例如，在区域城市网络中，如果某个城市只与少数城市有明显的联系，则其点权差异性会较大，该城市在网络中的空间作用会较小；而核心城市会与多数城市有明显的联系，其点权差异性会较小，该城市在网络中的空间作用会更明显。

（4）点权累积分布

在加权网络中，点权的累积分布表示点权不小于某个值的节点的概率分布，定义为：

$$P_s = \sum_{x=s}^{\infty} P(x) \tag{6-11}$$

其中，P_s 表示任意选择一个节点，其点权不小于 S 的概率；$P(x)$ 表示任意选择一个节点，其点权为 S 的概率。在本书构建的城市群空间网络模型中，所有节点之间几乎都有联系，因此使用点权累积分布显然比度分布能够更好地解释网络结构特征。

对于有向加权网络，也可以分别定义入权累积分布和出权累积分布，即

$$P_s^{in} = \sum_{x=s}^{\infty} P(x^{in}) \tag{6-12}$$

$$P_s^{out} = \sum_{x=s}^{\infty} P(x^{out}) \tag{6-13}$$

其中，以下符号均为在任意选择一个节点的情况下：P_s^{in} 表示其点入权不小于 S 的概率，$P(x^{in})$ 表示其点入权为 S 的概率，P_s^{out} 表示其点出权不小于 S 的概率，$P(x^{out})$ 表示其点出权为 S 的概率。

点权累积分布可用于识别城市群空间网络是否具有无标度性特征。假如在国家城市网络中，其点权累积分布呈现出泊松分布的特征则说明空间网络中各节点城市近似于随机连接；反之，则表明网络存在少量具有高联通作用的中心城市和大量具有低联通作用的普通城市，城市的重要程度有明显的差异。

（5）平均联系强度

平均联系强度表示所有边权的平均值，用于描述节点联系强度的相对值，用公式表示为：

$$\langle w \rangle = \frac{\sum w_{ij}}{M} \tag{6-14}$$

其中，$\langle w \rangle$ 表示网络的平均联系强度，$\sum w_{ij}$ 表示所有边权之和，M 表示边的数量。

与平均点权类似，平均联系强度用于描述城市群空间网络中各节点间空间相互作用活跃程度的平均水平。

（6）边权的分形维数

分形理论是一种用分形分维的方式描述和研究复杂系统的数学方法。通过分形分析，可以对看起来复杂无规则的形态提供一种用于量化描述的维数。分形维数可理解为地理空间网络中复杂空间的填充程度，反映空间的集聚扩散状态，用公式可表示为：

$$w(m) \propto m^{-D} \tag{6-15}$$

$$\ln w(m) = C - D\ln m \tag{6-16}$$

其中，m 表示空间网络中所有边权的位序，$w(m)$ 表示位序为 m 时的边权大小，C 为常数，D 为分形维数。一般情况下有 $0 < D < 2$，$D < 1$ 表示空间网络结构较为松散，空间要素的分布不够均匀，空间的扩散作用更为明显；$D > 1$ 则表示网络结构较为紧凑，空间要素的分布比较均匀，空间的集聚作用更为明显。

（7）网络密度

网络密度表示网络中连线的疏密程度，用公式可表示为：

$$\rho = \frac{M}{N(N-1)} \tag{6-17}$$

其中，ρ 表示网络密度，M 表示边的数量，N 表示节点的数量。在包含 N 个节点的有向网络中，边数 M 理论上的最大值为 $N(N-1)$，所以 $\rho \in [0,1]$。

本书所构建网络模型中，所有节点之间几乎都有联系，即 $\rho \approx 1$。因此，需要定义不同阈值下的网络密度：

$$\rho_w = \frac{M_w}{N(N-1)} \tag{6-18}$$

其中，ρ_w 表示边权 w 处于某一特定阈值范围下的网络密度，M_w 表示边权 w 处在该阈值范围中的边的数量，N 表示节点的数量。

在空间网络模型原始数据的统计中存在少量联系强度为 0 的节点对，可以理解为这些节点对之间的空间联系非常弱。为了方便横向比较不同网络之间或者纵向比较同一个网络在不同时间维度中的特性差异，本书在网络密度指标的计算中将它们也视为存在联系的节点对，即 $\sum \rho_w = 1$ ，不同阈值下的网络密度可以描述网络中空间联系强度在多个值域内的分布状态。

（8）中心化程度

网络的中心化程度，指的是网络的总体关联的整合度或一致性，可将其定义为：

$$C = \frac{1}{N-1} \sum \frac{S_{\max} - S_i}{S_{\max} - S_{\min}} \tag{6-19}$$

其中，C 表示网络的中心化程度，S_i 表示节点 v_i 的点权，$S_{\max}$ 表示所有节点权的最大值，$S_{\min}$ 表示所有节点权的最小值，N 表示网络包含的节点数量。

公式（6－19）所定义的中心化程度是一个经过标准化的相对值，容易得出 $0 \leqslant C \leqslant 1$ 。在城市群空间网络中，其数值越接近 1，说明网络的中心化程度越高，网络中的某个节点处于明显的核心地位；数值越接近 0，则说明各节点间平衡程度越高。

（9）网络结构熵

网络结构熵是用于描述复杂网络序状态的指标，它是以节点重要程度为基础进行定义的。假设网络中节点 v_i 的点权为 S_i ，则其重要度可定义为：

$$I_i = S_i / \sum_{i=1}^{N} S_i \tag{6-20}$$

对于 $S_i = 0$ 的节点不作考虑，可以将网络结构熵定义为：

$$E = -\sum_{i=1}^{N} I_i \cdot \ln I_i \tag{6-21}$$

其中，E 表示网络结构熵，I_i 表示节点 v_i 的重要度，N 表示节点数量。

当网络完全均匀，即 $I_i = 1/N$ 时，有 $E_{max} = \ln N$；当网络最不均匀，即网络中所有节点都只与同一个节点相连时，有 $E_{min} = [\ln 4(N-1)]/2$。为了消除节点数量 N 对网络结构熵 E 的影响，可以对其进行标准化处理：

$$E' = \frac{E - E_{min}}{E_{max} - E_{min}} = \frac{-2\sum_{i=1}^{N} I_i \cdot \ln I_i - \ln 4(N-1)}{2\ln N - \ln 4(N-1)} \tag{6-22}$$

其中，E' 为网络的标准结构熵，显然 $0 \leqslant E' \leqslant 1$。

网络结构熵用于研究城市群空间网络的非同质性，与点权累积分布互为补充，同时也可以更简洁地度量网络的序状态。当一个城市网络具有无标度特征时，其值会更小，此时城市之间的空间联通性也更好，其小世界性会更明显；当城市网络中的节点间整体联通性较差时，熵值会变大，网络的小世界性也会逐渐消失。

2. 统计指标的相关说明

上述网络结构指标可按其量化描述的对象分为5类单个节点描述指标和8类整体网络描述指标。在实证研究中，下一章国家城市网络和国家城市群网络的分析量化了所有13类结构指标，而本章区域城市网络部分只量化了整体网络描述指标中的总点权、平均点权、平均联系强度、网络密度、中心化程度和网络结构熵等6类特征。具体的网络结构统计指标说明见表6-2。

表6-2 网络结构统计指标的说明

序号	指标名称	符号	指标公式	描述对象	是否进行相关计算和分析		
					区域城市网络	国家城市网络	国家城市群网络
1	节点权	S_i	公式1	单个节点	×	√	√
2	点入权	S_i^{in}	公式2	单个节点	×	√	√
3	点出权	S_i^{out}	公式3	单个节点	×	√	√
4	总点权	$S_{总}$	公式5	整体网络	√	√	√

续 表

序号	指标名称	符号	指标公式	描述对象	是否进行相关计算和分析		
					区域城市网络	国家城市网络	国家城市群网络
5	平均点权	$\langle S\rangle$	公式 6	整体网络	√	√	√
6	节点对称性	NS_i	公式 7	单个节点	×	√	√
7	点权差异性	Y_i	公式 8	单个节点	×	√	√
8	点权累积分布	P_s	公式 11	整体网络	×	√	√
9	平均联系强度	$\langle w\rangle$	公式 14	整体网络	√	√	√
10	边权分形维数	D	公式 16	整体网络	×	√	√
11	网络密度	ρ	公式 18	整体网络	√	√	√
12	中心化程度	C	公式 19	整体网络	√	√	√
13	网络结构熵	E'	公式 22	整体网络	√	√	√

6.2.3　数据来源与处理

1. 数据来源

研究中用于表示空间信息关联的城市流数据来源于百度指数。根据市场研究公司 Net Applications 数据显示，在 2016 年 1 月，全球引擎市场份额中，百度占到 8.3%，位于 Google 和 Bing 之后，排名第三。作为全球最大的中文引擎，百度在 2006 年推出了类似于谷歌趋势（google trends）的统计平台——百度指数。百度指数是以百度海量网民行为数据为基础的数据分享平台，如图 6－2 所示，是国内当前互联网乃至整个数据时代最重要的统计分析平台之一，自发布之日起便成为众多企业营销决策的重要依据。百度指数能够告诉用户，某个关键词在百度的规模有多大，一段时间内的涨跌态势，相关的新闻舆论变化，以及关注这些词的网民是什么样的，分布在哪里，同时还关注了哪些相关的词。

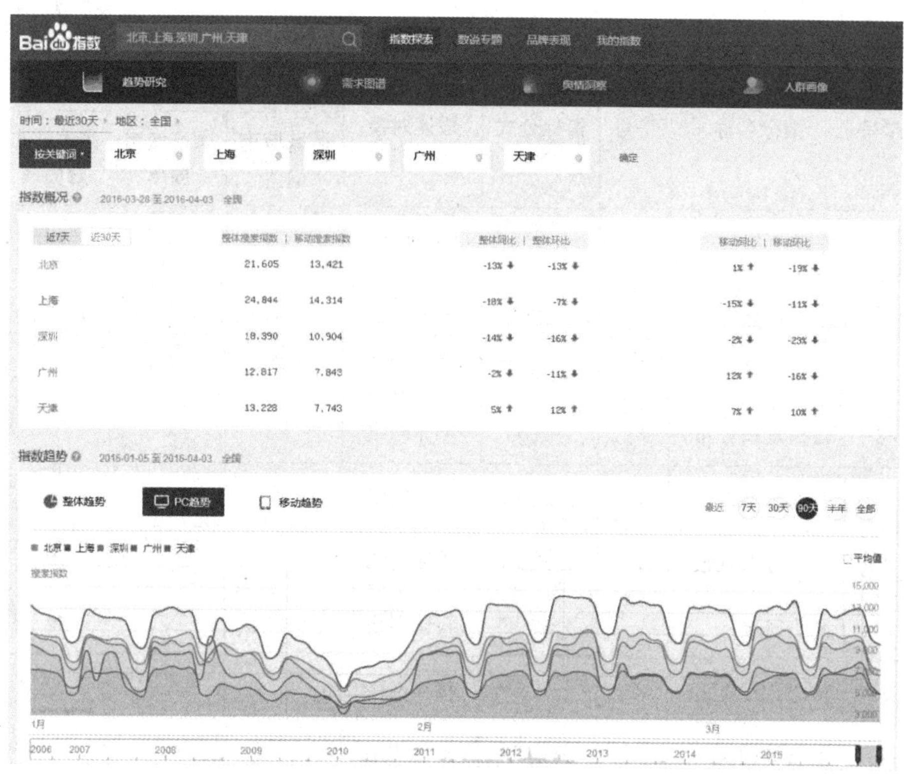

图 6－2　百度指数示意

资料来源：百度指数平台。

借助百度指数平台，熊丽芳、甄峰等（2013）采用“城市名”作为关键词和搜索地区，获取了长三角核心区 16 个城市在 2009 年和 2012 年 1 月至 6 月的信息流数据[①]；刘铮、赵渺希等（2013）采用“城市名＋地图”作为关键词，“城市名”作为搜索地区获取了直辖市、省会、自治区首府以及副省级城市等 36 座城市在 2010 年 1 月 1 日至 2011 年 12 月 31 日的信息流数据[②]。参考国内学者已有的研究基础，本书将城市之间的百度指数视为地理空间中的信息流强度，采取了类似的空间关系数据获取方法。

① 参见熊丽芳、甄峰、王波《基于百度指数的长三角核心区城市网络特征研究》，《经济地理》2003 年第 7 期。

② 参见刘铮、王世福、赵渺希、吴康《有向加权型城市网络的探索性分析》，《地理研究》2013 年第 7 期。

例如，设置“北京”为关键词，“上海”为地区，“2011 年 1 月至 2011 年 12 月”为时间，百度指数显示该时间段内在 PC 端和移动端的指数整体趋势为 516。该数值“516”即被视为 2011 年的空间网络中从节点北京指向节点上海的信息流原始数据。将研究对象中 24 个城市群所包含的 193 个城市名在百度指数平台中分别设置为关键词和地区，通过 python 软件和 orc 识别技术，抓取了 2011 年、2013 年和 2015 年这些城市的年平均指数，并以此为基础构建了原始数据的城市网络矩阵。

图 6－3 为 2011 年 193 个城市相互指数的部分截图，在此 193 × 193 的矩阵中，左列的城市名表示关键词，第一行的城市名表示地区。即矩阵中第一行第二列的 303 表示从成都指向重庆的信息流数据，第二行第一列的 312 则表示从重庆指向成都的信息流数据。研究中所有空间网络矩阵均是以这样的指向关系为基础构建的。

	成都	重庆	德阳	绵阳	宜宾	乐山	泸州	南充	自贡	达州	眉山	内江	遂宁	广安	雅安	资阳	长沙
成都	0	303	0	0	0	0	0	0	0	0	0	0	0	0	0	0	0
重庆	312	1887	73	92	80	71	84	87	73	91	61	78	70	91	68	64	130
德阳	154	75	404	68	38	48	40	47	[illegible]	[illegible]	38	35	31	28	47	25	50
绵阳	282	96	80	705	57	58	53	63	57	49	52	52	62	43	61	39	58
宜宾	197	100	58	63	357	61	69	[illegible]	65	41	[illegible]	58	33	32	52	33	60
乐山	157	76	57	60	56	256	42	46	53	34	60	43	33	24	49	23	54
泸州	165	106	57	64	74	53	415	60	57	44	40	60	36	30	46	34	59
南充	197	103	60	68	50	52	49	350	51	58	50	49	59	63	50	34	60
自贡	136	82	53	59	64	46	55	45	45	30	39	66	25	27	42	27	48
达州	181	116	56	68	47	44	49	65	46	301	32	45	44	51	52	29	54
眉山	148	70	49	62	41	68	43	44	36	29	221	37	25	18	50	30	39
内江	148	93	50	[illegible]	[illegible]	[illegible]	[illegible]	[illegible]	57	51	31	250	32	27	38	56	45
遂宁	169	98	59	[illegible]	48	41	47	65	47	41	35	50	212	38	76	41	54
广安	119	106	51	[illegible]	40	34	37	64	34	54	25	41	35	168	45	20	47
雅安	150	77	54	[illegible]	42	55	38	50	41	31	49	44	28	22	154	34	48
资阳	132	69	44	59	33	39	34	38	36	21	39	57	24	18	41	126	48
长沙	84	87	29	45	28	25	23	28	22	23	14	20	16	15	25	13	969

图 6－3　原始数据的城市网络矩阵（部分截图）及其指向关系

2. 数据清洗

数据清洗（data cleaning）是对原始数据进行重新审查和校验的过程，目的在于删除重复信息，纠正存在的错误，并提供数据一致性。与多数的大数据研究类似，本书抓取的城市间信息流指数也存在数据残缺和错误的现象。数据缺陷主要包括以下三类：①百度指数平台中的地区选项缺少中原城市群的济源和南宁城市群的崇左，这两个城市作为地区的数据缺失；②珠江三角洲城市群的香港和澳门使用百度引擎的用户偏少，这两个城市作为搜索地区的数据也偏小，与其他城市的数据缺乏一致性；③将成渝城市群的成都，武汉城市群的黄石和咸宁，长江三角洲城市群的泰州、湖州、绍兴和淮安，山东半岛城市群的日照，珠江三角洲城市群的江门，黔中城市群的黔东南以及辽中南城市群的辽阳等 11 个城市作为关键词时，只有北京、天津、上海和重庆 4 个直辖市作为搜索地区的数据，其他城市作为搜索地区的数据均缺失。

针对这些缺陷，本书通过以下几个步骤进行数据的清洗。

步骤一：添加济源、崇左列数据。

在图 6－3 所示的原始数据矩阵中，添加济源和崇左作为搜索地区的两列百度指数，数据暂时设定为 0。

步骤二：对角线归零。

因为本书构建的空间的网络为简单图，不考虑节点的自环，即节点城市对自身的搜索指数不被考虑，因此需要将矩阵的对角线值设为 0。

步骤三：转置济源等 4 个城市的地区数据。

济源、崇左、香港、澳门这 4 个城市作为搜索地区时，其百度指数存在缺失或者偏小的现象，将这些城市作为搜索关键词的行数据转置为作为搜索地区的列数据。

步骤四：转置成都等 11 个城市的关键词数据。

成都、黄石、咸宁、泰州、湖州、绍兴、淮安、日照、江门、黔东南、辽阳等 11 个城市作为关键词时，仅有直辖市对它们的搜索数据。需要把这 11 城市的搜索数据转置为地区数据。

步骤五：恢复直辖市列数据。

恢复北京、天津、上海、重庆作为搜索地区对成都等 11 个城市作为搜索关键词的原始列数据。

步骤六：添加成都等 11 个城市之间的缺失值。

根据相似城市之间的搜索趋势，估计成都等 11 个城市之间的百度指数，添加至网络矩阵中。

步骤七：收缩城市群的内部节点。

通过节点收缩的方法，如图 6－4 所示，把国家尺度下的 193 个城市节点收缩为 24 个城市群节点，形成国家城市群网络的邻接矩阵。

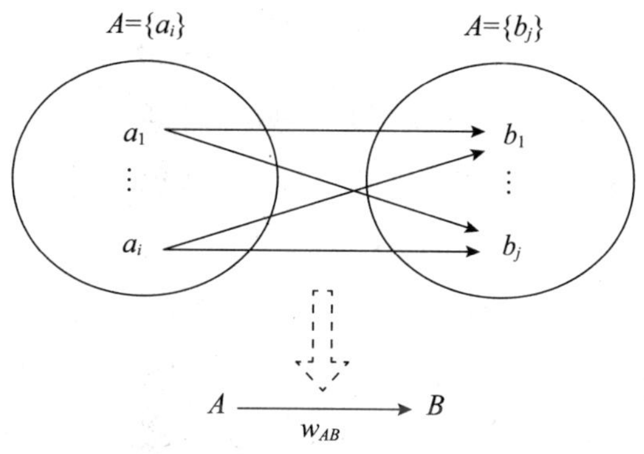

图 6－4　节点收缩示意

这些步骤使城市或城市群之间的空间关联数据更加接近现实，并且可以得到数据清洗后的空间网络邻接矩阵（详见附录 1）。

3. 数据标准化

为了方便网络模型的指标计算与比较，还需要把数据清洗后的空间网络矩阵进行标准化处理。标准化的方法如下：

$$w'_{ij} = \frac{100w_{ij}}{w_{max}} \tag{6-23}$$

其中，w'_{ij} 表示节点对（v_i，v_j）间的边权标准值，w_{ij} 表示节点对（v_i，v_j）间的数据清洗后的边权值，w_{max} 表示所有 w_{ij} 中的最大值。在区域城市网络和国家城市网络中，w_{max} 为 2015 年从天津指向北京的信息流数据，该数值为 2133；在国家城市群网络中，w_{max} 为 2015 年从长江三角洲城市群指向珠江三角洲城市群的信息流数据，该数值为 33041。

在完成标准化后，这些数据将被看作城市之间带有方向属性和权重属性的空间流，生成用于区域城市网络、国家城市网络、国家城市群网络等多个网络模型表达的标准邻接矩阵。

4. 与引力模型数据的比较

引力模型是研究空间相互作用关系的经典模型，可用公式表示为：

$$F = \frac{M_1M_2}{r^2} \tag{6-24}$$

其中，F 表示两个研究对象之间的空间引力，M_1 和 M_2 分别表示两个研究对象的某类空间要素（如比较常见的有人口、GDP），r 表示两个研究对象的空间距离。

传统的研究认为，空间的相互作用力与研究对象的某类空间要素成正比，与其距离的平方成反比。但随着全球化和信息化的快速推进，地理空间呈现出明显的扁平化特征，地理距离的概念也随之弱化。在这种背景下，公式（6－24）所描述的引力模型在构建的信息流空间网络中似乎不再适用。

为了验证该假设，以长株潭城市群为例比较了引力模型和百度指数在空间相互作用关系度量上的区别。首先，将长株潭城市群各节点城市的市政府所在地视为城市中心，使用百度地图测量各城市中心间的直线距离，见表 6－3。再通过百度指数获取了 2015 年 1 月至 2015 年 2 月这些节点城市作为关键，在全国范围的搜索趋势，见表 6－4。将这两组数据视为引力模型中的空间距离和空间要素，带入公式（6－24）可获得如表 6－5 所示的引力模型原始邻接矩阵。通过百度指数平台获取这些城市在同一时间段的相互搜索趋势，可获得如表 6－6 所示的百度指数原始邻接矩阵。为了进行更直观的比较，根据公式将两个原始邻接矩阵转化为标准邻接矩阵，标准化后的数据见表 6－7 和表 6－8。

表 6－3　　　长株潭城市群乌鸦距离矩阵（单位：km）

	长沙	株洲	湘潭	益阳	岳阳	常德	衡阳	娄底
长沙		48.5	44.3	67.6	126.8	150.5	152.7	109.9
株洲			18.7	111.1	170.0	194.0	117.8	113.0
湘潭				99.1	170.7	180.8	110.4	94.6
益阳					116.7	83.2	185.9	101.6
岳阳						143.5	279.3	215.2
常德							252.7	151.2
衡阳								106.0
娄底								

表 6－4　　长株潭城市群 8 个城市的百度指数（2015.01—2015.02）

长沙	株洲	湘潭	益阳	岳阳	常德	衡阳	娄底
5857	2051	1379	1446	1945	1895	2489	1503

表 6－5　　长株潭城市群引力模型原始邻接矩阵（2015.01—2015.02）

	长沙	株洲	湘潭	益阳	岳阳	常德	衡阳	娄底
长沙	0.0	5106.9	4115.6	1853.3	708.5	490.0	625.2	728.9
株洲	5106.9	0.0	8088.1	240.3	138.0	103.3	367.9	241.4

续 表

	长沙	株洲	湘潭	益阳	岳阳	常德	衡阳	娄底
湘潭	4115.6	8088.1	0.0	203.0	92.0	79.9	281.6	231.6
益阳	1853.3	240.3	203.0	0.0	206.5	395.9	104.1	210.5
岳阳	708.5	138.0	92.0	206.5	0.0	179.0	62.1	63.1
常德	490.0	103.3	79.9	395.9	179.0	0.0	73.9	124.6
衡阳	625.2	367.9	281.6	104.1	62.1	73.9	0.0	332.9
娄底	728.9	241.4	231.6	210.5	63.1	124.6	332.9	0.0

表 6-6　长株潭城市群百度指数原始邻接矩阵（2015.01—2015.02）

	长沙	株洲	湘潭	益阳	岳阳	常德	衡阳	娄底
长沙	0	185	156	150	177	147	179	198
株洲	583	0	134	69	108	75	131	113
湘潭	344	104	0	46	70	55	83	94
益阳	333	103	70	0	82	78	82	89
岳阳	452	104	90	79	0	85	103	102
常德	460	107	88	90	109	0	120	112
衡阳	548	127	95	74	89	78	0	166
娄底	337	96	96	90	68	68	86	0

表 6－7　　长株潭城市群引力模型标准邻接矩阵（2015.01—2015.02）

	长沙	株洲	湘潭	益阳	岳阳	常德	衡阳	娄底
长沙	0.00	63.14	50.88	22.91	8.76	6.06	7.73	9.01
株洲	63.14	0.00	100.00	2.97	1.71	1.28	4.55	2.98
湘潭	50.88	100.00	0.00	2.51	1.14	0.99	3.48	2.86
益阳	22.91	2.97	2.51	0.00	2.55	4.89	1.29	2.60
岳阳	8.76	1.71	1.14	2.55	0.00	2.21	0.77	0.78
常德	6.06	1.28	0.99	4.89	2.21	0.00	0.91	1.54
衡阳	7.73	4.55	3.48	1.29	0.77	0.91	0.00	4.12
娄底	9.01	2.98	2.86	2.60	0.78	1.54	4.12	0.00

表 6－8　　长株潭城市群百度指数标准邻接矩阵（2015.01—2015.02）

	长沙	株洲	湘潭	益阳	岳阳	常德	衡阳	娄底
长沙	0.00	31.73	26.76	25.73	30.36	25.21	30.70	33.96
株洲	100.00	0.00	22.98	11.84	18.52	12.86	22.47	19.38
湘潭	59.01	17.84	0.00	7.89	12.01	9.43	14.24	16.12
益阳	57.12	17.67	12.01	0.00	14.07	13.38	14.07	15.27
岳阳	77.53	17.84	15.44	13.55	0.00	14.58	17.67	17.50
常德	78.90	18.35	15.09	15.44	18.70	0.00	20.58	19.21
衡阳	94.00	21.78	16.30	12.69	15.27	13.38	0.00	28.47
娄底	57.80	16.47	16.47	15.44	11.66	11.66	14.75	0.00

我们把两组标准数据用散点图的形式进行比较。由于数据都是标准化的，因此在理论上多数散点集中于直线 $y = x$ 的附近时，可以得到引力模型和百度指数的数据较为接近的结论。但结果并不是这样，如图 6－5 所示，只有少量散点处在直线 $y = x$ 的附近，由引力模型计算得到的空间联系强度多数远小于由百度指数统计所得数据。此外，引力模型计算得到的空间联系最大值处在株洲和湘潭之间，而百度指数统计则显示最大值应为长沙和株洲之间的联系，显然前者的计算结果不符合现实。并且，由引力模型计算得到的数据是不具有方向的，在地理空间上可以理解为长沙对株洲的辐射能力与株洲对长沙的辐射能力是相同的，显然这也与当前空间研究的主流思路不符。虽然引力模型在数据获取上具有成本低的优点，但计算结果误差较大且空间联系不具有方向属性的特点使其并不适用于信息流视角下空间网络结构的研究。

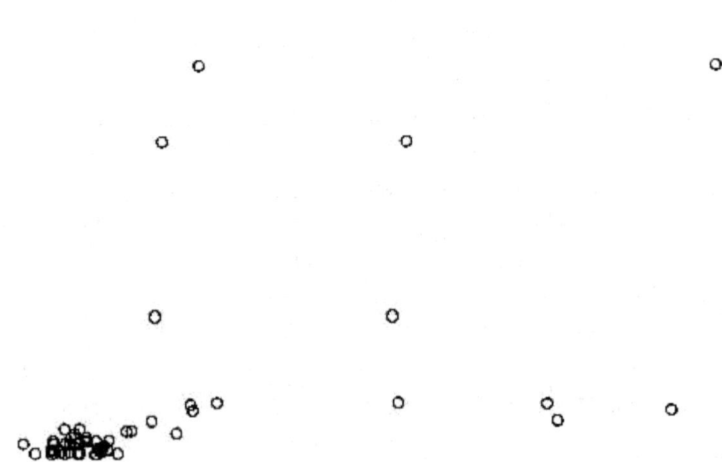

图 6－5　百度指数与引力模型的标准化数据比较

6.2.4　标准邻接矩阵的构建及其可视化

以 2011 年的京津冀城市群区域城市网络为例，表 6－9 所示为数据清洗后得到的网络结构邻接矩阵，通过公式可将其转化为表 6－10 所示的网络结构标准邻接矩阵，标准化后的数据 $0 \leqslant w'_{ij} \leqslant 100$ 。

表 6－9　　　　京津冀城市群网络结构的邻接矩阵（2011 年）

	北京	天津	唐山	廊坊	保定	秦皇岛	石家庄	张家口	承德	沧州
北京	0	657	192	199	333	133	279	143	86	141
天津	786	0	115	110	126	88	140	72	61	107
唐山	337	157	0	96	120	97	154	68	60	71
廊坊	372	130	75	0	94	66	119	59	65	74
保定	299	122	110	104	0	72	166	65	54	78
秦皇岛	483	188	159	84	134	0	161	70	63	81
石家庄	521	185	208	133	286	98	0	93	83	133
张家口	379	129	77	73	113	68	144	0	53	65
承德	325	116	91	70	84	72	112	59	0	61
沧州	226	127	92	79	99	68	144	58	48	0

表 6－10　　　京津冀城市群内部网络结构的标准邻接矩阵（2011 年）

	北京	天津	唐山	廊坊	保定	秦皇岛	石家庄	张家口	承德	沧州
北京	0.00	30.80	9.00	9.33	15.61	6.24	13.08	6.70	4.03	6.61
天津	36.85	0.00	5.39	5.16	5.91	4.13	6.56	3.38	2.86	5.02

续 表

	北京	天津	唐山	廊坊	保定	秦皇岛	石家庄	张家口	承德	沧州
唐山	15.80	7.36	0.00	4.50	5.63	4.55	7.22	3.19	2.81	3.33
廊坊	17.44	6.09	3.52	0.00	4.41	3.09	5.58	2.77	3.05	3.47
保定	14.02	5.72	5.16	4.88	0.00	3.38	7.78	3.05	2.53	3.66
秦皇岛	22.64	8.81	7.45	3.94	6.28	0.00	7.55	3.28	2.95	3.80
石家庄	24.43	8.67	9.75	6.24	13.41	4.59	0.00	4.36	3.89	6.24
张家口	17.77	6.05	3.61	3.42	5.30	3.19	6.75	0.00	2.48	3.05
承德	15.24	5.44	4.27	3.28	3.94	3.38	5.25	2.77	0.00	2.86
沧州	10.60	5.95	4.31	3.70	4.64	3.19	6.75	2.72	2.25	0.00

使用同样的方法，可以得到京津冀城市群2013年和2015年的网络结构标准邻接矩阵，见表6－11、6－12。

表6－11　京津冀城市群内部网络结构的标准邻接矩阵（2013年）

	北京	天津	唐山	廊坊	保定	秦皇岛	石家庄	张家口	承德	沧州
北京	0.00	36.62	9.85	10.88	13.92	8.91	22.64	8.35	5.63	11.77
天津	52.56	0.00	7.50	6.84	8.30	6.42	13.27	5.20	4.13	9.38
唐山	18.94	11.11	0.00	5.30	8.44	5.77	16.97	3.84	3.84	13.97
廊坊	22.46	9.14	5.06	0.00	7.50	4.22	11.02	3.61	2.58	9.24
保定	18.80	9.24	6.09	5.44	0.00	4.74	26.54	3.98	3.66	6.33
秦皇岛	32.11	14.72	8.35	8.16	9.42	0.00	18.00	5.06	4.36	13.50

续 表

	北京	天津	唐山	廊坊	保定	秦皇岛	石家庄	张家口	承德	沧州
石家庄	30.10	13.22	8.53	6.66	27.33	6.24	0.00	5.72	5.20	8.81
张家口	23.39	9.28	5.11	4.92	11.16	4.59	12.80	0.00	2.86	9.38
承德	20.35	9.24	5.58	4.97	7.27	5.30	13.03	3.61	0.00	6.42
沧州	14.30	9.10	7.74	5.20	7.36	4.22	12.47	3.00	2.81	0.00

表 6－12　　京津冀城市群内部网络结构的标准邻接矩阵（2015 年）

	北京	天津	唐山	廊坊	保定	秦皇岛	石家庄	张家口	承德	沧州
北京	0.00	41.77	15.61	17.72	24.10	9.89	29.30	11.39	8.81	13.78
天津	100.00	0.00	15.85	13.31	18.19	9.66	25.22	9.00	7.17	14.25
唐山	23.86	15.38	0.00	6.84	10.17	7.36	17.02	6.99	7.45	7.97
廊坊	31.88	12.80	6.99	0.00	10.17	5.49	14.53	5.11	4.36	8.06
保定	35.63	14.02	8.53	8.06	0.00	6.09	26.35	6.14	5.44	8.58
秦皇岛	44.30	20.86	21.19	8.58	16.60	0.00	22.55	7.03	8.16	9.10
石家庄	39.15	16.13	10.22	8.91	23.25	7.31	0.00	8.11	6.61	10.36
张家口	46.51	15.99	10.60	7.74	11.95	6.24	19.22	0.00	5.91	8.39
承德	27.71	12.10	8.95	6.42	9.66	6.66	13.92	5.44	0.00	6.05
沧州	21.19	13.17	8.58	8.11	8.72	5.67	16.78	6.75	4.50	0.00

表6－10、表6－11、表6－12中的数据可以表示2011年、2013年和2015年京津冀城市群中各节点城市之间带有方向和权重的信息流，即能够完整地表示基于信息流的京津冀城市群空间网络结构。再把这些网络结构数据以及地图范围、节点位置（城市的经纬度）、边权数值范围等数据以脚本的形式输入ECharts，可得到图6－6所示的可视化结果。

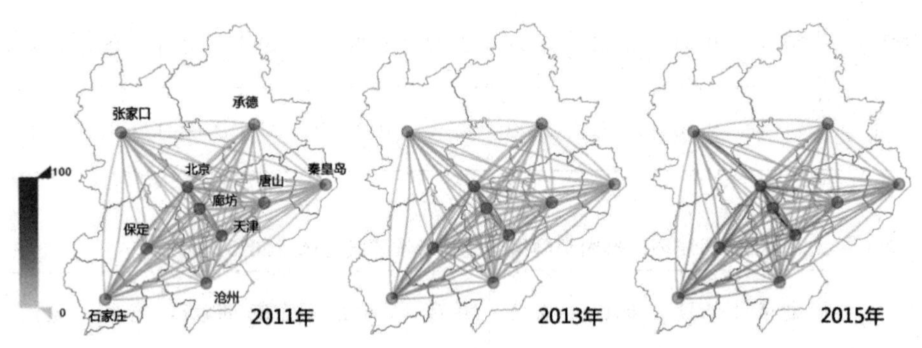

图6－6　京津冀城市群网络结构

6.2.5　统计指标计算

从ECharts的可视化效果可以直观地看到京津冀城市群在三年间的空间网络结构变化。节点城市间的空间联系逐年增强，北京—天津、北京—石家庄、北京—张家口之间的联系增强尤为明显。而统计指标的计算则可以进一步地量化描述京津冀城市空间网络的拓扑结构与静态特征。在区域城市网络结构的研究中，选取统计指标中的总点权、平均点权、平均联系强度、网络密度、中心化程度与网络结构熵6类指标，用于分析城市群内部的空间特征。

使用公式（6－5）和网络结构标准邻接矩阵数据可以得到京津冀城市群网络三年的总点权，使用公式（6－6）计算其平均点权，使用公式（6－14）计算其平均联系强度，使用公式（6－17）计算其网络密度，使用公式（6－19）计算其中心化程度，使用公式（6－21）和公式（6－25）计算其标准网络结构熵，计算结果见表6－13。

$$E' = \frac{E - E_{min}}{E_{max} - E_{min}} = \frac{-2\sum_{i=1}^{N} I_i \cdot \ln I_i - \ln 4(N-1)}{2\ln N - \ln 4(N-1)} \tag{6-25}$$

表6-13　　京津冀城市群网络结构统计指标计算结果

年份	$S_{总}$	$\langle S\rangle$	$\langle w\rangle$	ρ (%)			C	E'
				高	中	低		
2011	621.1	62.11	6.9	2.22	12.22	85.56	0.832	0.825
2013	940.9	94.09	10.45	4.44	27.78	67.78	0.768	0.867
2015	1317.7	131.77	14.64	7.78	42.22	50.00	0.801	0.844

注：$S_{总}$表示总点权，$\langle S\rangle$表示平均点权，$\langle w\rangle$表示平均联系强度，ρ表示网络密度，"高"表示边权阈值取$30 \leqslant w_{ij} \leqslant 100$，"中"表示边权阈值取$10 \leqslant w_{ij} < 30$，"低"表示边权阈值取$0 \leqslant w_{ij} < 10$，$C$表示中心化程度，$E'$表示标准网络结构熵。本章其他表格内容中的相应符号也表示相同的内容。

对于城市网络，总点权和平均点权可以理解为地理空间中的城市流的作用的总强度和平均强度；平均联系强度可以理解为节点城市间的交流合作平均水平；网络密度可以理解为不同阈值下空间相互作用所占比例；中心化程度可以理解为核心城市对空间结构的中心引导作用；而网络结构熵可以理解为空间的平衡协调程度（熵值越小，平衡程度越高）。表6-13的计算结果可用于量化描述京津冀城市群的这些地理空间特征：城市流作用总强度、城市流作用平均强度、城市间的交流合作逐年增强；高强度的空间联系比例逐年增加，而中、低强度的空间联系比例逐年减少，如图6-7所示；中心城市北京对城市群的空间引导作用和区域整体的平衡协调性均为先降后增，总体趋势均为减弱。随着其他城市群相关指标计算的完成，不仅可以纵向分析区域内部的时空变化，还可以横向比较多个城市群之间的空间差异。

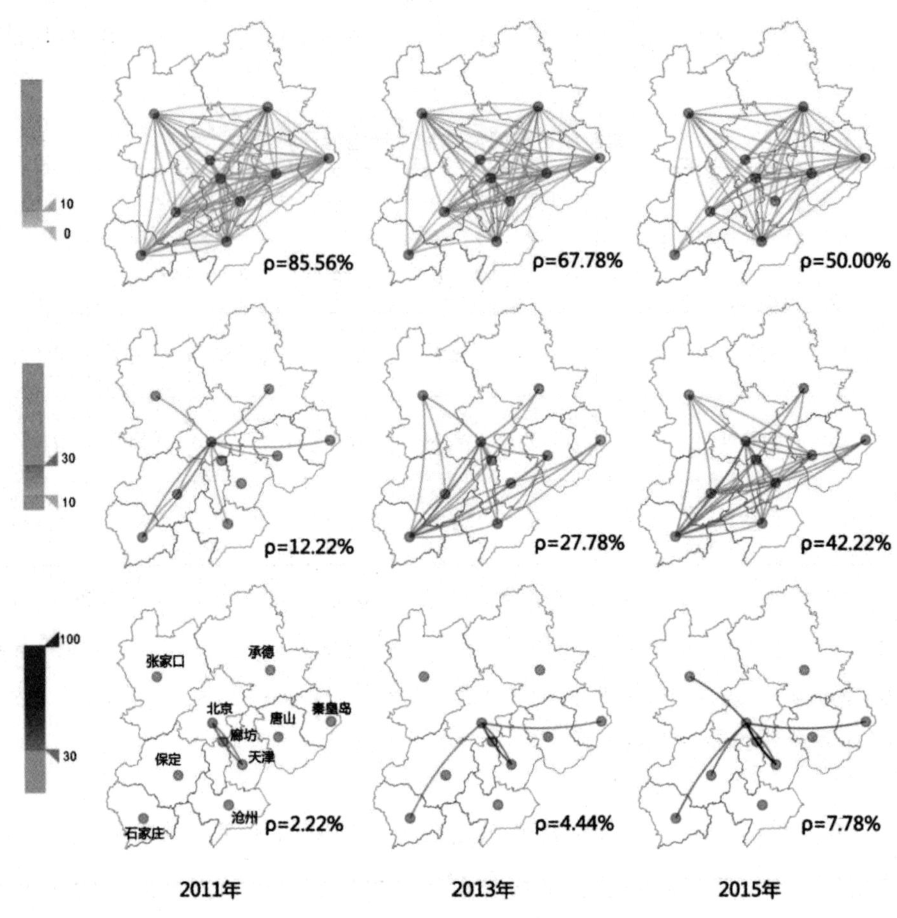

图 6－7　京津冀城市群网络结构

6.3　区域城市网络结构指标的统计分析

6.3.1　总点权

2011 年、2013 年和 2015 年我国主要城镇化地区的 24 个城市群信息网络结构总点权的空间分布（所有区域城市网络结构指标的详细计算结果见附录 1）。其中，长江三角洲城市群、珠江三角洲城市群、成渝城市群和京津冀城市群的计算结果排名靠前，而拉萨城市群、银川城市群、滇中城市群和琼海城市群的计算结果排名靠后。这表明在信息流的视角下，城市群内部的空间要素流动整体水平与我们普遍认可的城市群发达程度成正比：以上海、北京、广州、成都等城市为中心的城市群，其空间流活跃水平要远高于以拉萨、银川、昆明、海口等城市为中心的城市群。

三年间，总点权指标对于所有城市群的平均值增长了约 1 倍，其标准差也逐年扩大，见表 6 - 14。这表明城市群内部的空间要素的流动在整体增长，但其离散程度也在逐年变大。在 2015 年，长江三角洲城市群在该指标上的评价值约为京津冀城市群的 3 倍、山东半岛城市群的 7 倍、天山北坡城市群的 30 倍，城市群内部的信息流动总体水平差距十分明显。

表 6 - 14　　区域城市网络总点权的极值描述统计

年份	极小值		极大值		均值	标准差
	数值	城市群	数值	城市群		
2011	12.10	拉萨城市群	1830.10	长江三角洲城市群	304.05	393.70
2013	21.80	拉萨城市群	2752.60	长江三角洲城市群	462.82	598.82
2015	43.40	拉萨城市群	3773.10	长江三角洲城市群	625.75	829.52

6.3.2　平均点权

平均点权反映的是信息流在城市群内部节点上的平均集聚程度，其在空间上的分布特征与总点权类似。三年的最大评价值均为长江三角洲城市群，而最小评价值均为拉萨城市群，见表 6 - 15。此外，珠江三角洲城市群、京津冀城市群、成渝城市群和中原城市群处于较高的水平，而银川城市群、兰白西城市群、天山北坡城市群和琼海城市群的评价结果较差。

表 6-15　　区域城市网络平均点权的极值描述统计

年份	极小值		极大值		均值	标准差
	数值	城市群	数值	城市群		
2011	3.02	拉萨城市群	91.50	长江三角洲城市群	29.31	21.91
2013	5.45	拉萨城市群	137.63	长江三角洲城市群	44.53	32.88
2015	10.85	拉萨城市群	188.65	长江三角洲城市群	59.89	45.92

从 2011 年到 2015 年，该指标对于 24 个城市群的平均值和标准差增加了约 1 倍。但在城市群内部节点数量的影响下，各区域城市网络平均点权的离散程度比总点权小。2011 年，长江三角洲城市群的平均点权约为拉萨城市群的 30 倍；在 2013 年和 2015 年，该数值则降为 25 和 17。这表明对于 24 个城市群内部空间网络而言，信息流在各节点城市平均集聚水平差距的绝对值在逐年增大，而相对差距在逐年降低。

6.3.3　平均联系强度

平均联系强度是用于描述空间网络紧凑程度的指标，它表示城市之间的空间作用关系，即区域城市网络中各节点对之间信息流强度的平均水平。在该指标的评价中，珠江三角洲城市群、京津冀城市群、关中城市群、哈长城市群和中原城市群的排名较高；而拉萨城市群、兰白西城市群、天山北坡城市群、银川城市群和武汉城市群的排名靠后。在该指标 2015 年的评价排名中（表 6-16），长江三角洲城市群处于第 6 位，武汉城市群处于第 20 位，这似乎与城市群的发达程度有着明显的差别。前者的空间紧凑程度评价较低是由于上海和江苏、浙江的多个城市组成的城市群，其省域之间的城市联系，尤其是淮安、湖州、衢州等相对不发达节点城市间的空间联系不明显造成的；后者则是由于节点武汉的中心引导作用过强，而其他非中心节点城市之间的空间联系较弱造成的。

表 6－16　　区域城市网络平均联系强度的描述统计

年份	极小值		极大值		均值	标准差
	数值	城市群	数值	城市群		
2011	1.01	拉萨城市群	7.52	珠江三角洲城市群	3.88	1.61
2013	1.82	拉萨城市群	11.02	珠江三角洲城市群	5.91	2.26
2015	3.62	拉萨城市群	16.17	珠江三角洲城市群	7.95	3.07

相比于总点权和平均点权，在平均联系强度的评价中，有更多的城市群处在较高的水平，其指标评价值的离散程度也更小，这表明各城市群内部的空间紧凑程度评价差距要小于城市流总作用强度和城市流在节点上的平均集聚水平。

6.3.4　网络密度

2011 年、2013 年和 2015 年，当标准边权值的范围取 $30 \leqslant w \leqslant 100$ 时，各城市群内部信息流空间网络中存在的边数与其理论最大值的比值，即高边权的网络密度在空间上的分布情况。该指标可以量化描述区域城市网络中节点城市之间的核心联系在空间作用关系总量中所占的比例。在该指标 2015 年的评价中，珠江三角洲城市群、关中城市群、京津冀城市群、中原城市群和琼海城市群的评价值较高；而长株潭城市群、武汉城市群、环鄱阳湖城市群、兰白西城市群、银川城市群、太原城市群、南宁城市群、滇中城市群、黔中城市群、辽中南城市群、天山北坡城市群和拉萨城市群等 12 个城市群的三年评价值均为 0（表 6－17），即这些区域城市网络中不存在标准边权值不小于 30 的边，节点城市之间的相对联系强度普遍较弱。

表 6-17 区域城市网络高边权网络密度的描述统计

年份	极小值		极大值		均值	标准差
	数值	城市群	数值	城市群		
2011	0.00	成渝城市群等22个城市群	2.22	京津冀城市群	0.17	0.57
2013	0.00	长株潭城市群等14个城市群	10.00	关中城市群	1.41	2.45
2015	0.00	长株潭城市群等12个城市群	13.64	珠江三角洲城市群	2.60	3.63

受到阈值设定范围的影响，计算结果显示各城市群内部高边权的网络密度离散程度较高，24个城市群在该指标评价中呈现出明显的两极分化状态。

6.3.5 中心化程度

中心化程度指网络的总体关联性的整合度或一致性，用于描述在区域城市网络中是否存在明显的核心城市和量化核心城市对区域空间的引导作用。该指标在3个年份的空间分布情况中可以看出，多数城市群存在明显的中心城市，而中心城市对多数城市群的空间引导作用也十分显著。

在2015年的评价结果中，银川城市群、武汉城市群、太原城市群、成渝城市群和江淮城市群的排名靠前，这表明作为核心城市的银川、武汉、太原、成都和合肥对相应城市群的空间中心引导作用最为明显；而琼海城市群、山东半岛城市群、呼包鄂城市群、珠江三角洲城市群和海峡西岸城市群的排名较低，这是由于城市群缺少明显的核心城市或存在多个核心城市造成的。比如琼海城市群的湛江和海口，呼包鄂城市群的呼和浩特、包头和鄂尔多斯均未表现出明显的核心节点作用；而山东半岛城市群具有济南和青岛，海峡西岸城市群具有福州和厦门的双中心网络结构。

表6-18　　区域城市网络中心化程度的描述统计

年份	极小值		极大值		均值	标准差
	数值	城市群	数值	城市群		
2011	0.575	山东半岛城市群	0.944	拉萨城市群	0.804	0.093
2013	0.705	山东半岛城市群	0.940	银川城市群	0.830	0.070
2015	0.624	琼海城市群	0.964	银川城市群	0.809	0.089

从表6-18的描述统计中可以明显看出，中心化程度指标比其他指标的离散程度都要小，指标评价中极大值与极小值的差距也更小，其均值和标准差在3个年份的变化不明显，多数城市群的中心城市引导作用处在比较接近的水平。

6.3.6　网络结构熵

网络结构熵用于研究城市群空间网络的非同质性，可以度量网络的序状态，其评价值能够反映出某个区域城市网络的平衡协调程度。即较小的网络结构熵表明城市网络中的平衡性较高，各节点具有相对平衡的连通性；而熵值较大则表明网络连通的平衡性较差。因此，该指标为逆向指标。

多数城市群在三年的评价中表现出网络平衡性较差的特征。在2015年的评价中，长江三角洲城市群、拉萨城市群和兰白西城市群的网络结构熵最低，而辽中南城市群、太原城市群和山东半岛城市群的熵值最高。从评价结果可以看出，区域城市网络的平衡协调程度与城市群的发达程度没有明显的相关性。而该指标的均值在3个年份的评价中变化不大，其标准差逐年减小（表6-19），这表明城市群内部空间平衡性的平均差距在逐年降低。

表 6-19　区域城市网络结构熵的描述统计

年份	极小值		极大值		均值	标准差
	数值	城市群	数值	城市群		
2011	0.165	兰白西城市群	0.928	山东半岛城市群	0.739	0.229
2013	0.051	拉萨城市群	0.892	哈长城市群	0.660	0.227
2015	0.351	长江三角洲城市群	0.891	辽中南城市群	0.743	0.153

6.4　基于统计指标的区域空间特征挖掘

6.4.1　网络指标的相关性

相关性分析是指对两个或多个变量元素进行相关密切程度的衡量。在区域城市网络中，我们评价了总点权、平均点权、平均联系强度、网络密度、中心化程度和网络结构熵等 6 种指标，分析它们的相关性可以进一步得出这些指标所表示的地理空间内涵是否具有关联。

借助统计分析软件 SPSS，对 24 个城市群的 6 组指标计算结果进行相关性分析。3 个年份的分析结果类似，以 2015 年（表 6-20）为例，总点权和平均点权、平均联系强度和高边权的网络密度有着显著的高度相关，平均点权和平均联系强度、平均点权和高边权的网络密度有着显著的中度相关，平均联系强度和总点权有着较明显的中度相关。

表 6-20　网络指标间的 Pearson 相关性（2015 年）

		$S_{总}$	$\langle S\rangle$	$\langle w\rangle$	ρ	C	E'
$S_{总}$	Pearson 相关性	1.000	0.935**	0.497*	0.401	0.004	-0.228
	显著性(双侧)		0.000	0.014	0.052	0.987	0.284
	N	24	24	24	24	24	24

续 表

		$S_{总}$	$\langle S\rangle$	$\langle w\rangle$	ρ	C	E'
$\langle S\rangle$	Pearson 相关性	0.935**	1.000	0.739**	0.612**	−0.073	0.024
	显著性(双侧)	0.000		0.000	0.001	0.735	0.910
	N	24	24	24	24	24	24
$\langle w\rangle$	Pearson 相关性	0.497*	0.739**	1.000	0.825**	−0.276	0.306
	显著性(双侧)	0.014	0.000		0.000	0.191	0.146
	N	24	24	24	24	24	24
ρ	Pearson 相关性	0.401	0.612**	0.825**	1.000	−0.335	0.172
	显著性(双侧)	0.052	0.001	0.000		0.109	0.421
	N	24	24	24	24	24	24
C	Pearson 相关性	0.004	−0.073	−0.276	−0.335	1.000	−0.082
	显著性(双侧)	0.987	0.735	0.191	0.109		0.704
	N	24	24	24	24	24	24
E'	Pearson 相关性	−0.228	0.024	0.306	0.172	−0.082	1.000
	显著性(双侧)	0.284	0.910	0.146	0.421	0.704	
	N	24	24	24	24	24	24

注：$S_{总}$为网络的总点权，表示空间网络结构中的信息流作用总强度；$\langle S\rangle$为网络的平均点权，表示信息流在空间网络节点上的平均集聚水平；$\langle w\rangle$为平均联系强度，表示网络化信息空间的紧凑程度；ρ为边权值取$30\leqslant w\leqslant 100$时的网络密度，表示节点间的核心信息流联系的比重；$C$为中心化程度，表示核心城市对区域城市网络的中心引导作用；E'为网络结构熵，表示信息流视角下空间网络结构的平衡协调程度；**表示在0.01水平（双侧）上显著相关，*表示在0.05水平（双侧）上显著相关。

分析结果表明，在基于信息流构建的区域城市网络中，城市流对空间网络的整体作用、城市流在节点的平均集聚水平、网络空间的紧凑程度和城市间核心信息流的比重等4类空间特征一般具有正相关性，而核心城市对区域空间的中心引导作用、空间网络的平衡协调程度这2类空间特征与其他指标之间没有明显的相关性。

6.4.2 网络指标的重要性

在以往城市群空间特征研究的文献中，常见的指标权重确定方法有层次分析法①、主成分分析法②、灰色综合评价法③和熵权法④。本研究使用客观性较强的熵权法确定各网络特征指标的权重。依据信息论的解释，信息可以度量系统的有序程度，熵可以度量系统的无序程度。指标的信息熵越小，则该指标可以提供的信息量越大，在指标评价中起到的作用越多，权重越大。熵权法确定权重可以通过以下4个步骤实现。

首先构建包含 m 个指标，以及每个指标包含 n 个数据的矩阵。以2015年的网络指标计算结果为例，构建矩阵见表6－21。

表6－21　区域城市网络指标原始矩阵（2015年）

	$S_{总}$	$\langle S\rangle$	$\langle w\rangle$	ρ/%	C	E'
CY	1771.2	110.7	7.38	4.17	0.91	0.789
CZ	402.2	50.28	7.18	0.00	0.889	0.849
WH	372.2	41.36	5.17	0.00	0.923	0.807

① 参见李雪松、夏怡冰《基于层次分析的武汉城市圈“两型社会”建设绩效评价》，《长江流域资源与环境》2012年第7期。

② 参见周霞、高玉娟、董娟《基于主成分和聚类分析的京津冀城市群城镇等级研究》，《北京建筑大学学报》2016年第1期。

③ 参见王生鹏、曾鹏、孙永龙《对中国十大城市群综合发展水平的灰色综合评价与非均衡差异研究》，《西北民族大学学报》（哲学社会科学版）2008年第2期。

④ 参见刘勇、高建华、丁志伟《基于改进熵权法的中原城市群城镇化水平综合评价》，《河南大学学报》（自然科学版）2011年第1期。

续　表

	$S_{总}$	$\langle S \rangle$	$\langle w \rangle$	ρ	C	E'
JH	752.5	68.41	6.84	2.73%	0.905	0.828
HP	361.8	45.23	6.46	0.00%	0.848	0.862
CS	3773.1	188.65	9.93	3.16%	0.796	0.351
LB	130.1	21.69	4.34	0.00%	0.776	0.561
YC	54.5	13.62	4.54	0.00%	0.964	0.584
ZY	726	80.67	10.08	5.56%	0.891	0.816
GZ	223.2	44.64	11.16	10.00%	0.749	0.657
HB	272.3	38.9	6.48	2.38%	0.724	0.682
TY	309.6	44.23	7.37	0.00%	0.914	0.882
JJ	1317.7	131.77	14.64	7.78%	0.801	0.844
SD	553.5	69.19	9.88	1.79%	0.654	0.882
ZS	1778.2	161.65	16.17	13.64%	0.725	0.829
HX	634.1	70.45	8.81	2.78%	0.726	0.87
NN	221	36.83	7.37	0.00%	0.805	0.764
QH	124.8	24.96	6.24	5.00%	0.624	0.847
DZ	103.2	25.81	8.6	0.00%	0.865	0.635
QZ	131.3	26.26	6.57	0.00%	0.815	0.706
HC	303.2	50.54	10.11	3.33%	0.739	0.853
LZ	524.7	58.3	7.29	0.00%	0.799	0.891
TS	134.2	22.37	4.47	0.00%	0.735	0.665
LS	43.4	10.85	3.62	0.00%	0.828	0.377

为了消除各组指标下的数据存在单位不同或者数值范围不同造成的误差，需要使用公式（6－32）对原始矩阵数据进行标准化。标准化结果见表6－22。

表6－22　区域城市网络指标标准矩阵（2015年）

	$S_{总}$	$\langle S\rangle$	$\langle w\rangle$	ρ	C	E'
CY	0.463	0.562	0.300	0.306	0.841	0.189
CZ	0.096	0.222	0.284	0.000	0.779	0.078
WH	0.088	0.172	0.124	0.000	0.879	0.156
JH	0.190	0.324	0.257	0.200	0.826	0.117
HP	0.085	0.193	0.226	0.000	0.659	0.054
CS	1.000	1.000	0.503	0.232	0.506	1.000
LB	0.023	0.061	0.057	0.000	0.447	0.611
YC	0.003	0.016	0.073	0.000	1.000	0.569
ZY	0.183	0.393	0.515	0.408	0.785	0.139
GZ	0.048	0.190	0.601	0.733	0.368	0.433
HB	0.061	0.158	0.228	0.174	0.294	0.387
TY	0.071	0.188	0.299	0.000	0.853	0.017
JJ	0.342	0.680	0.878	0.570	0.521	0.087
SD	0.137	0.328	0.499	0.131	0.088	0.017
ZS	0.465	0.848	1.000	1.000	0.297	0.115
HX	0.158	0.335	0.414	0.204	0.300	0.039

续　表

	$S_{总}$	$\langle S\rangle$	$\langle w\rangle$	ρ	C	E'
NN	0.048	0.146	0.299	0.000	0.532	0.235
QH	0.022	0.079	0.209	0.367	0.000	0.081
DZ	0.016	0.084	0.397	0.000	0.709	0.474
QZ	0.024	0.087	0.235	0.000	0.562	0.343
HC	0.070	0.223	0.517	0.244	0.338	0.070
LZ	0.129	0.267	0.292	0.000	0.515	0.000
TS	0.024	0.065	0.068	0.000	0.326	0.419
LS	0.000	0.000	0.000	0.000	0.600	0.952

$$r'_{ij}=\begin{cases}\dfrac{r_{ij}-r_{j\min}}{r_{j\max}-r_{j\min}},\ r_{ij}\text{ 为正向指标}\\[2ex]\dfrac{r_{j\max}-r_{ij}}{r_{j\max}-r_{j\min}},\ r_{ij}\text{ 为逆向指标}\end{cases}\tag{6-26}$$

其中，r'_{ij} 为标准化后的矩阵数据，r_{ij} 为矩阵原始数据，$r_{j\min}$ 第 j 列指标数据中的最小值，$r_{j\max}$ 为第 j 列指标数据中的最大值。网络结构熵为逆向指标，其他为正向指标。计算指标的信息熵：

$$H_j=-k\sum_{i=1}^{n}f_{ij}\ln f_{ij}\tag{6-27}$$

$$k=\frac{1}{\ln n}\tag{6-28}$$

$$f_{ij}=\frac{r'_{ij}}{\sum r'_{ij}}\tag{6-29}$$

其中，H_j 为第 j 个指标的信息熵，n 为每组指标中的数据个数，令 $f_{ij}=0$ 时有 $f_{ij}\ln f_{ij}=0$。

最后评价各指标的熵权：

$$w_j = \frac{1 - H_j}{m - \sum H_j} \qquad (6-30)$$

其中，w_j 为第 j 项指标的权重，m 为指标的种类数量。

使用上述方法，可以得到区域城市网络各特征指标在3个年份的熵权变化，如图6－8所示。将6个指标的权重进行比较发现，网络密度的权重在逐年降低，但仍然是所有指标中权重最大的，这表明节点城市之间的高强度联系在所有空间关系中所占的比例对区域城市网络结构的影响最为明显。此外，总点权、网络结构熵和平均点权也有着较高的权重，它们对应着城市流在空间的总作用强度、空间网络的平衡协调程度和节点上城市流的平均集聚水平等地理特征，会对区域空间的结构评价产生较为重要的影响。而平均联系强度和中心化程度表现出的权重最低，则可以理解为网络空间的紧凑程度和中心节点对空间的引导作用在空间评价中起到的作用最小。

图6－8 网络结构指标的熵权变化

根据上述关于网络结构指标权重的分析，可以进一步得到城市群内部空间优化的策略：首先增加节点城市之间的高强度联系，其次提升总体的空间流动活力、平衡协调能力和城市流集聚水平，最后增加网络的平均联系程度和中心城市对城市群的带动作用。

6.4.3　区域的差异性

将24个区域城市网络在2011年、2013年、2015年的$S_{总}$、$\langle S\rangle$、$\langle w\rangle$、ρ、C和E'分别使用公式进行标准化处理，处理后的数据可以理解为3个年份中城市群内部的空间总体活力、节点集聚性、空间紧凑度、核心联系密度、中心引导作用和空间平衡性的量化结果相对值。通过标准数据的直方图分析，我们可以直观地看到24个城市群在这6类空间网络结构特征中表现出的差异性。

1. 空间总体活力

空间总体活力的直方分布如图6－9所示，3个年份中只有一个城市群处于较高的水平，而大量城市群的评价结果都处在较低的水平。

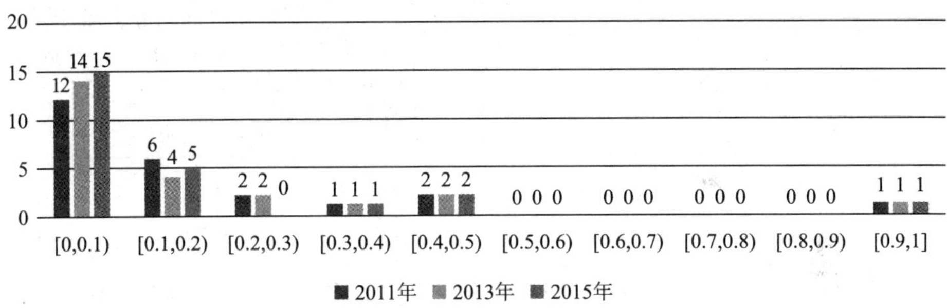

图6－9　空间总体活力的直方分布

以0.2为步长，可以把城市群的空间总体活力划分为5个区域，分别将其定义为高、较高、一般、较低和低，见表6－23。从统计结果中看出，在3个年份中只有长江三角洲城市群的空间总体活力处在高水平区域，没有城市群处在较高水平的区域，珠江城市群和成渝城市群的评价结果为一般，包括京津冀城市群在内的其他多数城市群都处在较低或者低水平区域。

表 6－23　　空间总体活力的差异性分析

	2011 年	2013 年	2015 年
高	长江三角洲城市群	长江三角洲城市群	长江三角洲城市群
较高	—	—	—
一般	珠江三角洲城市群、成渝城市群	珠江三角洲城市群、成渝城市群	珠江三角洲城市群、成渝城市群
较低	京津冀城市群、江淮城市群、中原城市群	京津冀城市群、江淮城市群、中原城市群	京津冀城市群
低	海峡西岸城市群、辽中南城市群、山东半岛城市群、武汉城市群、长株潭城市群、太原城市群、环鄱阳湖城市群、哈长城市群、呼包鄂城市群、关中城市群、南宁城市群、天山北坡城市群、黔中城市群、琼海城市群、滇中城市群、兰白西城市群、银川城市群、拉萨城市群	海峡西岸城市群、辽中南城市群、山东半岛城市群、武汉城市群、长株潭城市群、太原城市群、环鄱阳湖城市群、哈长城市群、呼包鄂城市群、关中城市群、南宁城市群、天山北坡城市群、黔中城市群、琼海城市群、滇中城市群、兰白西城市群、银川城市群、拉萨城市群	江淮城市群、中原城市群、海峡西岸城市群、山东半岛城市群、辽中南城市群、长株潭城市群、武汉城市群、环鄱阳湖城市群、太原城市群、哈长城市群、呼包鄂城市群、关中城市群、南宁城市群、天山北坡城市群、黔中城市群、兰白西城市群、琼海城市群、滇中城市群、银川城市群、拉萨城市群

2. 节点集聚性

采用类似的方法进行节点集聚性的直方分布分析（图 6－10）和区域差异性分析见表 6－24。

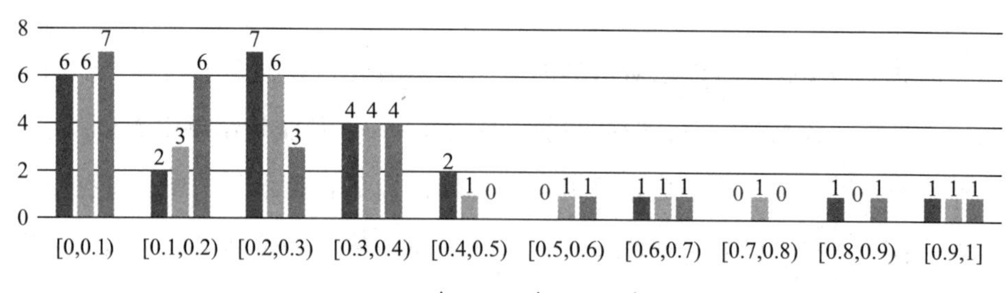

图 6－10　节点集聚性的直方分布

表 6－24　　节点集聚性的差异性分析

	2011 年	2013 年	2015 年
高	长江三角洲城市群、珠江三角洲城市群	长江三角洲城市群	长江三角洲城市群、珠江三角洲城市群
较高	京津冀城市群	珠江三角洲城市群、京津冀城市群	京津冀城市群
一般	成渝城市群、中原城市群	成渝城市群、中原城市群	成渝城市群
较低	太原城市群、哈长城市群、长株潭城市群、环鄱阳湖城市群、关中城市群、武汉城市群、呼包鄂城市群	海峡西岸城市群、江淮城市群、山东半岛城市群、辽中南城市群、哈长城市群、长株潭城市群、太原城市群、关中城市群、环鄱阳湖城市群、武汉城市群	中原城市群、海峡西岸城市群、山东半岛城市群、江淮城市群、辽中南城市群、哈长城市群、长株潭城市群
低	南宁城市群、黔中城市群、琼海城市群、天山北坡城市群、滇中城市群、银川城市群、兰白西城市群、拉萨城市群	南宁城市群、呼包鄂城市群、琼海城市群、黔中城市群、滇中城市群、天山北坡城市群、兰白西城市群、银川城市群、拉萨城市群	环鄱阳湖城市群、关中城市群、太原城市群、武汉城市群、呼包鄂城市群、南宁城市群、黔中城市群、滇中城市群、琼海城市群、天山北坡城市群、兰白西城市群、银川城市群、拉萨城市群

分析结果表明，在节点集聚性评价中，长江三角洲城市群和珠江三角洲城市群处于高水平区域；随之处于较高水平区域的是京津冀城市群；中原城市群和成渝城市群的评价值处在中等水平区域，而其他城市群则处在较低或低的水平区域。

3. 空间紧凑度

空间紧凑度的直方分布分析（图6－11）和区域差异性分析（表6－25）结果显示，珠江三角洲城市群和京津冀城市群的评价值处在高水平区域；关中城市群、哈长城市群和中原城市群的评价值多处在较高的区域；相比其他指标有更多的城市群处在一般的水平区域，包括长江三角洲城市群、山东半岛城市群、海峡西岸城市群、辽中南城市群、太原城市群、滇中城市群和长株潭城市群；而其他城市群则多数处在较低或低的水平区域。

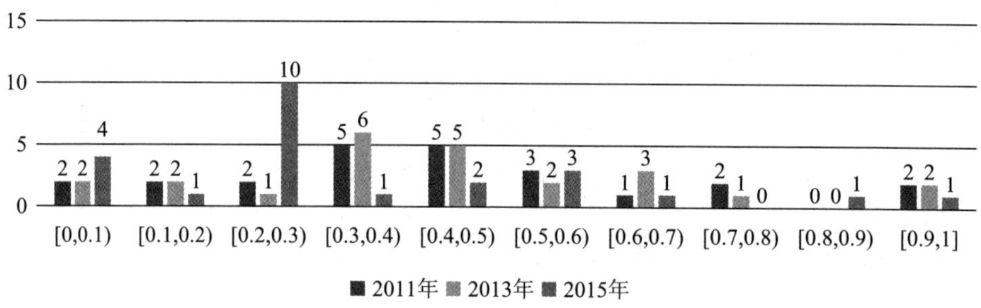

图6－11　空间紧凑度的直方分布

表6－25　空间紧凑度的差异性分析

	2011年	2013年	2015年
高	珠江三角洲城市群、京津冀城市群	珠江三角洲城市群、京津冀城市群	珠江三角洲城市群、京津冀城市群
较高	关中城市群、哈长城市群、中原城市群	关中城市群、中原城市群、哈长城市群、山东半岛城市群	关中城市群
一般	长江三角洲城市群、山东半岛城市群、太原城市群、海峡西岸城市群、辽中南城市群、滇中城市群、长株潭城市群、江淮城市群	长江三角洲城市群、海峡西岸城市群、南宁城市群、滇中城市群、太原城市群、辽中南城市群、长株潭城市群	哈长城市群、中原城市群、长江三角洲城市群、山东半岛城市群、海峡西岸城市群

续　表

	2011 年	2013 年	2015 年
较低	呼包鄂城市群、环鄱阳湖城市群、南宁城市群、成渝城市群、黔中城市群、武汉城市群、琼海城市群	成渝城市群、江淮城市群、呼包鄂城市群、琼海城市群、环鄱阳湖城市群、黔中城市群、武汉城市群	滇中城市群、成渝城市群、太原城市群、南宁城市群、辽中南城市群、长株潭城市群、江淮城市群、黔中城市群、呼包鄂城市群、环鄱阳湖城市群、琼海城市群
低	天山北坡城市群、银川城市群、兰白西城市群、拉萨城市群	天山北坡城市群、银川城市群、兰白西城市群、拉萨城市群	武汉城市群、银川城市群、天山北坡城市群、兰白西城市群、拉萨城市群

4. 核心联系密度

把区域内部节点之间边权 $30 \leqslant w \leqslant 100$ 的边定义为核心联系，其空间分布可以发现在 3 个年份中核心联系数量均偏少，且多分布于长江三角洲城市群、珠江三角洲城市群、京津冀城市群和成渝城市群。

核心联系密度的直方分析图 6－12 和差异性分析（表 6－26）结果显示，在 2011 年，京津冀城市群和珠江三角洲城市群处在高水平区域，其他 22 个城市群则都处在低水平区域，空间差异的两极分化十分明显。珠江三角洲城市群和关中城市群价值多处在一般或较高的水平区域，而其他多数城市群则处在低水平区域。

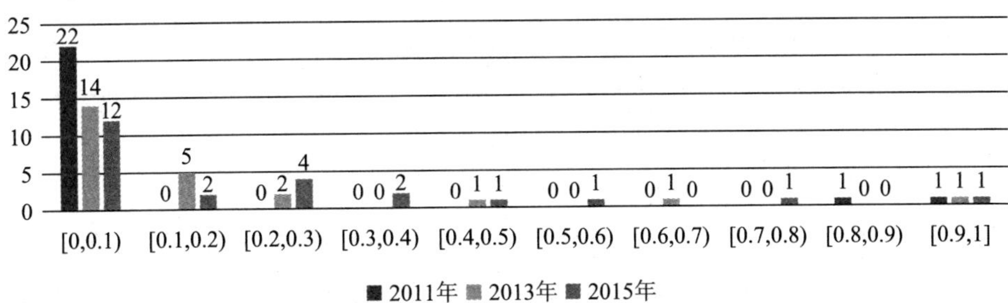

图 6－12　核心联系密度的直方分布

表 6 – 26　　核心联系密度的差异性分析

	2011 年	2013 年	2015 年
高	京津冀城市群、珠江三角洲城市群	关中城市群	珠江三角洲城市群
较高	—	珠江三角洲城市群	关中城市群
一般	—	京津冀城市群	京津冀城市群、中原城市群
较低	—	中原城市群、呼包鄂城市群	琼海城市群、成渝城市群、哈长城市群、长江三角洲城市群、海峡西岸城市群、江淮城市群
低	成渝城市群、长株潭城市群、武汉城市群、江淮城市群、环鄱阳湖城市群、长江三角洲城市群、兰白西城市群、银川城市群、中原城市群、关中城市群、呼包鄂城市群、太原城市群、山东半岛城市群、海峡西岸城市群、南宁城市群、琼海城市群、滇中城市群、黔中城市群、哈长城市群、辽中南城市群、天山北坡城市群、拉萨城市群	江淮城市群、山东半岛城市群、长江三角洲城市群、海峡西岸城市群、成渝城市群、长株潭城市群、武汉城市群、环鄱阳湖城市群、兰白西城市群、银川城市群、太原城市群、南宁城市群、琼海城市群、滇中城市群、黔中城市群、哈长城市群、辽中南城市群、天山北坡城市群、拉萨城市群	呼包鄂城市群、山东半岛城市群、长株潭城市群、武汉城市群、环鄱阳湖城市群、兰白西城市群、银川城市群、太原城市群、南宁城市群、滇中城市群、黔中城市群、辽中南城市群、天山北坡城市群、拉萨城市群

5. 中心引导作用

在中心引导作用的直方分布分析（图 6 – 13）和区域差异性分析（表 6 – 27）中，我们发现了一些值得关注的现象，类如长江三角洲城市群和京津冀城市群等经济发达的区域，其中心城市对城市群的引导作用多处在一般和较低的水平；而类如银川城市群、拉萨城市群、太原城市群等经济较弱的区域，其中心引导作用则处在高或较高的水平。此外，类如珠江三角洲城市群、山东半岛城市群、海峡西岸城市群等具有多中心结构的区域，其中心引导作用评价多处在较低或低的水平。

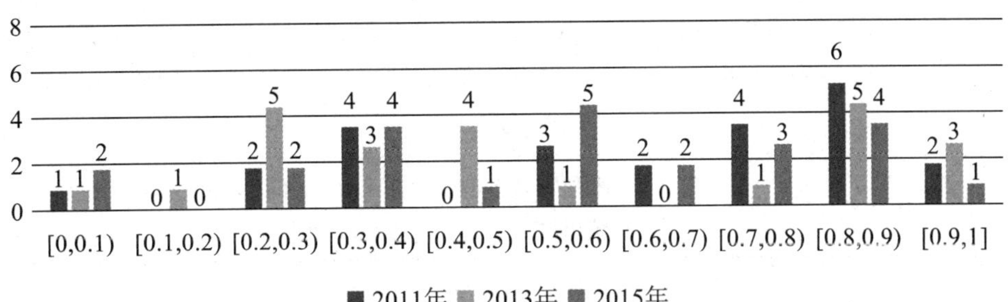

图 6－13　中心引导作用的直方分布

表 6－27　　中心引导作用的差异性分析

	2011 年	2013 年	2015 年
高	拉萨城市群、银川城市群、长株潭城市群、武汉城市群、滇中城市群、太原城市群、成渝城市群、环鄱阳湖城市群	银川城市群、太原城市群、武汉城市群、成渝城市群、环鄱阳湖城市群、长株潭城市群、江淮城市群、拉萨城市群	银川城市群、武汉城市群、太原城市群、成渝城市群、江淮城市群
较高	辽中南城市群、中原城市群、江淮城市群、南宁城市群、京津冀城市群、长江三角洲城市群	中原城市群	中原城市群、长株潭城市群、滇中城市群、环鄱阳湖城市群、拉萨城市群
一般	黔中城市群、关中城市群、海峡西岸城市群	滇中城市群、南宁城市群、黔中城市群、关中城市群、辽中南城市群	黔中城市群、南宁城市群、京津冀城市群、辽中南城市群、长江三角洲城市群、兰白西城市群

续 表

	2011 年	2013 年	2015 年
较低	琼海城市群、呼包鄂城市群、哈长城市群、天山北坡城市群、珠江三角洲城市群、兰白西城市群	兰白西城市群、珠江三角洲城市群、天山北坡城市群、海峡西岸城市群、哈长城市群、京津冀城市群、长江三角洲城市群、琼海城市群	关中城市群、哈长城市群、天山北坡城市群、海峡西岸城市群、珠江三角洲城市群、呼包鄂城市群
低	山东半岛城市群	呼包鄂城市群、山东半岛城市群	山东半岛城市群、琼海城市群

6. 空间平衡性

空间平衡性的直方分布分析（图6－14）和区域差异性分析（表6－28）结果显示，长江三角洲城市群、拉萨城市群、兰白西城市群和银川城市群的评价值多处在高或较高的水平区域，滇中城市群、关中城市群、天山北坡城市群、黔中城市群、南宁城市群多处在一般或较低的水平区域，其他城市群则处在低水平区域。

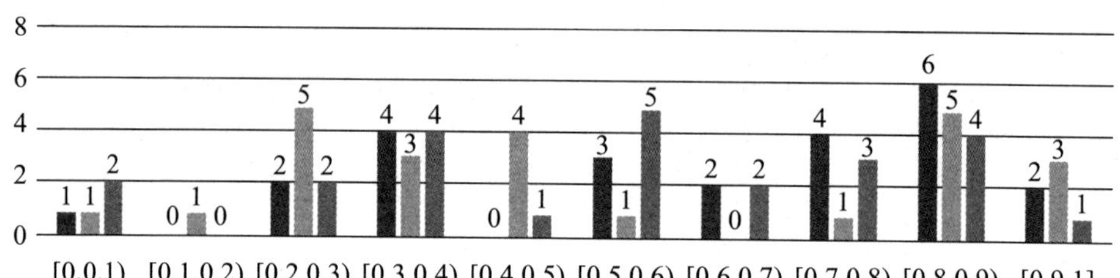

图6－14　空间平衡性的直方分布

表6－28　空间平衡性的差异性分析

	2011 年	2013 年	2015 年
高	兰白西城市群、拉萨城市群	拉萨城市群	长江三角洲城市群、拉萨城市群

续 表

	2011 年	2013 年	2015 年
较高	长江三角洲城市群、银川城市群	长江三角洲城市群、银川城市群	兰白西城市群
一般	滇中城市群、呼包鄂城市群、天山北坡城市群、关中城市群	兰白西城市群、滇中城市群、呼包鄂城市群、黔中城市群、关中城市群、天山北坡城市群	银川城市群、滇中城市群、关中城市群、天山北坡城市群
较低	黔中城市群	南宁城市群	呼包鄂城市群、黔中城市群、南宁城市群
低	京津冀城市群、珠江三角洲城市群、南宁城市群、中原城市群、太原城市群、琼海城市群、成渝城市群、哈长城市群、武汉城市群、辽中南城市群、长株潭城市群、环鄱阳湖城市群、江淮城市群、海峡西岸城市群、山东半岛城市群	成渝城市群、中原城市群、江淮城市群、珠江三角洲城市群、长株潭城市群、武汉城市群、环鄱阳湖城市群、太原城市群、海峡西岸城市群、琼海城市群、辽中南城市群、京津冀城市群、山东半岛城市群、哈长城市群	成渝城市群、武汉城市群、中原城市群、江淮城市群、珠江三角洲城市群、京津冀城市群、琼海城市群、长株潭城市群、哈长城市群、环鄱阳湖城市群、海峡西岸城市群、太原城市群、山东半岛城市群、辽中南城市群

6.4.4 区域的空间演化

区域差异性分析主要对于 24 个城市群的 6 类空间特征进行了横向比较，而空间演化则侧重于纵向比较区域内部的这些空间特征变化，见表 6－29。

表 6－29　区域城市网络的空间演化方向

城市群代号	城市群名称	空间演化方向					
		$S_{总}$	$\langle S \rangle$	$\langle w \rangle$	ρ	C	E'
CY	成渝城市群	↗↗	↗↗	↗↗	↗↗	↗↘	↘↗

续 表

城市群代号	城市群名称	空间演化方向					
		$S_{总}$	$\langle S\rangle$	$\langle w\rangle$	ρ	C	E'
CZ	长株潭城市群	↗↗	↗↗	↗↗	—	↗↘	↘↗
WH	武汉城市群	↗↗	↗↗	↗↗	—	↗↘	↘↘
JH	江淮城市群	↗↗	↗↗	↗↗	↗↗	↗↗	↘↗
HP	环鄱阳湖城市群	↗↗	↗↗	↗↗	—	↗↘	↘↗
CS	长江三角洲城市群	↗↗	↗↗	↗↗	↗↗	↘↗	↘↗
LB	兰白西城市群	↗↗	↗↗	↗↗	—	↗↘	↗↗
YC	银川城市群	↗↗	↗↗	↗↗	—	↗↗	↘↗
ZY	中原城市群	↗↗	↗↗	↗↗	↗↗	↗↗	↘↗
GZ	关中城市群	↗↗	↗↗	↗↗	↗—	↗↘	↘↗
HB	呼包鄂城市群	↗↗	↗↗	↗↗	↗—	↗↘	↘↗
TY	太原城市群	↗↗	↗↗	↗↗	—	↗↘	↘↗
JJ	京津冀城市群	↗↗	↗↗	↗↗	↗↗	↘↗	↗↘
SD	山东半岛城市群	↗↗	↗↗	↗↗	↗—	↗↘	↘↗
ZS	珠江三角洲城市群	↗↗	↗↗	↗↗	↗↗	↗↘	↘↗
HX	海峡西岸城市群	↗↗	↗↗	↗↗	↗↗	↗↘	↘↗
NN	南宁城市群	↗↗	↗↗	↗↗	—	↘↘	↘↗
QH	琼海城市群	↗↗	↗↗	↗↗	—↗	↗↘	↘↗

续 表

城市群代号	城市群名称	空间演化方向					
		$S_{总}$	$\langle S\rangle$	$\langle w\rangle$	ρ	C	E'
DZ	滇中城市群	↗↗	↗↗	↗↗	—	↘↗	↘↗
QZ	黔中城市群	↗↗	↗↗	↗↗	—	↗—	↘↗
HC	哈长城市群	↗↗	↗↗	↗↗	—↗	↗↘	↘↘
LZ	辽中南城市群	↗↗	↗↗	↗↗	—	↘↘	↘↗
TS	天山北坡城市群	↗↗	↗↗	↗↗	—	↗↘	↘↗
LS	拉萨城市群	↗↗	↗↗	↗↗	—	↘↘	↘↘

注：↗表示网络指标原始数据与前一年比较表现出的变化趋势为增加，↘表示下降，—表示没有变化。

将区域城市网络在2013年和2015年的$S_{总}$、$\langle S\rangle$、$\langle w\rangle$、ρ、C和E'的原始数据，对应地与2011年和2013年进行比较，可以得到24个城市群内部在空间总体活力、节点集聚性、空间紧凑度、核心联系密度、中心引导作用和空间平衡性6个方面的演化趋势，见表6－29。其结果显示，所有城市群在空间总体活力、节点集聚性和空间紧凑度3个方面的空间特征评价均为逐年增加，这表明在城市群内部信息流通的总体水平、节点城市对信息流的平均集聚程度和各城市间的平均信息流联系程度都在提升。在核心联系密度的评价上，由于城市群内部在3个年份都没有边权值较高的信息流，导致了长株潭城市群、武汉城市群、环鄱阳湖城市群、兰白西城市群、银川城市群、太原城市群、南宁城市群、滇中城市群、黔中城市群、辽中南城市群、天山北坡城市群和拉萨城市群等12个城市群均表现为没有变化；其他城市群则至少有1年表现出增加的趋势；相比其他指标，中心引导作用和空间平衡性的演变显得更为复杂，多数城市群呈现先增后降或先降后增的趋势。此外，有江淮城市群、银川城市群、中原城市群在中心引导作用评价中和兰白西城市群在空间平衡性的评价中表现出逐年增加的趋势，而辽中南城市群在前者的评价中，武汉城市群、哈长城市群在后者的评价中表现出逐年降低的趋势；而拉萨城市群在这两项的评价中均表现出逐年降低的趋势。

以京津冀城市群为例，演示了区域城市网络的总点权、平均点权、平均联系强度、网络密度、中心化程度和网络结构熵等网络整体描述指标的计算方法。以这6类指标在2011年、2013年和2015年的计算结果为依据，统计分析了我国24个城市群内部在空间信息流整体水平、信息流在节点城市上的平均集聚程度、空间信息网络的紧凑程度、核心联系在空间作用关系总量中所占的比例、中心城市对区域空间的引导作用、区域城市网络的平衡协调程度等多个方面表现出的结构特征。基于指标数据的统计，完成了进一步的区域空间特征挖掘，包括网络指标的相关性、网络指标的重要性、区域的差异性和区域的空间演化特征等。

第 7 章　国家层面的城市群体空间网络化

在完成数据标准化的基础上，使用表 7 - 1 所示的方法，可以计算出 2011 年、2013 年、2015 年国家城市网络和国家城市群网络的点权、节点对称性、点权差异性、总点权、平均点权、平均联系强度、点权累积分布、边权分形维数、网络密度、中心化程度、网络结构熵等指标。

7.1　国家城市网络结构指标的统计分析

7.1.1　节点城市指标分析

1. 点权、点入权与点出权

点权可以理解为信息流在节点的集聚水平。国家城市网络中 193 个节点城市点权的空间分布情况。其中，北京、上海、广州、深圳、成都、香港、杭州等城市的点权在三个年份的计算结果中排名靠前，而五家渠、海东、临夏、阿拉善盟、塔城、石嘴山等城市或地区的排名靠后。

五年间，点权指标对于所有城市节点的平均值增长了约 1 倍，其标准差也逐年扩大，见表 7 - 1。这表明城市群之间的空间要素流动在节点城市上的集聚水平在整体增长，但其离散程度也在逐年变大。在 2015 年，北京在该指标上的评价值约为厦门的 2 倍、南宁的 3 倍、拉萨的 5 倍，城市网络中信息流在节点的集聚水平差距较为明显。

表7－1　　国家城市网络点权的描述统计

年份	极小值		极大值		均值	标准差
	数值	城市	数值	城市		
2011	0.66	海东	2733.90	北京	596.56	390.32
2013	56.73	五家渠	3860.38	北京	840.79	632.50
2015	75.76	五家渠	5330.05	北京	1141.35	872.89

点入权和点出权分别可以理解为城市网络中节点城市对信息流的吸收能力和辐射能力①，这两项指标的空间分布差异也十分明显，在这两项指标的评价结果中排名靠前的有北京、上海、广州、成都、香港、深圳、杭州等城市，而排名靠后的有五家渠、那曲、日喀则、海东、黔南、崇左等城市或地区。

从这两项指标的统计描述中（表7－2、表7－3）可以看到，点入权和点出权的平均值增长了约1倍，但点入权的标准差在三个年份中均明显高于点出权。这说明各节点城市对信息流吸收能力的差异要明显高于其辐射能力，即城市之间的空间扩散水平更接近，而空间的集聚程度差异较大。

表7－2　　国家城市网络点入权的描述统计

年份	极小值		极大值		均值	标准差
	数值	城市	数值	城市		
2011	0.66	海东	1774.26	北京	298.28	236.23
2013	1.73	五家渠	2521.52	北京	420.40	400.91
2015	3.66	五家渠	3491.51	北京	570.67	529.04

① 参见甄峰、王波、陈映雪《基于网络社会空间的中国城市网络特征——以新浪微博为例》，《地理学报》2012年第8期。

表7－3　　国家城市网络点出权的描述统计

年份	极小值		极大值		均值	标准差
	数值	城市	数值	城市		
2011	0	海东	959.63	北京	298.27	165.43
2013	54.99	五家渠	1426.44	上海	420.40	251.27
2015	72.11	五家渠	2101.92	成都	570.67	366.64

2. 节点对称性

节点对称性可以理解为节点表现出的相对集聚扩散状态，该指标在国家城市网络中的空间分布特征：海东、晋中、北京、广州、福州、黔南、佛山、郑州等城市或地区的节点对称性指标评价值较高，表明在国家城市网络中，这些节点的点入权要明显高于点出权；而评价值较低的节点多处在我国的西北、西南和中北部地区，例如阿拉善盟、五家渠、临夏、林芝、那曲、日喀则、中卫、三亚等，这些城市或地区对信息的吸收能力远小于其辐射能力。

该指标的描述统计（表7－4）显示，相比于点权、点入权和点出权，节点的对称性在数值变化上表现出更稳定的特征，其平均值和标准差在三个年份中变化不大。

3. 点权差异性

点权差异性可以理解为节点间联系的平衡性。在该项指标的评价中，对于国家城市网络中的多数节点，其点权差异性都比较小，说明多数节点城市与其他城市的空间联系差别不大；而五家渠、海东、临夏、崇左、那曲、铜川、塔城、楚雄这些点权偏小的城市或地区，在点权差异性的评价中表现出较高的不平衡性，与节点对称性类似，点权差异性在三个年份中的平均值和标准差变化不大，该项指标的评价数值较为稳定，见表7－5。

表 7－4　国家城市网络节点对称性的描述统计

年份	极小值		极大值		均值	标准差
	数值	城市	数值	城市		
2011	－0.94	阿拉善盟	1	海东	－0.077	0.269
2013	－0.94	五家渠	0.35	晋中	－0.124	0.277
2015	－0.90	五家渠	0.48	晋中	－0.090	0.231

表 7－5　国家城市网络点权差异性的描述统计

年份	极小值		极大值		均值	标准差
	数值	城市	数值	城市		
2011	0.007	成都等 22 个城市	0.54	海东	0.0128	0.0384
2013	0.007	重庆等 7 个城市	0.043	五家渠	0.0124	0.0051
2015	0.007	昆明等 3 个城市	0.042	五家渠	0.0120	0.0045

7.1.2　整体城市网络指标分析

1. 总点权、平均点权与平均联系强度

总点权、平均点权和平均联系强度可以理解为国家城市网络模型的总体空间流强度、节点对信息流的平均集聚水平、空间的紧凑程度。其评价结果见表 7－6，在 2011 年、2013 年和 2015 年，三个指标评价均呈逐年增长的趋势。五年间，这些指标值均增长了接近 1 倍。

表 7 – 6　　　　国家城市网络的总点权、平均点权与平均联系强度

年份	$S_{总}$	$\langle S \rangle$	$\langle w \rangle$
2011	57568	298	1.6
2013	81136	420	2.2
2015	110140	571	3.0

2. 点权累积分布

在加权网络中，点权的累积分布表示点权不小于某个值的节点的概率分布。点权的累积分布特征可以帮助判断复杂网络的性质①。图 7 – 1 和图 7 – 2分别是使用指数分布（半对数坐标）和幂律分布（对数坐标）描述点权累积分布特征的结果，其中 S 表示累积点权，P_s 表示点权不小于 S 的节点概率。

两种回归方程的结果显示，三个年份的国家城市网络均表现出小世界性和无标度性。在对数坐标中，点权累积分布曲线表现出斜率由小增大的趋势特征，说明其具有指数截断（exponential cutoff）的幂律分布特征。对于无标度网络，其点权累积分布特征表现为 $P_s \propto s^{-(\gamma-1)}$，因此，国家城市网络在三个年份中的幂指数 γ 分别为 2.627、2.478 和 2.434。

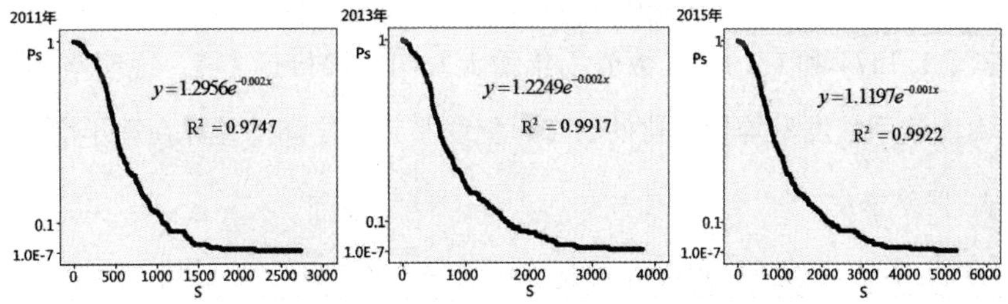

图 7 – 1　国家城市网络点权累积分布（指数分布）

---

① 参见郑啸、陈建平、邵佳丽《基于复杂网络理论的北京公交网络拓扑性质分析》，《物理学报》2012 年第 19 期。

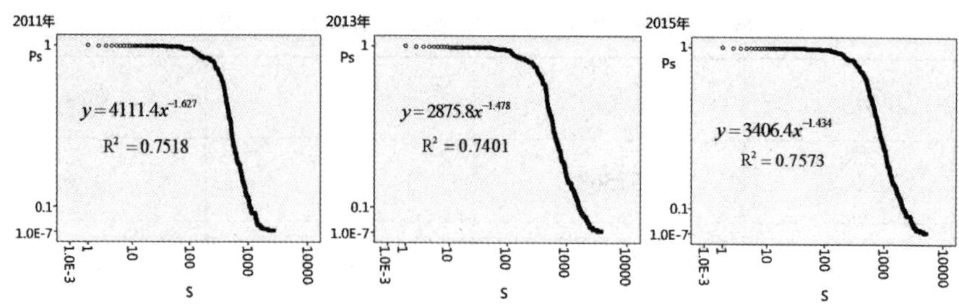

图 7－2　国家城市网络点权累积分布（幂律分布）

3. 边权分形维数

图 7－3 是三个年份中，国家城市网络中边权的位序 m 与其对应边权值 $w(m)$ 的双对数散点图。根据分形理论，有 $w(m) \propto m^{-D}$，一般情况下 $0 < D < 2$。$D < 1$ 表示空间网络结构较为松散，$D > 1$ 则表示网络结构较为紧凑。

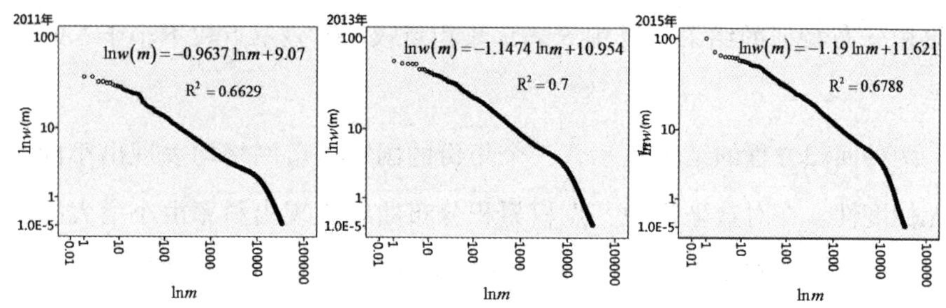

图 7－3　国家城市网络边权与位序的双对数散点图

图 7－3 结果显示，国家城市网络在三个年份中的边权分形维数 D 分别为 0.9637、1.1474 和 1.19。其数值逐年增大，同时都接近于 1，说明空间网络中节点的联系强度呈均匀变化的状态，但联系强度之间的差异在逐年增大。

4. 网络密度

表 7－7 所示为边权阈值分别取 $30 \leqslant w \leqslant 100$、$10 \leqslant w < 30$ 和 $0 \leqslant w < 10$ 时，国家城市网络的网络密度。当 $30 \leqslant w \leqslant 100$ 时，国家城市网络在三个年份中的网络密度，即核心联系的网络密度仅为 0.02%、0.13% 和 0.29%。这表示标准边权值大于等于 30 的空间联系在国家城市网络中所占的比例竟然不足 0.3%，而标准边权值在 10 以内的边的比例却均高于 95%。在国家城市网

络中，节点间很大比例的空间联系强度都非常低。三个年份中高边权的空间联系分布，这些核心联系多分布于我国的东部。

表 7 – 7　　国家城市网络的网络密度

年份	$30 \leqslant w \leqslant 100$	$10 \leqslant w < 30$	$0 \leqslant w < 10$
2011	0. 02%	0. 55%	99. 44%
2013	0. 13%	1. 86%	98. 00%
2015	0. 29%	3. 75%	95. 96%

5. 中心化程度

中心化程度可以理解为核心城市对国家城市网络的中心引导作用。在 2011 年、2013 年和 2015 年，该项指标的评价值分别为 0. 786、0. 798 和 0. 801。其数值逐渐增大，说明在国家城市网络中，北京、上海等城市处在越来越明显的核心地位，节点城市之间的平衡程度也略微降低。

6. 网络结构熵

网络结构熵可以理解为整体网络的平衡协调性。在 2011 年、2013 年和 2015 年，该项指标的评价值分别为 0. 903、0. 878 和 0. 876。表明在国家城市网络中，节点之间的连通性较差，但在逐年增强，网络的平衡协调性也逐年增强，网络结构表现出越来越明显的小世界性和无标度特征。

7. 2　国家城市群网络结构指标的统计分析

国家城市群网络模型是在国家城市网络的基础上，在各城市群内部范围进行节点收缩，即把网络结构中的 193 个城市节点收缩为 24 个城市群节点。国家城市群网络结构指标的统计分析也与国家城市网络类似。

7.2.1 节点城市群指标分析

1. 点权、点入权和点出权

在三个年份的国家城市群网络中，点权、点入权、点出权排名较高的城市群主要包括京津冀城市群、长江三角洲城市群、珠江三角洲城市群、成渝城市群和山东半岛城市群，这些节点在国家尺度中表现出较高的信息流集聚水平、对信息流的吸收能力与辐射能力；而拉萨城市群、银川城市群、天山北坡城市群、兰白西城市群、黔中城市群和滇中城市群等节点则排名靠后。

这三项指标的描述统计分析（表7－8、表7－9、表7－10）表现出的特征也与国家城市网络类似：平均值增长了约1倍，标准差也逐年增大，各节点城市群对信息流吸收能力的差异性要明显高于其辐射能力。

表7－8　　国家城市群网络点权的描述统计

年份	极小值		极大值		均值	标准差
	数值	城市群	数值	城市群		
2011	48.63	拉萨城市群	934.85	长江三角洲城市群	270.44	198.05
2013	77.38	拉萨城市群	1316.06	长江三角洲城市群	376.73	280.04
2015	107.80	拉萨城市群	1807.32	长江三角洲城市群	511.73	388.09

表7－9　　国家城市群网络点入权的描述统计

年份	极小值		极大值		均值	标准差
	数值	城市群	数值	城市群		
2011	11.05	拉萨城市群	500.85	长江三角洲城市群	135.22	112.00

续 表

年份	极小值		极大值		均值	标准差
	数值	城市群	数值	城市群		
2013	15.15	拉萨城市群	718.34	长江三角洲城市群	188.37	161.65
2015	21.74	拉萨城市群	989.18	长江三角洲城市群	255.86	221.70

表7-10　　国家城市群网络点出权的描述统计

年份	极小值		极大值		均值	标准差
	数值	城市群	数值	城市群		
2011	37.58	拉萨城市群	434.01	长江三角洲城市群	135.22	87.60
2013	56.27	银川城市群	597.72	长江三角洲城市群	188.37	121.42
2015	75.60	银川城市群	818.14	长江三角洲城市群	255.86	168.90

2. 节点对称性

节点对称性指标评价值在国家城市群网络中的空间分布特征中：京津冀城市群、太原城市群、长江三角洲城市群、珠江三角洲城市群等节点对称性指标评价值较高，表明在国家城市群网络中，这些节点的点入权要明显高于点出权；而评价值较低的节点多处在我国的西南和中北部地区，例如拉萨城市群、呼包鄂城市群、兰白西城市群、银川城市群，这些城市群对信息的集聚作用远小于其扩散作用。

该指标的描述统计（表7-11）显示，各城市群的节点对称性数值变化不大，差距也比较小。其平均值略小于0，标准差逐年降低，说明多数节点城市群对信息的辐射作用要强于吸收作用，但整体差距在逐年缩小。

表7-11　　国家城市群网络节点对称性的描述统计

年份	极小值		极大值		均值	标准差
	数值	城市群	数值	城市群		
2011	-0.546	拉萨城市群	0.154	京津冀城市群	-0.069	0.170
2013	-0.608	拉萨城市群	0.202	京津冀城市群	-0.069	0.169
2015	-0.597	拉萨城市群	0.161	太原城市群	-0.069	0.166

3. 点权差异性

在点权差异性指标的评价中，国家城市群网络中的多数节点，其点权差异性都比较小，说明多数节点城市群与其他城市群的空间联系差别不大，例如2015年该项指标评价值最低的长江三角洲城市群、珠江三角洲城市群和京津冀城市群等；而类似江淮城市群、环鄱阳湖城市群、武汉城市群等节点在点权差异性的评价中表现出较高的不平衡性。点权差异性在三个年份中的平均值和标准差略有增加，见表7-12，表明城市群之间的空间联系比较稳定，但总体的平衡性趋势略微下降。

表7-12　　国家城市群网络点权差异性的描述统计

年份	极小值		极大值		均值	标准差
	数值	城市群	数值	城市群		
2011	0.058	长株潭城市群	0.093	江淮城市群	0.073	0.006
2013	0.059	长株潭城市群	0.099	江淮城市群	0.074	0.007
2015	0.060	长株潭城市群	0.101	江淮城市群	0.075	0.008

7.2.2　整体城市群网络指标分析

1. 总点权、平均点权与平均联系强度

国家城市群网络总点权、平均点权与平均联系强度的评价结果（表 7－13）显示，在 2011 年、2013 年和 2015 年，三个指标评价均呈逐年增长的趋势。五年间，这些指标值均增长了接近 1 倍。

表 7－13　　国家城市网络的总点权、平均点权与平均联系强度

年份	$S_{总}$	$\langle S \rangle$	$\langle w \rangle$
2011	3245	135	5.9
2013	4521	188	8.2
2015	6141	256	11.1

2. 点权累积分布

国家城市群网络的点权累积分布表现出与国家城市网络类似的特征，均表现出具有指数截断的幂律分布特征。图 7－4 和图 7－5 分别是使用指数分布（半对数坐标）和幂律分布（对数坐标）描述点权累积分布特征的结果。与国家城市网络相比较，国家城市群网络的幂律分布具有更好的显著性，其无标度特性也更加明显。国家城市群网络在三个年份中的幂指数 γ 分别为 2.041、1.992 和 1.976。

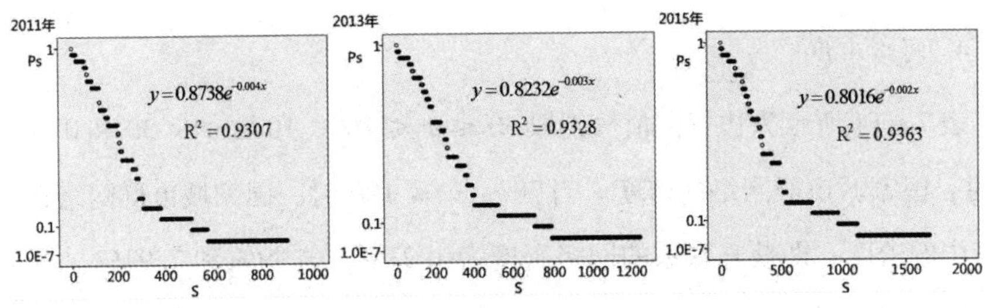

图 7－4　国家城市群网络点权累积分布（指数分布）

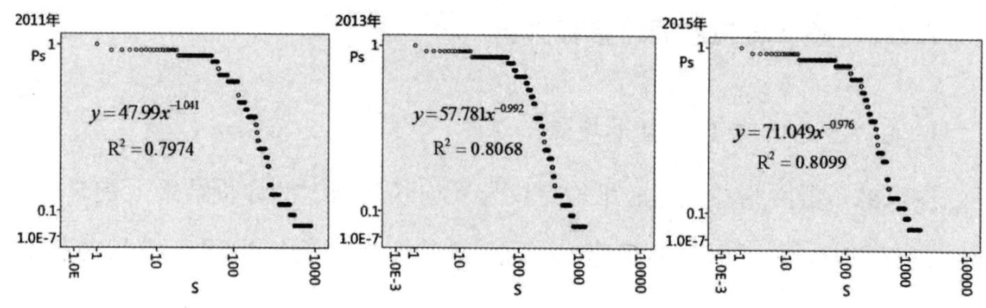

图7－5　国家城市群网络点权累积分布（幂律分布）

3. 边权分形维数

图7－6结果显示，国家城市群网络在三个年份中的边权分形维数D分别为0.9772、0.965和0.9844。其数据都接近1，说明空间网络中节点的联系强度呈均匀变化的状态。与国家城市网络的边权分形维数相比较，国家城市网络的D值更小，说明在国家尺度下，城市群作为节点产生的空间联系差异性要小于城市。

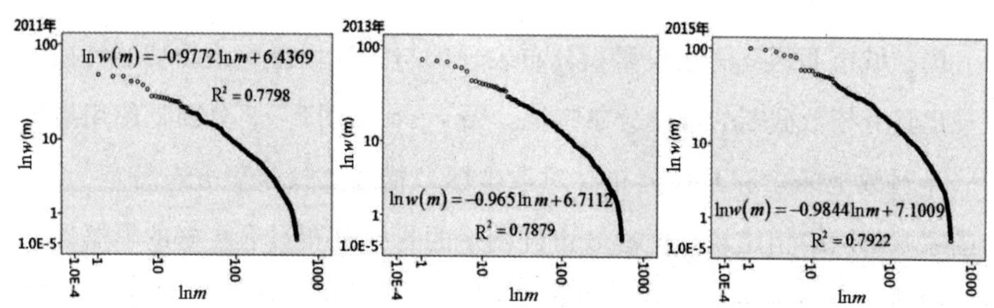

图7－6　国家城市群网络边权与位序的双对数散点图

4. 网络密度

表7－14所示为边权阈值分别取$30\leqslant w\leqslant 100$、$10\leqslant w<30$和$0\leqslant w<10$时，国家城市群网络的密度。当$30\leqslant w\leqslant 100$时，国家城市群网络在三个年份中的密度，即核心联系的网络密度为1.27%、3.99%和7.97%。这表示标准边权值大于等于30的空间联系在国家城市网络中所占的比例非常低。三个年份中高边权的空间联系分布，这些核心联系多分布于我国的东部和中部。

表7-14 国家城市网络的网络密度

年份	$30 \leqslant w \leqslant 100$	$10 \leqslant w < 30$	$0 \leqslant w < 10$
2011	1.27%	14.31%	84.42%
2013	3.99%	19.75%	76.27%
2015	7.97%	25.91%	66.12%

5. 中心化程度

在2011年、2013年和2015年，中心化程度的评价值分别为0.782、0.791和0.795。其数值逐渐增大，说明在国家城市群网络中长江三角洲城市群、京津冀城市群、珠江三角洲城市群等节点处在越来越明显的核心地位，节点城市群之间的平衡程度也略有下降。

6. 网络结构熵

在2011年、2013年和2015年，网络结构熵的评价值分别为0.764、0.762和0.754。表明在国家城市网络中，节点之间的连通性要优于国家城市网络，且在逐年增强，网络的平衡协调性也逐年增强，网络结构也表现出越来越明显的小世界性和无标度特征。

7.3 基于统计指标的国家空间特征挖掘

7.3.1 中心节点的空间分布特征

1. 中心城市的空间分布

表7-15、表7-16和表7-17所示分别为国家城市网络中点权、点入权和点出权排名前一的节点城市，这些节点可以理解为城市网络中的总信息流动中心、信息流集聚中心和信息流扩散中心。

表 7-15　　排名前十的国家城市网络点权统计

排名	2011 年		2013 年		2015 年	
	城市	点权	城市	点权	城市	点权
1	北京	2733.9	北京	3860.38	北京	5330.05
2	上海	2190.9	上海	3326.82	上海	4831.27
3	香港	1771.03	广州	2811.39	成都	4211.49
4	深圳	1637.18	成都	2771.26	广州	3621.85
5	广州	1606.33	深圳	2487.15	深圳	3536.24
6	西安	1449.37	香港	2474.68	香港	3333.71
7	杭州	1421.05	杭州	2428.18	杭州	3308.91
8	成都	1410.36	西安	2336.01	天津	3173.89
9	南京	1403.14	南京	2318.28	苏州	3119.08
10	郑州	1370.93	武汉	2229.68	武汉	3060.81

表 7-16　　排名前十的国家城市网络点入权统计

排名	2011 年		2013 年		2015 年	
	城市	点入权	城市	点入权	城市	点入权
1	北京	1774.26	北京	2521.52	北京	3491.51
2	上海	1266.24	上海	1900.38	上海	2921.28
3	广州	921.38	广州	1866.95	广州	2268.68
4	深圳	910.97	杭州	1498.31	成都	2109.56

续 表

排名	2011 年		2013 年		2015 年	
	城市	点入权	城市	点入权	城市	点入权
5	香港	886.92	郑州	1422.32	杭州	1936.52
6	郑州	827.29	深圳	1409.42	深圳	1925.46
7	天津	796.91	成都	1384.34	苏州	1818.28
8	杭州	769.81	天津	1348.52	郑州	1809.7
9	苏州	762.26	西安	1315.94	武汉	1754.34
10	武汉	750.16	南京	1308.81	香港	1664.93

表 7-17 排名前十的国家城市网络点出权统计

排名	2011 年		2013 年		2015 年	
	城市	点权	城市	点权	城市	点权
1	北京	959.63	上海	1426.44	成都	2101.92
2	上海	924.66	成都	1386.92	上海	1909.99
3	香港	884.11	北京	1338.87	北京	1838.54
4	深圳	726.21	香港	1237.37	香港	1668.78
5	成都	714.06	深圳	1077.73	深圳	1610.78
6	西安	706.09	西安	1020.07	天津	1521.57
7	南京	702.77	重庆	1013.55	重庆	1501.13
8	重庆	688.65	南京	1009.47	南京	1437.37
9	广州	684.95	厦门	987.01	西安	1423.21
10	杭州	651.24	广州	944.44	杭州	1372.39

从表中数据可以看出，多数中心城市分布在我国东部地区，例如，北京、上海、广州、深圳、香港、天津等城市，少数中心城市分布在中西部地区，例如，成都、武汉、郑州、重庆、西安等城市。排名靠前的城市之间差距并不明显，以2013年为例，点入权排名第一的北京，其评价值约为第十名南京的1.9倍；点出权排名第一的上海，其评价值约为第十名广州的1.5倍。

2. 中心城市群的空间分布

表7－18、表7－19和表7－20所示分别为国家城市群网络中点权、点入权和点出权排名前十的节点城市群，这些节点可以理解为城市群网络中的总信息流动中心、信息流集聚中心和信息流扩散中心。

表7－18　排名前十的国家城市群网络点权统计

排名	2011年		2013年		2015年	
	城市群	点权	城市群	点权	城市群	点权
1	长江三角洲城市群	934.85	长江三角洲城市群	1316.06	长江三角洲城市群	1807.32
2	珠江三角洲城市群	606.17	珠江三角洲城市群	865.91	珠江三角洲城市群	1210.13
3	京津冀城市群	539.77	京津冀城市群	775.58	京津冀城市群	1055.38
4	成渝城市群	412.33	成渝城市群	590.23	成渝城市群	844.9
5	山东半岛城市群	339.61	山东半岛城市群	469.52	山东半岛城市群	629.44
6	江淮城市群	322.57	海峡西岸城市群	458.32	海峡西岸城市群	609.84
7	海峡西岸城市群	322.4	中原城市群	434.01	江淮城市群	577.51
8	中原城市群	311.81	江淮城市群	422.62	中原城市群	577.06
9	辽中南城市群	295.64	辽中南城市群	381.82	辽中南城市群	511.06
10	长株潭城市群	253.9	哈长城市群	336.81	哈长城市群	440.86

表 7－19　排名前十的国家城市群网络点入权统计

排名	2011 年		2013 年		2015 年	
	城市群	点入权	城市群	点入权	城市群	点入权
1	长江三角洲城市群	500.85	长江三角洲城市群	718.34	长江三角洲城市群	989.18
2	珠江三角洲城市群	329.28	珠江三角洲城市群	480.22	珠江三角洲城市群	664.64
3	京津冀城市群	311.54	京津冀城市群	466.23	京津冀城市群	605.74
4	山东半岛城市群	184.28	山东半岛城市群	247.2	成渝城市群	381.59
5	成渝城市群	179.76	海峡西岸城市群	246.66	山东半岛城市群	337.83
6	海峡西岸城市群	176.78	成渝城市群	246.38	海峡西岸城市群	315.17
7	中原城市群	166.21	中原城市群	229.84	中原城市群	302.93
8	江淮城市群	155.75	江淮城市群	190.05	江淮城市群	262.18
9	辽中南城市群	144.4	辽中南城市群	178.71	辽中南城市群	250.96
10	长株潭城市群	128.85	哈长城市群	171.18	哈长城市群	223.99

表 7－20　排名前十的国家城市群网络点出权统计

排名	2011 年		2013 年		2015 年	
	城市群	点出权	城市群	点出权	城市群	点出权
1	长江三角洲城市群	434.01	长江三角洲城市群	597.72	长江三角洲城市群	818.14
2	珠江三角洲城市群	276.88	珠江三角洲城市群	385.7	珠江三角洲城市群	545.49

续 表

排名	2011 年		2013 年		2015 年	
	城市群	点出权	城市群	点出权	城市群	点出权
3	成渝城市群	232.57	成渝城市群	343.85	成渝城市群	463.31
4	京津冀城市群	228.23	京津冀城市群	309.36	京津冀城市群	449.64
5	江淮城市群	166.82	江淮城市群	232.57	江淮城市群	315.33
6	山东半岛城市群	155.32	山东半岛城市群	222.32	海峡西岸城市群	294.67
7	辽中南城市群	151.24	海峡西岸城市群	211.65	山东半岛城市群	291.6
8	海峡西岸城市群	145.62	中原城市群	204.17	中原城市群	274.14
9	中原城市群	145.6	辽中南城市群	203.11	辽中南城市群	260.1
10	环鄱阳湖城市群	127.64	长株潭城市群	168.68	环鄱阳湖城市群	231.68

与中心城市的空间分布类似，多数中心城市群分布在我国东部和东北部地区，例如长江三角洲城市群、珠江三角洲城市群、京津冀城市群、山东半岛城市群、海峡西岸城市群、辽中南城市群、哈长城市群等；少数中心城市群分布在中西部地区，例如成渝城市群、江淮城市群、中原城市群、长株潭城市群、环鄱阳湖城市群等。排名靠前的城市群之间差距比较明显，以 2015 年为例，点入权和点出权排名第一的长江三角洲城市群，其评价值约为点入权第十名哈长城市群的 4.2 倍和点出权第十名环鄱阳湖城市群的 3.5 倍。

7.3.2 核心联系的空间分布特征

1. 节点城市之间的核心联系

如表7－21所示，国家城市网络在2011年、2013年和2015年三个年份中，边权排名前十的空间联系。其数据显示，除了少数类如上海—北京、北京—香港、西安—北京等国家网络中心城市之间的联系以外，大多数的核心联系是处在更小的区域范围内的，比如深圳—广州、天津—北京、香港—广州、苏州—上海、洛阳—郑州等。如果把核心联系的范围扩大至前100名边权，则区域外部的联系数量明显增多，且这些核心联系均分布在我国的东部和中部。

表7－21 排名前十的国家城市网络边权统计

排名	2011年		2013年		2015年	
	城市	边权	城市	边权	城市	边权
1	上海—北京	36.85	深圳—广州	55.88	天津—北京	100.00
2	天津—北京	36.85	天津—北京	52.56	上海—北京	71.54
3	香港—北京	32.86	上海—北京	52.09	深圳—广州	65.92
4	北京—香港	32.86	香港—广州	51.99	香港—广州	63.43
5	香港—深圳	31.79	广州—香港	51.99	广州—香港	63.43
6	深圳—香港	31.79	香港—北京	45.57	苏州—上海	62.82
7	北京—天津	30.80	北京—香港	45.57	香港—深圳	61.79
8	香港—广州	29.72	洛阳—郑州	45.38	深圳—香港	61.79
9	广州—香港	29.72	香港—深圳	43.08	洛阳—郑州	58.18
10	西安—北京	29.11	深圳—香港	43.08	香港—北京	57.76

2. 节点城市群之间的核心联系

表7－22所示为我国城市群网络在2011年、2013年和2015年三个年份中边权排名前十的空间联系。其数据显示，除了成渝城市群—珠三角城市群之间的边权在2013年排名第九，以及在2015年排名第十，其余所有三个年份排名前十的空间联系都是以长江三角洲城市群作为起点或终点的，长三角地区在国家空间中的信息集聚和扩散作用十分突出。

表7－22 排名前十的国家城市群网络边权统计

排名	2011年		2013年		2015年	
	城市群	边权	城市群	边权	城市群	边权
1	CS—ZS	48.67	CS—ZS	72.22	CS—ZS	100
2	CS—JJ	46.62	CS—JJ	70.19	ZS—CS	96.54
3	ZS—CS	46.61	ZS—CS	68.58	CS—JJ	92.27
4	CY—CS	41.69	CY—CS	61.33	CY—CS	85.38
5	JH—CS	41.19	JH—CS	59.90	JH—CS	84.15
6	JJ—CS	38.19	JJ—CS	54.79	JJ—CS	80.97
7	CS—JH	34.28	CS—JH	44.03	HX—CS	60.40
8	CS—CY	29.13	HX—CS	43.38	CS—JH	59.98
9	HX—CS	29.09	CY—ZS	42.05	CS—CY	59.87
10	CS—HX	28.50	SD—CS	40.82	CY—ZS	59.44

注：①表中"CS—ZS"表示国家城市群网络中由节点CS指向节点ZS的边权；②表中代号表示城市群如下：CS代表长三角洲城市群，ZS代表珠江三角洲城市群，JJ代表京津冀城市群，CY代表成渝城市群，JH代表江淮城市群，HX代表海峡西岸城市群，SD代表山东半岛城市群。

国家城市群网络排名前 100 的边权，其空间分布多数和长江三角洲城市群、珠江三角洲城市群、京津冀城市群、成渝城市群 4 个节点相关，而只有极少数的或是没有核心联系与拉萨城市群、天山北坡城市群、银川城市群、黔中城市群、滇中城市群等节点相关。

7.3.3　国家空间网络的机制模型分析

在本书之前构建的国家城市网络和国家城市群网络中，几乎任意两个节点之间都存在具有方向和边权属性的空间联系，即构建了近似于完全图的有向加权网络模型。为了验证国家空间网络的完全图特征是否会对网络的性质产生影响，将其转化为有向无权的非完全图网络，再对新的无权化网络进行性质判断。无权化的转化方法为：

$$w'_{ij} = \begin{cases} 1, & w_{ij} \geqslant \langle w \rangle \\ 0, & w_{ij} < \langle w \rangle \end{cases} \tag{7-1}$$

其中，w'_{ij} 为转化后的边权值，w_{ij} 为转化前的边权值，$\langle w \rangle$ 为网络的平均边权。

即认为在新的非完全图网络中，只存在大于或等于平均边权的空间联系，其数值为 1。转化后的无权化国家空间网络模型如图 7－23 所示。再使用累积度分布的方法，即将无权化国家城市网络和国家城市群网络看作边权为 1 的加权网络，分析其点权累积分布特征。分析结果如图 7－7 所示。

将有向加权国家空间网络的点权累积分布特征和无权化后的累积度分布特征进行比较可以发现，两者的网络机制十分相似，都具有指数截断的幂律分布特征。

两类网络的幂律分布及其显著水平检验的比较见表 7－23。有向加权的完全图网络，其幂指数和幂律分布的显著性都大于或等于有向无权的非完全网络。这表明原始的网络模型中点权概率分布变化的斜率要小于无权网络，且前者比后者有着更明显的无标度特征。国家城市网络和国家城市群网络均为小世界网络和无标度网络。

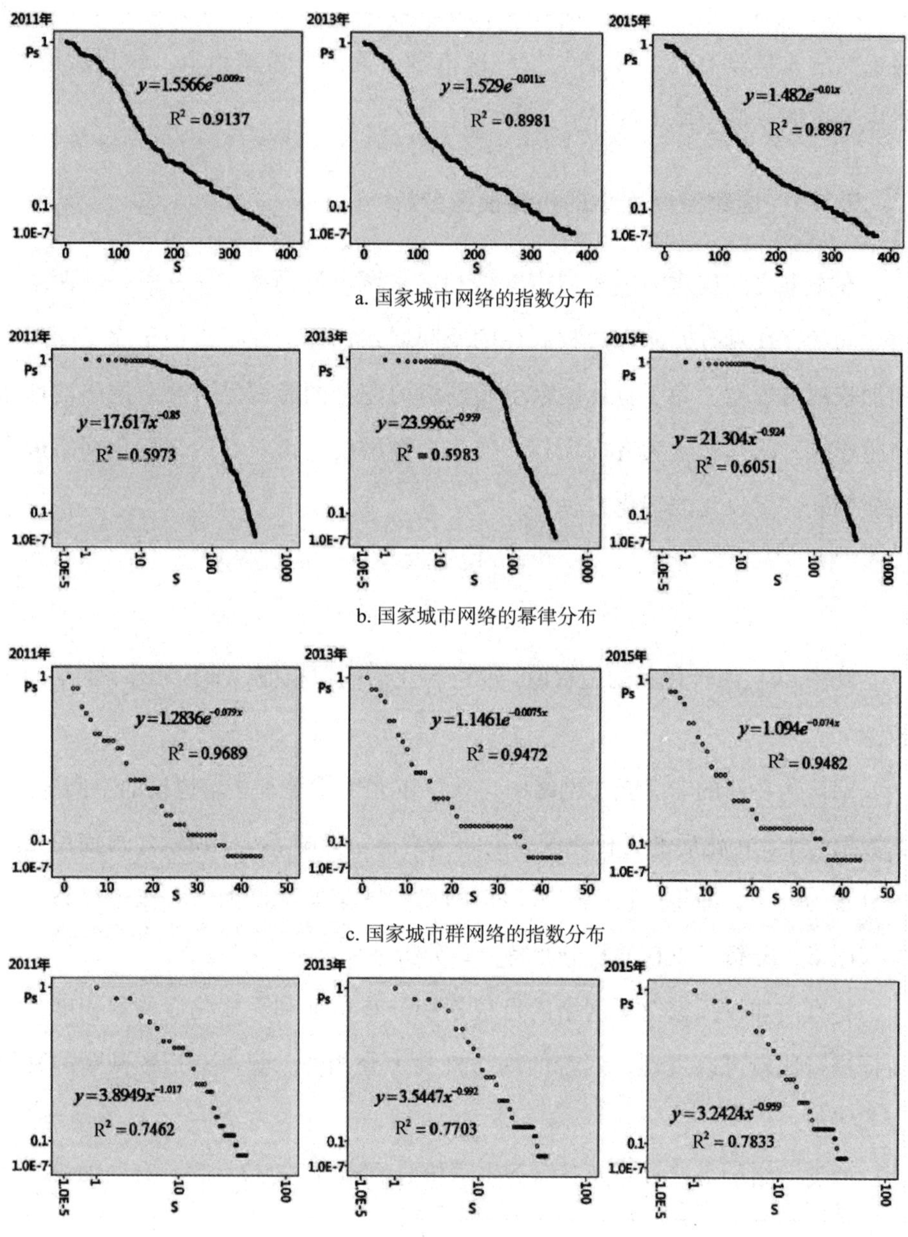

a. 国家城市网络的指数分布

b. 国家城市网络的幂律分布

c. 国家城市群网络的指数分布

d. 国家城市群网络的幂律分布

图 7－7　无权化国家空间网络的累积度分布

表 7－23　国家空间网络的点权累积幂律分布指数及其显著水平检验

网络名称	网络类型	2011 年		2013 年		2015 年	
		γ	R^2	γ	R^2	γ	R^2
国家城市网络	有向加权	2.627	0.7518	2.478	0.7401	2.434	0.7573
	有向无权	1.85	0.5973	1.959	0.5983	1.924	0.6051
国家城市群网络	有向加权	2.041	0.7974	1.992	0.8068	1.976	0.8099
	有向无权	2.017	0.7462	1.992	0.7703	1.959	0.7833

7.3.4　国家空间网络的空间演化特征

为了进一步描述其空间演化特征，将国家空间网络在 2013 年和 2015 年的 $S_{总}$、$\langle S\rangle$、$\langle w\rangle$、D、ρ、C 和 E' 的原始数据，对应地与 2011 年和 2013 年进行比较可以得到网络结构在信息流作用总强度、节点集聚性、空间紧凑度、节点之间城市流强度的分布规律、核心联系密度、中心引导作用和空间平衡性等 7 个方面的演化趋势，见表 7－24。

表 7－24　城市群之间网络的空间演化方向

国家网络模型	空间演化方向						
	$S_{总}$	$\langle S\rangle$	$\langle w\rangle$	D	ρ	C	E'
国家城市网络	↗↗	↗↗	↗↗	↗↗	↗↗	↗↗	↗↗
国家城市群网络	↗↗	↗↗	↗↗	↘↗	↗↗	↗↗	↗↗

注：↗表示网络指标原始数据与前一年比较表现出的变化趋势为增加，↘表示下降。$S_{总}$为网络的总点权，表示空间网络结构中的信息流作用总强度；$\langle S\rangle$ 为网络的平均点权，表示信息流在空间网络节点上的平均集聚水平；$\langle w\rangle$ 为平均联系强度，表示网络化信息空间的紧凑程度；D 为边权分形维数，表示节点之间城市流强度的分布规律和空间联系的差异性；ρ 为边权值取 $30 \leqslant w \leqslant 100$ 时的网络密度，表示节点间的核心信息流联系的比重；C 为中心化程度，表示核心节点对国家空间网络的中心引导作用；E' 为网络结构熵，表示信息流视角下空间网络结构的平衡协调程度。

表7－24的统计结果显示，对于国家城市网络和国家城市群网络，其网络结构中的信息流作用总强度、信息流在空间网络节点上的平均集聚水平、信息空间的紧凑程度、核心信息流联系的比重、核心节点对空间网络的中心引导作用均在逐年增加；国家城市网络的边权分形维数表现为逐年变大，说明其城市间联系的差异性在逐渐变小，而国家城市群网络的 *D* 值先降后增，说明城市群间联系的差异性先增后降；两者的网络结构熵均为逐年增加，说明其空间平衡协调程度在逐渐下降，节点之间的连通性也逐渐降低。

本章量化了国家城市网络和国家城市群网络在2011年、2013年、2015年的节点权、点入权、点出权、节点对称性、点权差异性等五类城市群空间网络的节点描述指标，以及总点权、平均点权、平均联系强度、点权累积分布、边权分形维数、网络密度、中心化程度、网络结构熵八类整体网络描述指标。在此基础上，对应地统计分析了国家空间网络在节点的信息流集聚水平、节点对信息流的吸收能力、节点对信息流的辐射能力、节点反映出的集聚扩散状态、节点间联系的平衡性等方面表现出的节点特征，以及在网络总体的空间流强度、节点对信息流的平均集聚水平、空间的紧凑程度、网络的机制模型、空间关系反映出的聚集扩散状态、核心联系在空间作用关系总量中所占的比例、中心节点对国家空间的引导作用、整体网络的平衡协调程度等方面表现出的整体特征。基于这些指标数据的统计，完成了对国家空间进一步的特征挖掘，包括中心节点的空间分布特征、核心联系的空间分布特征、网络结构的小世界性和无标度性，以及国家的空间演化特征等。

第 8 章　区域层面的城市国际化网络

8.1　区域层面的城市国际化网络方法模型

8.1.1　社会网络分析法

1. 社会网络的概念

(1) 定义

网络是指事物及它们之间的某种关系。通常是指用若干条向量型线段把若干个有差别的节点连在一起的连通图。网络系统则是指在社会化大生产条件和劳动分工规律的作用下，一定地域内的活动主体出于内在需要，通过各种通道和相互作用所形成的关联系统。社会网络是指社会行动者与它们之间关系的集合，即由多个社会行动者（节点）和各社会行动者之间的连线（关系）组成的集合①②③。一个典型的社会网络是由节点与连接节点的边组成的，节点代表个体，边则代表节点之间的作用关系，因此，一个具体的网络可抽象为一个由节点集 V 和边集 E 组成的图 G =（V，E）。社会网络分析中所讲的

---

① Tyler, J. R. et al., *E - Mail as Spectroscopy: Automated Discovery of Community Structure within Organizations*, The Information Society, Vol. 21, No. 2, 2005.

② 参见周涛、张际平《WiKi 社群的社会网络分析》，硕士学位论文，华东师范大学，2005 年，第 29 页。

③ Liu Jun, *Social Network Analysis*, Social Science Academic Press (China), 2004, p. 45.

“行动者”可代表任何社会单位，可以是个体，也可以是一个学校、城市、国家，是一种探究行动者之间形成多元关系的重要方法。它把节点间的关系看成基本分析单位，把结构看成行动者之间的关系模式，这种结构既可以是经济行为结构，也可以是社会政治结构，但其中最重要的问题是这种结构怎样影响以及在多大程度上影响网络成员的行为。运用网络思维对于研究各种空间内在联系的状态、变化与趋势具有重要指导意义。

（2）模的概念

模（mode）即行动者的集合，模数即为社会行动者集合类型的数目。比如1-模网络（one-mode network）与2-模网络（two-mode network）。

（3）类型

a. 根据网络指向性社会网络可分为以下两种。

无向网络：社会网络中任何连接两个节点的边没有指向性，即e（i，j）=e（j，i）。

有向网络：社会网络中连接两个节点的边存在指向性，即e(i，j) = +e（j，i）。

b. 根据网络连接强度社会网络可分为以下两种。

无权网络：社会网络中连接两个节点的强度都为1，即每条边的权值都为1。

有权网络：社会网络中连接两个节点的强度有强弱之分，每条边都赋予相应的权值。

c. 根据行动者类别数社会网络可分为以下两种。

1-模网络：由一个行动者集合内部各个行动者之间的关系构成的网络。

2-模网络：由一类行动者集合与另一类行动者集合之间的关系构成的网络。

2. 社会网络分析的概念

（1）定义

作为现代社会学的重要分支，“社会网络分析”是舶来品，它于20世纪中期在国外兴起。虽在国外已有 70 余年的发展历史，但在我国社会网络研究尚为薄弱，相关研究成果也较少。社会网络分析方法（Social Network Analysis，SNA）是一类刻画网络整体形态、特性和结构的重要分析方法，它是传统社会调查方法的重要补充。社会网络分析法将关系作为基本统计处理单元，以社会网络行动者作为矩阵元素，将行动者关系量化为数学函数，建立相应的社会关系矩阵，并通过计算机辅助设计完成相关统计，因此又称为结构分析。它不仅是一套技术方法，更是一套概念体系，即一门集研究方法、理论框架于一体的科学。

（2）特点

社会网络分析的领军人物弗里曼（Linton Freeman，2008）总结出社会网络分析方法具有以下四个特性：①根源于关系基础上的结构性思想；②以系统的经验数据为基础；③重视关系图形的绘制与表达；④依赖数学基础、统计技术或计算模型的使用。作为一种研究社会结构和社会关系的方法，SNA 认为各行动者之间存在的关系网络非常重要，力图使用图论工具、代数模型等技术描述关系网络，并探究这些关系模式对各行动者或对整体的影响，适用于研究群体的互动关系与群体结构。这里的行动者即网络节点，可以是个人、群体、组织、城市乃至国家。它从微观角度研究个体之间互动的关系及其发展变化过程，主要通过定量指标来描述对象之间形成的互动结构关系，既要反映整个网络结构的特征，也要反映个体对象在网络结构中的位置。社会网络分析的核心在于从“关系”角度出发研究结构问题，具有突出的关系表达优势。网络系统同时被视为一个整体和构成整体的各个部分，从而揭示网络整体的整合性与层次性，解释出网络联系的紧密性与网络节点之间的不同关系，并找出网络中的联系与分解模式。由于社会网络分析方法近年在国内形成了一套系统和方法，且分析方法独特，分析视角新颖，逐渐成为各个领域研究的热点。

（3）应用

社会网络理论出现于 20 世纪五六十年代，分析基础是美国社会心理学家莫雷诺（Moreno，1934）创立的社会计量法则，后经怀特、伯曼、布里格、弗里德曼等通过数学图形理论演绎，推导出一套数学分析方法。长期以来，网络分析主要用于社会学问题的研究。20 世纪 70 年代后，社会网络理论研究拓展到其他领域。国内的刘军和罗家德较早对社会网络方法以及相应的社会网络分析软件 UCINET 做出全面介绍①。

随着区域经济学的不断发展，社会网络分析方法正逐渐被用于分析城市间错综复杂的关系结构、判断度量城市间联系和促进区域发展等研究中，但目前还主要应用于产业集群、旅游流研究等方面。具体研究包括以下几类。在产业集群方面，李二玲、李小建等基于社会网络分析方法，研究了河南省虞城县南庄村钢卷尺产业集群②③。传统地理学研究领域，譬如在区域旅游方面，刘法建、张捷等运用社会网络分析法研究了中国入境旅游流网络结构的特征与动因④，以及中国入境旅游流网络中省级旅游地角色⑤；杨效忠、张捷等以大别山天堂寨为例，研究了跨界旅游区的组织网络结构与合作模型；杨兴柱、顾朝林等构建了南京市旅游流网络结构。伴随技术方法的进步，社会网络的发展为分析空间联系网络提供了越来越广阔的视角，直接导致对城市空间联系网络结构的研究增多，学者先后对区域内城市的中心体系、功能组合、联系网络特征及其演化状态进行了分析。社会网络分析在区域空间结构中也有许多应用。在区域经济网络、企业网络领域，侯赟慧、刘洪等基于社会网络并以长江三角洲城市群资金往来关系为例，定量分析了城市群结构；侯赟慧、刘志彪等利用社会网络法分析了长三角区域经济一体化的进程；李响（2011）利用社会网络法分析了长三角城市群网络结构特征；王燕军、宗跃光、欧阳理等（2011）利用社会网络法分析了关中—天水经济区协调发展

---

① 参见刘军：《社会网络分析导论》，社会科学文献出版社 2004 年版，第 10 页。

② 参见李二玲、李小建《基于社会网络分析方法的产业集群研究——以河南省虞城县南庄村钢卷尺产业集群为例》，《人文地理》2007 年第 6 期。

③ 参见李二玲、李小建《欠发达农区传统制造业集群的网络演化分析——以河南省虞城县南庄村钢卷尺产业集群为例》，《地理研究》2009 年第 3 期。

④ 参见刘法建、张捷、陈冬冬《中国入境旅游流网络结构特征及动因研究》，《地理学报》2010 年第 8 期。

⑤ 参见刘法建、张捷、章锦河《中国入境旅游流网络省级旅游地角色研究》，《地理研究》2010 年第 6 期。

进程；廉同辉、包先建（2012）运用社会网络分析工具探讨了皖江城市带区域经济一体化进程。相关的研究成果大量出现，表明社会网络分析已成为学术领域的研究热点。

城市国际化的发展不仅要考量传统的资源禀赋、基础设施、产品市场以及产业结构，还要重视区域国际化网络的构建。国际化城市之间的联系依赖于人类社会中各种要素流动与交换、各类信息沟通与传递，因而城市国际化网络具备一定的社会特性，可以视之为一类“社会城市网络”。城市国际化网络是由多维、复杂结构构成的系统，系统内各要素（网络节点）因各种联系（关系纽带）交织成一个复杂的网络，使其非常适合以社会网络分析作为其研究方法，从而实现从传统地理学所忽视的网络关系角度着手，揭示空间结构的基本特征与内部机理。

社会网络分析通常采用多种变量进行测度，详见表 8－1。

表 8－1　社会网络分析的一般变量

个体网	整体网
规模、强连接、弱连接、密度、点入度、点出度、中心度、结构洞、趋同性、异质性等	密度、中心势、中心化程度、凝聚子群、结构洞、桥、明星、孤立者、可达性、互惠性等

1. 1－模网络分析及其测度指标

（1）网络规模

社会网络的规模是指网络中所有行动者的数目 n，显然网络的规模越大，该网络的复杂程度越高，分派情况越普遍。目前研究的社会网络分析中网络规模（n）通常≤1000。

（2）节点中心性

度是网络分析的主要分析工具，显示的是节点与其他节点的交往能力。譬如在城市网络中，度数大的城市，表明其连接的城市数量也多。与节点相邻的那些点称为该点的“邻点”，邻点个数就称为该节点的“度数”（nodal degree)，也叫关联度（degree of connection）。可见，节点的度数就是对其“邻点”的测量，实质上也是与该节点相连的线的条数。在一个有向图中，必须考虑线的方向。此时，节点的度数又分为点入度（in－degree）和点出度（out－degree），分别代表直接指向该节点的点的总数和该节点所直接指向的点的总数。出度图与入度图分别刻画单向关系，根据节点度绘制出的网络总度图则反映了双向关系。从直观上看，一个节点的“度”越大就意味着该节点在某种意义上越“重要”。一个城市在经济发展过程中需要其他城市提供要素、技术等支持，因此，城市网络中的入度表述了某一城市受其他城市影响的大小。入度的分析结果既可以为产业分布或城市布局服务，也可以为城市内部要素流动提供政策依据。同样，点出度体现某一城市对其他城市的影响力，出度越大说明该城市的影响力越大，即辐射范围越大，也说明其在城市网络中的地位越重要。

“中心性”是社会网络分析的研究重点之一，它考量的是节点在网络中处于怎样的中心地位。中心度是对单个节点权力的量化分析，描述了图中某一点在网络中的核心性。以城市网络为例，单一城市是不存在中心性的，之所以讲某一城市具有中心性，是因为与其他城市间存在相互控制与影响的关系。一个相互关联、错综复杂的城市网络，可以反映其内城市当前的发展环境，包括城市在整体网络中的辐射范围、连接程度以及发展强度等。中心度指标有多种，一般包括度数中心度、接近中心度和中间中心度等。

①度数中心度（degree）。

是一种较为简单的指数，如果一个点与许多点直接相连，那么我们就说该点具有较高的度数中心度。度数中心度是衡量该节点在网络中重要与否，或者说该节点在网络中拥有怎样的权力、居于怎样的地位的一个指标。社会网络 $G=(V, E)$ 中 V 为所有节点的集合，E 为所有边的集合，边 e_{ij} 连接着 v_i、v_j。

无向网络中：节点 v_i 的度数中心度 $d(v_i)$，定义如下：

$$d(v_i) = | v_j | e_{ij} \in E, e_{ij} = e_{ji} \tag{8-1}$$

有向网络图中：度数中心度可分为入度和出度，定义如下：

$$d_{in}(v_i) = | v_j | e_{ij} \in E \tag{8-2}$$

$$d_{out}(v_i) = | v_j | e_{ij} \in E \tag{8-3}$$

相对度数中心度：点的绝对度数中心度与该节点在此网络中最大可能的度数，即：

$$d'(v_i) = \frac{d(v_i)}{|V| - 1} \tag{8-4}$$

②中间中心度（betweenness）

测量的是行动者对资源控制的程度，表示节点成员在多大程度上是网络中其他成员的中介（捷径或最短途径上）。如果一个节点处于许多其他点对的最短途径上，我们就可以说该点具有较高的中间中心度。该度数越高其控制能力就越强，在网络中的地位就越核心，即具有重要的“沟通桥梁”作用。具体来讲，若某一点的中间中心度趋于 0，说明该点在网络中处于比较边缘的位置，不能控制其他节点；若某一点的中间中心度趋于 1，则说明该点处在网络中比较核心的地位，拥有较大的权力，从而可以 100% 地控制其他点。

定义如下：假设节点 j 和 k 之间存在的捷径数用 g_{jk} 来表示。第三个节点 i 能够控制此两点的交往能力用 b_{jk}（i）来表示，即 i 处于点 j 和 k 之间的捷径上的概率。点 j 和 k 之间存在的经过点 i 的捷径数用 g_{jk}（i）来表示，则 $b_{jk}(i) = g_{jk}(i) / g_{jk}$。

把点 i 相应于图中所有点对的中间度加在一起，则得到该点的绝对中间中心度，即

$$C_{ABi} = \sum_{j}^{n} \sum_{k}^{n} b_{jk}(i), j \neq k \neq i \text{ 并且 } j < k \tag{8-5}$$

线的中间中心度，是测量一条线对信息的控制程度。测量时需考虑网络中所有经过此线的两点之间的捷径，以计算此线在全部捷径中所占的比例。与点的中间中心度不同，它衡量的是两个点之间的关系在整个网络中居于怎样的控制优势。

③接近中心度（closeness）

又称邻近中心度，城市网络中该指标可以衡量某一城市不受控于其他城市的能力。弗里德曼等学者根据点与点之间的“距离”来测量“接近中心度”，如果某一点与网络中所有其他点的距离都很短，则该点具有较高的接近中心度。接近中心度的值越小，表明该城市在网络中的地位越核心，与其他城市之间的联系就越密切；反之，接近中心度的值越大，说明该点越远离网络的核心点，与其他城市之间的联系越稀疏。显然，一个点越是与其他点接近，则在传递信息方面就越容易，因而越可能居于网络的中心，具有越强的影响力。

定义如下。

绝对接近中心度：

$$C_{APi}^{-1} = \sum_{j=1}^{n} d_{ij} \tag{8-6}$$

其中，d_{ij} 是点 i 和 j 之间的捷径距离。

相对接近中心度：

$$C_{RPi}^{-1} = \frac{C_{APi}^{-1}}{n-1} \tag{8-7}$$

其中 n 为网络的规模。

相对值可以用来比较来自规模不同的网络中的两个点的接近度的大小。

上述各指标既能反映出整体网络中某一节点的“权力”，又反映了节点间的相互作用与互惠关系，可以成为各节点城市对其他城市产生影响力大小的度量，依据中心度数值亦可对节点城市做出进一步的“权力”层次划分。

（3）特征向量中心性

特征向量已经成为刻画行动者中心度以及网络中心势的一种标准化测度，它的目的是在网络整体结构的意义上，找到网络中最核心的成员，同时也可以测量出“特征量中心势”指数。

（4）网络中心势

①点度中心势：对应网络各节点间的整体关联性。代表的并不是点的相

对重要性，而是网络图的总体整合度或者一致性，表达了该图围绕某个最核心点的紧密程度。在完备网络中，所有节点的中心度都为 $n-1$，度数之间没有差别，整个完备网络的中心势为 0 。

定义如下：首先找出图中的最大中心度数值；其次计算该值与任何其他节点的中心度的差，得到多个“差值”；再计算这些差值的总和；最后用这个总和除以各个差值总和理论上的最大可能值，即

$$C = \frac{\sum_{i=1}^{n}[(C)_{max} - C_i]}{max[\sum_{i=1}^{n}(C)_{max} - C_i]} \tag{8-8}$$

②中间中心势：对应网络各节点间的整体控制性。中间中心势描绘的是整体网络中中间中心性最高的节点的中间中心性与其他节点的中间中心性之差。该差距越大，该网络的中间中心势越高，表示该网络中的节点可能分为多个小团体且过于依赖某一个节点传递关系和信息，也即该节点在网络中处于极其重要的地位。

定义如下：

$$C_B = \frac{\sum_{i=1}^{n}[(C)_{ABmax} - C_{ABi}]}{n^3 - 4n^2 + 5n - 2} = \frac{\sum_{i=1}^{n}[(C)_{RBmax} - C_{RBi}]}{n-1} \tag{8-9}$$

③接近中心势：对应网络各节点间的整体独立性。

定义如下：

$$C_c = \frac{\sum_{i=1}^{n}(C'_{RC_{max}} - C'_{RC_i})}{(n-2)(n-1)} \tag{8-10}$$

以上分别定义了三类中心度及中心势，并对其进行了测度。需要强调的是，度数中心度测量的是一个点与其他点发生交往关系的能力；而中间中心度和接近中心度描绘的是一个点控制网络中其他点之间交往的能力，即刻画了行动者与网络中所有行动者之间的关系，而不仅仅是与相邻点间的直接关系。一般情况下，三种中心度测量结果应该差别不大。

(5) 网络直径与平均路径长度

社会网络中任意两个节点 v_i 和 v_j 之间的距离 $d_{ij}=p_s(v_i, v_j)$ 为连接这两个节点的最短路径上的边数，社会网络中任意两点之间的距离的最大值为该网络的直径，记为 D，即：

$$\text{Diameter}(G)=\max_{\forall V_i,\ V_j\in V, V_i\neq V_j} p_s(V_i, V_j) \tag{8-11}$$

网络中的平均路径长度 p_{avg} (G) 为任意两点间的距离的平均值①：

$$p_{avg}(G)=\frac{1}{|V|(|V|-1)}\sum_{\forall V_i,V_j\in V,V_i\neq V_j}P_S(V_i,V_j) \tag{8-12}$$

其中 $|V|$ 为社会网络的节点数，平均路径长度反映的是网络中点与点的紧密程度。

(6) 聚类系数

社会网络 $G=(V, E)$ 中 V 为所有节点的集合，E 为所有边的集合，与节点 v 直接相连的边数为 k_v，构成一个邻接点集 N_v，其中 $k_v=|N_v|$。

有向网络中，该邻接点集中最多可能存在 $k_v(k_v-1)$ 条边，因为在有向网络中 $e_{ij}\neq e_{ji}$，则有向网络的聚类系数可作如下定义：

$$C_v=\frac{|e_{ij}|}{k_v(k_v-1)}V_i,V_j\in N_v,e_{ij}\in E \tag{8-13}$$

无向网络中，该邻接点集中最多可能存在 k_v (k_v-1) /2条边，因为在无向网络中 $e_{ij}=e_{ji}$，则无向网络的聚类系数可作如下定义：

$$C_v=\frac{2|e_{ij}|}{k_v(k_v-1)}V_i,V_j\in N_v,e_{ij}\in E \tag{8-14}$$

整体网络的聚类系数为所有节点聚类系数的平均值：

$$C=\frac{1}{|V|}\sum_{i=1}^{|v|}C_{v_i} \tag{8-15}$$

其中 $0\leqslant C\leqslant 1$；当 $C=0$ 时，表示该网络中所有节点都是孤立节点，节点与节点之间没有任何连接；当 $C=1$ 时，表示该网络是全局耦合的，其内任何

① Lllenberger J., Nagel K&Flötteröd G., *The Role of Spatial Interaction in Social Networks*, Networks and Spatial Economics, 2012.

节点都直接连接。研究表明现实的复杂度较高的网络往往具有明显的聚类效应，说明其中的连接并不是随机的，会表现出“物以类聚，人以群分”的特性。

（7）小世界性分析

如果一个网络规模巨大，其内关系稀疏，不存在核心但高度聚类，这样的网络就叫作小世界。小世界的测度标准有两个，平均路径长度和聚类系数。若一个网络拥有较小的平均路径长度和较大的聚类系数，则可得出其具有小世界性。

网络分析及其测度指标还包括网络密度、平均联系强度、中心化程度和网络结构熵，详细介绍见本书第六章第 6.2.2 小节。

空间网络结构测度指标主要分为单个节点结构和整体网络结构两个部分，见表 8 –2。节点结构可以通过节点中心性和文中有提到帮表格中应保留两个二级指标进行评价，整体网络结构则通过网络规模、网络密度、网络中心势、网络结构熵、中心化程度、网络直径和平均路径长度、平均联系强度等加以测度。根据本章研究对象节点的选取及其数量情况，仅对与本研究有密切关系的指标进行分析，如主要选取节点中心性、网络中心势、网络密度、网络结构熵、中心化程度等指标。

表 8 –2　　网络分析测度指标及选用

序号	测度指标	1 –模网络	2 –模网络
1	网络规模	√	√
2	节点中心性	√	√
3	特征向量	√	×
4	核心—边缘分析	×	√
5	网络中心势	√	×
6	网络密度	√	√

续 表

序号	测度指标	1－模网络	2－模网络
7	中心化程度	√	√
8	网络结构熵	√	√
9	平均联系强度	×	×
10	网络直径与平均路径长度	×	×
		×	×
11	聚类系数	×	×
12	小世界性分析	×	×

2. 2－模网络分析及其测度指标

国内节点城市与国外城市分别隶属于两个群体，因此本章构建的城市国际化网络呈现出二元性特征。社会网络分析中的2－模网络为理解和分析这种二元性提供了理论启发。正如1－模网络利用度数中心度、接近中心度和中间中心度以及网络密度、中心化程度和网络结构熵分析网络结构一样，2－模网络可用同样的思路方法进行分析。

（1）矩阵分析

在社会网络分析中，描述一群行动者和诸多事件之间的关系即为2－模网数据，它为我们分析“关系”提供了可能。分析2－模数据最普遍的方法是将该数据转换为两个1－模数据，进而考察每一类点之间的关系。转化的方法一般有两种。

①对应乘积法（cross－product method）。

将行动者A所在行的每一项分别乘以行动者B的对应项，然后进行加总。此乘积是对“共同发生”次数的累加，故这种方法一般适用于二值数据。只有每个行动者在某个事件上都出现的时候，乘积的值才等于1。因此，各个事件的总和就等于行动者共同参与事件的次数，从而测量了关系强度。

②最小值方法（minimums method）。

考察每个事件上两个行动者的每一项并选择出最小值。对于二值数据来说，计算结果与上述对应乘积法是一样的。而对于多值数据来说，最小值方法的实质是：两个行动者之间的关系等于二者与事件之间关系的最小值。此种方法普遍适用于初始数据是多值数据的情况。

（2）图形分析

为更直观地展示网络中各个城市所处位置以及相互之间的关系，可以通过网络可视化的技术手段将具备 2 - 模属性的沿线节点城市国际化网络展示出来。因 UCINET 软件中提供了丰富的扩展可用于网络分析，而 Netdraw 是其中最常见的一种网络可视化的工具[①]。故选取两者结合进行网络的可视化。

利用图形表示 2 - 模网络数据时需要先构建二部矩阵。1 - 模矩阵表现的只是一个模态（集合）之间的关系，而二部矩阵同时表现了两个模态之间的关系。每个模态内部一般设定为关系不存在。此时用来分析 1 - 模网络数据的方法均适用于此。国内沿线节点城市和国外城市都被抽象为点，节点城市与国外城市的关系被抽象为连线。对网络进行可视化处理的优点在于可清晰展现 2 - 模关系结构，即形象化表示出关系，但缺点是未给出关系结构更多量化说明。因此有必要结合以下定量分析及测度指标，以揭示联系网络的深层次结构。

为方便理解上述 2 - 模网络，可参照图 8 - 1。实线部分为真实的对外联系，代表了该网络的宏观结构，既可以由许多组“城市对”的微观联系构成，也可以由国内节点城市和国际城市两个集合内的城市内部虚拟关系构成。2 - 模网络的亮点在于将一组并非完备网络的联系转化为两组由虚拟联系构成的完备网络。

① Yu，Ru，Liu，Yun & Chi，Shenghuo，*Analyzing Communities and Their Evolutions in Dynamic Social Networks*，ACM Transactions on Knowledge Discovery from Data，No. 1，2009.

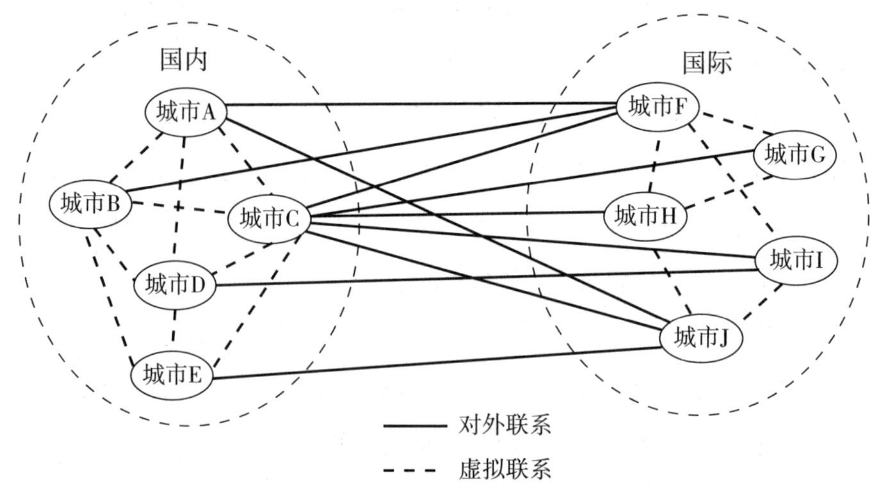

图8-1　节点城市国际化网络的嵌套与构建

资料来源：张凡等：《基于航空客流的中国城市对外联系网络结构与演化》，《世界地理研究》2016年第3期。

（3）测度指标

为方便计算原理的表达，可将2-模矩阵定义为X，国内沿线节点城市虚拟联系矩阵定义为X^N，国外城市虚拟联系矩阵定义为X^M。

节点中心性测度如下。

①度数中心度。

一个点的度数中心度是该点所隶属的事件数，一个事件的度数中心度是该事件所拥有的行动者数。在城市国际化网络中，这些量等于国内沿线节点城市虚拟联系矩阵X^N中的对角线上的值，或者是国外城市虚拟联系叠加矩阵X^M中的对角线上的值。当然，参照社会网络分析中将一个点所隶属的事件数除以事件总数，就得到该点的相对度数中心度；一个事件的参与者人数除以参与人总数，就得到该事件的相对度数中心度，也可以对这些中心度指标进行标准化处理。

②接近中心度。

在1-模网络中，一个点到其他点的距离之和即为其接近中心度。对于

2－模网络来说，这个距离之和等于一点与其他点的距离之和，再加上该点到所有事件的距离之和。然而前面讲到，行动者只与事件有关联，所有从一点发出的路径必然首先经过该行动者所隶属的各个事件；同样，事件只与行动者存在关联，所有从事件发出的路径也必然先经过该事件所包含的各个行动者。也即，一个点 n_i 的接近中心度是该行动者所隶属的事件到其他行动者和事件的距离的一个函数，即

$$C_C^{NM}(n_i) = \left[1 + \frac{\sum_{j=1}^{g+h} \min_k d(k,j)}{g+h-1}\right]^{-1} \tag{8-16}$$

其中，g 是 X^N 中节点的数量，h 是 X^M 中节点的数量，点 k 与点 i 邻接。

同理，一个事件的接近中心度也即该事件所包含的行动者到其他行动者和事件的最短距离的一个函数，即

$$C_C^{NM}(m_k) = \left[1 + \frac{\sum_{i=1}^{g+h} \min_k d(i,j)}{g+h-1}\right]^{-1} \tag{8-17}$$

其中行动者 i 与事件 k 邻接。

③中间中心度。

在 1－模网络中，中间中心度考察的是一个行动者在多大程度上居于网络中间。对于 2－模网络来说，本研究虚拟的两个 1－模网络中，网络 X^N 中点的关系是基于与 X^M 中点的关系构成的。故当计算 X^M 中点 m_k 的中间中心度时，需考虑 X^N 与 m_k 邻接的点。若 X^N 中一对点（n_i，n_j）只共同联系 X^M 中的一个（即 $X_{ij}^N=1$），则 m_k 的中间中心度增加一个单位；若（n_i，n_j）共同联系 X^N 个成员，则 m_k 的中间中心度增加 $1/X_{ij}^N$ 个单位。因此 m_k 的中间中心度可定义为：

$$\frac{1}{2}\sum_{n_i,n_j \in m_k} \frac{1}{X_{ij}^N} \tag{8-18}$$

三种测度具体而言，度数中心度描绘的是一个城市与其他城市交往的能力；接近中心度考量的是人流、物流、资金流、信息流等各种要素流在区域间流动的有效性和通畅程度；中间中心度反映的是城市在网络空间联系中对

其他城市的控制力。

需要强调的是，为防止网络出现封闭子环，不考虑城市与其本身的各项联系关系①。

网络整体特性测度如下。

网络密度、中心化程度依据公式（8－17）计算，网络结构熵依据公式（8－18）公式、（8－19）公式、（8－20）公式计算。

网络呈现的疏密性特质反映了整体网络获取资源的能力和相对开放程度，网络密度越大，整体网络和其内节点成员所能实现的传递和交互功能就越强；联系紧密的整体网络不仅为单个节点发展提供各种所需资源，同时也成为规范单个节点行为的重要手段和途径。在城市网络中，网络密度值越高，则表明城市间经济联系和作用影响越大。但也并非网络密度越高越好，因为城市间构建联系时相应会产生交易成本和费用，密度过高反而会影响资源的利用效率，故只有维持合适的网络密度才能保证整个城市网络的协调与可持续发展。

核心—边缘分析测度如下。

美国学者弗里德曼（John Friedman，1996）在《区域发展政策》一书中提出核心—边缘理论，该理论最初是对研究发达与不发达国家经济联系理论观点的总称。在社会网络中，自身密度较高的一系列行动者即核心，自身密度较低的一系列行动者即边缘。处于核心的行动者能够协调行动，并在与边缘的行动者发生关系中处于优势地位。为了更加清晰直观地反映某一节点城市在网络中的位置或重要程度，利用 Ucinet 中核心/边缘模块，构建网络的核心—边缘模型。利用模型，根据关系数据类型，并结合原始数据，可以量化认识节点所处整个网络的位置，它与各城市的中心性有关。作为网络结构分析的一种范式，“核心—边缘”不仅能够判断整个网络是否以核心—边缘结构分布，找出网络中的核心节点，还可以量化出核心对边缘的带动效应。

① Hanneman, A. & Mark, R., *Introduction to Social Network Methods*, C. A.: University of California, Riverside, 2005, p. 7.

8.2　中西部节点城市网络模型构建

8.2.1　模型说明

城市国际化网络模型的构建。在经济全球化和区域一体化进程中，节点城市与全球城市的各项联系不断强化，网络化空间格局日益呈现，包括节点城市的进一步发育和区域空间关系的重构。以全球城市为空间范畴，着重分析“一带一路”沿线城市的空间组织关系。借鉴泰勒等人的城市网络研究框架，假定产生的联系可部分真实反映城市之间的功能联系，据此构建区域城市国际化网络的研究模型。

城市网络的测度指标和计算。在城市网络测度指标选择上，采用网络密度、中心性等指标作为衡量城市国际化网络发育程度和空间特征的表征指标。其中，网络密度用于表示网络中节点联系的紧密程度，密度值越大，则表示城市功能联系越紧密。中心度是衡量城市网络中某一城市对其他城市的影响力和控制力，而中心势则是测度网络的整体中心性。

网络化空间格局逐步确立。通过网络查询和捕获地理坐标数据，由此建立节点城市国际化联系网络。根据数据分析，结合城市网络联系的空间形态和中心度分布，城市区域内外部“网络化空间格局”得以确立。

8.2.2　数据来源与数据处理

1. 数据来源

部分“流”可以直接度量，以航空网络为例，由于航班登记较为规范，始发—到达数据相对准确，因此，基于国际航空线路研究城市间的网络组织关系具有一定的科学性和说服力。城市间的航空班次联系，考虑到数据采集的工作量，主要通过直接调用相关航空服务网站（譬如 flight. qunar. com）API

接口或网页检索，利用循环查询从中提取出需要的班次数据，并进行人工校验以确保数据的完备性和科学性。有些“流”不能直接度量，如社会文化流。对此会采用参量替代方法（以生产性服务业和跨国公司的组织体系来剖析各城市之间的联系），研究中将国际友好城市联系作为表征社会文化流的参量。

2. 数据处理

为消除量纲影响、变量自身变异大小及数值大小的影响，采用最小—最大值方法（min - max）将原始数据进行标准化处理。为方便网络模型的指标计算与比较，把数据清洗后的空间网络矩阵进行标准化的方法如下：

$$w'_{ij} = \frac{100w_{ij}}{w_{max}} \tag{8-19}$$

其中，w'_{ij} 表示节点对 (v_i, v_j) 间的联系强度标准值，w_{ij} 表示节点对 (v_i, v_j) 间的数据清洗后的节点联系强度值，w_{max} 表示所有 w_{ij} 中的最大值。

8.3 中西部节点城市外部空间联系网络

城市国际化网络分析的基本思路如下。首先，结合 ECharts 软件绘制关系图，并将四个 2 - 模矩阵导入后利用 UCINET 加载的 NetDraw 绘图软件生成四个网络的结构图，以期初步了解空间联系的格局分布；其次，确定网络范围和选择网络节点，以全球城市为研究范围，“一带一路”沿线节点城市被看作网络节点，网络结构的边用来表示节点之间发生的联系；最后，构造城市节点的网络数据矩阵，根据需要构建测度指标进行整体网络分析，以揭示空间联系网络的深层次结构。

8.3.1 网络空间格局

1. 外商直接投资联系网

FDI（Foreign Direct Investment）即外商直接投资（商务部统计指标定

义），是现代资本国际化的主要形式之一，其中投资跨国公司是 FDI 的主要形式。近年来非金融服务行业的 FDI 流入量持续增长，而制造业 FDI 进一步转向高端。FDI 成为中国产业升级的重要推动力量，不仅带来丰富的资本资源、先进的技术和管理经验，而且提升了中国的国际竞争优势和综合国力，对城市经济发展产生了深远影响。作为重要拐点的 2015 年，对外直接投资实现了历史性突破，首次超过同年吸引外资总额，如图 8－2 所示。2016 年中国吸收外商直接投资（不含银行、证券、保险）新设立企业 27900 家，比上年增长 5.0%；实际使用外商直接投资金额 1260 亿美元，增长 4.1%。其中"一带一路"沿线国家对华直接投资新设立企业 2905 家，增长 34.1%；对华直接投资金额 71 亿美元。

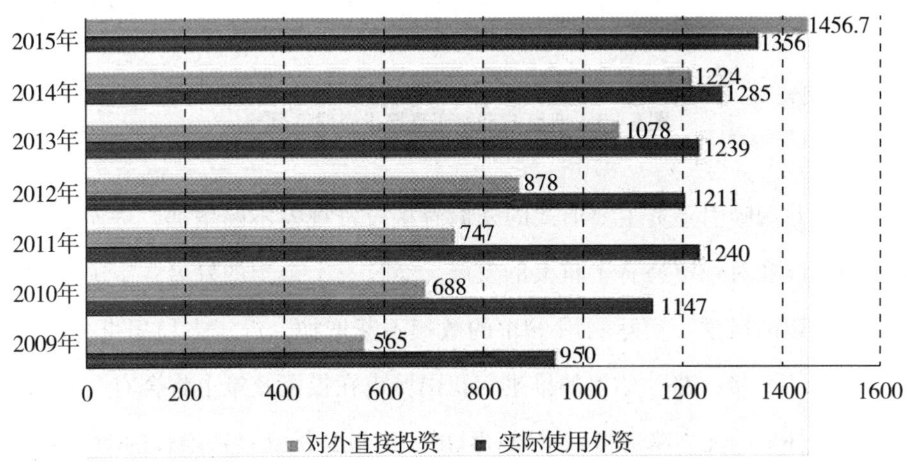

图 8－2　2009—2015 中国双向直接投资对比（亿美元）

资料来源：商务部、国家统计局、国家外汇管理局：《2015 年度中国对外直接投资统计公报》。

首先，从各市 2016 年统计年鉴中获得 11 个节点城市的外商直接投资分国别地区的数据信息。其次，利用 Echarts 软件，在其脚本中，通过图名（title）、数值范围（dataRange）、地图类型（map）、地图范围（mapType）、节点城市的地理坐标（geoCoord）、可视化效果类型（markLine）、节点联系的方向（v_i，v_j）和权值（value）等主要信息的设置来完成空间网络结构的可视化。图 8－3 为利用 Echarts（脚本详见附录 2）绘制的节点城市外商直接投资联系网络空间格局图。

图 8－3 节点城市外商直接投资联系网络

作为我国吸引外资主要形式的外商直接投资规模不断增加，进而使中国的经济状况和对外贸易有了较大的发展。经过三十余年的发展，中国吸纳外资的能力逐渐增强，实际利用 FDI 的数额不断增加，近年来稳居世界前列。随着国家“一带一路”倡议的推进，我国城市在投资政策上将会有一定的倾向，吸引外资的能力将会得到增强。且由于出口是推动经济增长的动力之一，FDI 又在一定程度上影响出口贸易，所以有必要对节点城市利用 FDI 和出口贸易的状况进行全面的分析研究，从而为有效引进外资、推动出口、发展经济国际化提供依据。

2. 国际航线联系网络

21 世纪以来，随着经济全球化与区域经济一体化进程加速，区际间国际航空客货流量迅速增长，航空运输逐渐成为对外交流的重要载体①。2014 年，

① 参见周一星、胡智勇《从航空运输看中国城市体系的空间网络结构》，《地理研究》2003 年第 3 期。

中国有 58 个机场开通了国际客运航线，有 11 个机场开通了国际货运航线，其中 89.7% 与“一带一路”沿线国家建立了国际客运联系，81.8% 与其建立了国际货运联系，如图 8-4 所示。而截至 2017 年 5 月，我国 22 家航空公司新增航线 92 条，运营至“一带一路”沿线 36 个国家的 74 个城市；“一带一路”沿线 37 个国家的 95 家航空公司从 101 个城市运营至我国的 48 个城市。我国与沿线地区间航空运输的快速发展，有利于提高地区间经济贸易联系强度，促进地区间人力、物力、资金等跨国界交流与合作，从而加强区域间的国际联系与合作。

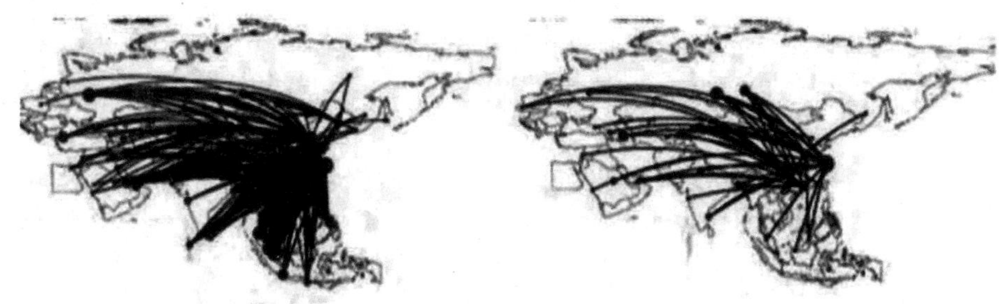

图 8-4　2014 年中国与“一带一路”沿线国家的航空运输联系格局

资料来源：王姣娥等：《“一带一路”与中国对外航空运输联系》，《地理科学进展》2015 年第 5 期。

注：截至 2015 年，中国共与“一带一路”沿线 35 个国家的 89 个城市建立了国际航空客运联系，与 14 个国家的 26 个城市建立了国际航空货运联系。

选取 11 个节点城市的通航线路，根据相关数据统计（表 8-3），得到“一带一路”沿线节点城市的航空客货运联系网络。

表 8-3　节点城市国际航线信息

节点城市	国际航线终点城市
长沙	香港、高雄、台北、首尔、釜山、大邱、济州岛、大阪、曼谷、普吉岛、新加坡、长滩岛、岘港、法兰克福、洛杉矶、安克雷奇、马尔代夫

续 表

节点城市	国际航线终点城市
郑州	香港、澳门、高雄、台北、台中、澎湖、芽庄、关岛、东京、大阪、仁川、济州岛、曼谷、普吉岛、甲米、素叻他尼、新加坡、雅加达、吉隆坡、马尼拉、苏梅、马尔代夫、迪拜
武汉	香港、澳门、台北、澎湖、台南、高雄、东京、福冈、静冈、名古屋、大阪、首尔、济州岛、清州、釜山、新加坡、迪拜、曼谷、普吉岛、清迈、甲米、苏梅岛、芭提雅、金边、暹粒、岘港、芽庄、长滩、吉隆坡、巴厘岛、马尔代夫、金奈、德里、达卡、比什凯克、旧金山、巴黎、莫斯科、罗马、黄金海岸、墨尔本
西安	香港、台北、首尔、名古屋、大阪、东京、曼谷、普吉岛、甲米、新加坡、吉隆坡、德里、马尔代夫、莫斯科、赫尔辛基、巴黎、法兰克福、伦敦、温哥华、洛杉矶
成都	香港、澳门、台北、台中、高雄、名古屋、大阪、东京、首尔、济州岛、新加坡、河内、胡志明市、岘港、曼谷、清迈、普吉岛、吉隆坡、马尔代夫、孟买、卡拉奇、科伦坡、加德满都、阿布扎比、多哈、阿姆斯特丹、伦敦、法兰克福、莫斯科、巴黎、温哥华、旧金山、洛杉矶、墨尔本、塞班、路易港
重庆	香港、澳门、台北、澎湖、高雄、首尔、济州岛、清州、大邱、襄阳、务安、大阪、东京、成田、河内、胡志明市、岘港、芽庄、曼谷、清迈、普吉岛、甲米、苏梅岛、吉隆坡、新加坡、长滩岛、巴厘岛、科伦坡、马尔代夫、多哈、赫尔辛基、罗马、悉尼、旧金山
兰州	香港、台北、曼谷、新加坡、吉隆坡、大阪、迪拜、第比利斯、法兰克福、圣彼得堡
西宁	香港
乌鲁木齐	奥什、比什凯克、巴库、圣彼得堡、沙迦、曼谷、莫斯科、第比利斯、阿拉木图、大阪、首尔、塔什干、胡正特、台北、阿什哈巴德、杜尚别、阿斯塔纳、新西伯利亚、巴尔瑙尔卡拉干达乌里扬诺夫斯克・奇姆肯特、德黑兰、喀布尔、伊斯兰堡、迪拜、阿布扎比、吉达、卡拉奇、马尼拉、伊斯坦布尔、巴黎
南昌	高雄、台北、曼谷、普吉岛、首尔、新加坡、金边、胡志明市、大阪
合肥	台中、台北、澳门、首尔、济州岛、曼谷、名古屋、法兰克福

资料来源：依据 http：//www.airchina.com.cn，截止时间 2017 年 5 月，编者整理。

利用 Echarts 软件，同样用上述方法来完成空间网络结构的可视化。图 8 - 5 为利用 Echarts 绘制的节点城市国际航线联系网络空间格局图。图 8 - 6 为利用 UCINET 加载的 Netdraw 绘图软件生成的网络结构。

图 8 - 5　节点城市国际航线联系网络

图 8 - 6　节点城市国际航线联系网络结构

"一带一路"沿线国家是我国国际航空运输联系的重要组成部分。总体来看，11 个节点城市与通航地区的联系度排名依次为东南亚、南亚、蒙俄、西亚、中东欧和中亚地区。按照航空线路数量，2014 年排名靠前的通航国家主要为泰国、俄罗斯、新加坡、越南、柬埔寨、马来西亚、菲律宾、印度尼西亚、阿联酋、缅甸等；2015 年排名靠前的通航国家则主要为日本、泰国、韩国、越南、马来西亚等。

3. 国际货运班列联系网络

历史以来，我国货物运往欧洲的主体方式是海路运输，辅以空运方式，或运输时间较长，或物流成本极高。尤其对于我国中西部城市来讲，因受制于物流运输瓶颈，开放型经济始终发展滞后。自 2011 年 10 月重庆发出第一班直达德国杜伊斯堡的“渝新欧”国际货运列车，以及在“一带一路”倡议提出以后，中欧班列交通线逐年递增，中欧班列以其运距短、运载量大、安全性高等优势，逐渐成为我国与中亚、西亚和欧洲贸易的重要运输方式。目前已规划有中欧班列、中亚班列线路共 62 条。截至 2017 年 10 月，我国 33 座城市已开通中欧班列线路 46 条，到达欧洲 12 个国家的 33 座城市。其中，如图 8 - 7 已正式开通运行的 39 条中欧班列中，经由东、中、西部三条国际大通道，其中东部通道由我国东南部沿海地区经满洲里出境，中部通道由华北地区经二连浩特出境，西部通道由我国中西部经阿拉山口出境，最后直达欧洲各城市。图 8 - 8 为利用 UCINET 加载的 Netdraw 绘图软件生成的网络结构。中欧班列运行五年来，已然成为打通丝绸之路经济带的“大动脉”。

首先，借助丝绸之路经济带铁路的联通，内陆省份陆续开通至中亚、西亚及欧洲国家的集装箱班列，见表 8 - 4。货物可以直接通过铁路运输出口至中亚、西亚、欧洲地区，而不必运输至港口再通过水路到达欧洲。以节点城市为始发点的国际货运班列主要包括以长沙为起点的“湘新欧”、以郑州为起点的“郑新欧”、以武汉为起点的“汉新欧”、以成都为起点的“蓉新欧”、以重庆为起点的“渝新欧”，以及以合肥为起点的“合新欧”，等等。其次，随着丝绸之路经济带的建设，我国铁路网逐步完善，港口与内陆地区的运输将更加通畅、便捷。最后，丝绸之路经济带的建设必将带动中西部地区经济的迅速增长，产生货物进出口的需求，港口与中西部地区中长距离的运输需求将大幅增加，为港口带来新的货源。

图 8－7　“一带一路”中欧班列联系网与节点城市国际货运联系网络

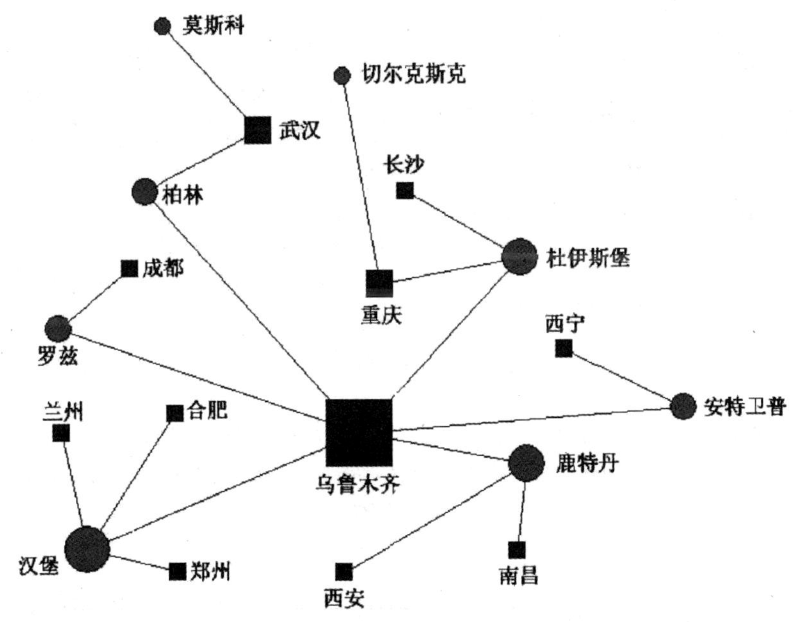

图 8－8　节点城市国际货运班列网络结构

表 8-4　　节点城市国际货运班列情况

班列	始发站	经由国内城市	终点站	里程(km)	时间(天)	货源及货品
渝新欧	重庆	西安—兰州—乌鲁木齐—阿拉山口	德国杜伊斯堡	11381	15	IT 产品与非 IT 产品的比例各占 50%。去程货物主要是笔记本电脑、通信、机械设备等，回程货物则以汽车整车及零部件、食品等消费品为主。2015 年后还增加了精密仪器仪表、化工原料、冷链食品等新的货品种类
蓉新欧	成都	宝鸡—兰州—阿拉山口	波兰罗兹	9826	14	货源主要为本地制造，包括了笔记本电脑、女鞋、汽车零部件、运动器材、小商品五大类别
郑新欧	郑州	西安—乌鲁木齐—阿拉山口	德国汉堡	10214	15	货源辐射超过全国半数省、直辖市，包括河南、山东、浙江、福建等中东部省市的轮胎、高档服装、文体用品、工艺品等，具体涵盖传统轻纺类，汽车配件、工程机械、医疗器械等工业产品，以及笔记本电脑、移动硬盘等电子类产品等
汉新欧	武汉	满洲里—阿拉山口	德国汉堡	11300	16	货源主要是本地生产的笔记本电脑等电子消费产品，以及周边地区其他货物，并引进欧洲机电产品、汽车整车及零部件、工程设备、医疗设备等产品
湘新欧	长沙	阿拉山口	德国汉堡	11200	15	本地货源不足，只占 20% 左右，80% 的货源来自华东和华南。货品主要为湖南本地的服装、茶叶等生活用品，还有化工、建材、电子、工程机械等产品
合新欧	合肥	西安—乌鲁木齐—阿拉山口	德国汉堡	11000	15	货品主要为家电、汽车、合成革、机械设备、化工原料等产品，以及太阳能光伏、液晶面板、笔记本电脑、轻纺产品等
赣新欧	南昌	郑州—西安—阿拉山口	德国汉堡	6370	10	货品包括茶叶、电子电器等，同时引进欧洲机电产品、汽车整车及零部件、工程设备等产品

续　表

班列	始发站	经由国内城市	终点站	里程（km）	时间（天）	货源及货品
西宁号	西宁	阿拉山口	比利时安特卫普	9838	12	货品主要为藏毯、枸杞等青海当地特色产品
兰州号	兰州	阿拉山口	德国汉堡	8027	15	货品涉及建材、家居、机械设备、石油钻机配件等
长安号	西安	阿拉山口	波兰华沙	9000	12	货品包括陕西、甘肃、宁夏、山东、江苏、河北、上海、浙江等地的机械设备和配件、铝型材、服装、电子设备、工业原材料、食品和轻工业产品等。其中外地货源占 80%，本地货源占 20%
新丝路号	乌鲁木齐	—	阿拉木图	8000	10	货品主要为本土企业生产的 PVC 化学材料、番茄酱、食品添加剂等物品，同时运回欧洲的家用电器、服装百货、机电设备、汽车配件、瓷砖、建材等货物

资料来源：依据 http：//www. wlfxb. com，截止时间 2017 年 5 月，编者整理。

2014 年之前，从我国内陆节点城市出发开往欧洲的中欧班列总共 200 余列。2014 年运营量达到 600 多列，是之前年度总量的 3 倍；截至 2015 年 8 月，则中欧班列列数多达 800 余列。在“一带一路”倡议下，中欧班列开行数量实现了爆发式增长。数据显示，中欧班列的第一个 1000 列历时 54 个月完成，第二个 1000 列历时 8. 5 个月，第三个 1000 列历时 5. 5 个月，第四个 1000 列仅用了 4. 5 个月。中欧班列运行以来，我国与欧亚主要内陆地区的经济交往日渐频繁，尤其是我国内陆城市与沿线地区不断加深联系，合作领域不断拓展与深化，覆盖领域从货物运输逐步发展到产能合作、产业转移、市场开放、自由贸易、学术交流、文化共建等。中欧班列极大改变了以往以沿海港口为主的单一货运结构，增加了内陆城市接触世界市场、参与国际合作的机会。加强了与“一带一路”沿线国家与城市的经贸往来，积极组织周边地区货物搭载中欧班列，增加其开行班次和集装箱运量。内陆地区利用自身地理优势强化国家合作的同时，国家也在经济区规划方面进一步强化“先发带动后发”对接世界的趋势。未来将会形成以西南、西北地区为基础的丝路经济支撑带，以对接“陆上丝绸之路”延伸至亚欧大陆主要沿线国家与地区。

4. 国际友好城市联系网络

国际友好城市的交流与合作，提高了中西部城市的对外开放度，推动了与各国在经济、科技、文化、教育、卫生、体育等领域的合作，在服务国家总体外交、服务城市经济社会发展等方面发挥了重要作用。中国自 1973 年开展友好城市活动以来，截至 2017 年 10 月已有 478 个城市与 135 个国家的 1607 个城市建立了 2470 对友好城市（省州）关系。尤其是 2010 年以后，为了配合实施“向西开放”和“丝绸之路经济带建设”战略，内陆各节点城市增进了与“一带一路”沿线国家及友好城市的交流合作，进一步拓宽了对外合作发展空间，加强了与沿线国家在经贸、物流和人文等领域的合作交流，与沿线城市共享开放、共享市场、共赢发展。

同样利用 Echarts 绘制节点城市国际友好城市联系网络空间格局图，时间截至 2017 年 5 月。如图 8 – 9、8 – 10 所示，节点城市与沿线国家的众多城市建立了友好关系。

图 8 – 9　节点城市国际友好城市联系网络

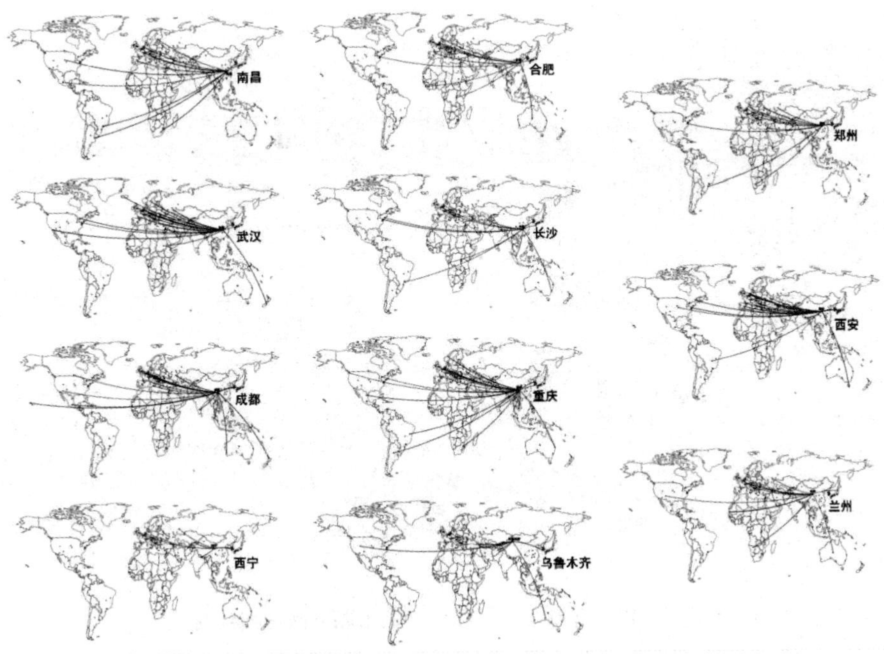

图 8－10　各个节点城市国际友好城市分布示意

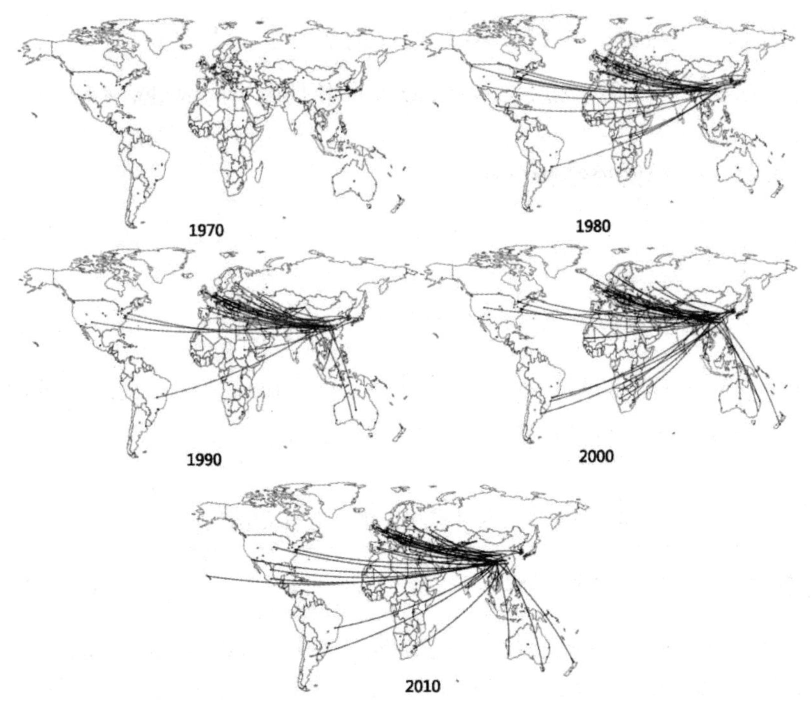

图 8－11　节点城市各个时期国际友好城市分布示意

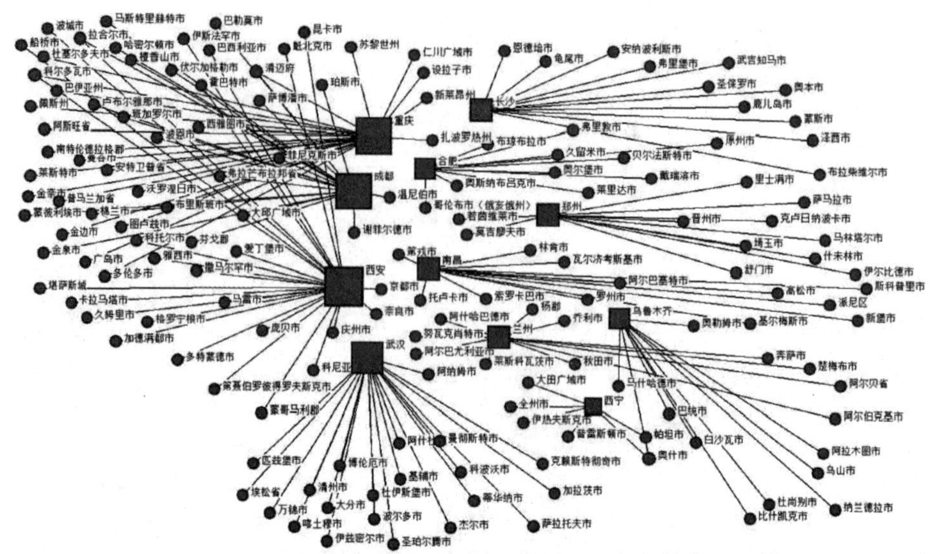

图 8－12　节点城市国际友好城市联系网络结构图

如图 8－11 所示，2000 年以后节点城市的友城数量迅速增加，特别是在2010年以后，随着“一带一路”倡议的提出，对外结好工作飞速进展。图 8－12为利用 UCINET 加载的 Netdraw 绘图软件生成的网络结构图。

8.3.2　2－模网络结构分析

1. 节点特性分析

首先，获取节点城市外商直接投资额度、国际航线条数、货运铁路线数、友好城市等数据信息，形成表 8－5。其次，计算出度数中心度的标准值，见表8－6。其中，外商直接投资项是将各城市的投资总额度视为点权。

表 8－5　　2－模网络度数（点权）中心度的原始数据

联系网络	长沙	郑州	武汉	西安	成都	重庆	兰州	西宁	南昌	合肥	乌鲁木齐
外商投资	353934	665966	N/A	417557	634273	376447	N/A	15954	465618	736824	54155
国际航线	16	23	42	20	36	34	10	1	8	8	31

续　表

联系网络	长沙	郑州	武汉	西安	成都	重庆	兰州	西宁	南昌	合肥	乌鲁木齐
货运铁路	1	1	2	1	1	2	1	1	1	1	6
友好城市	11	11	21	27	24	24	11	6	12	10	10

注：N/A 表示数据缺失。

表 8 – 6　　2 – 模网络度数（点权）中心度的标准值

联系网络	长沙	郑州	武汉	西安	成都	重庆	兰州	西宁	南昌	合肥	乌鲁木齐
外商投资	0. 480	0. 904	N/A	0. 567	0. 861	0. 511	N/A	0. 022	0. 632	1. 000	0. 073
国际航线	0. 381	0. 548	1. 000	0. 476	0. 857	0. 810	0. 238	0. 024	0. 190	0. 190	0. 738
货运铁路	0. 167	0. 167	0. 333	0. 167	0. 167	0. 333	0. 167	0. 167	0. 167	0. 167	1. 000
友好城市	0. 407	0. 407	0. 778	1. 000	0. 889	0. 889	0. 407	0. 222	0. 444	0. 370	0. 370

注：N/A 表示数据缺失。

根据度数中心度的计算方法，对“一带一路”沿线中西部节点城市国际化网络的度数中心度进行计算并将结果进行标准化处理。从结果来看，沿线节点城市国际化网络的中心性结构呈现出以下特点。

①外商直接投资联系网络中，在武汉与兰州两地数据缺失的情况下，其余 9 个城市中合肥标准值最高，郑州和成都紧随其后，西宁、乌鲁木齐最弱。

②国际航线网络中，度数中心度标准值相对差异不大，分布状态较均匀；其中武汉市标准值最高，表明其居于国际航线联系网络的中心位置，与其他节点城市联系的能力最强。西宁最弱，南昌、合肥并列次之。

③货运铁路网络中，标准值结果悬殊，首位城市乌鲁木齐在该网络中地位凸显，占据绝对支配地位，枢纽性最强；武汉、重庆并列第二，然而标准值仅为 0. 333；其他城市均为 0. 167，都处于该网络边缘。

④友好城市网络中，首位城市西安处于国际友好城市网络的核心位置；

成都、重庆紧随其后，并列为0.889；武汉次之；西宁最弱，仅为0.222。

综上，四种网络中度数中心度最高的城市，均在某方面对其他城市可以产生较强的外部性作用，成为向区域网络中输送转移人员、产品、资金、信息和技术等要素资源的主要辐射极。

2. 网络整体特性分析

9个城市组成的国际网络结构，其余网络则由11个节点城市组成。

根据计算方法，对“一带一路”沿线节点城市国际化网络的网络总体特征进行计算并将结果进行标准化处理，见表8－7。从结果来看，沿线节点城市国际化网络总体呈现出以下特点。

表8－7　网络总体特征

联系网络	网络密度(%)	中心化程度	网络结构熵
外商投资联系网	9.73	0.505	0.524
国际航空联系网	22.88	0.568	0.9487
货运铁路联系网	20.45	0.960	0.9390
友好城市联系网	9.31	0.619	0.9761

注：外商投资网络中，因武汉与兰州数据缺失，故只考虑其他。

①国际航空联系网与货运铁路联系网密度相近，分别为22.88%和20.45%；而外商投资联系网与友好城市联系网密度偏低，分别为9.73%和9.31%。这与外商直接投资联系多是“国外城市—国内城市”一对一资金来往，国际友好城市大多为“国内城市—国外城市”一对一结好，城市总体间空间联系强度较低有关。

②外商投资联系网、国际航空联系网与友好城市联系网的中心化程度分别为0.505、0.568和0.619，分布状态较均匀，节点城市之间平衡程度较高；而货运铁路联系网存在明显的核心城市，对该网络具有显著的中心引导作用。

③国际航空联系网、货运铁路联系网和友好城市联系网三个网络的结构熵

值均接近于 1，因网络结构熵为逆向指标，表明其网络连通性与平衡协调性较差。而外商投资联系网网络结构熵值为 0.524，网络连通性与平衡协调性较好。

总体而言，随着全球化与国际化发展，外商投资联系、国际航空联系、国际货运班列联系及国际友好城市联系的交往活动越来越频繁，因此网络结构均日益趋向复杂，各种联系不断增强且更加紧密。这归因于交通运输等基础设施的完善。中西部地区的铁路、高等级公路、航空等建设快速，运输能力大大提升，对外交流便捷程度极大加强。随着渝新欧、蓉新欧、汉新欧、郑新欧等对欧外贸物流班列陆续开通，中国已与丝绸之路沿线地区建立起开展区域经济合作的重要纽带。然而，四种网络的整体密度并不高，空间联系尚处于一种弱连接状态，城市节点间平均联系度较小，网络发育不完备，网络功能亟须改善。

3. 核心—边缘结构分析

核心—边缘结构分析可以把握城市邻近性特征、明确城市空间优化发展基础并协调区域可持续发展，进一步探讨各城市在网络系统的归属情况。根据以上分析中构建的相关数值矩阵，利用 UCINET 软件中核心—边缘模块，对四种网络的分析结果见表 8 - 8。在外商投资联系网中，合肥、郑州、成都处于网络的核心位置。在国际航线联系网络结构中，重庆、郑州、成都、乌鲁木齐处于网络的核心位置，在网络中具有优势地位，能够引领整个区域空间联系的加强与区域一体化发展，而其余城市在空间关联网络中处于边缘位置。在国际货运铁路联系网络的核心—边缘结构中，重庆、乌鲁木齐、武汉位于网络的核心位置，在网络中的优势地位显著，其余城市在网络中处于相对弱势地位。在国际友好城市联系网络结构中，重庆、西安、成都的核心地位较为突出。综合来看，四种联系网络均存在明显的分层现象。核心城市主要集中在重庆，这既与重庆在区域联系空间格局中的核心位置有关，也体现了“一带一路”的区域地理位置分布特点，“核心—边缘”格局在一定程度上影响了区域网络结构的形成。核心节点少也说明了城市间各种要素流互动效应尚需进一步提升。各核心城市主体需进一步加强区域沟通与跨界合作，促进区域内各类要素资源的自由流动，实现网络未来协同化发展格局。

表8-8 核心—边缘结构分析

联系网络	包含城市
外商投资联系网	合肥、郑州、成都
国际航空联系网	重庆、郑州、成都、乌鲁木齐
货运铁路联系网	重庆、乌鲁木齐、武汉
友好城市联系网	重庆、西安、成都

在“一带一路”倡议背景下，中部内陆和西部边境地区未来有机会继续充当国内外开展往来的中介和桥梁。随着跨境经贸往来的增加和基础设施条件的改善，中西部节点城市将更多地聚集产业、人口、资金和技术，具备更大的市场潜力和发展机遇。

8.4 中西部节点城市内部空间联系网络

根据原始数据分别得到2-模投资网络、2-模航线网络、2-模铁路网络和2-模友好城市网络后，为了研究需要可进一步将其转化为叠加1-模网络。第一步，使用熵权法将四个2-模网络转为综合2-模网络；第二步，利用最小值法，将其转化为叠加1-模网络；第三步，设置高、中、低三种不同阈值，分别考察不同情况下的1-模网络结构的特征。

8.4.1 从2-模网络到叠加1-模网络

1. 基于熵权法的综合2-模网络构建

为进一步转化为叠加1-模网络，可以使用熵权法先将四个2-模网络转为综合2-模网络。该方法可以避免因各组指标数据存在单位不同或者数值范围不同所造成的误差。使用公式（8－25）对原始矩阵数据进行标准化。

$$r'_{ij} = \begin{cases} \dfrac{r_{ij} - r_{j\min}}{r_{j\max} - r_{j\min}}, & r_{ij} \text{ 为正向指标} \\ \dfrac{r_{j\max} - r_{ij}}{r_{j\max} - r_{j\min}}, & r_{ij} \text{ 为逆向指标} \end{cases} \tag{8-20}$$

其中，r'_{ij} 为标准化后的矩阵数据，r_{ij} 为矩阵原始数据，$r_{j\min}$ 为第 j 列指标数据中的最小值，$r_{j\max}$ 为第 j 列指标数据中的最大值。

然后计算网络的信息熵：

$$H_j = -k\sum_{i=1}^{n} f_{ij}\ln f_{ij} \tag{8-21}$$

$$k = \frac{1}{\ln n} \tag{8-22}$$

$$f_{ij} = \frac{r'_{ij}}{\sum r'_{ij}} \tag{8-23}$$

其中，H_j 为第 j 个网络的信息熵，n 为每组网络矩阵中的数据个数，令 $f_{ij} = 0$ 时有 $f_{ij}\ln f_{ij} = 0$。

最后评价各网络矩阵的熵权：

$$w_j = \frac{1 - H_j}{m - \sum H_j} \tag{8-24}$$

其中，w_j 为第 j 项网络矩阵的权重，m 为矩阵的种类数量。

表 8－9　四种网络矩阵的熵权

联系网络	熵权
外商投资联系网	0.100859
国际航空联系网	0.116234
货运铁路联系网	0.742979
友好城市联系网	0.140787

2. 基于最小值法的叠加 1 – 模网络构建

上述得到综合 2 – 模网络之后，利用最小值法，将其转化为叠加 1 – 模网络。

最小值方法（minimums method）：

$$x_{mj} = \sum \min(y'_{ij}, y'_{im}) \qquad (8-25)$$

其中，x_{mj}为转化得到的矩阵 X 中第 m 行、第 j 列数据；$\min(y'_{ij},\ y'_{im})$ 表示矩阵 Y'的第 i 行内，第 j 列、第 m 列数据的较小值。

将此 2 – 模矩阵 Y'转化为 1 – 模矩阵 X，可将矩阵 X 视为由城市网络中 n 个城市间关系强度组成的 N 阶方阵。

8.4.2 高、中、低不同阈值下 1 – 模网络结构分析

为实现有权网络向无权网络的转化，通常需要设置不同阈值（threshold，又称值域或者临界值）来考察不同情况下网络结构的特征。

根据 1 – 模网络的原始矩阵的各项节点度（表 8 – 10），可以得到该矩阵的平均节点度为 1.046，同时得出各个节点城市的总点度（表 8 – 11）。

表 8 – 10　　1 – 模网络原始矩阵

	长沙	郑州	武汉	西安	成都	重庆	兰州	西宁	南昌	合肥	乌鲁木齐
长沙	0.000	1.046	1.652	1.046	1.511	2.022	0.697	0.116	0.697	0.722	0.975
郑州	1.046	0.000	2.092	1.279	1.627	1.860	1.557	0.116	0.697	1.440	1.208
武汉	1.652	2.092	0.000	1.860	2.441	2.930	0.930	0.116	0.814	0.814	1.581
西安	1.046	1.279	1.860	0.000	2.233	1.419	0.814	0.116	1.324	0.581	1.208
成都	1.511	1.627	2.441	2.233	0.000	2.465	0.814	0.116	0.814	0.930	1.440
重庆	2.022	1.860	2.930	1.419	2.465	0.000	0.581	0.257	0.814	0.581	1.116
兰州	0.697	1.557	0.930	0.814	0.814	0.581	0.000	0.116	0.349	1.092	1.324

续 表

	长沙	郑州	武汉	西安	成都	重庆	兰州	西宁	南昌	合肥	乌鲁木齐
西宁	0.116	0.116	0.116	0.116	0.116	0.257	0.116	0.000	0.000	0.000	0.884
南昌	0.697	0.697	0.814	1.324	0.814	0.814	0.349	0.000	0.000	0.349	0.975
合肥	0.722	1.440	0.814	0.581	0.930	0.581	1.092	0.000	0.349	0.000	0.975
乌鲁木齐	0.975	1.208	1.581	1.208	1.440	1.116	1.324	0.884	0.975	0.975	0.000

表 8-11　　1-模网络原始矩阵的点度

长沙	郑州	武汉	西安	成都	重庆	兰州	西宁	南昌	合肥	乌鲁木齐
10.485	12.922	15.230	11.880	14.391	14.046	8.273	1.838	6.833	7.484	11.688

在表明节点城市内部联系的 1-模网络重要性测度中，武汉、重庆和成都三市领先，郑州、西安、乌鲁木齐和长沙次之，兰州、合肥和南昌较弱，西宁最弱。首先，这与武汉市是内陆最大的水陆空交通枢纽，拥有中部地区第一门户机场，是中国经济地理的“心脏”，具有承东启西、沟通南北、维系四方的作用密不可分。其次，因高校、科研等资源的集聚效应造就了光电技术、生物制药、智能制造的辉煌。作为老工业基地，钢铁、汽车产业一直是武汉的支柱。而近几年，武汉的产业也实现了转型，核心产业聚焦在信息技术、生命健康、智能制造三大块，未来要打造中部现代服务业中心、国家先进制造业中心和国家商贸物流中心。重庆、成都均位于我国中西部接合处，是中国主要的横向经济带“长江经济带”的西部核心，位于“一带一路”的重要位置上，借助亚欧之间的战略地位以及中西部开发，整体发展提升较快。成都是西部地区的综合交通枢纽，拥有四川大学、电子科技大学等一系列高校，科教实力较强；此外，成都的外国领事馆和 500 强企业入驻数量均最多，国际航线和机场吞吐量最高。

将1－模网络矩阵的平均节点度1.046设置为中阈值，高阈值和低阈值分别设置为1.5和0.5，分别代表一般联系、强联系和弱联系三种情况。下面展开不同阈值下网络特性的考察。

1. 节点的特性

运用UCINET－Degree法、UCINET－Closeness法和UCINET－Betweenness法计算后得出各项结果。其中，特征向量中心度Eigenvector计算的操作步骤为：Network→Centrality→Eigenvector。需要注意的是，数据必须是无方向性的（对称的），对于有方向性的数据会自动按无方向来处理。具体各城市在整体网络中的中心位置和状态情况见表8－12、表8－13和表8－14。

表8－12　高阈值下1－模网络的节点特征

	Degree	Closeness	Betweenness	Eigenvector
长沙	30	22.222	0	49.521
郑州	40	23.256	13.333	52.837
武汉	60	24.39	19.259	70.551
西安	20	21.739	0	34.463
成都	50	23.81	5.926	67.01
重庆	40	23.256	1.481	60.106
兰州	10	20.408	0	13.237
西宁	0	NA	0	0
南昌	0	NA	0	0
合肥	0	NA	0	0
乌鲁木齐	10	21.277	0	17.675

表 8－13　　中阈值下 1－模网络的节点特征

	Degree	Closeness	Betweenness	Eigenvector
长沙	50	41.667	0	45.94
郑州	80	47.619	22.667	57.953
武汉	60	43.478	0.444	53.085
西安	70	45.455	18.222	54.417
成都	60	43.478	0.444	53.085
重庆	60	43.478	0.444	53.085
兰州	30	37.037	1.111	20.396
西宁	0	NA	0	0
南昌	10	33.333	0	9.204
合肥	20	35.714	0	13.251
乌鲁木齐	60	43.478	5.556	49.39

表 8－14　　低阈值下 1－模网络的节点特征

	Degree	Closeness	Betweenness	Eigenvector
长沙	90	90.909	0.635	46.193
郑州	90	90.909	0.635	46.193
武汉	90	90.909	0.635	46.193
西安	90	90.909	0.635	46.193
成都	90	90.909	0.635	46.193
重庆	90	90.909	0.635	46.193

续 表

	Degree	Closeness	Betweenness	Eigenvector
兰州	80	83. 333	0	42. 317
西宁	10	52. 632	0	5. 402
南昌	70	76. 923	0	37. 427
合肥	80	83. 333	0	42. 316
乌鲁木齐	100	100	20. 635	46. 753

注：因为高阈值下的 1 – 模矩阵不是完备网络（缺少西宁、南昌、合肥），因此部分数据没有计算结果，在相应的统计中标注为 NA。中阈值下的 1 – 模矩阵同理。

高阈值下的 1 – 模网络中，武汉市的度数中心度、接近中心度和中间中心度以及特征向量均为最高，占据网络核心，并发挥极为重要的“桥梁”作用和“中介”功能，是整个区域内物流、人流、交通、信息的扩散辐射点。整个网络体系的“核心—边缘”结构特征比较显著。

中阈值下的 1 – 模网络中，郑州市的度数中心度、接近中心度和中间中心度以及特征向量均为最高；低阈值下的 1 – 模网络中，乌鲁木齐市的度数中心度、接近中心度和中间中心度以及特征向量均为最高。说明两个城市在区域网络中控制能力较强，作为“权力”中心，并且与其他城市的通达性良好，各项联系最为紧密。乌鲁木齐的门户位置导致其“中介机会”大大增加。

高阈值和中阈值下的 1 – 模网络中，各节点的接近中心度分布基本均匀，显示出此情况下的网络已呈现出较强的整体连接性。

高阈值和中阈值下的 1 – 模网络中，武汉和郑州的中间中心度分别为最高值，且具有显著的点状地理分布特征，枢纽性较为明显，也即两个城市在两种阈值下分别为要素流的重要枢纽，其他城市则比较孤立。

在地理空间上，武汉处于沟通南北、连接东西的枢纽地位，郑州拥有机场“空中丝路”、郑欧班列“陆上丝路”和跨境贸易联网“E 带 E 路”沟通中国内陆与世界。便捷、独特的区位优势决定了乌鲁木齐作为丝绸之路经济带核心区“核”的地位和作用，使其从传统对外开放格局中的“末梢”转为“前沿”；开展与中亚、南亚、西亚等国家的交流合作，形成丝绸之路经济带上的重要节点。地缘上的相邻能够减弱行政上的分割与隔离效应，相邻的区域空间联系较为密切，这一点在乌鲁木齐与周边国家城市间的联系中表现最为明显。

此外，度数中心度的计算结果中有0值出现，比如中阈值下西宁的度数中心度即为0，说明其既不影响其他城市，也不受其他城市影响，是一座“孤立”之城。这也意味着城市之间的辐射效应和扩散效应既与经济实力有关，也与地理区位密切相关。中间中心度计算结果中也有同样情况，比如高阈值下的西安中间中心势即为0，说明其中介能力极为薄弱。

2. 网络整体特性

上述中心度的比较可以分析网络中单个城市的联系水平，但无法评价网络的整体联系水平。通过分析网络的中心度可以判断城市间各项联系的不对称和不均衡程度。通过计算可以得出不同阈值下的不同中心度结果，见表8－15。

表 8－15　　不同阈值下 1－模网络的中心势

高阈值			中阈值			低阈值		
度数中心势	接近中心势	中间中心势	度数中心势	接近中心势	中间中心势	度数中心势	接近中心势	中间中心势
44.44%	NA	17.19%	42.22%	NA	20.04%	24.44%	33.42%	20.25%

由计算结果可以看出，节点城市内部的1－模网络度数中心势均较高，说明网络存在较大的不均衡性，呈现核心位置节点和非核心位置节点分异的特征。中间中心势较低，表明网络中较多的节点直接通过核心节点来发生连接，城市的中介功能还有待进一步提升。

表 8-16　　不同阈值下 1-模网络的整体特征

高阈值			中阈值			低阈值		
网络密度	中心化程度	网络结构熵	网络密度	中心化程度	网络结构熵	网络密度	中心化程度	网络结构熵
23.64%	0.667	0.152	45.45%	0.475	0.628	80.00%	0.244	0.885

由表 8-16 计算结果可以看出，不同阈值下 1-模网络结构趋于密集，说明节点城市间相互联系的对象和方向均趋于丰富，城市间获得资源的途径日益广泛。网络密度值表征了城市间的联系渠道和合作行为，总体而言，节点城市内部联系的网络密度偏低，11 个城市间未达到强连接状态。沿线节点城市的空间联系程度一般，各个城市还需进一步加强各项联系，以促进中西部城市的整体协调发展。

8.5　中西部节点城市与“一带一路”沿线地区经贸发展分析

随着经济全球化进入大转型，在促进商品和资本流动，科技和文明进步，各国人民交往，为世界经济恢复增长提供动力的同时，经济全球化进程日趋加快，各种要素的国际国内流动速率加快、融合程度加深、关联效应加大，全球产业体系转型和空间转移呈现显著特征，节点城市经济合作和产业发展也相应表现出各自的新特点与新趋势。

8.5.1　重庆

建设“渝新欧”国际铁路联运大通道，向西连接中亚、中东欧国家，打造内陆地区连接丝绸之路经济带的国际贸易主通道，并推进孟中印缅国际服务流大通道建设；向南打通连接东盟国家的物流大通道，积极参与东盟经济圈，构建向南开放、融入21世纪海上丝绸之路的新格局；依托长江黄金水道，加快建成长江上游航运中心，构建成渝城市群向东出海大通道；深化与俄罗斯伏尔加河沿岸联邦区的经贸合作，鼓励企业参与中国—中南半岛经济走廊、孟中印缅经济走廊、中巴经济走廊建设。

对比图8－13和图8－14可以看出，“渝新欧”国际铁路开通前后，重庆出口贸易结构发生了较大变化，之前是以汽摩类产品为主的机电类产品，现在是以笔记本电脑类产品为主的高新技术产品。

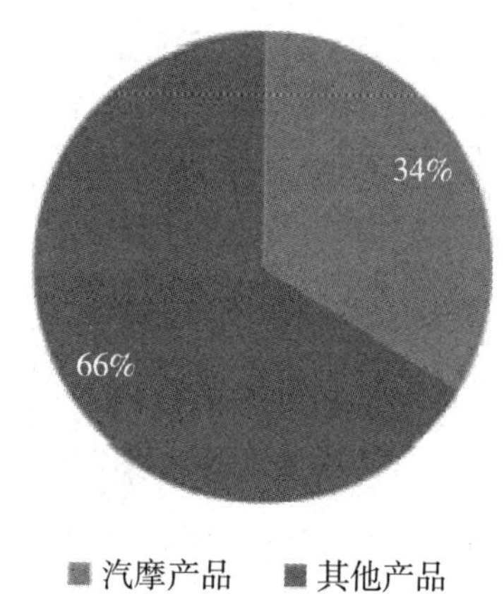

图8－13 2009年重庆出口贸易结构

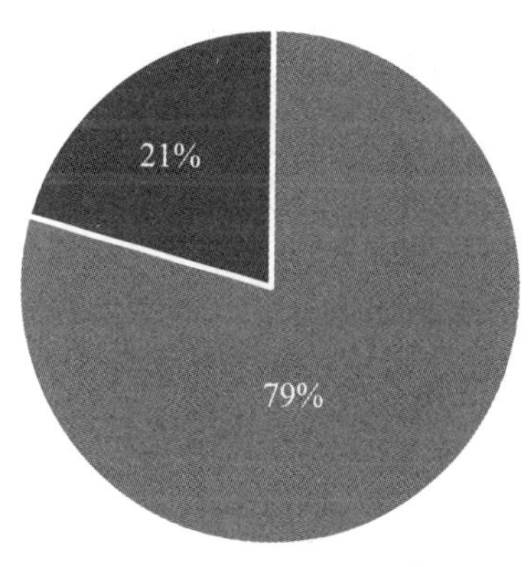

图8－14 2015年重庆出口贸易结构

重庆的传统优势产业是制造业，其中最具竞争优势的外贸商品是以汽车和摩托车为代表的重工业产品。近年来随着“渝新欧”国际铁路的开通和重庆全球笔记本电脑基地的建立，以便携式电脑产品为代表的高新技术产品出口量大幅提升，贸易结构由此改变。2011 年之后，自动数据处理设备及其部件、集成电路等商品进口额增长幅度显著提升，直接得益于笔电园的建立、大批笔记本电脑的生产需要。如图 8 – 15、图 8 – 16 所示。

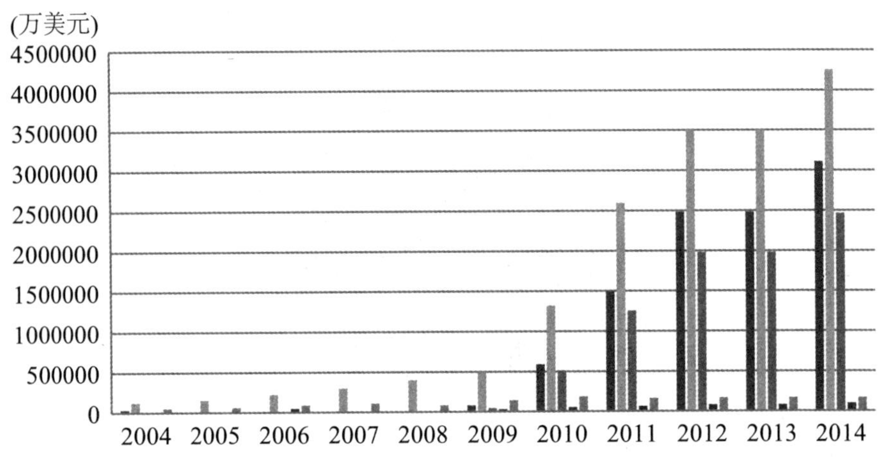

图 8 – 15　2004—2014 年重庆主要商品出口额

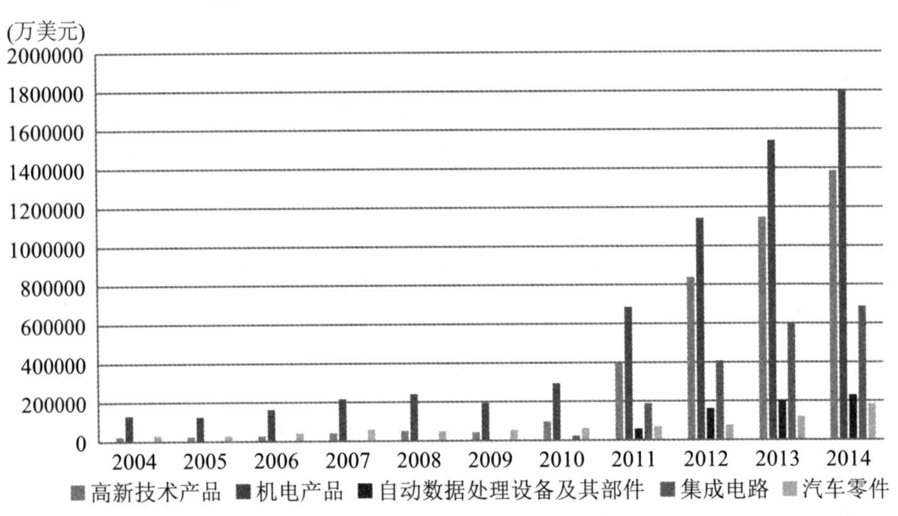

图 8 – 16　2004—2014 年重庆主要商品进口额

由图 8－17 可见，重庆对外投资目的地国家或地区高度集中，中国香港占据主导优势。对外投资覆盖国民经济各行业，前三位金融业、零售业、商务服务业等领域的投资快速增长，分别占实际对外投资总额的 42%、28%和 24%。

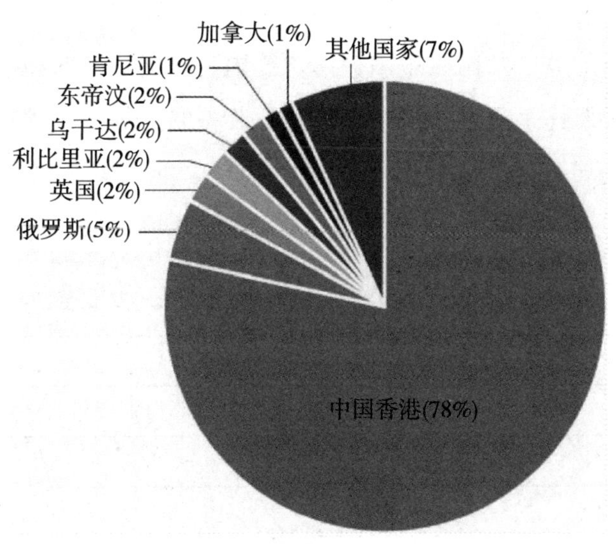

图 8－17　2015 年重庆实际对外投资目的地分布占比

首先，大力发展笔电园区，形成更加完整的产业集群。继续引进手机、家电、液晶面板等非直接笔电配套企业，打通这些智能终端产品与笔电的配套通道，并进一步拓宽其配套领域。

其次，依托“渝新欧”国际铁路，发展跨境电子商务。作为重庆新兴对外贸易产业，跨境电子商务成为“互联网＋”时代下开创的“互联网＋外贸”新经济模式。未来更多跨境电商企业将相继入驻重庆西永综合保税区布仓。

8.5.2　武汉

基础设施方面，未来重点发展武汉至上海江海直达和内线运输，推动武汉至东盟、日韩国际水运航线和“汉新欧”国际货运班列发展，开通更多国际航线，提升武汉口岸货运中心功能。加强与“一带一路”沿线地区的工程承包合作，开展水利水电、路桥等基础设施建设。发挥“万里茶道”源头优势，以茶为媒，深化与沿线地区经贸联系和文化交流。

如图8－20所示，2014年与2015年的进出口商品国别地区均主要集中在亚太经济合作组织、欧洲联盟和东南亚国家联盟，以及中国香港、印度、日本、新加坡、韩国、中国台湾、德国、法国、巴西和南非等。这归因于近年武汉发挥工程设计、电子信息、装备制造等产业优势，鼓励企业组团参与“一带一路”沿线国家交通、通信、能源等互联互通基础设施建设。

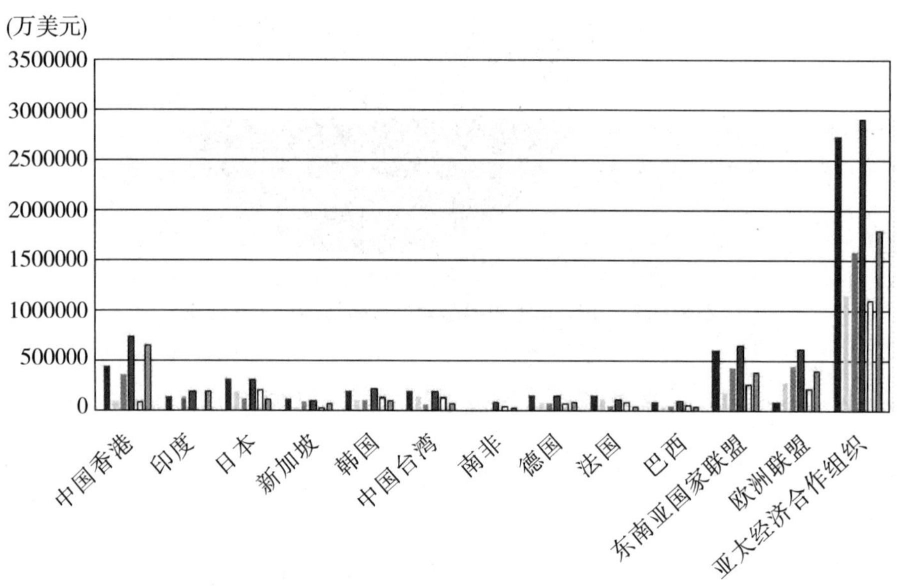

图8－18　武汉进出口商品主要国别地区

首先，以“汉新欧”“近海近洋航线”建设为平台，融入国际大通道和经济大走廊，提升国际通达能力，扩大经贸合作规模。

其次，以产业为载体，深入推进国际产能和装备制造合作。以武汉市钢铁、建材、铁路、电力、化工、汽车等行业为重点，采用境外投资、工程承包、技术合作、装备出口等方式，开展国际产能和装备制造合作，推动装备、技术、标准、服务“走出去”；引导企业集群式“走出去”，探索与当地共建境外产业集聚区。

8.5.3　成都

从国内来讲，拓展与新疆、宁夏、甘肃等新欧亚大陆桥沿线省区的合作，打造面向中亚、西亚的战略通道和商贸物流枢纽；加大与广西、云南的产业合作和基础设施建设，打通连接东盟、南亚的战略通道。

从国外来看，成都对印度、南非等地区，投资重点覆盖资源开发、基础设施、装备制造等；对中俄“两河流域”的投资集中在能源资源、电子信息、装备制造、航空航天、工程建设等领域；对新加坡等东南亚地区，主要为装备制造、电子信息等产业领域；东盟、南亚的投资重点是新能源、节能环保、智能交通等。

以往的主要贸易伙伴呈地域集聚特征，重点分布在美国、东盟、欧盟等地，现在重要贸易伙伴已经延伸到“一带一路”沿线国家和地区，如图 8－19、图 8－20 所示。近年来，成都吸引英特尔、戴尔、富士康等国际知名跨国企业入驻，带动了成都加工贸易额的增长。高附加值产品出口额快速增长，比如便携式电脑及其部件、集成电路、汽车等。这说明，成都出口外贸正发生结构性调整与优化，外贸出口质量在不断提升。得益于综合保税区、临空经济示范区的发展，对外贸易结构得到优化，表现为传统劳动密集型产品出口有减弱趋势，机电产品等技术密集型产品出口上升趋势明显。以电子信息产业为代表，成都综合保税区已聚集了为数众多的先进 IT 企业，未来将继续依托成都综合保税区、临空经济示范区着力发展航空制造、电子信息等技术密集型产品贸易和航空枢纽服务、航空物流、口岸贸易等现代化服务贸易，不断优化成都对外贸易结构。

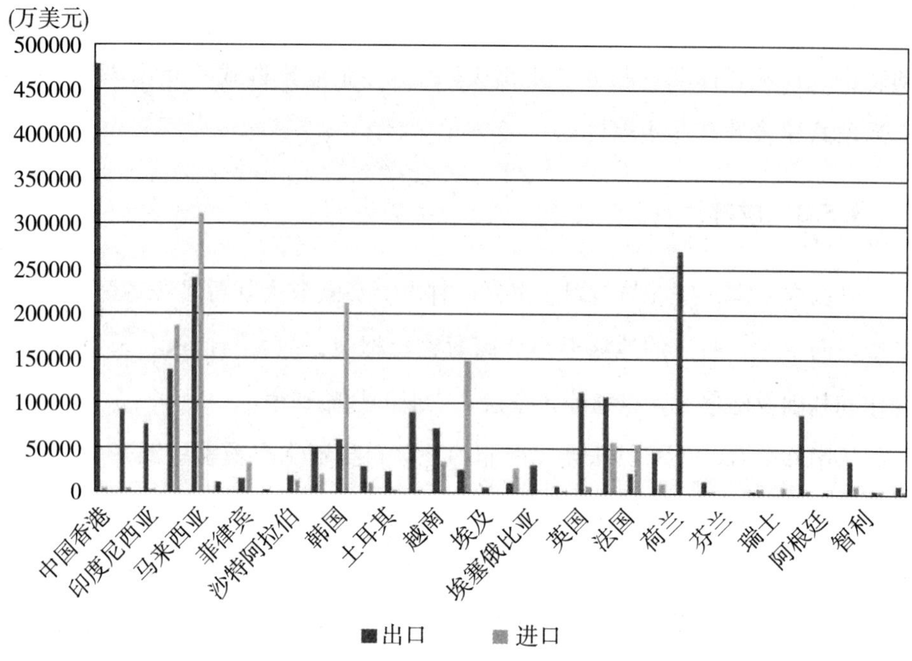

图 8－19　2014 年成都进出口商品总额主要国别地区

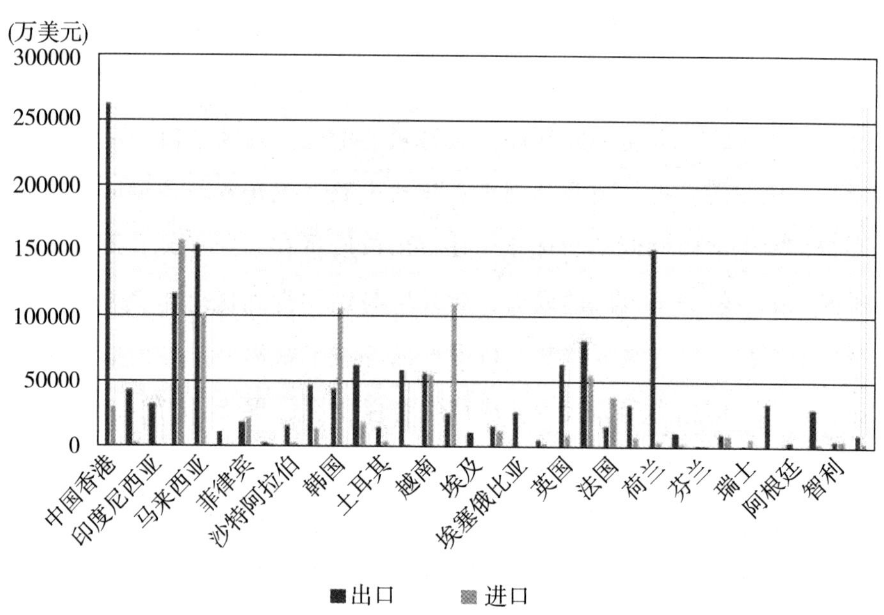

图 8－20　2015 年成都进出口商品总额主要国别地区

8.5.4 西安

陕西对外贸易在2014—2016年间呈现持续增长趋势，2016年进出口额达到1974亿元，相较于2014年增加了291亿元，增幅为17.3%。2016年贸易顺差达114亿元，比2014年增加了86亿元，反映了陕西虽地处内陆，但出口贸易发展势头较为迅猛，取得了对外贸易上的突破。出口商品以机械、化学品为主，进口产品以机械、矿物、原材料、精密仪器和特殊品为主，未来需要提高对外贸易占生产总值的比重，扩大贸易产业规模，继续深化与“一带一路”沿线国家的经贸合作。

首先，基础设施方面，拓展线路，完善“两干多支两节点”国际铁路物流网络；开拓西安咸阳国际机场国际货运航线，推动成立货运航空公司；推进与海航、京东等企业在物流领域的合作；建立陕、宁、青货邮“一站式”服务体系，推动航空物流一体化发展；构建与周边省份以及至京津冀、长三角、珠三角等的快速通道；增开和加密洲际以及东南亚、日韩地区的直飞航线，突破中亚、西亚地区航线，实现丝绸之路沿线主要城市全覆盖；打造西安咸阳国际机场国际航空枢纽，构建西安连接五大洲的客运航线网络和国际航空物流港。

其次，推行“一园两地”合作模式，重点建设中俄丝路创新园、中哈人民苹果友谊园；加快境内国际合作产业园区建设，重点推动中韩（陕西）产业园、中哈产业园咸阳纺织工业园区、中以创新示范园、空港新城丝路国际产业园、泾河新城美国科技产业园、陕港融资租赁合作园、半导体国际合作产业园、欧亚经济综合园区核心区建设；积极推动境外园区建设，加快印度尼西亚陕西钢铁产业园、柬埔寨中柬金边经济特区和非洲安哥拉农业高技术园区建设。

最后，突出旅游业、高新技术产业领头带动发展。西安应该朝着特大城市的方向培育，充分发挥集聚与辐射效应，带动区域发展；以“丝绸之路的起点·兵马俑的故乡”形象宣传为引领，拓展境外旅游宣传渠道，促进更多外国游客来陕旅游；支持延安建设红色旅游国际合作示范区，打造革命圣地延安红色旅游品牌；构建“丝绸之路起点”风情体验旅游走廊、大秦岭人文生态旅游度假圈、黄河旅游带，建设黄帝陵国家文化公园，增强陕西旅游品牌国际竞争力。

西安 2014 年外贸商品进出口总额分国别地区如图 8－21 所示，西安外贸商品出口额分国别地区如图 8－22 所示。

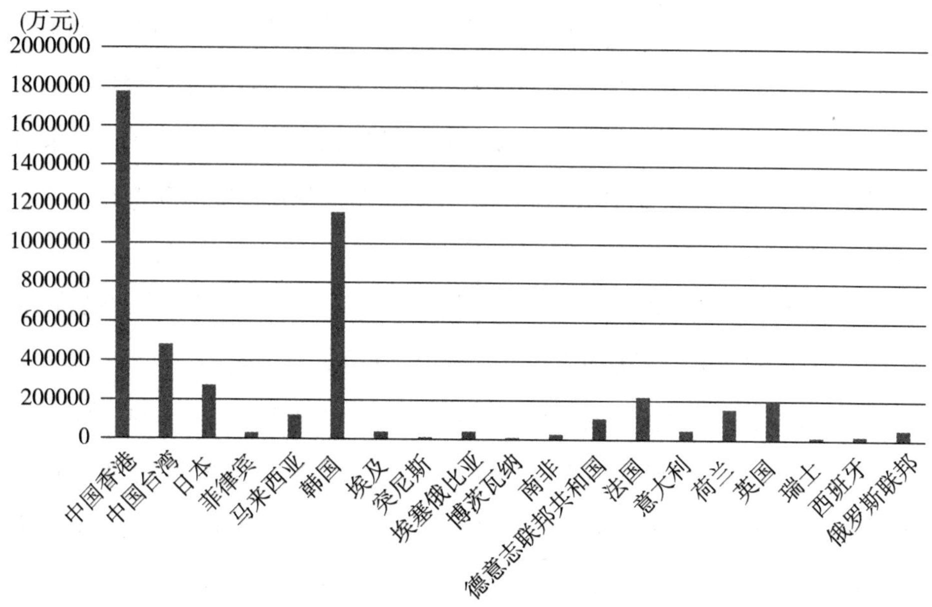

图 8－21　2014 年西安外贸商品 2014 年进出口总额分国别地区

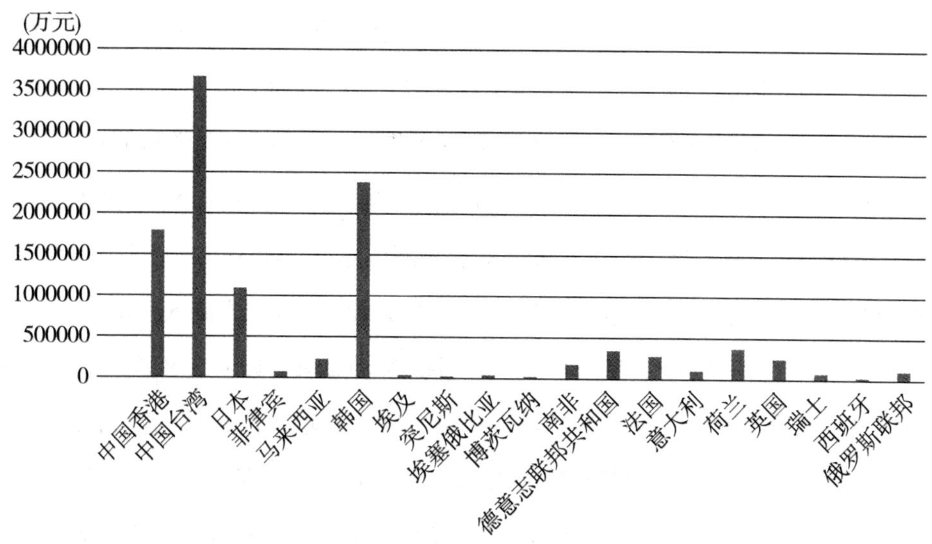

图 8－22　2014 年西安外贸商品 2014 年出口额分国别地区

8.5.5 郑州

表 8－17　　　　出口值居前 10 位的商品（单位：万美元）

位次	产　品	金额
1	手持(包括车载)式无线电话机	1968824
2	人发制假发、胡须、眉毛、睫毛及其他人发制品	90545
3	其他材料制假发、假胡须、假眉毛、假睫毛等	57419
4	客车或货车用的充气橡胶轮胎	50127
5	手持式无线电话机的零件(无线除外)	40250
6	柴油机客车,座位≥30 座	35038
7	干香菇	34960
8	与电视接收机配套使用的视频游戏控制器及设备,但子目号 9504.30 的货品除外	26606
9	家具的零件	25382
10	其他铝合金矩形板、片,0.35mm < 厚≤4mm	20372

近年来，河南省进出口贸易市场在巩固欧、美、日这些传统市场的同时，也不断开拓新的贸易市场，对欧亚非国家的出口额不断增大，对韩国、越南、中国台湾、中国香港等国家和地区进出口额显著增长，贸易市场朝向多样化、分散化发展，并进入高速发展阶段，其中对我国香港、台湾地区进出口分别增长 68.1%、25.4%，对日本进出口下降 12.9%，对南非进出口下降 8.8%，对俄罗斯进出口下降 39%。此外，进出口贸易商品结构进一步优化，机电商品、高新技术产品出口分别增长 8.1%、8.7%，以手机为代表的电子信息产业成为外贸支柱产业。农产品出口 128.3 亿元，增长 22.9%。而铜矿砂、金属加工机床、医疗仪器器械进口增幅均在 70% 以

上。今后应大力扶持生物医药、节能环保、文化创意等已初具雏形的产业集群，增强加工贸易的产业聚集效应，带动产业升级和产品换代。

未来基础设施方面，应加快完善路网建设，推进郑州与周边地市物流通道建设。加大对铁路基础设施的投入力度，加快郑徐、郑渝、郑济等客运专线的建设。在“郑欧班列”成功运营经验的基础上，逐步完善开行方式，逐步加密班列数量。大力发展海铁联运，简化通关手续，最大限度地发挥郑州铁路优势，扬长避短，弥补郑州缺少海港的先天不足。充分利用郑州航空港综合经济实验区的政策优势，加快机场基础设施建设。鼓励航空公司开设新航线特别是境外航线，鼓励航空公司增设定期货运包机等形式的航班飞行。

8.5.6 长沙

从国内来讲，西北方向经湖北、重庆连接新亚欧大陆桥、中亚、西亚及中巴经济走廊；西南方向经贵州、云南连接中南半岛经济走廊、孟中印缅经济走廊；东部经长三角、海西经济区，南部经珠三角、北部湾连接21世纪海上丝绸之路。

从国外来看，长沙未来可对接哈萨克斯坦、俄罗斯、白俄罗斯等，加强工程机械、钢铁、能源资源开发等领域合作；对接巴基斯坦、斯里兰卡、印度、孟加拉国等，加强基础设施、工程机械、农业、节能环保产业合作；对接印度尼西亚、马来西亚、越南、老挝、泰国、柬埔寨等，加强钢铁、纺织、建材、轨道交通产业合作；对接埃塞俄比亚、安哥拉、埃及、南非、阿尔及利亚、坦桑尼亚、刚果（布）等，加强农业、基础设施、工程机械、轨道交通、矿业等国际产能合作；对接德国、法国、意大利、荷兰等，加强工程机械、环保机械、汽车、农业等产业合作。

经贸方面，近年长沙进出口商品结构逐步优化，机电、高新技术产品成为支柱。外贸出口向产业链、价值链高端延伸，附加值较高的机电和高新技术产品成为主要出口支撑点。2016 年机电产品和高新技术产品完成出口额42.0 亿美元和18.2 亿美元，比2012 年分别增长49.5%和83.2%，占全市出口比重分别为 44.9% 和 19.5%，成为拉动全市出口增长的主要力量。未来在巩固我国香港地区、欧盟、日美市场的同时，应积极拓展东非、东亚、东南亚、南美等新兴市场，巩固食品、农产品、陶瓷、湘绣、鞋帽、纺织等优势产品出口的同时，扩大发制品、小五金、电子产品、机电产品、工程机械等出口，如图 8－23 所示。

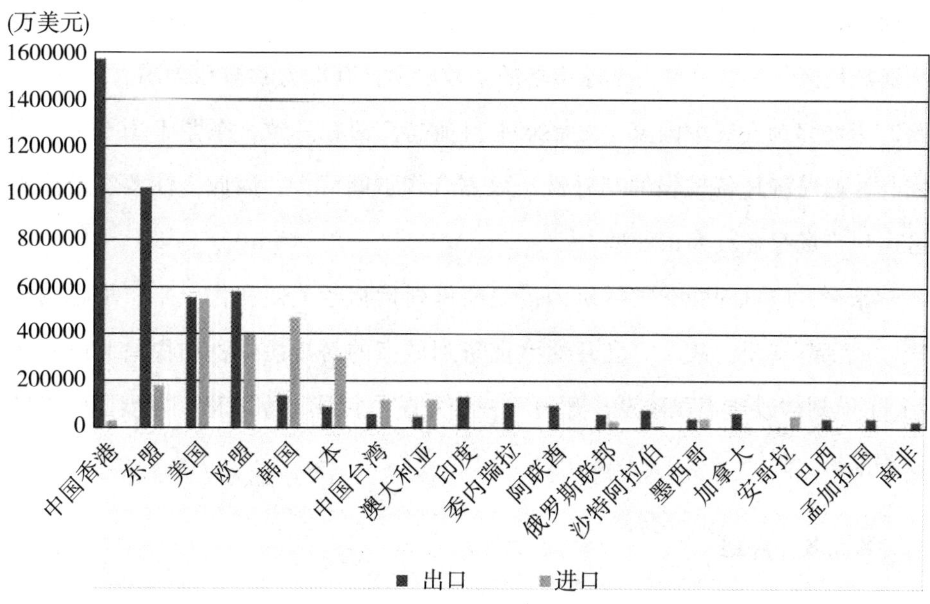

图 8－23　长沙进出口商品主要国别地区

基础设施方面，培育发展“湘欧快线”，健全国际铁路运输、口岸通关协调机制，强化货源组织和运营管理，提升班列开行密度、运输时效和服务质量。完善航线网络，推动开通长沙至香港地区全货航班，长沙至欧洲、美国、大洋洲、俄罗斯、日本、西亚等国际洲际航线。加强水运、铁路、公路、航空和管道的有机衔接，统筹货运枢纽与开发区、物流园区等空间布局，完善货运枢纽及疏运功能。鼓励发展多式联运，提高集装箱和大宗散货铁水联运比重。

8.5.7　南昌

从区域上看，向西北，经新疆、内蒙古边境口岸，连接中亚、俄罗斯，通达中东欧、欧盟；向西南，经云南、广西边境口岸，通达越南、老挝、泰国、印度等东盟及南亚国家；向东南，经上海、宁波、厦门、深圳等沿海港口，连接海上丝绸之路，通达东盟、南亚，并延伸至南太平洋、非洲、欧洲国家。

近年江西出口的高新技术产品大幅增多，已形成以高新技术产品、机电产品及纺织品为主体的出口体系，继续增加高新技术产品的出口份额是提升江西出口产品结构的关键所在。从出口市场来看，江西的出口市场主要分布在亚洲地区，其贸易额占全球市场的半数以上，其次为欧盟和美国。“一带一路”沿线多为发展中国家，发展水平目前与江西相一致，东盟十国及中亚国家与江西经济具备较强的互补性，双方合作空间巨大，因此，江西在沿线地区出口市场存在较大拓展潜力。

未来，应巩固赣欧国际班列，提高班列货物通关便利化水平；加强与重庆、成都、郑州、武汉等已开通欧洲班列城市的对接协作；加快昌北国际机场T1航站楼改造工程建设，开通“一带一路”沿线国家航班，发展国际中转联程航班。

8.5.8 合肥

基础设施方面，加快合肥中欧国际货运班列发展，建成“四纵四横”高速公路主骨架，打通对接“陆上丝绸之路”通道；建设“一纵两横”高等级航道主骨架，畅通“海上丝绸之路”通道；以合肥新桥国际机场为中心，支线机场为节点，发展连接“一带一路”主要节点城市的“空中走廊”。表8-18和图8-27为合肥与沿线地区重点项目发展情况。

表8-18 合肥与沿线地区发展合作重点

国家	合作重点
俄罗斯	拓展江汽集团、奇瑞公司等在俄业务，支持中俄超导质子联合研究中心质子重离子治疗等技术开发

续 表

国　　家	合作重点
德国	推动与德在乘用车、新能源汽车、特种车、汽车零部件以及在机器人、工程机械、农业机械、数控机床等领域合作；加强与德在家电产业与农业领域合作
白俄罗斯、西班牙、保加利亚、柬埔寨、泰国、厄瓜多尔、乌拉圭、哥斯达黎加、巴西、智利等	推动中白工业园、奇瑞巴西汽车工业园、外经集团莫桑比克贝拉工业区、农垦集团津巴布韦合作园区建设

由图8－24来看，美国是安徽第一外贸伙伴国，比重超过贸易总额的10%；其余依次是日本、澳大利亚、智利、韩国、德国，比重分别占7.55%、6.07%、5.67%、4.38%和4.24%，此前六位双边贸易额累计占地区进出口贸易额比重的40%。由此可以看出，其对外贸易的主要对象是以美、日、德为代表的欧美发达国家和以智利、巴西为代表的矿藏资源丰富国家，一方面因为需要不断引进欧美发达国家的先进工业技术和管理经验；另一方面因为地区有许多以铜陵有色、马钢为代表的金属冶炼、加工产业链，需要从智利、巴西、秘鲁等资源丰富国家进口大量的矿产资源。

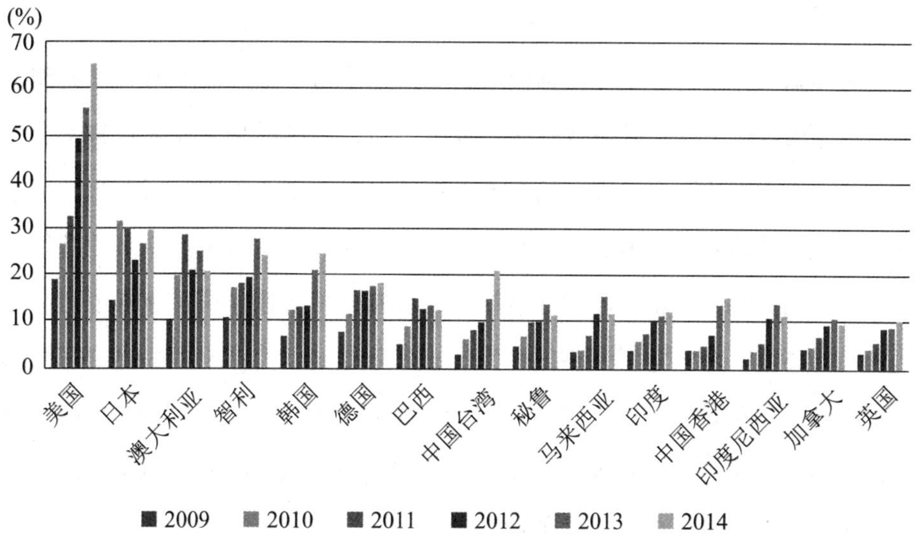

图8－24　合肥主要贸易伙伴贸易额占比情况

8.5.9 兰州

对外贸易方面，出口产品结构改善升级，资源型产品和机电高新产品保持稳定增长，进出口企业结构发生显著变化，民营中小企业成为对外贸易的主要力量；进出口市场更加多元，亚洲及丝路沿线国家成为对外贸易的主要区域。主要出口市场为韩国、中国香港、马来西亚、新加坡、吉尔吉斯斯坦、泰国、朝鲜、俄罗斯、哈萨克斯坦。主要进口来源地为哈萨克斯坦、澳大利亚、中国台湾、美国、印度尼西亚、马来西亚、秘鲁、民主刚果、德国、新加坡。

基础设施方面，未来甘肃将依托战略通道，打造运输、生态旅游以保障发展。利用兰州铁路综合货场、东川国际物流园区等基础设施，推进兰州国际港务区建设，进一步将兰州打造成具有中欧货运班列编组枢纽功能和物流集散能力的中心城市。对国际货运班列“天马号”“兰州号”“嘉峪关号”等运营水平进行提升，打造兰州、天水、武威三大国际陆港和兰州、敦煌、嘉峪关三大国际空港。进一步加强对接中西亚、连接南亚、衔接东亚的重要对外经济走廊的能力。

8.5.10 西宁

对外贸易方面，2013 年之前西宁初级产品出口比重逐年上升，工业制成品出口比重持续下降，说明该时期大量出口初级产品的局面尚未从根本上扭转。近年来，除传统出口商品铁合金系列产品外，重点加大了对藏毯、穆斯林民族服饰及用品、牛羊驼“三绒”织物及制品、高原特色枸杞及沙棘等生物制品、高原特色农畜产品、新能源、新材料、高新技术材料等特色产品的出口。2015 年，出口商品结构逐步优化，在金属制品出口额迅猛增长带动下，机电产品出口额同比增长 90.25%，占出口的 27.35%；纺织纱线、织物及制品出口额增长 0.77%，占 8.90%。而主要进口商品有氧化铝、机电产品、高新技术产品，近年煤和铝矿砂逐渐成为主要进口商品。

基础设施方面，向东依托陇海等铁路通达中国最发达的上海和长三角等地区，对接天津、上海、连云港、青岛等港口；向南依托即将建设的西成和成渝、川黔、黔桂、南防铁路通达防城港口岸，通往东南半岛，特别是西成铁路的建设打通了丝绸之路经济带与长江黄金水道的便捷通道；向西依托兰新高铁到达阿拉山口和霍尔果斯口岸，通往哈萨克斯坦、俄罗斯、欧洲，依托西宁—格尔木—库尔勒—喀什铁路，可以直达红其拉甫口岸，连接中巴经济走廊及瓜达尔港；西南依托青藏、拉萨—日喀则—亚东铁路，可通往孟中印缅经济走廊。

8.5.11　乌鲁木齐

如图 8　25 所示，乌鲁木齐贸易对象国主要集中在哈萨克斯坦、吉尔吉斯斯坦、塔吉克斯坦、乌兹别克斯坦、伊朗等国家。与全国的贸易市场遍布全球不同的是，新疆的主要贸易伙伴国是中、西亚国家；全国加工贸易占对外贸易的比重很大，而新疆加工贸易比重极低。此外，边境小额贸易占据主导地位，外贸主导企业为民营企业也是新疆的外贸特点。

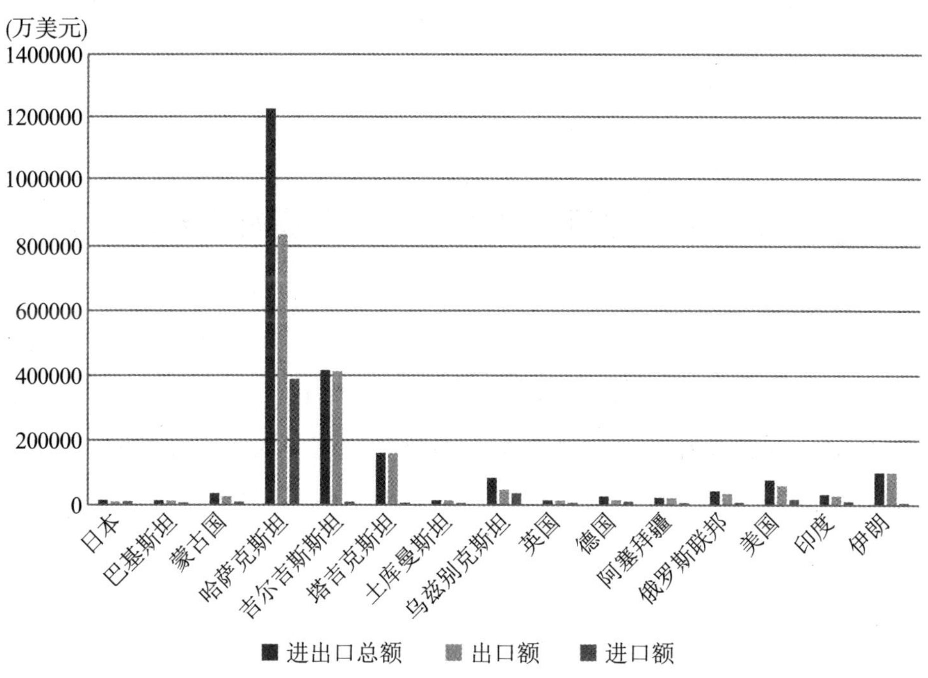

图 8－25　2016 年乌鲁木齐主要贸易伙伴

境外投资国主要为哈萨克斯坦、塔吉克斯坦、美国等。投资领域涉及矿产资源开发、农产品、房地产开发、建材设备、货物进出口贸易等。随着丝绸之路经济带建设的推进，中亚国家仍是乌鲁木齐市境外投资的主要区域，且投资贸易型企业数量占比较大；除矿产资源、工程机械类项目外，农业类投资成为新的热点。

随着“一带一路”倡议的推进，首先，重点投资联通内地与中亚、西亚、南亚、欧洲、俄罗斯以及蒙古国的国际铁路、公路、物流园区等通道建设；投资乌鲁木齐国际机场改扩建、喀什机场口岸以及伊宁机场新设，开通更多连接中亚、西亚、南亚、欧洲以及东北亚、东南亚的国际和地区航线。其次，加快投资伊宁、阿拉山口等边境城市建设和塔城、博乐、吉木乃等边境经济合作区建设。再次，构建具有新疆特色的国际化旅游经济发展格局，以丝绸之路世界文化遗产、新疆天山世界自然遗产和国家级风景名胜区为依托，大力发展生态旅游、民俗风情旅游、边境跨国旅游。最后，鼓励农产品加工企业“走出去”，在中亚地区开展农业生产示范、农副产品精深加工等。

8.6 中西部节点城市国际化发展模式分析

随着“一带一路”倡议的逐步推进，节点城市将成为其崛起的有力支撑，通过分析节点城市国际化及其网络，并结合上节分析，利用 SPSS 软件（“分析—分类—系统聚类”命令），生成节点城市聚类分析树状图，如图 8 - 26 所示。从而得出节点城市的分组情况，见表 8 - 19，并将节点城市分为 4 个等级。

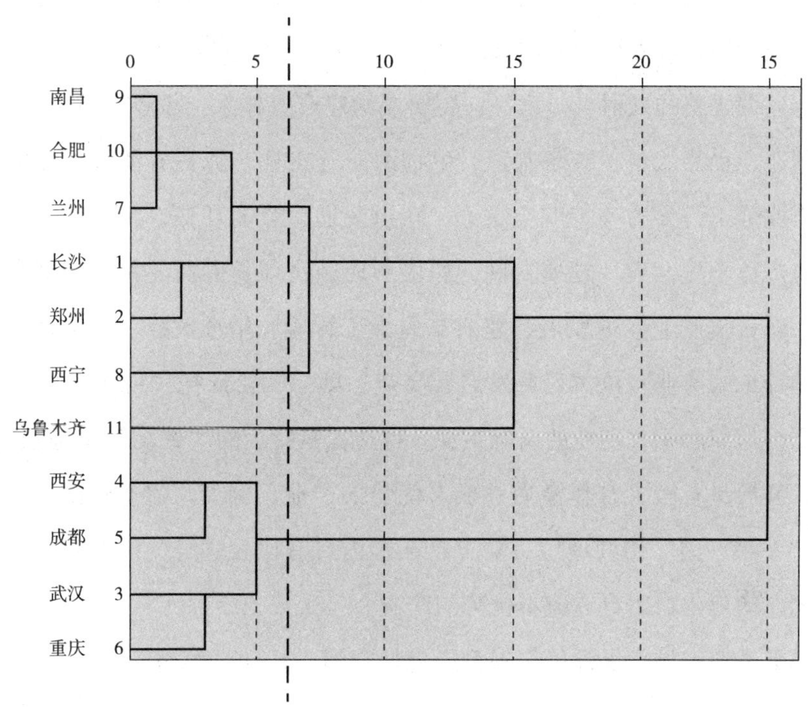

图 8－26　节点城市聚类分析树状图

表 8－19　　　　节点城市分组结果

类别	类型	城市名称	城市细分
Ⅰ类	合作优化型	重庆、武汉、成都、西安	重庆、武汉
			成都、西安
Ⅱ类	深度拓展型	郑州、长沙、兰州、合肥、南昌	郑州、长沙
			兰州、合肥、南昌
Ⅲ类	快速推进型	乌鲁木齐	乌鲁木齐
Ⅳ类	借力加强型	西宁	西宁

第Ⅰ类节点城市是合作优化型，包括重庆、武汉、成都、西安等。以成都和重庆为例，两者位于南方丝绸之路经济带与长江经济带的交会点、21世纪海上丝绸之路的发射点。第一，要加快构建产业体系，重点支持电子信息、汽车制造、食品饮料、装备制造、生物医药等支柱产业提升能级，深度参与国际产业分工；大力支持航空航天、轨道交通、节能环保、新材料、新能源等优势产业领先发展、规模发展，加快形成经济增长的新支撑；特别是要紧随新一轮科技产业变革发展，超前布局人工智能、精准医疗、虚拟现实、传感控制等未来产业，抢占行业发展制高点。第二，要依托“一带一路”倡议加大蜀绣丝织品相关产业的发展力度，打造独具特色的“蜀绣”产业经济带。第三，发展具有较大合作潜力和成本优势的产业，例如，信息软件、建筑建材等“一带一路”沿线地区有需求且在国内具有比较优势的产业，汽车制成品等向东南亚出口时具有成本优势的产业。

第Ⅱ类节点城市是深度拓展型，包括郑州、长沙、兰州、合肥、南昌等。以南昌为例，可从以下方面开展错位发展纵向协作。第一，全面融入长江中游城市群。深化与长沙、武汉和南昌等中心城市的互动，加强与长株潭城市群、武汉城市圈和环鄱阳湖生态城市群的分工合作，共同建设“中三角”，打造中国经济增长的“第四极”。第二，深化与国内重点城市群的对接。为全面融入长江经济带，加强与上海、昆明和重庆等中心城市的对接，深化与成渝城市群和长三角城市群合作，加快发展沪昆高铁和长江黄金水道经济走廊。全面对接国际国内运输通道，加强与京津冀、珠三角和海西城市群之间的合作，实现现代服务业与先进制造业的转移。第三，主动融入“陆上丝绸之路”，强化与武汉、重庆、西安及乌鲁木齐等重要节点城市的合作。开行“赣新欧”铁路货运班列，继续推进开行对接郑新欧、渝新欧及汉新欧班列等南昌至欧亚国际铁路货运通道。第四，加强与沿线重点区域的合作。江西的主要贸易、投资伙伴是我国港台地区、欧盟和东盟。2014 年，东盟、我国台湾和香港地区分别是江西最大出口目的地（占 19.6%）、最大进口贸易来源地（占 26.8%）和最大实际利用外资来源地（占 78.3%）。

第Ⅲ类节点城市是快速推进型，主要是乌鲁木齐。乌鲁木齐具备自身特殊性，在国际化发展过程中更需注重利用地缘优势主动参与区域性国际合作，并借此提升经济实力、综合影响力和区域国际形象。新疆着重旅游业、特色林果业、风电产业、贸易港的发展。乌鲁木齐作为沿线特殊节点城市，更应加快发展步伐，凸显区域交通、经济、文化等中心带动作用。乌鲁木齐国际化功能的建设，有利于天山北坡经济带的进一步发展，有利于增强乌鲁木齐都市圈的整体带动作用，有利于提升新疆的整体实力和参与区域合作分工的竞争力。同时提升和完善国际化城市的功能，也能够进一步为吸引人才，汇聚资金，拓展市场，提升技术等相关要素奠定基础，使得各种相关要素更优组合并发挥出应有的效应。作为新亚欧大陆桥中国的西桥头堡，新疆的阿拉山口是中国西部地区唯一的铁路、公路、管道并举的国家一类口岸，应继续深挖地缘优势，着力发展外向型经济，加大招商引资力度，加速新型工业化进程，把阿拉山口建设成为进出口商品中转集散地和现代物流中心，成为能源、资源安全大通道。

第Ⅳ类节点城市是借力加强型，主要是西宁。西宁是中国西部连接中亚、南亚、西亚等区域的重要交通枢纽，也是连接“一带一路”和长江经济带的枢纽城市，未来更是整合东、中、西部地区共同通往印度洋的核心枢纽。节点城市西宁与南亚、西亚、中亚地区的城市在经贸交流上有互补性，民族文化上有相通性，地缘政治上有共同性，加强与这些城市缔结友城或友好关系，现已成为西宁市对外全方位开放和快速发展的格局。青海是我国重要的矿产资源支撑平台和能源开发合作战略基地，也是建设“美丽中国”最重要的生态安全屏障。西宁要进一步提升城市国际影响力，需大力发展新能源、新材料等战略性新兴产业，生态农牧业、生态旅游业等生态产业。建议开发昆仑文化、丝路文化资源，将昆仑文化旅游、丝路历史文化旅游、生态自然旅游、民族文化旅游有机结合，积极发展文化溯源之旅、神奇丝路探险之旅，建设一批特色旅游精品线路。与丝路沿线城市共同建立文化旅游合作机制，共同举办城市宣传和文化宣传活动。

第9章　全球层面的城市国际化网络

9.1　城市国际化网络的形成机制：服务业集聚与信息流动

9.1.1　高级服务业的流动与集聚

高级服务业是指那些位居一切经济过程核心的各种生产性服务业，主要包括金融、保险、法律服务、会计服务、广告、管理咨询、地产、顾问、设计、公共关系、安全、信息搜集、信息系统管理以及研发与创新等。所有高级服务业都可以简化为知识生产和信息流动，并依靠信息流动，全球经济组织通过命令和控制中心来协调、创新与管理跨国公司的全球网络①。理论上，先进电子通信系统可以让高层次服务业的区位散布全球，然而研究表明，高层次服务业出现小分散大集中现象，虽然在大部分国家里，高层次服务业占就业与国内生产总值的比例增加，但在空间上，却集中于少数国家的几个节点城市上，如美国纽约、日本东京、英国伦敦、中国香港、新加坡、德国法兰克福和比利时布鲁塞尔等，在国际金融和大部分国际性顾问与企业服务上共同占有50%以上的份额。美国纽约、日本东京（中国香港、新加坡）、英国伦敦三个中心一起涵盖了12个时区范围，

① Daniels P. W. , *Service Industries in the World Economy*, Oxford: Blackwell, 1993, p. 21.

可以利用时差 24 小时不间断从事金融贸易。随着分散化的集中发展，部分区域中心也迅速加入该网络而成为跨国银行中心，其中包括中国香港、大阪、苏黎世、巴黎、洛杉矶、旧金山、阿姆斯特丹、米兰、马德里、圣保罗、布宜诺斯艾利斯、墨西哥、中国台北、布达佩斯等金融与生产性服务业中心，全球金融服务业的空间集聚态势可以用 1000 家世界上最大银行的地理分布来概括，如图 9－1 所示。在图中银行既按母国也按东道国记录，最重要的银行业国家和城市都分别显示出来。这里突出了母国与东道国所在区域的市场，以便通过跨国银行全球化的地域分布了解跨国银行业的空间格局。

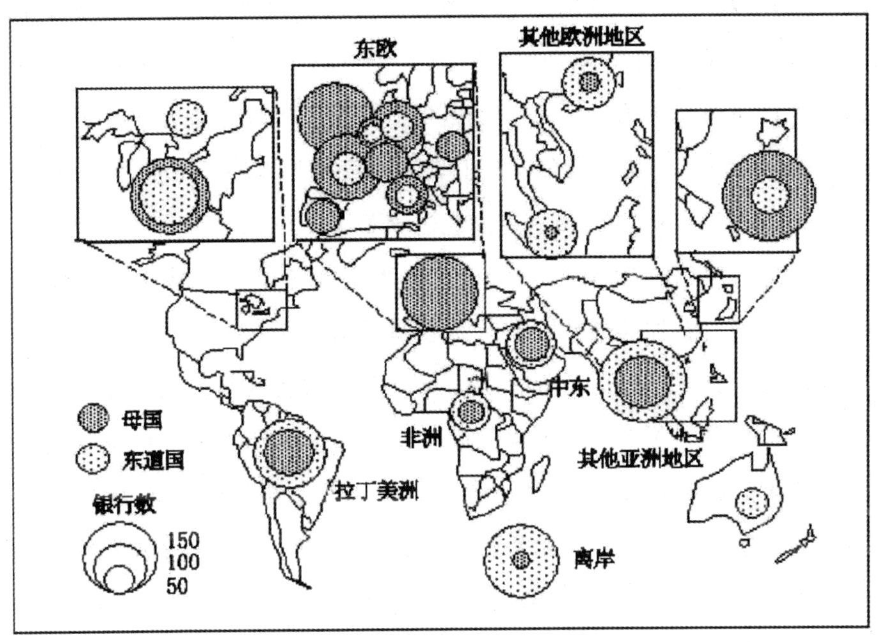

图 9－1　最大的 1000 家银行的分布

资料来源：［瑞典］瑞斯托·劳拉詹南：《金融地理学——金融家的视角》，孟晓晨等译，商务印书馆 2001 年版。

9.1.2　信息流动与城市国际化网络

城市国际化是一个控制型资源流动过程，在这个过程中，金融等高层次服务业的生产与消费中心被连接在一个以信息流动为基础的全球网络里。全球金融交易电子网络系统比较直观地说明了这样一个全球网络，如图9－2所示。在这个以信息流动为基础的网络系统中，有五个全球电子交易中心（全球交易联盟）：全球电子交易系统格罗比斯（Globex）、欧洲电子交易系统尤莱克斯（Euronext/Eurex）、北欧电子交易系统罗莱克斯（Norex）、吉威（Jiway）电子交易系统和威特克斯（VirtX）电子交易系统。通过通信光纤，世界金融中心城市被上述五个交易中心连接成巨大的全球网络系统。

图9－2显示连接城市最多的是欧洲电子交易系统尤莱克斯（Euronext/Eurex），在1990年刚成立时只有巴黎、布鲁塞尔和阿姆斯特丹等6个联盟成员，至1998年德国期货交易所（DTB）与瑞士期权和金融期货交易所（SOFFEX）一并加入尤莱克斯，现在联盟成员已达69个城市，成为全球最大的金融交易联盟。其次是全球电子交易系统格罗比斯（Globex），包括圣保罗、蒙特利尔等45个城市，是涉及国家最多、联结地域最广的电子交易网络。澳大利亚证券交易所（ASX）与悉尼金融期货交易所（SFE）于2006年年底通过新加坡与此相连，是联盟最新成员，而芝加哥期权交易所（CBOT）和芝加哥商业交易所（CME）等美国城市金融交易所是格罗比斯联盟最早的成员。第三是以法兰克福、杜塞尔多夫和慕尼黑的证交所合并的德国证券交易所（DB）为中心的网络系统，该系统成立于1993年，东京的日斯达克（Jasdaq）、首尔的韩斯达克（Kosdaq）、韩国的金融期货交易所（KOFEX）等都与德国的DB和DTB系统组成联盟，盟员涉及36个城市。第四是吉威（Jiway）和威特克斯（VirtX）等欧洲小型电子交易联盟系统，前者成立于2001年，由UK电子平台公司和瑞士证交所（SSE）合并组成；后者于2000年作为零售投资者在线贸易而成立，现与伦敦组成交易联盟。

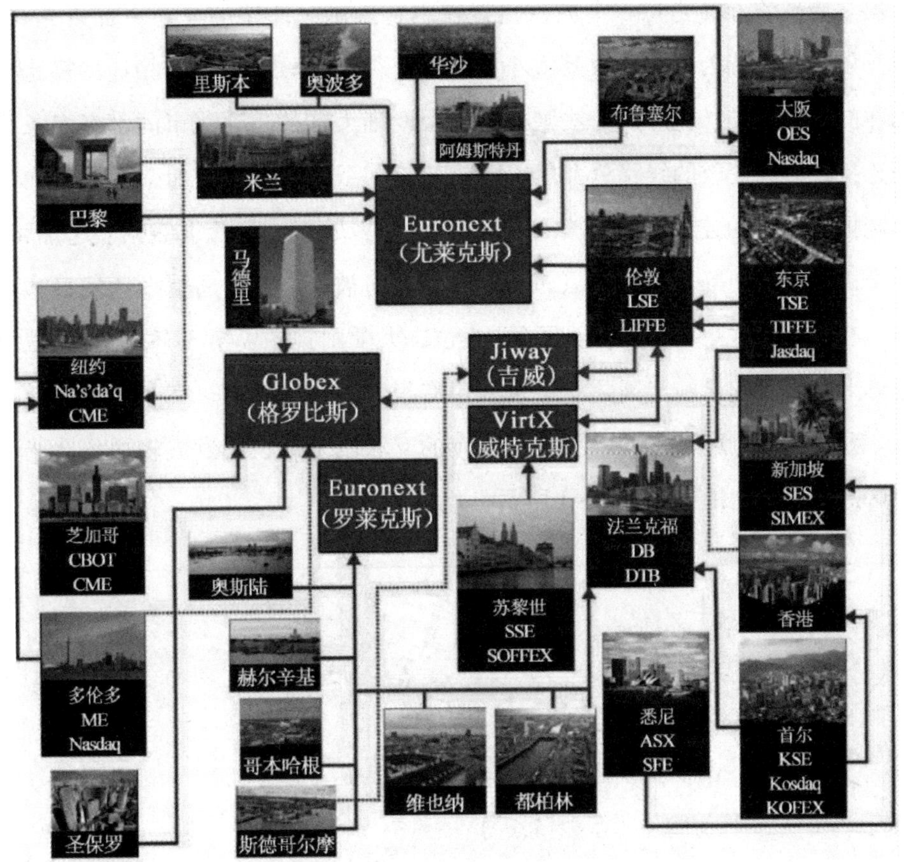

图 9－2　世界金融中心网络连接①

资料来源：郑伯红：《现代世界城市网络化模式研究》，博士学位论文，华东师范大学，2003 年。

金融服务业与通信网络发展是一种互动关系。一方面，金融中心与市场发展产生对通信网络的需求，拉动网络的发展；另一方面，通信网络发展为金融市场发展提供了方便。在全球金融交易电子网络系统中，网络节点城市也是网络容量排名前列的城市，这一点根据美国电信地理调查公司（Telegeography）公布的《世界因特网集中城市排名榜》调查结果即可比较直观地

① 参见郑伯红《现代世界城市网络化模式研究》，博士学位论文，华东师范大学，2003 年，第 52 页。

看出。调查的方法是将一个城市连接在因特网国际线路的总容量加以累计，以每秒千兆比特为单位，视其大小来排序。英国伦敦有与美国相连的横跨大西洋的多条光缆，此外，与法国巴黎以及欧洲大陆的主要城市间都有多条线路连接，因此伦敦的线路总容量达每秒 18 千兆比特，被排在世界首位。而美国则把与国际的连接分散在除纽约以外的许多城市，包括华盛顿、芝加哥、旧金山和西雅图等，故纽约只屈居第二。一向被人们认为通信发达的日本东京，在因特网这一项上只排到了第 15 位，大阪则排在了第 37 位。亚洲城市总体上网络基础设施与国际先进水平仍有很大差距，只有东京和大阪榜上有名。我国虽没有城市上榜，但我国城市的互联网基础设施发展较快，在亚太地区占有一席之地，如图 9－3 所示。

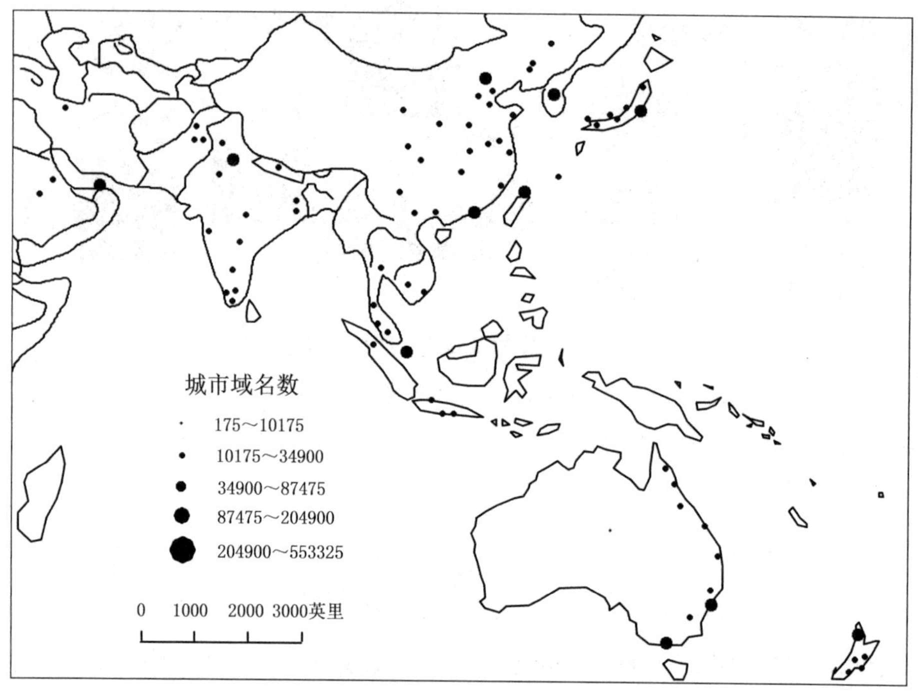

图 9－3　亚太互联网网址与国家域名的城市分布

资料来源：［美］曼纽尔·卡斯特尔斯：《网络社会的崛起》，夏铸九等译，社会科学文献出版社 2000 年版。

9.1.3 跨国公司、信息流动与城市国际化网络的联动关系

在信息社会和流动空间研究中，全球城市被看成全球服务中心，是控制型资源集中、高级服务业发达的国际性城市。萨森（1991，1995）从全球城市网络化角度对此予以论述，认为全球城市是高级生产性服务业集聚的结果，许多全球性大型生产性服务通过在全球各地的城市中建立大量的分支机构或办事处，为其顾客提供全球“无缝”（seamless）服务，并由此形成全球服务中心的网络体系，这就是她定义的全球城市网络。沿袭这一思路，泰勒（1999，2000，2001）和毕沃斯托克等（Beaverstock，1998，2000）通过研究各类大型跨国公司的全球化案例后进一步指出，世界城市网络（world city network）是个相互连接且相互锁定的网络（interlocking network），它们具有三个“相互锁定”（interlocking）层次：一是枢纽层（network level），即世界城市连接在世界经济体系之中；二是节点层（nodal level），即城市空间相互作用的等级与结构仍然存在；三是次节点层（sub - nodal level），即全球服务公司提供的先进生产性服务的空间扩散与集中。作为最低层也是最基本的要素层，金融、法律、会计、广告和咨询管理等高级服务行业的全球服务公司通过自己遍及各地的无数的各式机构网建立起城市网络，从而把全球/区域城市相互锁定起来。世界城市体系形成于网络空间，全球城市网络是一个相互锁定的网络。在相互锁定的三个基本网络层次中，全球城市网络更多地依赖于第三个层级，即全球服务公司提供全球性生产服务，因为这是世界城市控制型资源集中所在。通过试图为其顾客提供全球化的服务，金融和商务服务公司建立起了遍及全球的网络分支机构。金融机构全球化，一方面具有空间扩散性，另一方面又显示明显的集聚性。通过广布的机构网点，提供全球化的服务；通过将具有控制和决策功能的地区总部、大型分行集中于全球主要城市，从而实现公司的全球战略。

斯德哥尔摩皇家技术学院区域规划系的戴维·巴登（David F. Batten，

1995）认为，在当今世界经济网络化特性日益显著的背景下，跨国公司的创新活动可在不同地区同时进行，已不受大城市独有的资源和物力所限制，重要的创新信息能迅速地传播开来。因此，地理上的接近性和城市相对规模的重要性比以往日渐逊色，代之而起的是对各种重要节点的接近、对知识的共同依托、相互作用的程度，以及从不同的具有相互作用性质的网络中引发的区域经济发展能力。

上述理论和实例分析已经充分显示，信息流动、高级服务业空间集聚与世界城市网络连接存在相互作用关系，如图9－4所示。

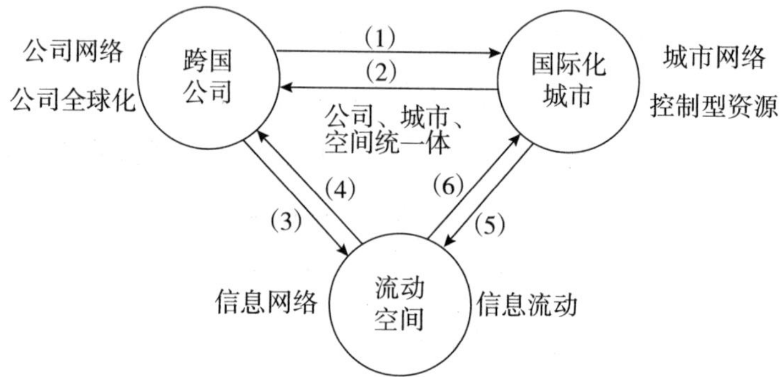

图9－4　跨国公司、信息流动与城市国际化的联动关系

9.1.4　城市国际化网络的空间格局

跨国公司在全球进行分支机构网点布局，实际上是全球化的区位决策和实施过程。许多跨国公司通过全球区位战略的实施形成了各自的空间集聚体系，跨国公司正是利用这种方式，将世界城市相互连锁成全球服务中心网络，它们是当代全球城市网络的主要产生者①。

从理论上讲，高速信息网络的出现实现了服务型信息在具备网络的区域流动的最大化，这将有利于实现整个世界区域的均衡发展。在网络设施都具备的条件下，虽然各个节点之间信息流动都是均等的，都平等地享有信息，

① 参见郑伯红、陈存友《世界城市理论研究综述》，《长沙铁道学院学报》2007年第3期。

但实际情况是，仅仅靠储藏和积累信息的节点往往很难发挥信息中心的作用，而作为一个信息中心所真正需要的是不断的创新。这种以城市等级为基础的远程通信网络建设无疑强化了原有的地域空间等级格局，即使是那些原本相对均衡的区域也会由于这些新的技术和投资而产生空间上的极化效应，这样势必会形成空间上的集聚格局。如纽约、伦敦和东京等实力突出的城市，由于拥有较高的智力资源、通信设施和高级信息活动等控制型资源，从而会成为信息时代的指挥与控制中心。在创新实力较弱的城市，如圣保罗、约翰内斯堡、开罗、马德里等也会因某些功能的空间集聚而形成层次较低的世界城市，从而出现空间分化。最终，世界城市将会形成一个与全球化、信息化相适应的网络化图景，如图9－5所示。

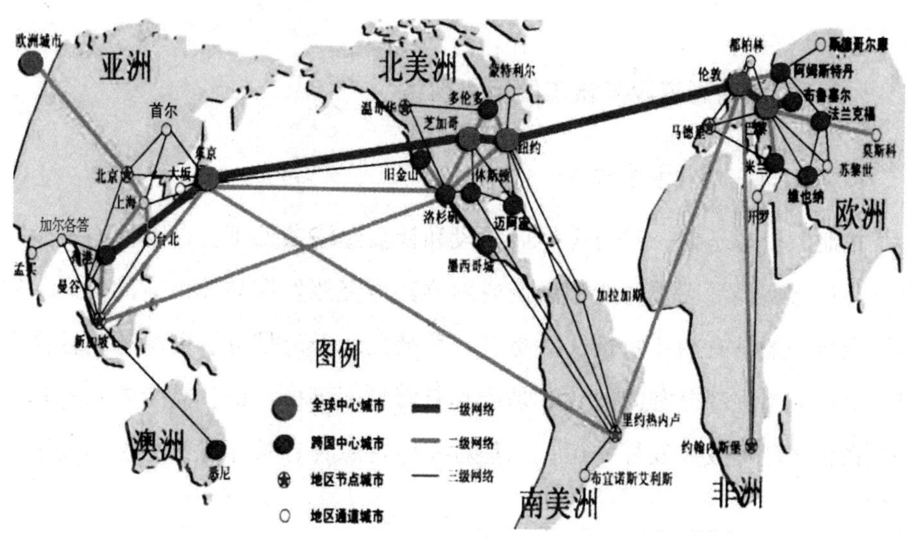

图9－5　信息流与世界城市网络化图景

全球统帅中心无疑是处于最高网络层的纽约、伦敦、东京等“超级信息中心”（Hyper information centre），它们作为整个区域乃至全球层面的金融、资讯、经济和文化的中心而出现，吸引跨国公司总部和其他重要支部成为其重要发展动力。地区统帅中心作为次一级网络节点，包括那些具有一定控制能力的大洲级中心城市，这些城市是地区总部集中和技术创新与生产基地，目前尚不具备超级中心那样广泛的全球影响力，是崛起中的世界城市。作为通道型中心城市，它们是全球统帅中心或地区统帅中心城市在全球范围内施加影响的重要中转节点，这些城市大都表现出国家和地区信息的通道功能，从全球网络连接性看，每一个通道中心城市都联系着一个主要的国家经济实体，如北京、莫斯科、悉尼、布宜诺斯艾利斯、里约热内卢。在区际交流与合作中，它们更为频繁地依赖于全球统帅中心和地区统帅中心的外来输入，而较少在相互之间进行交流①。

9.2 控制型资源塑造的城市国际化网络

9.2.1 控制型资源与城市国际化网络

1. 不同时代的控制型资源

控制型资源是指一定历史发展阶段和社会经济条件下，在人类物质生产和其他社会实践活动中，能够决定或影响其他资源发挥整体效应的资源。控制型资源一般具有两大特征：一是具有稀缺性，无论是自然资源还是社会资源，其中相当一部分资源的数量是极其有限且不可再生的，或者是只有具备一定条件才能形成或发挥作用；二是对其他资源具有整体意义的控制或影响作用。

不同时代具有不同的控制型资源。如果把前工业社会时代、工业社会时代和后工业社会时代加以对比（见表9－1），就可以看到，前工业社会时代的控制型资源主要是原材料，工业社会时代的控制型资源主要是金融资本，后工业社会时代的控制型资源主要是知识。

---

① 参见郑伯红《现代世界城市网络化模式研究》，湖南人民出版社2005年版，第88页。

表 9 – 1　　不同社会时代的控制型资源比较

项目	前工业社会	工业社会	后工业社会
主要经济部门	初级产业：农业、采矿、渔业、木材、石油和天然气	二次产业：商品生产、制造业、耐用品制造业、非耐用品制造业、大型建设	服务业：第三产业、第四产业、第五产业、交通运输、贸易、保健、邮电、通信、金融、教育与科研、公用事业、保险、政府管理、不动产、文化娱乐
起改造作用的动力源泉	自然力：风力、水力、畜力、人的体力	人类创造的能：电力—从石油、天然气、煤以及核动力产生	信息：计算机和数据传输系统
基本控制资源	原材料	金融资本	知识
技术特征	手工艺	机器技术	智能技术
基本工作人员	手工艺人、体力劳动者、农民	工程师、熟练及半熟练工人	科学家、技术和专业人员

资料来源：[美] 丹尼尔·贝尔：《信息社会的社会结构》，中国科学技术情报研究所译，科学技术文献出版社 1984 年版。

2. 控制型资源与城市国际化发展

控制型资源与城市国际化发展主要体现在以下三个方面。

第一，独特的政治资源优势是世界城市发展至关重要的控制型资源，特别是国家政治权力中心和国际政治、经济以及社会组织机构集中之地，往往是城市国际化发展的先决条件。霍尔认为，包括世界城市在内的城市发展，其政府和政治作用是第一位的；其次是经济和金融的作用，同时也强调教育、专业技术、文化和信息中心的作用。

第二，跨国公司握有全球性产业与金融资本，是城市国际化发展最关键的控制型资源。跨国公司总部聚集之地是世界生产与经济发展的指挥中心，也是城市国际化发展的关键因素。弗里德曼认为，当代世界经济的发展主要依靠跨国公司在战后国际资本主义改造中所发挥的关键作用，更重要的是，目前世界经济已经被组织起来，并受一些重要城市的跨国公司所控制，世界市场和产品生产也受跨国资本的控制，全球城市象征并体现为对世界市场的控制。

第三，服务产业特别是更高层次的厂商服务业和市场中心，是城市国际化发展最重要的控制型资源。服务产业集中之地与市场中心，往往是世界生产与经济发展的业务协调中心，是全球城市发展的关键因素。美国学者萨森认为，世界生产与销售更加国际化，商品和服务更加市场化，强调服务业基地和市场中心，是城市国际化发展和有效控制世界经济的控制型资源。科恩也认为，许多大的跨国公司和许多大公司总部设在全球城市的根本原因是全球城市具有作为业务协调中心的重要作用。特别是全球性业务比起一个国家的业务来，需要更高层次的金融、法律和会计服务，先进的商业服务越集中的城市，这类服务市场就越大。此外，随着新的国际劳动分工的产生和跨国公司的发展，高层次服务业务范围也扩展到整个世界。同时，随着跨国公司的结构变化和地理空间扩大，国际经贸往来越来越复杂，对高层次的或专业化的生产性服务，如法律和会计事务所、管理咨询公司等的需求越来越迫切。

9.2.2 金融中心城市国际化网络

1. 金融中心城市国际化网络的形成与演化

（1）国际金融中心城市形成模式

国际金融中心城市是20世纪末出现的现象，我国香港大学饶余庆教授曾给金融中心定义，认为金融中心“是一个金融机构和金融市场群集，并能进行各种金融活动与交易，如存款、放款、汇兑、资金转移、外币买卖、证券买卖、黄金买卖等等的都市”。我国香港学者何忻基教授亦下过一个类似的简洁定义：“从广泛的意义上说，金融中心是金融中介服务发生的地方。”台湾学者李芝兰认为，在金融全球化日趋发展的今天，任何国内金融中心或区域金融中心必然也是国际金融中心城市体系的一部分。因此，国际金融中心城市和国内金融中心都是区域金融中心，并将金融中心的定义限定为区域金融中心，认为“所谓金融中心，系指全球许多国际性金融机构借款者及投资者齐聚某一城市或地区进行国际资金之借贷”。综合以上学者观点，作为国际金融中心城市，一般具备以下特征：一是国际金融机构群集之地；二是各种金融市场汇集之地；三是国际借贷者汇集之地；四是有实际金融中介活动发生。要同时具备这些特征，任何金融中心必然是一个地理位置重要、交通通信发达、现代化水平较高、自由开放的城市，并且要经过较长时期的发展与积累。

综观英美等国际金融中心城市的形成发展史，金融中心发源地内在经济与金融实力的膨胀，是金融中心形成和发展的必要条件。最早的国际金融中心城市是 19 世纪的英国伦敦，伦敦是工业革命的发源地，19 世纪时生产力已高度发展，国际分工不断扩大，交通运输条件得到根本改善，国际商品交换数量大增，国际贸易随之发展。国与国之间经济联系的加强在客观上需要一个支付、结算和借贷中心。而英国在当时是最先完成工业革命的国家，且拥有海上霸权，是当时的世界贸易中心。此外，当时的英国拥有雄厚的财力，可以英国为中心形成国际支付体系。由此，伦敦从一个国际贸易中心逐步演变为国际金融中心城市。长期以来，伦敦一直是外汇交易中心。“二战”后英国经济实力日益衰弱，但伦敦充分利用自身有利条件，强化国际金融中介功能。20 世纪 70 年代，伦敦再次成为主要的银行存款和国际贷款交易的中心，80 年代后进而成为主要的国际证券交易中心。

美国纽约作为国际金融中心城市发迹于第一次世界大战后，美国凭借两大洋的保护，不仅未卷入战争，反而大发战争之财，经济实力迅速崛起，战后又为欧洲重建提供了大量资金，因而纽约发展成为一个国际结算借贷中心。第二次世界大战后，美国一跃成为世界第一强国，美国政府大量进行海外贷款，企业也积极进行跨国投资，美国成为世界第一债权国，美元等同黄金成了世界货币。美国的经济中心——纽约亦成为重要的国际金融中心城市和资本供应地。

日本则在20世纪60年代后迅速发展为世界强国，其国际收支连年顺差，国内积累了大量剩余资本和世界上最多的外汇储备，日元成为世界第三储备货币。直至亚洲金融危机前，日本大银行数目多且高居全球之前列。由此，东京也发展为与伦敦、纽约并立的国际金融中心城市。

20世纪70年代，一批新的国际金融中心城市脱颖而出。它们的出现为国际金融中心城市的形成提供了独特的模式。金融业常规的、依存于现实经济的从属性发展似乎不再是新的金融中心形成的必要条件。在20世纪六七十年代，新加坡及其周边国家的经济规模尚很有限，但新加坡政府抓住当时跨国公司在亚洲发展需要自由资金划拨，整个亚洲对外汇资本，尤其是美元资金的旺盛需求，利用自己的时区优势，制定各种优惠政策，建成了以亚洲美元市场为核心的离岸金融市场。在1968—1970年，新加坡政府先后批准了16家银行设立“亚洲货币单位”，允许它们对非居民以较高的利息吸收美元存款，免除对非居民的外币存款征收利息所得税。1971年后，新加坡政府又放宽金融政策，取消外汇管制。由此，新加坡很快发展成为亚太地区的国际金融中心城市。

中国香港金融中心在形成过程中，政府采取积极不干预的态度，实行资金自由进出政策，其国际金融业务与港内金融业务融为一体。另外，香港地区的税收结构也较为简单，税率低以及接近我国大陆及台湾地区、韩国、东南亚等经济高速成长地区，使香港对于国际性大银行设立亚太营运总部特别具有吸引力。这些银行把香港作为其在亚太地区进行资金管理，尤其是银团贷款的中心。

开曼群岛几乎缺乏一切其他金融中心所拥有的先天优势，如繁荣的经济、优越的地理位置等，但开曼群岛选择了一种用政策优惠推动发展的战略，通过提供最低的税收，最宽松的外汇管制，没有银行监管等条件以吸引外资银行的进入。这适应了20世纪六七十年代的国际形势——当时世界政局动荡，外逃资金很多，黑钱充斥，而美国等许多国家实行了较严格的汇率和利率管制，这使得开曼群岛金融中心发展十分迅速。

（2）国际金融中心城市演化阶段

一个具体的国际金融中心城市形成与发展有一定的阶段性，例如，可能最先发展成国内金融中心，再发展为离岸金融中心，最后发展为区域性或全球性的金融中心。当然，这种阶段性不是绝对的，不排除一些中心出现跳跃式的发展。通常，一个国际金融中心城市的发展如果不是在人为的干预下进行，必然是渐进的而不是跳跃式的，要经过不同的发展阶段。何忻基教授认为，一地的国际金融中心城市发展过程通常由以下阶段构成：国内金融中心—区域性金融中心—全球性金融中心。

另一个对国际金融中心城市发展阶段进行系统分析的学者是里德（H. C. Reed）。20 世纪 80 年代初，他区分了国际银行中心（IBC）和国际金融中心城市（IFC），指出国际银行中心通常是国际金融中心城市发展的先期阶段。国际金融中心城市的活动比国际银行中心更广泛，它不仅包括一般的银行活动，还包括国际资本流动和国际资本市场融资。里德进一步把国际金融中心城市的演进分成五个阶段：第一阶段是地方性金融中心，中心仅为自己所在的城市、州或省提供金融服务；第二个阶段是国内区域性金融中心，中心为超过自身地理范围的国内其他区域提供金融服务，但还不是全国金融中心；第三个阶段是全国性金融中心；第四个阶段是区域性金融中心，中心为本国和相邻国家的客户提供金融服务；第五个阶段是全球性金融中心，中心与世界上其他国际金融中心城市联系，为全球各地区的客户提供金融服务。

2. 金融中心城市国际化网络的等级结构

把金融中心城市看成彼此连接的网络体系中的“全球服务中心”，世界城市是通过金融和商业服务公司的办公网络而连接在一起的，世界城市网络通过服务办公网络中的信息、观念、知识和教育这些实在的物质流而彼此连接在一起。通过对相互联结的作用力的测量，即可阐述全球金融中心网络体系。

国际金融中心城市等级差异缺乏严格的划分标准，建立指标体系并加以量化是一项专业性很强的工作。一方面，许多重要的因素是无法度量、难以比较的。另一方面，人们在直觉上可以明显感觉到主要在岸中心的大致相对地位。离岸中心因资料的保密性更难于列入一个全面比较的框架中。

里德（Reed，1981）曾在一项基础研究中尝试解决这一问题，数据跨度在1900年至1980年。研究分为三步：第一步，通过等级划分确定中心级别；第二步，用判别分析进行验证，即找出重要变量并进行排序；第三步，对可能关系中心等级的国家级变量进行检验。聚类分析将80个金融中心（城市）分作五组。正如事先所预料的，最有力的判别变量是外国资产和债务，然后是当地银行总部数量、当地银行分支与国外直接联系的比率。出人意料的是一级中心的相对分数，伦敦大大超过其后的竞争对手纽约和巴黎，如图9－6所示。还有一些中心，如波哥大、加拉加斯、汉堡、杜塞尔多夫和莫斯科，也获得了令人惊异的地位。司瑞福（Thrift，1987）进行的后续研究进一步发展了里德的分类方法，并在一定程度上修正了排序，如纽约已经升至和伦敦同样的最高等级。

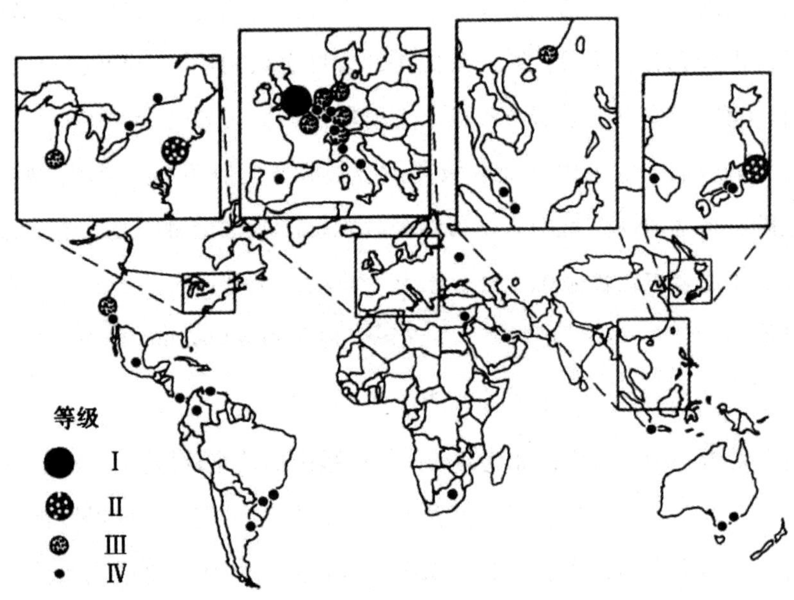

图9－6　国际金融中心城市的等级结构

资料来源：［瑞典］瑞斯托·劳拉詹南：《金融地理学——金融家的视角》，孟晓晨等译，商务印书馆2001年版。

显然，像里德这样的定量研究，一方面在很大程度上依赖于中心的资料，另一方面还有赖较强的专业知识，故实际操作困难，研究方法借鉴意义不大，但其研究结果为我们显示了全球金融中心网络化的雏形。

金融中心的主要活动是借贷、证券发行和交易、资金管理和保险。金融中心评价的典型指标是银行数量、银行资产、国际银行债务、交易所资产估价、已交易的合约数量、上市公司数量、会员数量、新证券发行量、国外股票交易比重、管理的资金数量、证券交易、所有交易产品中衍生物的比重，等等。这个因子集可以列得很长，但获取全面的指标实际是困难的。一个简单的办法就是用国际借贷、跨国银行数量、证券交易额和基金管理规模四项业务作为快速检验的指标，而不去顾及定义、银行规模、业绩以及金融工具等烦琐的专业性问题。具体评价过程如下。首先，分别根据各项业务指标进行排名；其次，计算综合得分，即按照各项排名分别计分，具体赋分方法是，第1名计13分，第2名12分，第3名11分，依此类推，第13名得1分；再次，计算综合得分，即把四项得分加起来；最后，依据综合得分进行综合排名。现将主要金融中心的业务规模比较及排名列于表9-2，由此得到一个简单的综合排序，伦敦和纽约分别以51分和46分遥遥领先（满分为52分），东京和法兰克福以37分并列第三，巴黎以2分之差列第五，上述5个城市是国际金融中心城市第一梯队；二级金融中心有新加坡、中国香港、开曼群岛、苏黎世和卢森堡等，其分值均在20分以上。

表9-2　主要国际金融中心城市业务规模比较及排名

城市	国际借贷（亿美元）	排名	跨国银行数（家）	排名	日均证券交易额（10亿美元）	排名	基金管理规模（10亿美元）	排名	综合得分	综合排名
伦敦	16598	1	554	2	637.3	1	1807	1	51	1
东京	10664	2	101	11	148.6	3	1104	3	37	3
纽约	7482	3	287	3	350.9	2	1553	2	46	2

续 表

城市	国际借贷（亿美元）	排名	跨国银行数（家）	排名	日均证券交易额（10亿美元）	排名	基金管理规模（10亿美元）	排名	综合得分	综合排名
巴黎	6536	4	173	5	71.9	8	338	4	35	5
法兰克福	6278	5	231	4	94.3	5	252	5	37	3
香港	5332	6	130	8	78.6	7	108	8	27	7
苏黎世	5074	7	79	12	81.7	6	154	6	25	9
开曼群岛	4302	8	600	1	-	11	87	10	27	7
新加坡	4300	9	220	6	139.1	4	98	9	28	6
卢森堡	4128	10	220	6	54.3	9	117	7	24	10
布鲁塞尔	3301	11	126	9	29.4	10	—	11	15	11
洛杉矶	2416	12	68	13	—	11	—	11	9	13
芝加哥	1984	13	123	10	—	11	—	11	11	12

资料来源：根据 *American Banker* 杂志，编者整理。

比较上述综合评价与里德1981年的国际金融中心城市等级结构（图9－6），洛杉矶和芝加哥由第二级退至第三级，新加坡和开曼群岛上升到第二级，其余变动不大。但从全球金融市场和地域格局上看，国际金融中心城市总体上趋于均衡分布，其中最主要的原因是，随着现代通信和信息技术发展，金融业全球化和网络化成为可能，由此带来金融证券化持续快速发展。在表9－2中已经显现出来，只有当证券交易的规模指标被采用时，东京、纽约和伦敦的重要程度明显高于巴黎等大城市；作为欧盟金融首都的法兰克福也是凭借这一指标超过巴黎的；而区域性国际金融中心城市新加坡和中国香港等，当考虑证券市场时，其地位才比较突出。

9.2.3　区域金融空间集聚与金融中心城市国际化网络体系——以美国外资银行为例

1. 区域金融网络化的理论基础

（1）信息化与区域金融空间集聚

2000年前后，源于亚洲和美国的金融危机蔓延全球，已经对世界经济发展造成巨大影响，人们由此认识到信息化与信息技术革命引发的金融全球化正冲击着世界各地。不少敏锐的学者认为网络社会的崛起具有超地理区位和国家主权的威力。然而全球金融一体化的现实表明，资本和债务并未真正地自由流动，相反，国家和地区偏向性更加强烈，金融资本的集聚越来越明显趋向于大城市，少数国际性城市和大都市区占据了全球大部分财富（Adam Yickell，1999；Peter J. Talor，2000），信息化水平较高的中心城市正成为区域金融空间集聚网络节点①②。金融地理学试图解释上述集聚过程（Porteous，1995；Andrew Leyshon，1998；Zhao，2002），尽管面对面的商业沟通在现实社会中是不可或缺的，信息和信息技术是导致金融和相关活动集聚的决定因素③④⑤，具备收集、交换、重组和解译信息的能力是国际金融中心城市最根本的特征。在中心城市之间，电子网络联系的影响大小因金融产品而不同。对于外汇和政府债券等金融产品，网络可以帮助其空间扩散，而对于诸如股票之类的专门化产品，看起来网络更像是增强了极化效果。总体上，信息网络连接让强大的中心扩展了自己的实力范围，并且战胜了那些靠远离大中心

---

① Adam Yickell，*Finance and Locates*：*The Oxford Handbook of Economic Geography*，Cordon L. Clark et.，Oxford University Press，1999，p. 235.

② Peter J. Taylor，David R. F.，*Diversity and Power in the World City Network*，Cities，Vol. 19，No. 4，2002.

③ Zhao，X. B. and Qiao，J.，"China's WTO Accession，State Enterprise Reform，and Spatial Economic Restructure"，*Journal of International Development*，Vol. 14 No. 1，2002.

④ Porteous，D. J.，*The eography of Finance*：*Spatial Dimensions of ntermediary chavior*，Avebury，1995，p. 17.

⑤ Andrew Leyshon，*Geography of Money and Finance* Ⅲ，Progress in Human Geography，Vol. 22，No. 3，1998.

而生存的次中心，证券化的发展更加剧了这种集聚。总之，金融业是高增值的信息服务业，信息流和信息化水平是金融中心发展的基础，高级专业服务的集聚和信息溢出效应所引发的集聚经济（Agglomeration economics）是信息化对金融集聚发展的基本诱因。

（2）区域金融空间集聚与金融城市网络化

贸易壁垒催生了全球对外直接投资发展，跨国资本的流量和流速不断创造纪录，由此增加了跨国金融服务需求。国外学者以跨国银行为案例，对金融全球化的动机做了大量实证研究[①②③④]，如对20世纪80年代美国银行在海外发展的研究（Gokdberge，1990），对1980—1988年外资银行在美国发展的研究（Grosse and Goldberge，1991），对外资银行在美国各州分布的研究（Grosse and Goldberge，1994），对日本跨国银行发展的研究（Yamori，1998），等等，其结论基本一致：一国金融业海外扩张主要是为本国企业服务，即与本国在海外的直接投资正相关，与本国同该国的进出口贸易量正相关。国际贸易和对外直接投资是金融全球化区位的最重要的决定因素。然而全球化并非“撒胡椒面”，国际贸易和对外直接投资越来越集中于少数发达国家的国际化城市，全球城市（global city）日趋成为全球化的控制和管理中心（Peter J. Taylor，David R. F. Walker and Gilda Catalano，2002；Jonathan V. Beaverstock and James T. Boardwell，2000；Peter J. Taylor，2000）[⑤⑥]，全球金融网络化将会进一步加剧。

---

① Goldberg Lawrence G.，“The Determinants of US Banking Activity Abroad”，*Journal of International Money & Finance*，No. 9，1990.

② Grosse Robert and Lawrence G.，“Goldberg：Foreign Bank Activity in the United States：an Analysis by Country of Origin”，*Journal of Banking & Financial*，Vol. 15，1991.

③ Grosse Robert and Lawrence G.，“Goldberg：Location Choice of Foreign Banks in the United States”，*Journal of Economics and Business*，Vol. 46，1994.

④ Yammer and Nobuyoshi，“A Note on the Location Choice of Multinational Bank—the Case of Japanese Financial Institutions”，*Journal of Bank & Financial*，Vol. 22，1998.

⑤ Jonathan V. Beaverstock and James T. Boardwell，Negotiating Globalization，Transnational Corporations and Global City Financial Centers in Transient Migration Studies，*Applied Geography*，Vol. 20，2000.

⑥ Peter J. Taylor，“World Cities and Territorial States Under Conditions of Contemporary Globalization”，*Political Geography*，Vol. 19，2000.

2. 美国外资银行空间集聚与金融城市结构

（1）外资银行的发展

外国银行纷纷进入美国金融市场始于 20 世纪 60 年代。70 年代是外国银行在美扩张的高峰期，10 年间机构数目翻了两番，平均每年新增机构 32.7 个，同期，外国银行的资产也迅速增长，年均增资达 203 亿美元。到了 80 年代，扩增进一步加剧，在美外资银行的总资产和总存款分别为 2158 亿美元和 970 亿美元，在 2000 年增长到 13575 亿美元和 7702 亿美元，而到 2014 年则达到 38715 亿美元和 21589 亿美元。与 1980 年相比，在美外资银行的总资产规模提高了 20 倍，存款规模提高了 22 倍。美国外资银行的资产和存款在美国银行业总资产与总存款中的份额也在逐步提高，如图 9－7、图 9－8 所示。1980 年，在美外资银行的资产量占银行业总资产量的 10.8%，而 2014 年则上升到 22.8%，提升了 1 倍；外资银行的存款量在 1980 年占银行业总存款的 6.4%，2014 年则占 18%，提升了近 3 倍。数据表明，外资银行在美国银行业所占的资产负债规模不断扩大，成为金融体系的重要组成部分。

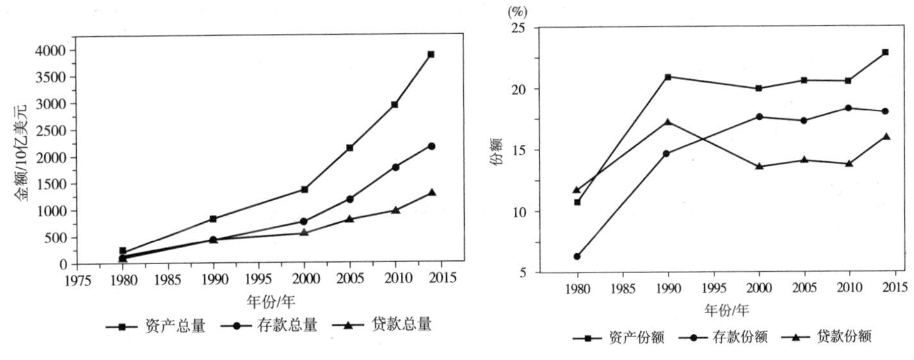

图 9－7　美国外资银行机构资产与存贷款总额

图 9－8　美国外资银行资产与存贷款所占份额

数据来源：Federal Reserve，Share Data for U. S. Offices of Foreign Banks。

同时，外资银行机构数量有所减少。在美国外资银行的资产与存款规模迅猛增长的同时，其机构数量却有所减少。如表 9－3 所示，在美外资银行的机构数量由 1995 年的 888 家降至 2014 年的 433 家，机构数量缩减一半以上；

同时外资银行来源国家和银行数目都有所减少，有一些国家撤出了在美经营的金融机构。

表 9－3 在美外资银行机构数量的变化情况

年份	1995	2001	2005	2010	2014
来源国家(个)	67	62	60	58	54
进入银行(家)	353	236	208	217	202
设立机构(家)	888	589	446	473	433

数据来源：Federal Reserve，Structure Data for U. S. Offices of Foreign Banks。

（2）外资银行空间测度

有三个测度指标可反映外资银行的都市结构和功能：总资产、工商业贷款总额及工商业贷款与总资产的比率。其中工商业贷款是外资银行功能与地位的标志，在国际资本流动中心，贷款与资产比率很重要，比率低说明其业务范围专而窄①。以 1985 年和 2005 年作为两个对比的时间断面，整理出纽约等 20 个城市的相关统计数据，由此可以看出 20 年间外资银行在美国的空间集聚与扩散特征，见表 9－4。

表 9－4 1985 年、2005 年美国外资银行空间集聚与扩散

大都市区	工商业贷款(C&I)				C&I 与总资产之比
	贷款额(10 亿美元)		所占比例(%)		
	2005 年	1985 年	2005 年	1985 年	2000 年
纽约	109.5	46.2	54.1	53.6	19.9
洛杉矶	32.3	10.9	16	12.7	39.8

① Zhao，X. B. and Qiao，J.，“China's WTO Accession，State Enterprise Reform，and Spatial Economic Restructure”，*Journal of International Development*，Vol. 14，2002.

续　表

大都市区	工商业贷款(C&I)				C&I 与总资产之比
	贷款额(10 亿美元)		所占比例(%)		
	2005 年	1985 年	2005 年	1985 年	2000 年
芝加哥	24.5	4.1	12.1	4.8	24.9
旧金山	13	12.2	6.4	14.2	36
亚特兰大	5.8	1.1	2.9	1.3	44.5
布法罗	3.9	5.6	1.9	6.5	23.6
休斯敦	3.4	0	1.7	0	78.2
波多黎各	1.7	0.3	0.8	0.4	21.2
西雅图	1.5	1	0.7	1.2	56.2
迈阿密	1.4	0.9	0.7	1	12.2
巴尔的摩	1.3	0	0.6	0	20.2
波士顿	1	0.2	0.5	0.2	51.9
华盛顿	0.8	0	0.4	0	11.9
波特兰	0.7	1.5	0.4	1.7	14.3
Manchester	0.4	0	0.2	0	15.9
Stony Brook	0.3	0.1	0.2	0.1	45.1
达拉斯	0.3	0	0.2	0	60.2
费城	0.2	0.2	0.1	0.2	57.4
普罗维登斯	0.2	0	0.1	0	6.8

续 表

大都市区	工商业贷款(C&I)				C&I 与总资产之比
	贷款额(10 亿美元)		所占比例(%)		
	2005 年	1985 年	2005 年	1985 年	2000 年
火奴鲁鲁	0.2	0	0.1	0	76.9
总计	202.5	86.2	100	100	24.3

资料来源：根据 *American Banker* 杂志有关各期整理得出。

研究数据来源主要有两方面：一是《美国银行家》（*American Banker*）刊出的外资银行年度报告，从 1985 年开始，每年一期报告，提供外资银行的分布、兼并、国别来源、资产、工商业贷款、存款和外资金融机构的类型等。二是美国联邦储备银行发布出版的《联邦储备公报》（*Federal Reserve Bulletin*），其中可提供美国外资银行分行、代表处的详细资产结构。

（3）规模与等级结构

外国银行在美国的地理分布主要集中在国际贸易和货币市场都十分发达的地区，90%集中于纽约、洛杉矶、芝加哥、休斯敦、旧金山、迈阿密、亚特兰大、达拉斯、华盛顿和西雅图这十个大城市。在这四个联邦储备区中，纽约区占 47%，旧金山区占 26%，亚特兰大区和芝加哥区各占约 10%。

按总资产、工商业贷款总额及工商业贷款与总产的比率，美国都市金融体系可分为四个层次。纽约长期作为国内首要的银行业中心，也是国际金融中心。它的资产和债务量，以及各种类型大小不一的银行和广泛的国家来源表明纽约的全球级地位，见图 9 -9。在全球金融系统中，纽约是一个突出的节点。排在第二层次的当属洛杉矶、芝加哥、旧金山三个大都市，但在过去 20 年三者相对地位发生了变化，旧金山由第二位下降至第四位，先后被洛杉矶和芝加哥赶超了。第三层次的金融中心竞争十分激烈，按 Brochert 的分析，第三层级中地位突出的是克利夫兰、费城、波士顿、华盛顿和底特律等，但这些大都市地区还没有发展成为主要的国际银行业中心①。其次还有亚特兰大、休斯敦、波多黎各、西雅图、迈阿密、巴尔的摩、波士顿和华盛顿等城市。在 2000—2010 年间，这些城市的外资银行发展较快，然而，按外资银行的工商业贷款（C&I）与总资产比来测算，这些城市尚没有一个比得上排在第二梯队的那些中心城市。这些地区只能算是美国地区性金融联合体（Regional Financial Complexes）中心城市，都还没有成为区域性或全球银行业中心。

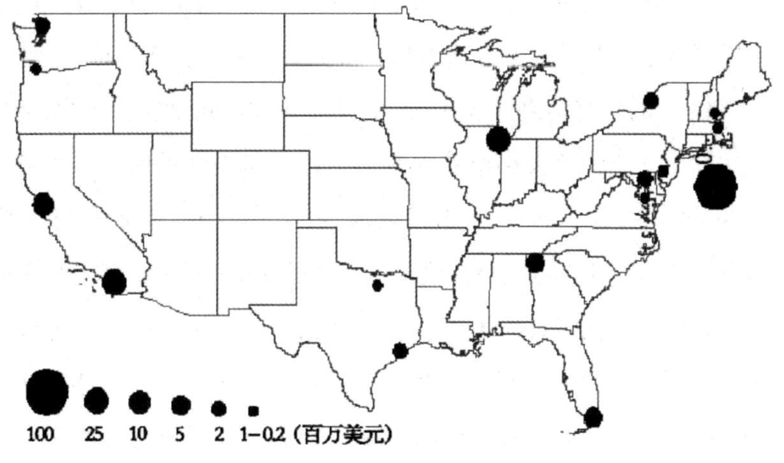

图 9－9　美国金融城市结构

在 1990—2000 年间，外资银行增长较快的地区中最值得注意的是亚特兰大和迈阿密，这两个地区上升为突出的银行业中心表明，在经济全球化的今天，跨国银行业的空间集聚并不独爱第一、第二层次银行业中心所在地。通信联系的发展使金融服务业布局从“位空间”转向“流空间”，信息技术发展方便全球金融中心在更大地理范围内集聚与扩散，那些日益成长为全球城市流动空间网络节点的城市最有可能成长为新的金融中心，迈阿密和亚特兰大似乎已具备这样的优势。

---

① Porteous, D. J., *The Geography of Finance: Spatial Dimensions of Intermediary Behavior*, Avebury, 1995, pp. 17－53.

布法罗、休斯敦和西雅图在外资银行的商业和工业贷款数量上超过了迈阿密，但还不能列入第三层次，原因是：布法罗在表9－4中位于靠前的位置只是因为 Marine Midland Bank 的庞大，该银行是香港银行的一个分行。从资产比重看，休斯敦和西雅图的外资银行资产分别只占美国外资银行总资产的0.5%和0.3%，两个地区都是小的外资银行中心。

美国外资银行空间集聚及其形成的等级、规模结构，与同期美国信息经济的空间分异一脉相承，高度相关。外资银行集聚的金融中心同时也是美国信息经济高度发达的信息中心。以网络经济为例，衡量网络经济发达与否的指标是商用网域名数和域名专业化指数。根据美国学者 A. M. Tomsend（2000）与 Zook（2000）的研究结果（表9－5），从都市圈的角度看，纽约、旧金山、洛杉矶、芝加哥、亚特兰大都市圈的各项指标均居美国最前列。如纽约商用网域名数为14.2万个，每千企业网域名数为274个，企业专门化系数为1.25；旧金山的相应比例则更高，网络域名数为12.3万个，每千企业域名数为674个，企业专门化系数为3.08；而且从城市分布区域的角度来看，主要分布在东北、新英格兰、加州、科罗拉多等州；而这些地区也是信息经济综合指数最高的地区，工业化程度较高，或是后来美国“阳光地带”新兴的金融中心城市。

表9－5　美国主要金融中心城市信息化情况

排名	CMSA	商用网域名数	每千企业域名数	专门化指数
1	纽约	142375	274	1.25
2	旧金山	122970	674	3.08
3	洛杉矶	118000	339	1.55
4	芝加哥	50222	238	1.09
5	波士顿	45110	390	1.79

续　表

排名	CMSA	商用网域名数	每千企业域名数	专门化指数
6	华盛顿	38213	421	1.93
7	费城	37296	252	1.16
8	达拉斯	34064	299	1.37
9	迈阿密	32518	290	1.33
10	亚特兰大	30285	320	1.47

资料来源：The web of production，Zook，2000。

3. 跨国银行全球化与金融中心城市网络体系

作为金融组织中心，纽约、洛杉矶、芝加哥、旧金山、亚特兰大和迈阿密的银行占美国所有外资银行资产和商业工业贷款的 80% 以上。外资银行在组织美国城市金融体系和构筑全球金融网络体系方面的作用显而易见，可以从反映跨国银行中心的功能及其重要性的因素——外资金融机构的类型、母国来源集中程度和业务在大银行集中程度等，分析外资银行发展与美国都市金融体系的关系，如图 9－10 所示。

（1）纽约和芝加哥

纽约充当美国金融系统的主要中心，纽约大都市占据了所有外资银行资产的 65%，工商业贷款的 54%，整个纽约州占据了美国投保银行的 20%。来自亚洲、欧洲、拉丁美洲、大洋洲和中东地区 86 个国家的银行位于纽约这个大都市，如图 9－10 所示。日本银行占据了美国外资银行工商业贷款的 59%，其中 54% 的贷款又来自位于纽约的日本银行。在排名前 10 位的主要母国（地区）中，英国和意大利的银行，特别集中于纽约，中国香港、加拿大、荷兰的银行最不集中于纽约大都市区。

纽约的营业性外资机构主要是跨国银行分行，占所有外资银行资产的 85%，占外资工商业贷款的 75%。在纽约的跨国金融机构中，跨国银行分行有249家，代表处有35家，跨国银行附属金融公司有32家。从其母国看，日本银行绝大多数的机构是分行，其资产约占在美日本银行总资产的70%以上。

外资银行过度地集中于纽约有几个因素：美国的外资银行主要从事批发业务而不是零售业务。与从事批发业务的银行家们打交道的主要是大的工商业公司、房地产开发商和其他有关金融服务的使用者。纽约是世界跨国公司总部最集中的城市，跨国公司500强就有47家总部聚集于此。同时纽约也是美国及全球最大的金融中心，它是美国金融市场的创新中心，在纽约建立一个银行有助于参与新的金融产品和过程的研发。还有，在远程通信技术上的创新使纽约的批发银行能够提供全球服务。

纽约外资银行工商业贷款在银行总资产中（包括分支机构行）所占的比例是20%，在芝加哥所占比例是25%，在洛杉矶是40%，在旧金山是36%，在亚特兰大是45%，只有在迈阿密所占比例较小。这些数据表明，纽约外资银行的运营和大部分外资银行中心相比较，不重视美国国内金融投资，而是更专注于提供全球金融服务。但是，从绝对量来说，纽约外资银行的贷款数量比其他银行业中心的贷款要多得多。

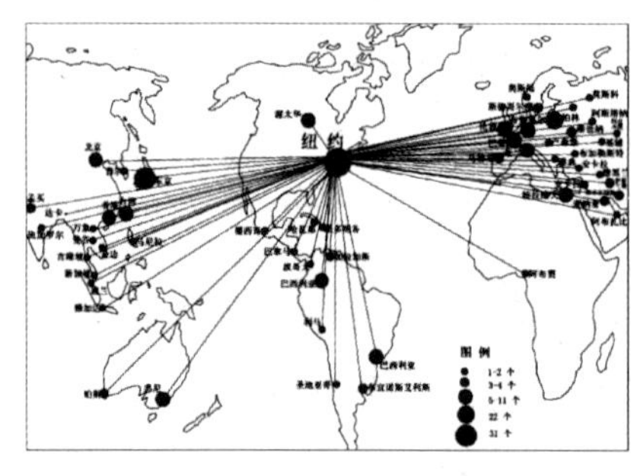

图9－10　纽约金融网络化图景

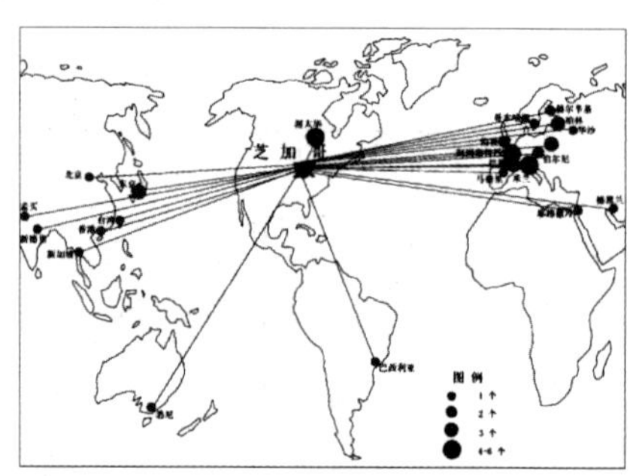

图9－11　芝加哥金融网络化图景

资料来源：The Federal Reserve Boad，Structure and Share Data for U. S. Offices of Foreign Banks，2003。

芝加哥金融市场大大促进了芝加哥外资银行业的增长，特别是快速增长的芝加哥期货和期权市场——芝加哥商业交易所和芝加哥期权交易所。美国外资银行资产的 8% 在芝加哥，65 个分行和 9 个边缘银行在芝加哥运营，它们大部分来自日本、加拿大和西欧等 23 个国家和地区，如图 9－11 所示。芝加哥和拉丁美洲的联系非常小，只有一家小的边缘银行来自巴西的圣保罗。五家最大的银行（均为分行）占据了芝加哥外资银行贷款的 44%。芝加哥的外资银行是金融批发业务的主要提供者，分行是最常见的外资银行的形式，36% 的资产流通于银行之间。和纽约的外资银行不同，芝加哥的外资银行业和该区域的其他金融时常紧密地联系在一起，较少参与处理联邦政府的债务，他们愿意把更多的资产用于工商业和房地产贷款，2005 年这些贷款占据了芝加哥外资银行分行和代理行资产的 41%，而在纽约只占 23%。

（2）洛杉矶和旧金山

加利福尼亚的外资银行业占美国外资银行总资产的 16%，这些外资银行主要来自亚洲和欧洲，如图 9－12、图 9－13 所示。加利福尼亚的外资银行和纽约、芝加哥的外资银行在三个基本方面不同：第一，他们更多地从事房地产业，用于银行间流通（包括同业拆借和银团借贷等）的资金极少；第二，洛杉矶的外资银行主要是代表处，旧金山主要是分行；第三，加利福尼亚的外资银行绝大多数是日本银行。在洛杉矶和旧金山日本银行的工商业贷款占据了所有外资银行工商业贷款的 82%。日本 12 家货币银行有 10 家在旧金山有分行，4 家信誉银行和 2 家长期信用银行在旧金山也有分行。

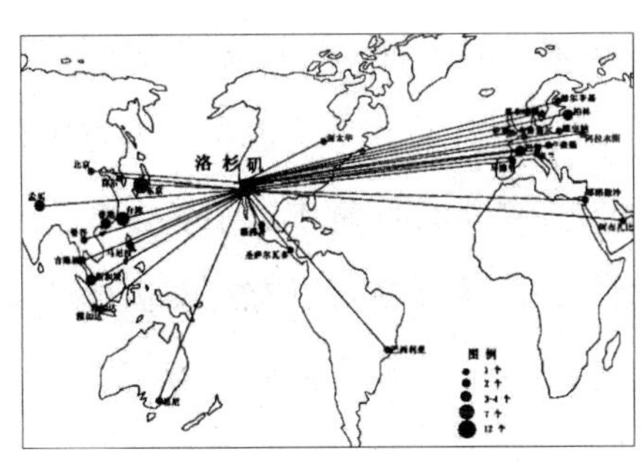

图 9－12　洛杉矶金融网络化图景

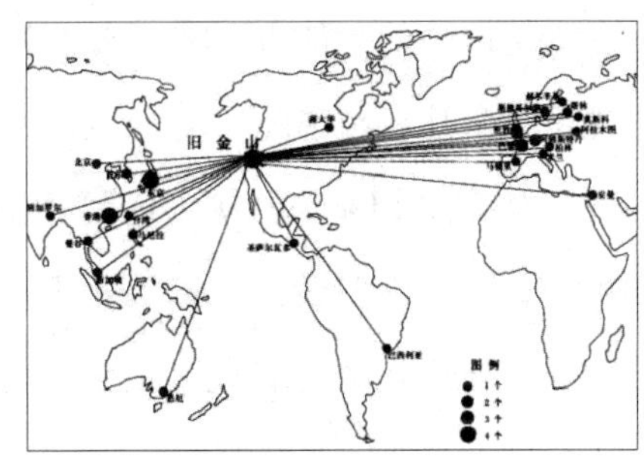

图 9－13　旧金山金融网络化图景

资料来源：The Federal Reserve Boad，Structure and Share Data for U. S. Offices of Foreign Banks，2003。

加利福尼亚地区日本银行地位突出的原因在于美国非银行外商直接投资的地理分布模式。美国商业部统计表明，日本在美26%的非贸易直接投资和35%的房地产投资都集中在加利福尼亚，该地区外资银行的分行和代表处把他们资产的相当一部分投入工商业贷款和房地产贷款。整个20世纪90年代，旧金山外资银行活动比例的减少是因为该区域的外资银行主要是分行，有着广泛的零售网络。从事全球银行业务的主要是批发银行，而不是从事零售业的银行。

（3）迈阿密和亚特兰大

亚特兰大是美国风险资本集中的地区、美国东南部信息中心，其外资银行的增长与东南部非银行直接投资迅速扩张密切相关。20世纪90年代，加拿大对美国东南部的非银行直接投资增长迅速，加拿大公司在该地区的非银行业附属机构的雇用人数从1985年的6.2万人增长到2005年的21.6万人。

迈阿密外资银行资产在美国外资银行总资产中占据了1.5%，迈阿密外资银行的快速发展显示出其成为新的国际金融中心的优势。首先，迈阿密连接了南美洲和美国，南美洲许多银行在迈阿密区域有代表处、分行、边缘公司等金融机构，它们大多数来自阿根廷、玻利维亚、巴西、开曼群岛、哥伦比亚、厄瓜多尔、巴拿马和委内瑞拉，如图9－14所示，南美洲和佛罗里达之间大量贸易生成说明了为什么在该区域有大量的南美洲银行。迈阿密是纽约和芝加哥以外的大都市里唯一有南美洲边缘银行的区域。按照美国法律规定，边缘银行只从事与国际贸易相关的活动，迈阿密贸易性贷款占据了外资银行工商业贷款的13%。其次，迈阿密是欧洲和南美洲之间资本流动和金融服务的中心，欧洲许多银行在迈阿密设点。例如，西班牙银行所有在美国的7家营业机构在迈阿密均有代表处，还有来自葡萄牙、英国、法国、德国、意大利、荷兰、瑞典的银行都在迈阿密建立了营业机构。这些银行机构专门从事与南美洲的商务。再次，迈阿密特别的地方是它的日本银行很少，东京银行是迈阿密区域唯一的日本银行。大量的欧洲和南美洲银行集聚表明了迈阿密日益增长的金融服务功能比纽约在地理位置上更具有优势。最后，迈阿密作为南美洲地区间银行业中心，受到来自南美地区的供给引导作用。因为国际银行业和南美洲并没有融为一体，国际银行业和北美、欧洲核心大都市的联系非常紧密，南美洲至今没有一个国际金融中心，区域性的金融中心也未显现出来。南美洲银行集中于迈阿密引起了学者们的推测，即迈阿密作为南美洲地区间的中心，同时也是连接该地区和美国、欧洲，并进而融入全球金融网络的一个关键节点。

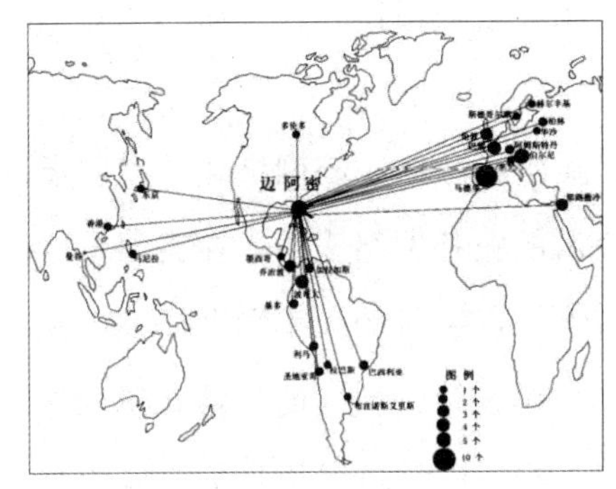

图9－14　迈阿密金融网络化图景

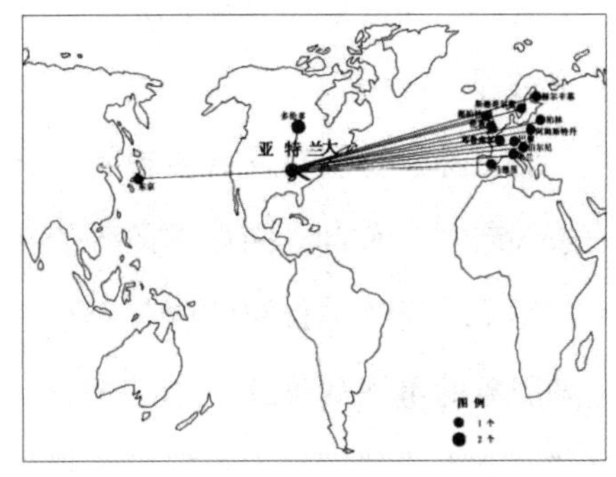

图9－15　亚特兰大金融网络化图景

资料来源：The Federal Reserve Boad, Structure and Share Data for U. S. Offices of Foreign Banks, 2003。

虽然迈阿密和亚特兰大都是美国东南部的区域性金融中心，但其实质上是不一样的。迈阿密外资银行比亚特兰大的外资银行来自更多不同的国家，如图9－15所示。在美国、南美洲、欧洲之间贸易和投资流动的基础上，它们也更加活跃地提供服务，但亚特兰大没有来自拉丁美洲的银行，这表明了迈阿密的外资银行在从传统的贷款功能向提供全球金融服务方面转变，且已经超过了亚特兰大的外资银行。另外，迈阿密和洛杉矶在与拉丁美洲的联系上不一致。除巴拿马外，迈阿密的拉丁美洲银行只来自南美洲，而在洛杉矶的拉丁美洲银行大部分来自墨西哥。不难看出，除了纽约，美国金融城市体系中的第二层次（洛杉矶）和第三层次（迈阿密）已经在融合拉丁美洲与美国和全球金融城市网络方面发挥了特别重要的作用。

上述研究表明，大国的区域金融网络系统深深地根植于全球城市网络中，与信息化水平的区域分异相匹配，金融业对提升大都市区经济能级与综合竞争力的作用越来越突出，那些高层次信息中心因外资银行退出将导致它们作为金融中心地位的下降。特别是21世纪以来，相继受亚洲金融危机和美国次贷危机影响，日本银行继续收缩它们在美国的贷款活动，洛杉矶和旧金山作为银行业次贷中心的地位可能进一步下降。相反，随着欧洲和加拿大的银行扩大它们在美国的运营空间，纽约、芝加哥、迈阿密的外资银行的比例会增高。因此，在信息化分异背景下，大国区域金融城市体系面临激烈的竞争和重塑过程。

受对外贸易和对外直接投资的作用，美国各金融中心网络化具有明显的国家偏向性。来自不同母国的外资银行集散的拓扑网络表明，在美国金融城市体系中，纽约是首要的国际银行业中心，外资银行的大小和多样性以及对金融服务的重视都确认了纽约的突出作用。排在第二层次的是洛杉矶、芝加哥和旧金山。芝加哥的外资银行发展迅速，相应的是该区域日益拓展的金融市场和业务。洛杉矶的外资银行热衷于给工商业、房地产业的直接投资提供融资，这种经营战略决定日本银行在本轮次贷危机中受损最严重。在第三层次脱颖而出的是亚特兰大和迈阿密。亚特兰大外资银行业被少数加拿大和日本银行占据大部分业务，迈阿密没有日本银行，它作为金融中心城市的地位是和国际贸易及美国、南美洲、欧洲之间的资本流通紧紧联系在一起的。

9.3 基于跨国公司价值链的城市国际化网络

9.3.1 价值链与企业生产网络

迈克尔·波特（1985）就企业竞争优势的构建率先提出“价值链”概念，认为企业是一个包含设计、生产、销售、运送和管理等活动的综合体，创造价值的过程可分为一系列相互不同但又相互关联的增值活动，共同构成

“价值系统”，每一项经营管理活动就是“价值系统”中的“价值链”。产业价值链上游是研发、设计，中游是零组件制造与总装，下游是广告、分销与服务。

格里芬（Gereffi，1995，1999）认为，价值链围绕某一商品或产品系列群聚而形成的企业内部组织网络，实质是全球/区域商品链，全球商品链在世界经济体系里连接产品上下游组系、企业，以及地方、国家之间的关系。鲍鲁（Borru，1997）把上述跨国界或区域组织生产，并在这个组织体系里设置价值链的全部环节及相互作用而构成的网络关系定义为“生产网络”。

在价值链、商品链及生产网络研究基础上，迪肯（Dicken，2003）、科尔（Coe，2004）等人相继提出了跨国公司全球生产网络研究框架，认为通过网络参与者等级层次的平行整合来组织跨企业及跨价值链的一种全球生产网络。这一理论反映了跨国公司打破过去纵向一体化的格局，呈横向和纵向集成态势。一方面，营销、产品开发、生产、物流、供应、财务、人力资源等价值链条内部的职能横向集成；另一方面，供应商、制造商、销售商、客户通过物流渠道实现纵向集成，从而形成企业生产网络化组织模式，如图 9－16 所示。

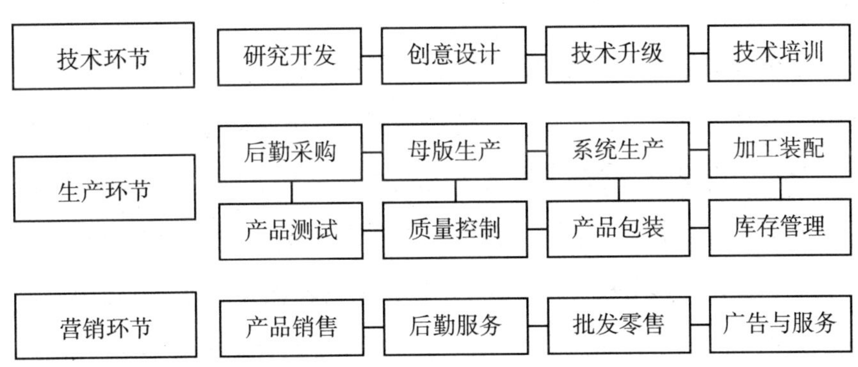

图 9－16　全球生产网络组织模式下的跨国公司运作

资料来源：李健：《从全球生产网络到大都市区生产空间组织》，博士学位论文，华东师范大学，2008 年。

9.3.2 企业内部国际分工与全球化生产网络

海雷那尔（Helleiner）认为，企业将劳动密集型生产环节配置在发展中国家是国际分工的需要。其理由是：第一，生产环节地域分离技术以及全球范围内的运输、通信网络的发展，减少了空间摩擦；第二，发展中国家在工业化进程中，采用了来料加工、进口替代、出口导向等战略促使劳动密集型部门向发展中国家转移。

企业内国际分工有水平分工与垂直分工之分。水平分工指在国外建立子企业，生产、销售（包括服务）与母企业相同或相近的产品或服务。垂直分工指生产作业的一部分放在国外，包括在国外进行原材料、零部件生产与采购的后向垂直分工和进行最终产品的组装与销售的前向垂直分工。跨国企业之所以选择企业内分工形式，是因为通过内部化渠道转让技术和管理经验既有利于发挥企业的所有权优势和内部化优势，避免国际经营中的不确定性以及最大限度地避免关税与贸易壁垒的影响，可以实现其规模经济、范围经济、联结经济以及区位优势，在全球范围内谋求生产要素的优化组合，实现企业全球竞争中的低成本战略以及非价格竞争中的差别化战略。

企业内部国际分工发展的一个重要原因是，企业在全球竞争中能够有效地利用其全球经营网络，配置其价值链各环节。企业创造价值是通过价值链的各个环节而实现的，各环节所要求的生产要素条件不同。价值链的基本环节对劳动力和自然资源要素的依赖性较大，价值链的支撑性环节则更多地依赖于信息、知识和技术等要素。由于不同国家比较优势不同，发达国家技术、信息和知识相对丰裕，而发展中国家劳动力和自然资源相对丰裕。因此，跨国企业一般将价值链的上游环节配置在发达国家，而将下游环节配置在发展中国家。为了有效地组织与配置价值链的不同环节，企业信息的占有以及全球经营网络的形成至关重要。

企业内部国际分工发展伴随着企业组织形式的创新。随着企业从以国内市场为主发展到在世界范围内竞争的全球产业，企业组织结构也趋向复杂化，除总部外必须下设各产品部和国外开发部，如图 9－17a 所示。通常有两种实施模式：重视产品区分的在总部下设置产品部，由产品部管理地域，如图 9－17b 所示；重视市场地域的在总部下设置地域部，由地域部管理产品，如图 9－17c所示。而与全球产业阶段相对应的企业组织网络结构则为总部直接管理产品，通过产品直接管理各地域，在各地域组织生产与市场，如图 9－17d 所示。可见，跨国企业组织管理结构的阶层与网络化，直接推动城市网络体系的形成和发展。

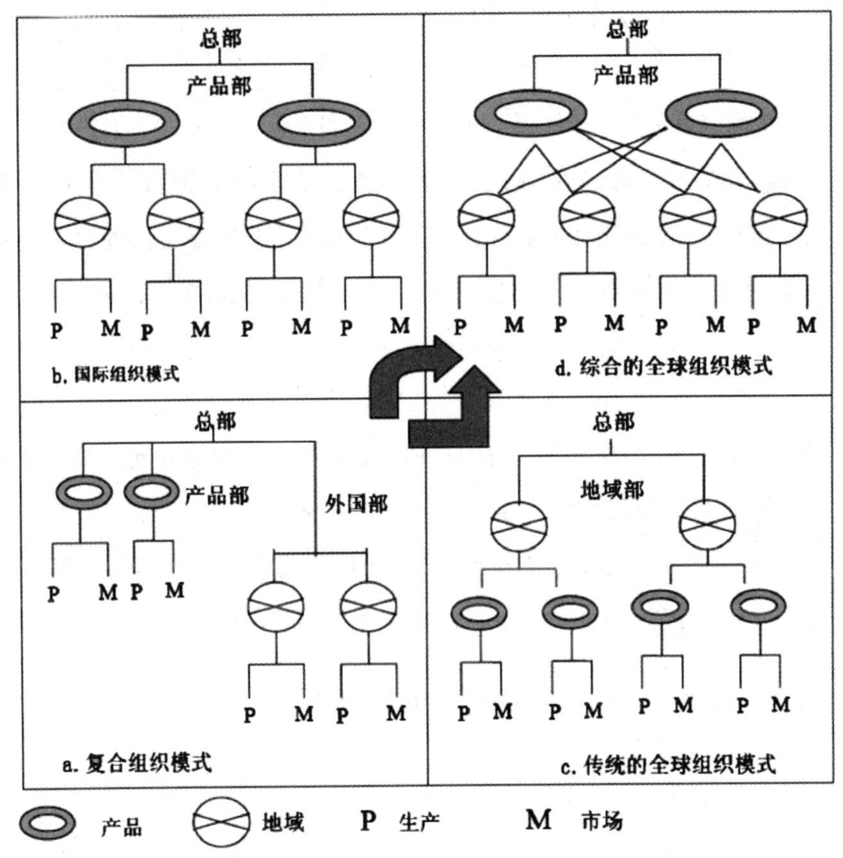

图 9－17　跨国公司经营组织的网络化

资料来源：［日］松原宏：《资本的国际流动与世界城市东京》，《经济地理年报》1995 年第 4 期。

9.3.3 跨国公司主导的网络生产联系

在生产网络组织框架下，跨国公司一方面会依据内/外部交易成本的升降变化并参考不同区位建立在要素多寡之上的比较优势来决定企业边界，将生产经营活动进行更加细密的产品内专业化分工，生产、销售、研发等价值链的各个环节以及它们各自分环节配置于世界上任何一个可以获得最大利润的地方，在全球范围内整合资源。另一方面，由于价值链条呈现出“微笑曲线”的形态，跨国公司通常乐于在降低成本的同时向价值链两侧高端拓展。这两方面因素促使今天的企业组织结构发生根本性变革，更加促成了生产网络的组织结构。

利用价值链条重整生产体系，不仅可以改变企业运作模式，而且拉长了整个生产的迂回程度。跨国公司对内专注于核心技术的开发和生产，同时根据内外部交易成本的比较决定非核心的技术、资源和生产过程是否由外部企业进行合同制造（Contraction Production）。这样，跨国公司重构成扩展企业，并出现越来越多的生产网络联合体，包括虚拟企业和战略联盟、企业集团、兼并收购等形式。承接跨国公司外包任务被称为“代工”，不同的代工企业由于在价值链条中占据的位置不一而境况各异。跨国公司开始把财务、法律咨询、人力资源开发、企业流程设计等职能业务外包给专业化公司来完成，导致生产服务业内部基于分工的网络化组织也在发育，如金融业的活动组织也开始细分，像香港汇丰银行就把大量劳动密集型的结算工作分包给广州的企业。

9.3.4 全球生产网络调动的全球城市网络

1. 全球化条件下新的城市区域模式

随着全球化和信息化进程的日益深入，资本主义国家快速发展的新兴产业全球生产网络快速将“区域”概念更新成“全球”概念。在这个过程中，透过拥有绝对经济权力的跨国企业（Transnational Corporations，TNCs）的投资与安排，全球经济活动逐渐按照全球生产网络价值环节被功能性分配在不同的国家与空间中，新的空间形态不断被“生产”或“再生产”出来，逐渐成为全球经济空间治理策略的重要单元，形成生产活动与信息集结的重要核心、次级核心、一般节点等。

在全球化的新生产理论基础上，斯科特（Scott，1996）清楚地描绘了全球资本主义落实在一个城市区域的空间形态，并提出“都市区—腹地系统”（Metropolitan hind land system）理论，如图 9 – 18 所示，包含两个主要的论点：①全球经济发达地区是透过极化的区域经济引擎所拼凑的，每一个地区都由核心都市区及其周围的腹地所组成。城市区域围绕着核心都市区按照劳动分工形成专业化的网络基地，存在明显集聚经济和规模经济效益，外部则有错综复杂的全球交互作用结构。②发达国家核心都市区无法高度垄断整个全球生产系统，因此在资本主义极端扩张的经济边界产生了大量“相对繁荣与经济机会之岛”。这些地区大多是低度发展的，它们无法完全依靠自身力量建立一个完善的经济组织来推动地区朝向繁荣中心的模式发展，而需借助区域外相关的财富和经济机会。如 20 世纪 60—70 年代发展兴起的中国香港、新加坡、中国台湾和韩国汉城（现称“首尔”）区域。上海、北京、曼谷、吉隆坡和圣保罗等则紧随其后。

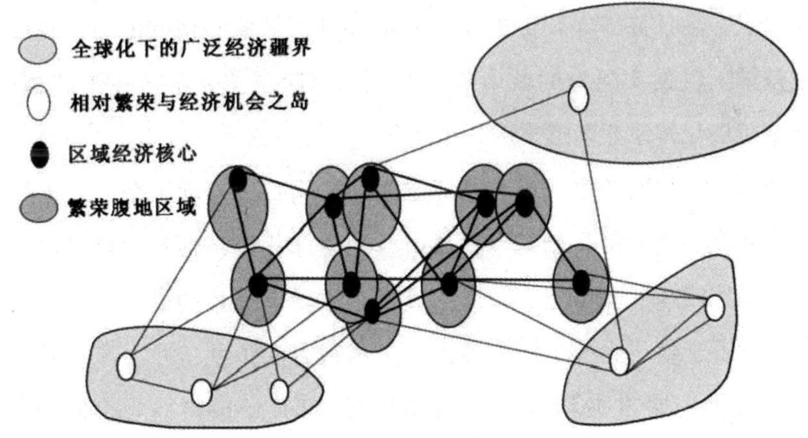

图 9 – 18　经济全球化下的全球经济空间

资料来源：Seott，A. J.，*Regions and the World Economy*，Oxford：Oxford University Press，1996。

正是全球化和本地化的互动作用，使一些城市作为一种衔接这种双向作用力的特殊地域空间系统，功能和地位在全球经济地理格局中逐渐浮现出来，成为全球生产网络中不同等级的空间节点。

2. 全球世界城市——全球生产网络的核心节点

在空间权力上超越国家范围，在全球经济中发挥指挥和控制作用的世界性城市，一般称为全球城市（Global City）或世界城市（World City）。配合世界三大经济圈（北美、欧洲、亚太地区）的形成与信息技术的发展，产生了较具支配力的城市，并日益扩大其支配的范围。较弱的城市将会被纳入较具支配力的城市势力范围，其阶层关系会逐渐超越国界而纳入全球层次。萨森（2004）认为，响应全球化的新的概念性框架已产生，全球城市等概念正是这一框架中最重要的内在因素。

3. 全球城市体系——全球生产网络节点的等级联系

基于国际劳动分工的发展而形成的全球生产网络具有明显的阶层等级特征，根据节点或核心在网络中某功能的相对重要性，并且配合密集的信息技术支持其组织运筹来建构不同的空间层级，形成生产活动与信息集结的不同等级节点。其中，全球生产网络中核心城市和次级核心城市作为具有支配力的重要节点，会日益扩大其支配范围并加强其广域的经济支配力，较弱的都市将会被纳入较具支配力的城市势力范围，其阶层关系甚至逐渐超越国界，全球城市阶层化体系渐渐形成。

从全球生产网络考察，全球经济空间的重构直接带动了全球城市体系的变化，那些在功能上最具创新性，城市空间全球化经济活动程度最高，具有重要的协调控制和管理功能的城市构成了全球城市体系的最高端。英国拉夫堡大学的学者泰勒、比沃斯托克等人从全球视野的角度，并在静态分析城市特征的基础上，探讨了新的全球化趋势（global trends）和全球化的格局（global Pattem）下城市之间的关系和网络特征，如图 9 – 19 所示。他们提出“世界城市网络”（world city network）的概念，是由枢纽层、节点层、次节点层相互联结且相互锁定的网络结构。从世界城市、全球城市再到世界城市网络，城市的重要性并非在于面积大小或人口多寡，而是强调这些城市在世界体系中所具有的特殊功能。这些功能可以由显示某一特定城市是否发挥全球指挥与控制职能的各种客观指标来判定，如跨国公司总部集中程度、银行集中数量、各种金融和法律机构数量等。

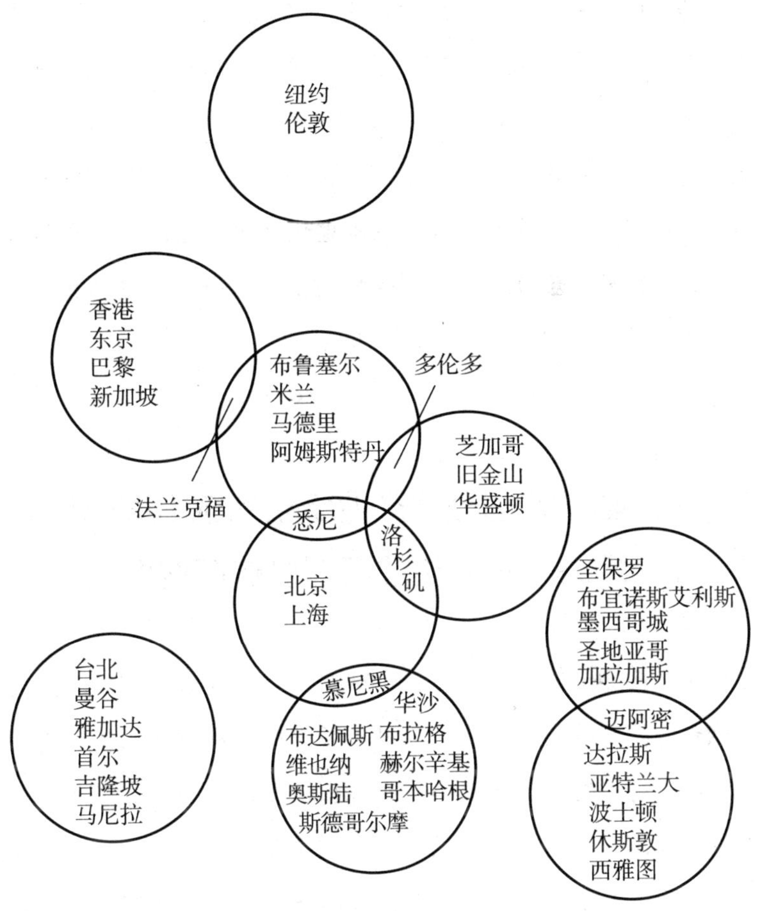

图9－19　Taylor，P. J. 的世界城市及体系

4. 全球城市区域——全球生产网络节点的空间整合

斯科特和斯托伯从新区域主义的角度提出城市区域是表现上述全球化和本地化互动关系的连接点（Storper，M.，1997；Scott，A. J.，1998），在本质上是城市为适应日益激烈的全球竞争，实现在全球城市体系中的升级而与周边腹地区域内的城市联合的一种空间形态，包括三种形式：①中央是大都市区，外围腹地由不同程度的低密度发展地域单元构成；②空间重叠或者内聚的城市区域，如有卫星城的大都市，以腹地区域所环绕；③临近的中等规模城市合作形成协作网络，以谋求多边合作利益。

通过全球生产网络地方镶嵌后全球生产网络的再组织，则重塑了大都市区和腹地区域之间复杂的城市网络关系。一个本地化的城市—区域通过其在全球生产网络中镶嵌而和全球生产体系相衔接。这样，以全球生产网络整合起来的全球生产体系促进了互惠式的区域经济发展格局。与此同时，自上而下的全球化（网络镶嵌）和自下而上的本地化（地方镶嵌）两种过程在地方实现了统一，并且利用全球尺度不同层级的都市区枢纽，调动起一个世界城市体系、一个全球生产网络的空间载体体系。

9.4 基于跨国公司产业组织的城市国际化网络——以长沙工程机械产业为例

就全球生产网络价值链观点看，全球城市及全球城市体系研究主要关注全球生产网络中的高端服务业和世界城市系统中的高端城市，认为高端服务业对整个经济具有支配力，却忽略了作为整体而存在的全球生产网络中其他价值环节的空间镶嵌及由此带动的发展中国家制造业城市的快速兴起；并且仅讨论了自上而下的全球化过程对于世界经济格局及全球城市体系发展的推动，却无视自下而上的本地化过程的一种内生发展力量，尤其是地方政府及地方企业所做出的“网络镶嵌”努力而促进的地方区域及城市发展社会经济实质。

世界城市体系中的低端城市以新兴工业化国家和发展中国家的制造业城市为主，这些城市制造业已经完全融入全球生产网络中，但主要承担低端价值链环节的制造和组装的功能，生产面向全球市场。跨国企业通过产品与服务贸易、生产要素配置、中介机构国际往来等方式实现产业组织全球化。随之地方城市逐步融入世界城市网络，在全球化网络体系中得到重构与再造，如图 9－20 所示。

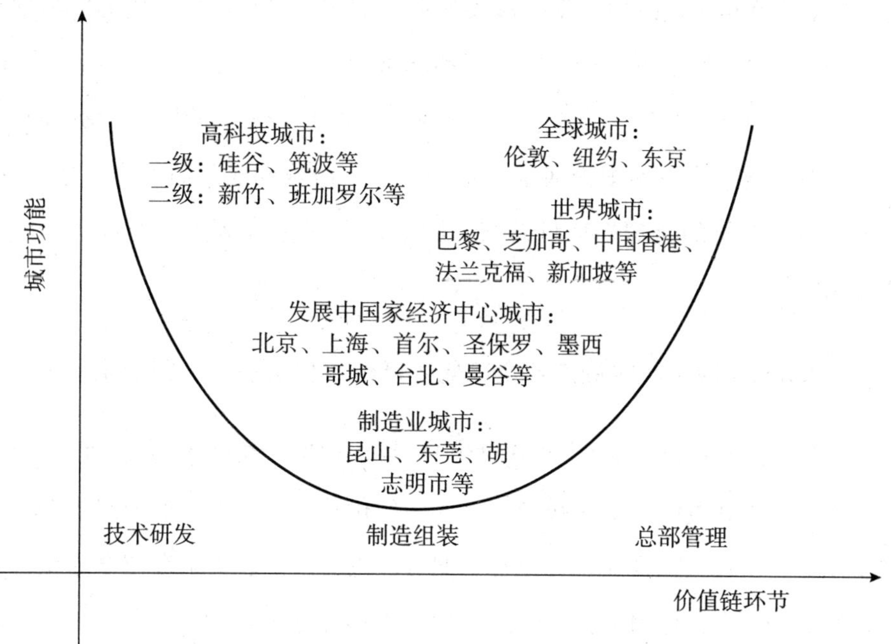

图 9－20　基于价值链环节重构的全球城市体系

资料来源：李健：《从全球生产网络到大都市区生产空间组织》，博士学位论文，华东师范大学，2008 年。

9.4.1　产业组织全球化对城市发展的影响

在产业组织全球化背景下，全球范围内的资源、各种要素随着经济组织主体在地理空间上按照一定的原则和方式进行优化配置，形成了全球产业组织空间。而这样的地理空间更多的是以城市为单元，城市被纳入一个更广阔的空间范围，已不再是地方性城市，而成为全球产业经济组织的节点。各个城市之间通过空间网络的连接和生产要素的流动，组成了一个全球化的“流的空间”[①]（Space of flow）城市网络体系。

产业组织全球化对城市发展的影响主要表现为：全球化促进了城市的国际化、网络化，促进了城市的全球化分工。城市的资源、技术、生产、信息等生产要素在全球范围内流动，形成了世界范围内资源优化配置的国际城市劳动分工格局。城市不再局限在区域和国家的范围内，已经成为世界性、国际性城市开放体系中的一个基本元素。城市开始广泛参与全球性的竞争与合作，并在全球经济活动中扮演着一定的角色。地域性限制的时代已经结束，开始走向一个新的全球性区域时代，城市在全球化网络体系中得到重构与再造[②]。

9.4.2 长沙工程机械产业全球化生产组织构建的城市国际化网络

长沙工程机械产业起步于20世纪90年代初期，经过多年发展已形成以三一重工、中联重科、山河智能等为龙头的优势产业集群，产业组织全球化趋势明显。工程机械产品销往全球，服务、人力资源、资本等与全球城市网络联系紧密。在此作用下长沙一定程度上不再是地方性的，而是城市国际化网络的一个重要节点，开始在世界范围内争取资源和发展机会，构建了以长沙为中心的城市国际网络。

从长沙目前的产业发展状况和趋势来看，形成以工程机械等为代表的先进制造业基地，打造世界工程机械之都，是长沙迈向区域性国际城市的现实基础。长沙工程机械产业有三一重工、中联重科、山河智能三家体制机制各异、产品特色鲜明的上市龙头企业。2010年工程机械产业已跨入千亿元产业集群，产业组织外向度较高，全球化发展趋势明显。2016年全市工程机械产业总产值为1630.64亿元，其中，三一重工实现营业收入232.8亿元，中联重科实现营业收入200.23亿元，山河智能实现营业收入19.92亿元。

---

① ［美］曼纽尔·卡斯泰尔：《信息化城市》，崔保国等译，江苏人民出版社2001年版，第7页。

② 参见［法］伊夫·格拉夫梅耶尔《城市社会学》，徐伟民译，天津人民出版社2005年版，第12页。

1. 三一重工全球生产组织

三一重工在海外拥有 30 家子公司，业务覆盖 150 个国家，产品出口到 110 多个国家和地区，如图 9-21 所示，出口累计超过 15 亿美元。在全球已建成 15 个物流中心，以配件仓库为核心的全球物流体系和服务支持系统已经形成。有超过 1300 名营销和服务人员常年在海外为全球客户提供一流的产品和服务，并且有近 300 名外籍员工逐渐成为三一国际化进程的中坚力量。同时在印度、美国、德国、巴西相继投资建设工程机械研发制造基地。

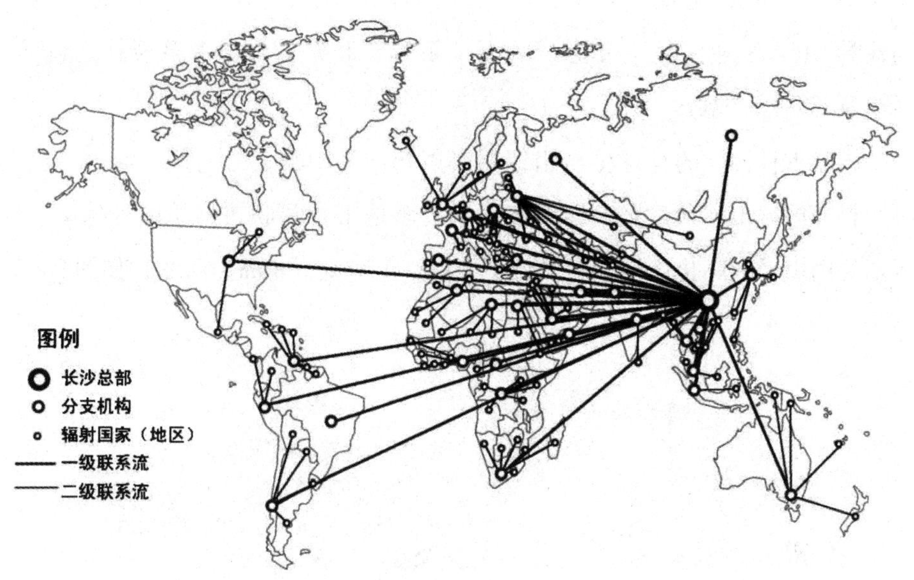

图 9-21　三一重工全球生产组织网络

三一重工构建的全球生产组织网络以长沙为中心，与乔治亚州桃树城、普纳、科隆等城市连接度较高，经济联系更多地来自美国、印度、德国、巴西等国家，国际化区域指向主要是东南亚、西欧和非洲。

2. 中联重科全球生产组织

中联重科海外业务已覆盖到全球 100 多个国家和地区，产品远销中东、南美、非洲、东南亚、俄罗斯，以及欧美、澳大利亚等高端市场。目前，公司已在阿联酋、澳大利亚、俄罗斯、印度、越南等 10 余个国家成立子公司，在阿尔及利亚、南非、沙特、智利、乌克兰等20余个国家设立常驻机构，同时，以阿联酋、比利时等为中心，正逐步建立全球物流网络和零配件供应体系。市场服务国际网络包括美洲片区（北美、南美）、非洲片区（南部非洲设安哥拉办事处，北部非洲设阿尔及利亚办事处、利比亚办事处、埃及办事处）、欧洲片区（北欧、西欧、南欧）、土耳其、海湾公司、印度、中亚片区、俄罗斯公司、东南亚片区（设越南办事处）、大洋洲公司。中联全球合作伙伴有德国博世（REXROTH）、日本欧姆龙株式会社（OMRON）、德国道依茨（DEUTZ）、瑞典沃尔沃（VOLVO）。同时在意大利建有CIFA工业园，主要生产混凝土泵车、混凝土泵、带泵搅拌运输车、砂浆泵等机械产品。

中联重科构建的全球生产组织网络以长沙为中心，与迪拜、河内、莫斯科、科隆等城市连接度较高，经济联系更多地来自阿联酋、德国、越南、俄罗斯等国家，国际化区域指向主要是中东、东南亚、非洲、西欧，如图9－22所示。

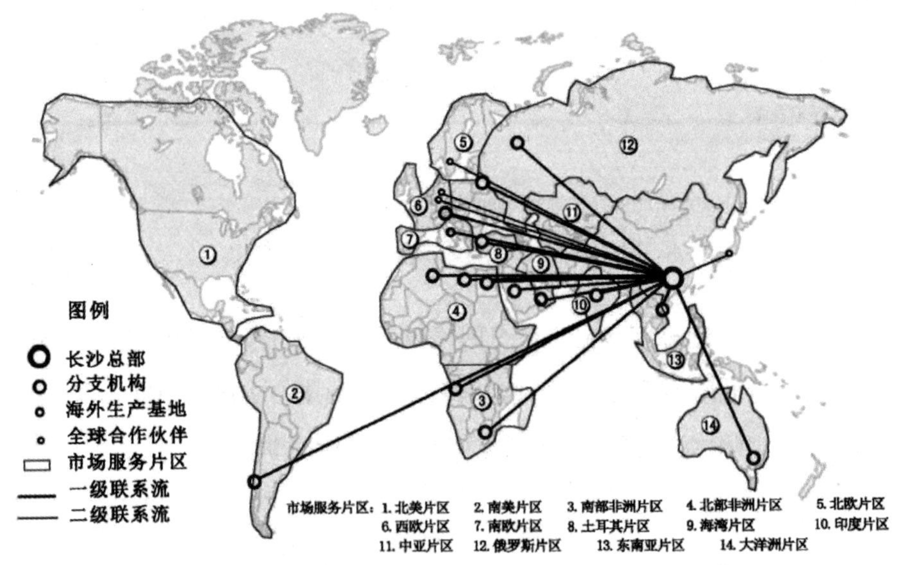

图9－22　中联重科全球生产组织网络

3. 山河智能全球生产组织

山河智能销售服务网络遍布全球，产品批量销往全球50多个国家和地区。国际服务网络覆盖全球80%的区域。配件供应网络以长沙为中心设立配件总库，在中国设立了56个驻外仓库，在全球设立了2个配件供应中心，如图9－23所示。

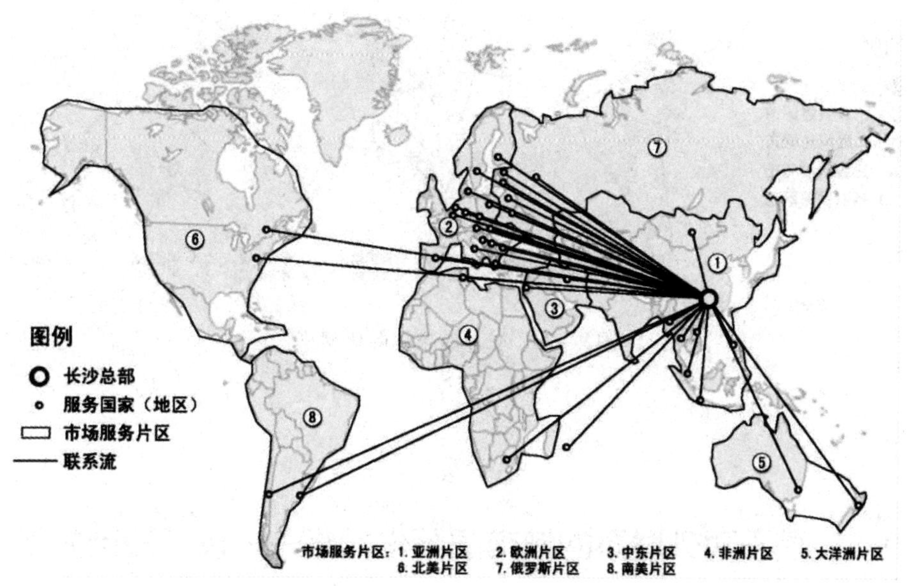

图9－23　山河智能全球生产组织网络

山河智能构建的全球生产组织网络以长沙为中心，与新加坡、河内、科隆、汉诺威、莫斯科等城市连接度较高，经济联系更多地来自德国、意大利、越南、俄罗斯等国家，国际化区域指向主要是西欧和东南亚。

随着工程机械产业组织的全球化，长沙开始在世界范围内争取资源和发展机会，城市在一定程度上不再是地方性的，而是城市国际化网络的一个重要节点。长沙工程机械产业组织已辐射覆盖全球90%的区域，与全球超过50%的国家或地区发生着生产组织“流”的联系，构建了以长沙为中心的城市国际网络，如图9－24所示。

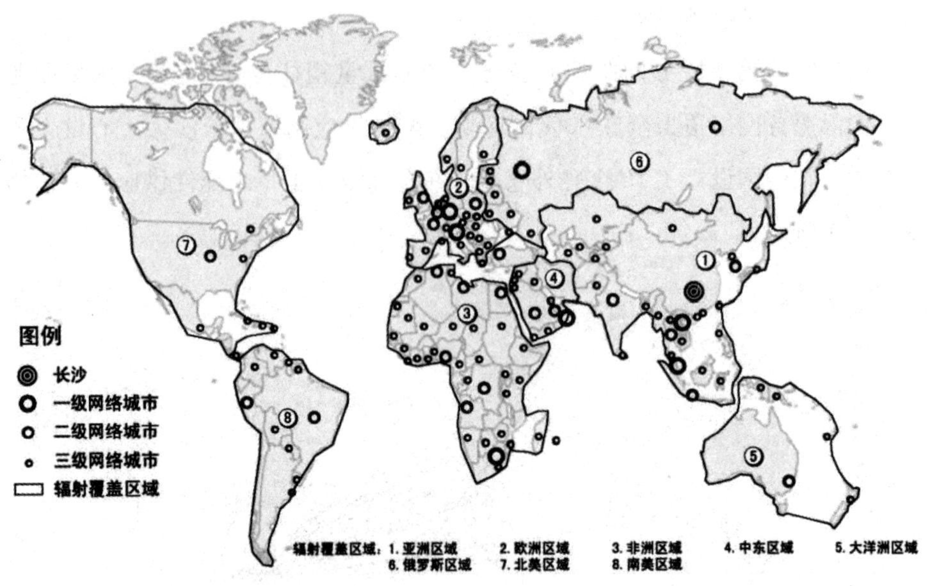

图 9－24　长沙城市国际化网络

9.5　基于对外联系的城市国际化网络——以长沙市为例

9.5.1　政治外向联系

长沙城市国际政治交往主要源于“外国议会领袖、政府部长、副部长到访本城市”“外国政府官员或国际政府组织官员到访本城市”“外国国家元首、政府首脑到访本城市”。

如图 9－25 所示，长沙近年来政治外向联系程度较高的国家（地区）有美国、韩国、日本、澳大利亚、尼泊尔，其次是越南、爱尔兰、南非、肯尼亚、利比里亚等。由此可以基本确定，未来长沙城市国际化发展的政治外向联系指向首选东北亚，其次是北美、西欧、南亚、东南亚、非洲和大洋洲。

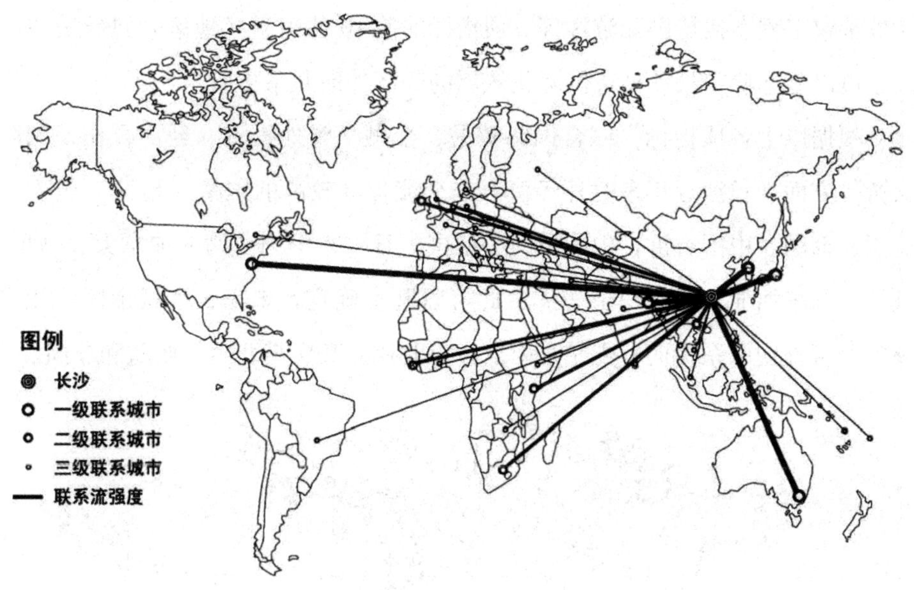

图 9－25　长沙城市国际化网络的政治外向联系

9.5.2　经济外向联系

长沙城市国际化经济联系主要源于“在本城市的国际合作项目”“境外世界 500 强企业在本城市建立地区总部或研发中心、总装生产基地”，“在本城市举办国际贸易展会交易额”“世界排名前 10 位的国际服务公司在本市设立的区域总部”。

改革开放以来，长沙经济对外开放水平持续提升，外向型产业不断发展壮大，经济外向型程度不断提高，在世界市场中所占据的份额逐渐增多。目前，长沙第二产业的国际化发展尤为迅速，其领头羊工程机械产业已打入美国、法国、日本、韩国、印度等亚、非、欧美国家市场，三一重工、中联重科等企业已进入世界工程机械企业的前 50 强，并正向世界 500 强企业的目标靠拢。长沙第三产业亦提升很快，电视娱乐产业以卫星电视的形式在世界许多国家具有极大的影响力，出版印刷产业已成功打入欧美发达国家出版市场，对外商务服务业日趋发达，外资金融发展迅速。长沙国际经济交流的硬件条件不断提升，城市建设的国际化水平日益提高。

经济外向联系分项指标分析，通过对长沙近年来利用外资、出口、进口、

对外承包工程、接待国际游客等五项指标的前10位国家（地区）进行分析比较，可以基本确定长沙城市国际化发展的经济外向联系指向。

根据以上各项指标，综合国际贸易、金融、对外投资、经济合作及国际旅游等方面，长沙近年来对外经济合作交流程度较高的国家（地区）依次是美国、韩国、中国香港、中国澳门、德国、日本、中国台湾、加拿大、马里、越南、马来西亚、利比里亚等。由此可以基本确定，未来长沙城市国际化发展的经济外向联系指向首先是东南亚和东北亚，其次是北美、西欧和非洲。

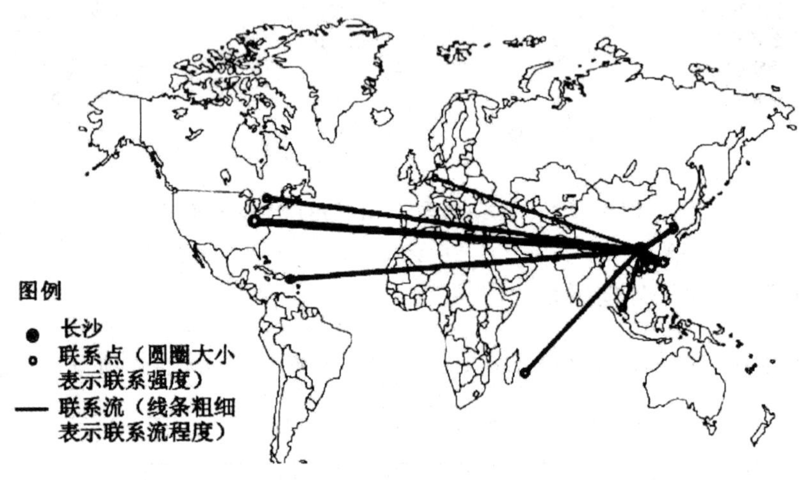

图9-26　长沙利用外资前10位国家（地区）

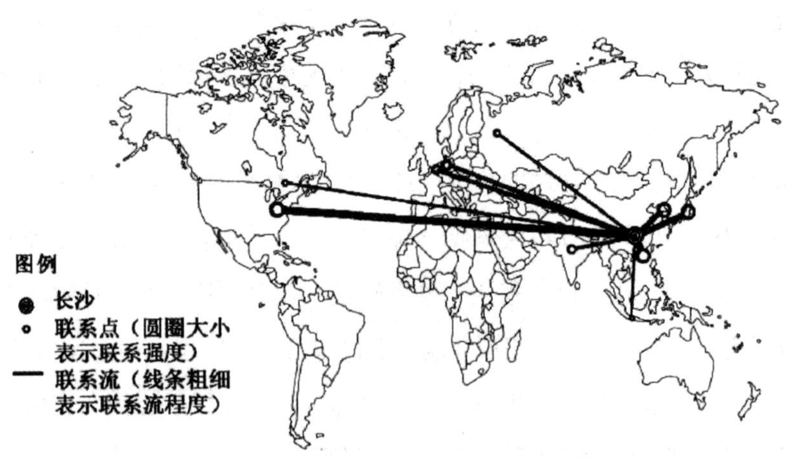

图9-27　长沙对外贸易出口前10位国家（地区）

图9－28　长沙对外贸易进口前10位国家（地区）

图9－29　长沙对外承包工程前10位国家（地区）

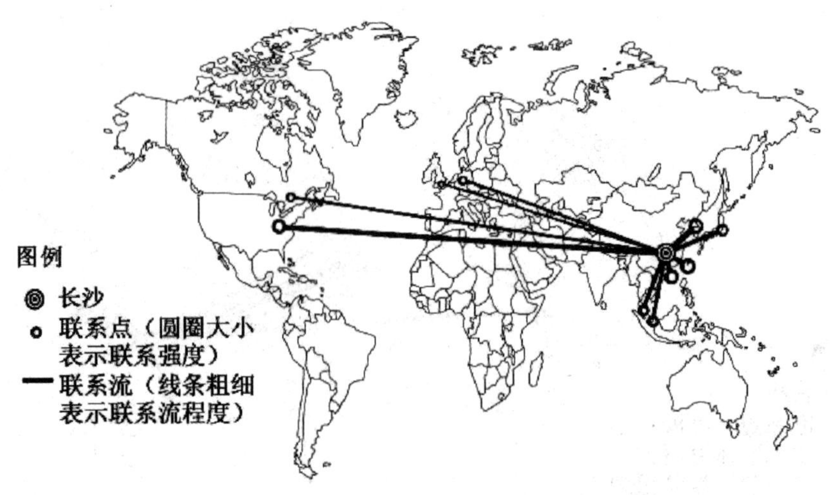

图 9－30　长沙接待国际游客前 10 位国家（地区）

9.5.3　文化外向联系

长沙城市国际化文化交流主要包括建立国际友好城市，外国知名人士（包括作家、艺术家、科学家、企业家、宗教领袖、民间组织领导人、社会活动家等）到访本城市，本城市举办国际性文艺、体育、学术活动，本市华人华侨的侨领、政府高官、杰出人物等。

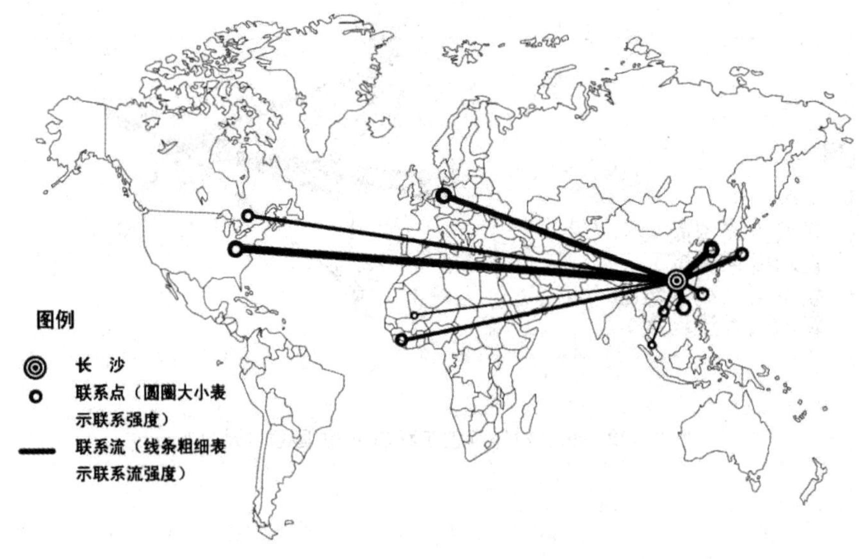

图 9－31　长沙近年来对外经济合作交流较多的国家（地区）

图 9－32　长沙城市国际化网络的文化外向联系

长沙在国际文化交流合作、国际教育合作、国际历史文化交流、国际旅游、国际人才等方面特色突出。近年来文化外向联系程度较高的国家（地区）有美国、韩国、日本、巴基斯坦，其次是英国、德国、尼泊尔、老挝、澳大利亚、埃塞俄比亚等。由此可以基本确定，未来长沙城市国际化发展的文化外向联系指向首选东北亚，其次是北美、西欧和南亚。

参考文献

陈伟劲、马学广、蔡莉丽：《珠三角城市联系的空间格局特征研究：基于城际客运交通流的分析》，《经济地理》2013 年第 4 期。

陈文鸿：《全球化进程中的世界城市网络——“珠三角”都会区的概念与发展》，《产经评论》2009 年第 1 期。

陈湘满、刘君德：《长株潭城市群的形成及其行政组织与管理模式研究》，《邵阳师范高等专科学校学报》2000 年第 5 期。

陈瑛：《特大城市 CBD 系统的理论与实践——以重庆和西安为例》，博士学位论文，华东师范大学，2002 年。

陈勇：《城市空间评价方法初探——以重庆南开步行商业街为例》，《土木建筑与环境工程》1997 年第 19 期。

成一农：《中国古代方志在城市形态研究中的价值》，《中国地方志》2001 年第 z1 期。

程国庆：《关于温州建设“山水城市 · 家园城市 · 网络城市”的思考》，《现代城市研究》2001 年第 1 期。

程连生：《中国新城在城市网络中的地位分析》，《地理学报》1998 年第 6 期。

戴特奇、金凤君、王姣娥：《空间相互作用与城市关联网络演进——以我国 20 世纪 90 年代城际铁路客流为例》，《地理科学进展》2005 年第 2 期。

段进：《城市空间发展论》，江苏科学技术出版社 1999 年版。

段进：《国外城市形态学研究的兴起与发展》，《城市规划学刊》2008 年第 5 期。

段进：《空间句法与城市规划》，东南大学出版社 2015 年版。

方锦清、汪小帆、刘曾荣：《略论复杂性问题和非线性复杂网络系统的研究》，《科技导报》2004 年第 2 期。

费著、傅刚：《网络城市和建筑散文》，《宁波经济》2001 年第 3 期。

冯长春、谢旦杏、马学广：《基于城际轨道交通流的珠三角城市区域功能多中心研究》，《地理科学》2014 年第 6 期。

谷凯：《城市形态的理论与方法——探索全面与理性的研究框架》，《城市规划》2001 年第 12 期。

顾朝林、孙樱：《经济全球化与中国国际性城市建设》，《城市规划学刊》1999 年第 3 期。

何磊：《城市网络空间系统的识别与评价研究》，硕士学位论文，中南大学，2009 年。

何韶瑶、马燕玲：《基于网络城市理念的城市群空间结构体系研究——以长株潭城市群为例》，《湖南大学学报》（自然科学版）2009 年第 4 期。

胡序威、周一星、顾朝林等：《中国沿海城镇密集地区空间集聚与扩散》，科学出版社 2000 年版。

黄文波、王浣尘：《网络革命中的城市演变趋势分析》，《预测》2000 年第 4 期。

金凤君、王成金：《轴 - 辐侍服理念下的中国航空网络模式构筑》，《地理研究》2005 年第 5 期。

金凤君、王姣娥：《20 世纪中国铁路网扩展及其空间通达性》，《地理学报》2004 年第 2 期。

金钟范：《基于企业母子联系的中国跨国城市网络结构——以中韩城市之间联系为例》，《地理研究》2010 年第 9 期。

李二玲、李小建：《基于社会网络分析方法的产业集群研究——以河南省虞城县南庄村钢卷尺产业集群为例》，《人文地理》2007 年第 6 期。

李二玲、李小建：《欠发达农区传统制造业集群的网络演化分析——以河南省虞城县南庄村钢卷尺产业集群为例》，《地理研究》2009 年第 3 期。

李健、宁越敏、汪明峰：《计算机产业全球生产网络分析——兼论其在中国大陆的发展》，《地理学报》2008 年第 4 期。

李健：《从全球生产网络到大都市区生产空间组织》，博士学位论文，华东师范大学，2008 年。

李雪松、夏怡冰：《基于层次分析的武汉城市圈“两型社会”建设绩效评价》，《长江流域资源与环境》2012 年第 7 期。

李云飞、郑伯红：《基于空间句法的网络城市评价体系研究》，硕士学位论文，中南大学，2009 年。

刘冬华、诸大建：《从空间扩展到网络治理：城市分散化趋势探析》，《城市问题》2007 年第 4 期。

刘法建、张捷、陈冬冬：《中国入境旅游流网络结构特征及动因研究》，《地理学报》2010 年第 8 期。

刘法建、张捷、章锦河：《中国入境旅游流网络省级旅游地角色研究》，《地理研究》2010 年第 6 期。

刘峰、刘贤腾、余忠：《协同区域产业发展空间布局初探——以沿淮城市群为例》，《城市规划》2009 年第 6 期。

刘宏鲲、周涛：《中国城市航空网络的实证研究与分析》，《物理学报》2007 年第 1 期。

刘静玉、王发曾：《城市群形成发展的动力机制研究》，《开发研究》2004 年第 6 期。

刘军：《社会网络分析导论》，社会科学文献出版社 2004 年版。

刘文宝、邓敏、夏宗国：《矢量 GIS 中属性数据的不确定性分析》，《测绘学报》2000 年第 1 期。

刘勇、高建华、丁志伟:《基于改进熵权法的中原城市群城镇化水平综合评价》,《河南大学学报》(自然科学版)2011 年第 1 期。

刘铮、王世福、赵渺希、吴康:《有向加权型城市网络的探索性分析》,《地理研究》2013 年第 7 期。

陆大道:《区域发展及其空间结构》,科学出版社 1998 年版。

陆大道:《区域发展及其空间结构》,科学出版社 1999 年版。

陆军、王栋:《世界城市的综合判别方法及指标体系研究》,《经济社会体制比较》2011 年第 6 期。

陆玉麒:《区域发展中的空间结构研究》,南京师范大学出版社 1998 年版。

路旭、马学广、李贵才:《基于国际高级生产者服务业布局的珠三角城市网络空间格局研究》,《经济地理》2012 年第 4 期。

罗震东、何鹤鸣、韦江绿:《基于公路客流趋势的省域城市间关系与结构研究》,《地理科学》2012 年第 10 期。

毛磊、郑伯红:《新数据环境下的城市群空间网络结构研究》,博士学位论文,中南大学,2016 年。

年福华、姚士谋:《信息化与城市空间发展趋势》,《世界地理研究》2002 年第 1 期。

宁越敏、严重敏:《我国中心城市的不平衡发展及空间扩散的研究》,《地理学报》1993 年第 4 期。

宁越敏:《上海市区生产服务业及办公楼区位研究》,《城市规划》2000 年第 8 期。

潘洁燕:《城市开发区的复合化趋势》,《理想空间(23)现代产业园规划》,同济大学出版社 2007 年版。

齐心、张佰瑞、赵继敏:《北京世界城市指标体系的构建与测评》,《城市发展研究》2011 年第 4 期。

乔文怡、管卫华、王晓歌、王馨、顾朝林:《基于空间句法的长沙市空间多中心性演化研究》,《城市与区域规划研究》2018 年第 1 期。

任建兰、史会剑、张淑敏:《山东半岛城市群高新技术产业空间布局协调研究》,《世界地理研究》2009 年第 9 期。

沈丽珍、顾朝林、甄锋:《流动空间结构模式研究》,《城市规划学刊》2010 年第 5 期。

沈丽珍、顾朝林:《区域流动空间整合与全球城市网络构建》,《地理科学》2009 年第 6 期。

宋吉涛、方创琳、宋敦江:《中国城市群空间结构的稳定性分析》,《地理学报》2006 年第 12 期。

宋伟、李秀伟、修春亮:《基于航空客流的中国城市层级结构分析》,《地理研究》2008 年第 4 期。

孙革:《我国城市现代化与国际化研究述评》,《北方论丛》1996 年第 6 期。

孙世界:《信息化城市:信息技术与城市关系初探》,《城市规划》2001 年第 6 期。

孙杨、蒋远翔、赵翔、肖卫东:《网络可视化研究综述》,《计算机科学》2010 年第 2 期。

谭传凤、李祥妹:《试论区域经济空间相互作用的微观机制》,《地理研究》2001 年第 3 期。

汤雪漩、董卫:《城市历史文化空间网络的建构——以宁波老城为例》,《规划师》2009 年第 1 期。

唐子来、赵渺希:《经济全球化视角下长三角区域的城市体系演化:关联网络和价值区段的分析方法》,《城市规划学刊》2010 年第 1 期。

汪淳、陈璐:《基于网络城市理念的城市群布局——以苏锡常城市群为例》,《长江流域资源与环境》2006 年第 6 期。

汪明峰:《浮现中的网络城市的网络——互联网对全球城市体系的影响》,《城市规划》2004 年第 8 期。

汪明峰：《城市的网络优势——中国互联网骨干网络结构与节点可达性分析》，《地理研究》2006 年第 2 期。

王成金：《城际交通流空间流场的甄别方法及实证——以中国铁路客流为例》，《地理研究》2009 年第 6 期。

王慧：《开发区与城市相互关系的内在肌理及空间效应》，《城市规划》2003 年第 3 期。

王建国：《城市空间形态的分析方法》，《新建筑》1994 年第 1 期。

王姣娥、王成金：《城际交通流空间流场的甄别方法及实证：以中国铁路客流为例》，《地理研究》2009 年第 6 期。

王珺、周均清：《网络城市系统中核心城市的确定——以武汉城市圈为例》，《昆明理工大学学报》（理工版）2008 年第 4 期。

王珺、周均清：《从“单中心区域”到“网络城市”——武汉城市圈空间格局优化战略研究》，《国际城市规划》2008 年第 5 期。

王生鹏、曾鹏、孙永龙：《对中国十大城市群综合发展水平的灰色综合评价与非均衡差异研究》，《西北民族大学学报》（哲学社会科学版）2008 年第 2 期。

王兆林：《南宁市建设区域性国际城市战略构架与对策探讨》，《经济研究参考》2011 年第 59 期。

文军：《中国城市全球化发展趋势》，《城市发展研究》1997 年第 4 期。

文宗川：《生态网络城市建设模式及其评价指标体系》，《城市发展研究》2008 年第 6 期。

吴冰、王重鸣、唐宁玉：《高科技产业创业网络、绩效与环境研究：国家级软件园的分析》，《南开管理评论》2009 年第 3 期。

吴国兵、刘均宇：《中外城市郊区化的比较》，《城市规划》2000 年第 8 期。

吴启焰：《城市密集区空间结构特征及演变机制——从城市群到大都市带》，《人文地理》1999 年第 1 期。

吴威、曹有挥、梁双波：《中国铁路客运网络可达性空间格局》，《地理研究》2009 年第 5 期。

吴先华、郭际、胡汉辉：《复杂性理论和网络分析方法在产业集群创新能力问题中的应用——基于江苏省三个产业集群的实证研究》，《科学学与科学技术管理》2008 年第 7 期。

武前波、宁越敏：《中国城市空间网络分析——基于电子信息企业生产网络视角》，《地理研究》2012 年第 2 期。

武前波、宁越敏：《中国城市空间网络分析——基于电子信息企业生产网络视角》，《地理研究》2012 年第 2 期。

武文杰、董正斌、张文忠：《中国城市空间关联网络结构的时空演变》，《地理学报》2011 年第 4 期。

夏铸九：《窥见魔鬼的容颜——全球化下都市研究的全球转向，北台都会区域与台北市的挑战》，华东师范大学 2004 年版。

相秉军、顾卫东：《苏州古城传统街巷及整体空间形态分析》，《现代城市研究》2000 年第 3 期。

肖建莉：《论知识经济时代社会与城市的若干发展趋势》，《城市规划》1999 年第 7 期。

谢守红：《大都市区的空间组织》，科学出版社 2004 年版。

谢守红：《都市区、都市圈和都市带的概念界定与比较分析》，《城市问题》2008 年第 6 期。

熊丽芳、甄峰、王波：《基于百度指数的长三角核心区城市网络特征研究》，《经济地理》2003 年第 7 期。

许学强、周一星等：《城市地理学》，高等教育出版社 2008 年版。

薛东前、姚士谋、张红：《关中城市群的功能联系与结构优化》，《经济地理》2006 年第 6 期。

杨家文：《信息时代城市结构变迁的思考》，《城市发展研究》1999 年第 3 期。

姚蓉:《西安城市国际化条件评析》,《人文地理》2000 年第 1 期。

姚士谋、朱英明、陈振光:《信息环境下城市群区的发展》,《人文地理》2001 年第 8 期。

姚士谋:《国际性城市的现代化内涵及其功能》,《城市发展研究》1995 年第 6 期。

叶俊、陈秉钊:《分形理论在城市研究中的应用》,《城市规划学刊》2001 年第 4 期。

于洪俊、宁越敏:《城市地理概论》,安徽科学技术出版社 1983 年版。

于涛方、顾朝林、李志刚:《1995 年以来中国城市体系格局与演变:基于航空流视角》,《地理研究》2008 年第 6 期。

袁开国、陈长春、杨洪:《论经济全球化的空间相互作用与发展中国家的战略决策》,《世界地理研究》2004 年第 13 期。

张宝铮、郑伯红:《基于空间句法的长沙市中心城区发展研究》,硕士学位论文,中南大学,2010 年。

张闯、孟韬:《中国城市间流通网络及其层级结构——基于中国连锁企业百强店铺分布的网络分析》,《财经问题研究》2007 年第 5 期。

张海潮、郑伯红:《网络城市的空间及场所研究》,硕士学位论文,中南大学,2010 年。

张颢翰、张超:《大都市圈的城市阶段与动机机制》,《江海学刊》2006 年第 1 期。

张京祥、邹军、吴启焰:《论都市圈地域空间的组织》, 《城市规划》2001 年第 5 期。

张京祥:《城镇群体空间组合》,东南大学出版社 2000 年版。

张景雄、杜道生:《位置不确定性与属性不确定性的场模型》,《测绘学报》1999 年第 3 期。

张楠、郑伯红:《现代网络型城市的区域规划理论思辨——长株潭地区的案例》,《城市发展研究》2003 年第 6 期。

张伟：《都市圈的概念、特征及其规划探讨》，《城市规划》2003 年第 6 期。

张许杰、刘刚：《基于复杂网络的英国产业结构网络分析》，《商场现代化——海外链接》2008 年第 3 期。

张铁楠：《浅析信息化时代城市网络公共空间的建构》，《中国广播电视学刊》2009 年第 12 期。

张勇强：《城市形态网络拓扑研究——以武汉市为例》，《华中建筑》2001 年第 6 期。

张宇、王青：《城市形态分形研究：以太原市为例》，《山西大学学报》（自然科学版）2000 年第 4 期。

张宇星：《城市和城市群形态的空间分形特性》，《新建筑》1995 年第 3 期。

赵红杰、孙桂平：《龙丽民网络城市系统节点的设计与构想——以河北省环京津地区为例》，《安徽农业科学》2007 年第 24 期。

甄峰、刘晓霞、刘慧：《信息技术影响下的区域城市网络：城市研究的新方向》，《人文地理》2007 年第 2 期。

甄峰、王波、陈映雪：《基于网络社会空间的中国城市网络特征——以新浪微博为例》，《地理学报》2012 年第 8 期。

甄峰、张敏、刘贤腾：《全球化、信息化对长江三角洲空间结构的影响》，《经济地理》2004 年第 6 期。

甄峰：《信息技术影响下的区域城市网络：城市研究的新方向》，《人文地理》2007 年第 2 期。

甄峰：《信息技术作用下的区域空间重构及发展模式研究》，博士学位论文，南京大学，1999 年，第 39 页。

郑伯红、陈存友：《世界城市理论研究综述》，《长沙铁道学院学报》（社会科学版）2007 年第 8 期。

郑伯红、陈存友：《世界城市理论研究综述》，《长沙铁道学院学报》

2007 年第 3 期。

郑伯红、陈瑛：《重庆大都市区 CBD 系统演变的机制与规律》，《经济地理》2004 年第 1 期。

郑伯红、王志远：《基于产业组织的城市国际化网络研究》，《世界地理研究》2015 年第 6 期。

郑伯红、朱顺娟：《现代世界城市网络形成与流动空间》，《中外建筑》2008 年第 3 期。

郑伯红：《区域金融空间集聚与金融城市体系研究——基于美国外资银行的分析》，《世界地理研究》2009 年第 2 期。

郑伯红：《现代世界城市网络化模式研究》，博士学位论文，华东师范大学，2003 年。

郑伯红：《现代世界城市网络化模式研究》，湖南人民出版社 2005 年版。

郑啸、陈建平、邵佳丽：《基于复杂网络理论的北京公交网络拓扑性质分析》，《物理学报》2012 年第 19 期。

中华人民共和国国家质量监督检验检疫总局和中国国家标准化管理委员会：《物流术语：GB/T 18354—2006》，中国标准出版社 2007 年版。

钟业喜、陆玉麒：《基于铁路网络的中国城市等级体系与分布格局》，《地理研究》2011 年第 5 期。

周涛、张际平：《WiKi 社群的社会网络分析》，硕士学位论文，华东师范大学，2005 年。

周霞、高玉娟、董娟：《基于主成分和聚类分析的京津冀城市群城镇等级研究》，《北京建筑大学学报》2016 年第 1 期。

周一星、胡智勇：《从航空运输看中国城市体系的空间网络结构》，《地理研究》2003 年第 3 期。

周一星、胡智勇：《从航空运输看中国城市体系的空间网络结构》，《地理研究》2002 年第 3 期。

周一星：《城市地理学》，商务印书馆 1995 年版。

周一星：《关于明确我国城镇概念和城镇人口统计口径的建议》，《城市规划》1987 年第 3 期。

周一星：《新世纪中国国际城市的展望》，《管理世界》2000 年第 3 期。

周一星：《主要经济联系方向论》，《城市规划》1998 年第 2 期。

周振华、陈向明、黄建富：《世界城市——国际经验与上海发展》，上海社会科学院出版社 2004 年版。

朱英明：《城市群经济空间分析》，科学出版社 2004 年版。

朱英明：《我国城市群地域结构特征及发展趋势研究》，《城市规划学刊》2001 年第 4 期。

邹军、陈小卉等：《城镇体系空间规划再认识》，《城市规划》2001 年第 1 期。

邹军、王兴海、张伟等：《日本首都圈规划构想的考察及其对中国都市圈规划的启示》，《国外城市规划》2003 年第 2 期。

［奥］克里斯托弗 · 亚历山大：《城市并非树型》，《建筑师》1985 年第 24 期。

［法］H. 巴凯斯、路紫：《从地理空间到地理网络空间的变化趋势》，《地理学报》2000 年第 1 期。

［法］伊夫 · 格拉夫梅耶尔：《城市社会学》，徐伟民译，天津人民出版社 2005 年版。

［美］简 · 雅各布斯：《美国大都市的死与生（纪念版）》，金衡山译，译林出版社 2006 年版。

［美］凯文 · 林奇：《城市意向》，方益萍等译，华夏出版社 2001 年版，第 101 页。

［美］曼纽尔 · 卡斯泰尔：《信息化城市》，崔保国等译，江苏人民出版社 2001 年版。

［美］曼纽尔 · 卡斯特：《网络社会的崛起》，夏铸九等译，社会科学文献出版社 2003 年版。

［美］曼纽尔·卡斯特：《信息化城市》，崔宝国等译，江苏人民出版社2001年版。

［美］威廉·J. 米切尔：《比特之城：空间、场所、信息高速公路》，范海燕等译，生活·读书·新知三联书店1998年版。

［瑞士］弗朗茨·奥斯瓦德、彼得·贝克尼：《大都市设计方法：网络城市》，孙晶等译，中国电力出版社2007年版。

［英］彼得·弗兰科潘：《丝绸之路：新的世界史》，邵旭东等译，浙江大学出版社2016年版。

［英］约翰·霍布森：《西方文明的东方起源》，孙建党译，山东画报出版社2009年版。

Alexander, C., et al., *A New Theory of Urban Design*, New York: Oxford University Press, 1987.

Andrew Leyshon, Geography of Money and Finance Ⅲ, *Progress in Human Geography*, Vol. 22, No. 3, 1998.

Adam Yickell, *Finance and Locates*: *The Oxford Handbook of Economic Geography*, Cordon L. Clark et., Oxford University Press, 1999.

Benguigui Land Daoud, "Is the suburban railway system a fractal?" *Geographical Analysis*, Vol. 23, 1991.

Batten David, F. B., "Network Cities: Creative Urban Agglomerations for the 21st Century", *Urban Studies*, Vol. 32, No. 2, 1995.

Beaverstock, J. V. and Smith, J., "Lending Jobs to Global Cities: Skilled International Labour Migration, Investment Banking and the City of London", *Urban Studies*, Vol. 8, No. 33, 1996.

Burns, M. C., Cladera, J. R., Bergad, M. M., "The Spatial Implications of the Functional Proximity Deriving from Air Passenger Flows Between European Metropolitan Urban Regions", *Geo Journal*, Vol. 1, No. 71, 2008.

Batty, M., and Longley, P. A., *Fractal Cities*: *A Geometry of Form and*

Function, London: Academic Press, Vol. 162, No. 1, 1994.

Boccaletti, S., Latora, V., Moreno, Y., Chavez, M., Hwang D. U., *Complex network: Structure and Dynamics*, Netherlands: Physics Report, 2006.

Castells, M., *Rise of the Network Society*, England: Blackwell Publishers (England), 2000.

Castells Manuel, *The Informational City: Information Technology, Economic Restructuring and the Urban - regional process*, Oxford: Basil Blackwell, 1989.

Choi, J. H., Barnett, G. A. and Chon, B. S., "Comparing World City Networks: A Network Analysis of Internet Backbone and Air Transport Intercity Linkages", *Global Networks*, Vol. 6, No. 6, 2006.

Camageir, R. and Salone, C., "Network Urban Structures in Northern Italy: Elements for a Theoretical Framework", *Urban Studies*, Vol. 6, 1993.

Daniels, P. W., *Service Industries in the World Economy*, Oxford: Blackwell, 1993Dieleman, F. M. and Faludi, A., "Polynucleated Metropolitan Regions in Northwest Europe", *Theme of the Special Issue*, Vol. 40, No. 4, 1998.

Dematteis, G., "Globalisation and Regional Integration: the Case of the Italian Urban System", *Geo Journal*, Vol. 43, No. 4, 1997.

Derudder, B., Witlox, F. and Faulconbridge, J., et al, "Airline Data for Global City Network Research: Reviewing and Refining Existing Approaches", *Geo Journal*, Vol. 2, No. 71, 2008.

Derudder, B. and Witlox, F., "Mapping World City Networks Through Airline Flows: Context, Relevance, and Problems", *Journal of Transport Geography*, Vol. 2, No. 16, 2008.

Derudder, B. and Taylor, P. J., "The Cliquishness of World Cities", *Global Networks*, Vol. 1, No. 5, 2005.

Derudder, B., Witlox, F. and Faulconbridge, J., et al., "Airline Data for Global City Network Research: Reviewing and Refining Existing Approaches", *Geo*

Journal, Vol. 1, No. 71, 2008.

Derudder, B. and Liu, X. J., "Analyzing Urban Networks Through the Lens of Corporate Networks: A Critical Review". *Cities*, Vol. 31, 2013.

Dermatitis, G., The Weak Metropolis in L. Mazza (Ed.) *World Cities and the Future of the Metropolis*, Milan: Electra, 1988.

Friedmann, The World City Hypothesis, *Development and Change*, Vol. 17, 1986.

Hillier, B. and Hanson, J., *The Social Logic of Space*, Cambridge University Press, 1984.

Freeman, L., "Centrality in Social Network: Conceptual Clarification", *Social Networks*, Vol. 1, 1979.

Friedmann, J., *Regional Development Planning: a Reader*, Cambridge, Mass, M. Press, 1964.

Goldberg Lawrence, G., "The Determinants of US Banking Activity Abroad", *Journal of International Money & Finance*, No. 9, 1990.

Grosse Robert and Lawrence, G., "Goldberg: Foreign Bank Activity in the United States: an Analysis by Country of Origin", *Journal of Banking & Financial*, Vol. 15, 1991.

Grosse Robert and Lawrence, G., "Goldberg: Location Choice of Foreign Banks in the United States", *Journal of Economics and Business*, Vol. 46, 1994.

Garlaschelli, D. and Loffredo, M. I., *Fitness - dependent Topological Properties of the World Trade Web*, Physical Teview Letters, Vol. 93, No. 18, 2004.

Hanneman, A. & Mark, R., *Introduction to social network methods*, CA: University of California, Riverside, 2005.

Hillier, B., *Space is the Machine*, Cambridge University Press, 1996.

Hillier, B., "Centrality as a Process", *Urban Design International*, 1999 (4).

Hillier, B., *Between Social Physics and Phenomenology: Explorations Towards an Urban Synthesis?* Cambridge University Press, 2005.

Hennemann, S., "Information – rich Visualisation of Dense Geographical Networks", *Journal of Maps*, Vol. 1, No. 9, 2013.

Hennemann, S. and Derudder, B., "An Alternative Approach to the Calculation and Analysis of Connectivity in the World City Network", *Environment and Planning B*, 2014.

Henry, N., Fekete, J. D. and McGuffin, M. J., "NodeTrix: A Hybrid Visualization of Social Networks", *IEEE Transactions on Visualization and Computer Graphic*, Vol. 6, No. 13, 2007.

Hiller, B., Hanson, J., &Penn, A. et. al., *Natural Movement: or, Configuration and Attraction in Urban Pedestrian Movement*, Environment & Planning B. Planning & Design, Vol. 20, No. 1, 1993.

Hillier, B., "Space is The Machine: A Configurational Theory of Architecture", *Journal of Urban Design*, Vol. 122, No. 3, 2007.

Hammer, Michael and James Champy, "Reengineering the Corporation: A Manifesto for Business Revolution", *European Journal of Information Systems*, 1995.

Hall, P., *The Future of Cities*, Computers, Environment and Urban Systems, 1999.

Jonathan, V., "Beaverstock and James T. Boardwell, Negotiating Globalization, Transnational Corporations and Global City Financial Centers in Transient Migration Studies", *Applied Geography*, Vol. 20, 2000.

Kitchin, R. M., "Towards Geographies of Cyberspace", *Progress in Human Geography*, Vol. 3, No. 22, 1998.

Klaasen, I., Rooij Rd and Van Schaick, J., Network Cities: *Operationalising a Strong but Confusing Concept*, International Conference, Sustainable Urban

Areas, 25 - 28 June, 2007.

Leamer, E. and Storper, M. , *The Economic Geography of the Internet Age*, NBER Working Paper, No. 8450, 2001.

Liu, X. J. and Derudder, B. , "Two - mode Networks and the Interlocking World City Network Model: A reply to Neal", *Geographical Analysis*, Vol. 2, No. 42, 2012.

Lynch, K. , *The Image of the City*, Cambridge: MIT Press (America), 1960.

Liu Jun, *Social Network Analysis*, Social Science Academic Press (China), 2004.

Lllenberger, J. , Nagel, K. & Flötteröd, G. , *The role of Spatial Interaction in Social Networks*, Networks and Spatial Economics, 2012.

Marion Roberts, et al. , "Place and Space in the Networked City: Conceptualizing the Integrated Metropolis", *Journal of Urban Design*, Vol. 1, No. 4, 1999.

Matsumoto, H. , "International Urban Systems and Air Passenger and Cargo Flows: Some Calculations", *Journal of Air Transport Management*, Vol. 4, No. 10, 2004.

Mahutga, M. C. , Ma, X. , Smith, D. A. , et al. , "Economic Globalization and the Structure of the World City System: The Ccase of Airline Passenger Data", *Urban Studies*, Vol. 9, No. 47, 2008.

Malecki, E. J. , "The Economic Geography of the Internet's Infrastructure", *Economic Geography*, Vol. 4, No. 78, 2002.

Neal, Z. , "Structural Determinism in the Interlocking World City Network", *Geographical Analysis*, Vol. 2, No. 42, 2012.

Orozco, R. A. P. , Derudder. B. , "Determinants of Dynamics in the World City Network", *Urban S tudies*, Vol. 9, No. 47, 2010.

Peter, J. Taylor, "World Cities and Territorial States Under Conditions of Contemporary Globalization", *Political Geography*, Vol. 19, 2000.

Porteous, D. J. , "The Geography of Finance: Spatial Dimensions of Intermediary Behavior", *Avebury*, 1995.

Porteous, D. J., "The Geography of Finance: Spatial Dimensions of Intermediary Behavior", *England*: *Avebury*, 1995.

Peter, J. Taylor, David, R. F., Diversity and Power in the World City Network, *Cities*, Vol. 19, No. 4, 2002.

Peter H., The World Cities, *Palgrave Macmillan*, 1984.

Palla, G., Derenyi, I. and Farkas, I., et al., "Uncovering the Overlapping Community Structure of Complex Networks in Nature and Society", *Nature*, 2005.

Robinson Jennifer, "Global and World Cities a View from off the Map", *International Journal of Urban and Regional Research*, Vol. 3, No. 26, 2002.

Robinson Jennifer, "Urban Geography: World Cities, or a World of Cities", *Progress in Human Geography*, Vol. 6, No. 29, 2005.

Rossi, E. C., Beaverstock, J. V. and Taylor, P. J., Transaction Links Through Cities "Decision Cities" and Service Cities in Outsourcing by Leading Brazilian Firms. *Geo forum*, Vol. 4, No. 38, 2007.

Smith, D. A. and Timberlake, M., "World City Networks and Hierarchies, 1977 – 1997: An Empirical Analysis of Global Air Travel Links", *American Behavioral Scientist*, Vol. 10, No. 44, 2001.

Serres. M., Latour, *Conversations on Science*, *Culture and Time*, University of Michigan Press, 1995.

Salingaros, N. A., "Theory of the urban web", *Journal of Urban Design*, Vol. 3, No. 1, 1998.

S. Milgram, "The Small World Problem", *Psychology Today*, Vol. 2, 1967.

Schurch, T. W., "Reconsidering Urban Design: Thoughts About Its Definition and Status as a Field or Profession", *Journal of Urban Design*, Vol. 4, No. 1, 1999.

Shevky, E., Williams, M., & Riemer, S., "The Social Areas of Los Angeles: Analysis and Typology", *American Journal of Sociology*, Vol. 56, No. 1, 1950.

Tyler, J. R. etal., E – Mail as Spectroscopy: Automated Discovery of Community Structure Within Organizations, *The Information Society*, Vol. 21, No. 2, 2005.

Taylor, P. J., "Hierarchical Tendencies Amongst World Cities: a Global Research Proposal", *Cities*, Vol. 6, No. 14, 1997.

Taylor, P. J., "The New Geography of Global Civil Society: NGOs in the World City Network", *Globalizations*, Vol. 2, No. 1, 2004.

Taylor, P. J., "New Political Geographies: Global Civil Society and Global Governance Through World City Networks". *Political Geography*, Vol. 6, No. 24, 2005.

White and Engelen, "The Use of Constrained Cellular Automata for High – Resolution Modeling of Urban – Land Dynamics", *Environment and Planning B: Planning and Design*, Vol. 24, 1997.

Westin, L. and Osthl, A., "Functional Networks, Infrastructure and Regional Mobilization", *Northern Perspectives on European Integration*, Vol. 40, No. 1, 1994.

Wouter, J., Hans, K. and Peter, H., "The Location and Global Network Structure of Maritime Advanced Producer Services", *Urban Studies*, Vol. 13, No. 48, 2011.

Watts, D. J. and Strogatz, S. H., Collective dynamics of "small – world" networks, *Nature*, 1998.

Yammer and Nobuyoshi, "A Note on the Location Choice of Multinational Bank—the Case of Japanese Financial Institutions", *Journal of Bank & Financial*, Vol. 22, 1998.

Yu Ru, Liu Yun & Chi Shenghuo, *Analyzing Communities and Their Evolu-*

tions in Dynamic Social Networks, ACM Transactions on Knowledge Discovery from Data, No. 1, 2009.

Zook, M. A., "Old Hierarchies or New Networks of Centrality: The Global Geography of the Internet Content Market", *American Behavioral Scientist*, Vol. 10, No. 44, 2001.

Zhou Yixing, *The Metropolitan Interlocking Region in China: A Preliminary Hypothesis*, *in the Extended Metropolis: Settlement Transition in Asia*, Honolulu: University of Hawaii Press, 1991.

Zhao, X. B. and Qiao, J., "China's WTO Accession, State Enterprise Reform, and Spatial Economic Eestructure", *Journal of International Development*, Vol. 14, No. 1, 2002.